JIANGSUSHENG RENKOU JUNHENG FAZHAN YANJIU

江苏省人口均衡发展研究

赵海林　著

中国社会出版社
国家一级出版社 · 全国百佳图书出版单位

图书在版编目（CIP）数据

江苏省人口均衡发展研究 / 赵海林著. —北京：中国社会出版社，2021. 12

ISBN 978-7-5087-6650-8

Ⅰ. ①江…　Ⅱ. ①赵…　Ⅲ. ①人口社会学—研究—江苏　Ⅳ. ①C92-05

中国版本图书馆 CIP 数据核字（2021）第 231535 号

书　　名：江苏省人口均衡发展研究
著　　者：赵海林

出 版 人：浦善新
终 审 人：李　浩
责任编辑：朱赛亮

出版发行：中国社会出版社　邮政编码：100032
通联方式：北京市西城区二龙路甲 33 号
电　　话：编辑室：（010）58124841
销售部：（010）58124841
（010）58124842
网　　址：shcbs. mca. gov. cn
经　　销：各地新华书店

中国社会出版社天猫旗舰店

印刷装订：中国电影出版社印刷厂
开　　本：170mm×240mm　1/16
印　　张：23. 25
字　　数：340 千字
版　　次：2021 年 12 月第 1 版
印　　次：2021 年 12 月第 1 次印刷
定　　价：68. 00 元

中国社会出版社微信公众号

目录

第一章　人口均衡发展概述

人口、资源和环境是一个国家和地区的最基本国情，是影响经济社会可持续发展的最基本因素，这三个方面又是一个具有内部联系的系统工程。20 世纪 90 年代，党中央将人口、资源和环境三者作为一个相互作用的整体来统筹考虑，分别召开了“中央计划生育座谈会”“中央计划生育和环境保护工作座谈会”“中央人口资源环境工作座谈会”三个重要会议。2002 年 11 月，党的十六大把实施可持续发展战略，实现经济发展与人口、资源、环境相协调写入建设中国特色社会主义必须坚持的基本经验。2005 年 3 月，胡锦涛总书记在中央人口资源环境工作座谈会上提出“加快调整不合理的经济结构，彻底转变粗放型的经济增长方式，使经济增长建立在提高人口素质、高效利用资源、减少环境污染、注重质量效益的基础上，努力建设资源节约型、环境友好型社会”。同年 10 月，党的十六届五中全会正式将建设资源节约型和环境友好型社会确定为国民经济与社会发展中长期规划的一项战略任务。2010 年 7 月，中国人口学会在京举办了“建设人口均衡型社会”学术研讨会，与会专家建议，继提出建设资源节约型、环境友好型社会之后，还应建设人口均衡型社会。中国人口学界正式提出建设“人口均衡型、资源节约型、环境友好型社会”的“三型社会”目标。2012 年党的十八大报告提出要实现人口资源环境相均衡。2017 年党的十九大报告提出要“加强人口发展战略研究”。对于人口发展的认识要从全局性、长期性、可持续发展的角度来认识，从而实现人口、资源、环境与经济社会发展的均衡。

2019 年我国的出生人口 1465 万，比 2018 年减少了 58 万人，人口出生率仅为10.49‰，比2018年下降0.46个千分点，人口出生率为中华人民共和国成立以来的最低值。2016年“全面二孩”政策在全国正式实施，政策累积效应在2016年、2017年集中释放，政策对于出生人口的增长的影响减弱。出生人口数仅2016年比上年增长，2017年、2018年、2019年的出生人口数连续3年下降，二孩生育数趋于平稳，很难出现较大的增长。2016年，人口自然增长率为5.86‰，2017年、2018年、2019年人口自然增长率持续下降，2019年人口自然增长率降至3.34‰。按照这个速度，人口自然增长率很快会达到“零增长”。从世界人口发展史来看，没有哪一个国家能够重新提高人口出生率，如何跨过零增长乃至负增长的“人口陷阱”是摆在党和政府面前的重要议题。当前，受多方因素影响，我国适龄人口生育意愿偏低，总和生育率已跌破警戒线，人口发展进入关键转折期。民政部部长李纪恒在《光明日报》发表了《实施积极应对人口老龄化国家战略》，提出要把握人口发展重大趋势变化，制定长期规划，实施人口均衡发展国家战略，要引导生育水平提升并稳定在适度区域，增加劳动力供给，实施人口与经济社会、资源环境相协调①。《中共中央关于制定国民经济和社会发展第十四个五年规划和二〇三五年远景目标的建议》提出：“制定人口长期发展战略，优化生育政策，增强生育政策包容性，提高优生优育服务水平，发展普惠托育服务体系，降低生育、养育、教育成本，促进人口长期均衡发展，提高人口素质。”面对即将到来的“人口陷阱”，迫使我们重新认识人口长期均衡发展问题的重要性，从而制定符合中国国情、基于长期战略的人口政策。

第一节　人口均衡发展的时代背景

人口问题是人类社会的基础性问题，也是世界各国关注的根本性问题。正如西班牙哲学家奥尔特加·加塞特在20世纪早期所言，人口增长是

① 李纪恒：《实施积极应对人口老龄化国家战略》，《光明日报》，2020-12-17。

人类历史上发生的最重要事件，是本时代最具革命性的现象[①]（Ortega Y. Gasset，1932）。人口增长改变了并且持续改变了人们的生活方式，也塑造了社会制度，人口增长使我们比以往更有能力控制自然环境，同时也更有能力破坏着人类的生存之地。人口增长造成了对自然环境和社会资源难以满足的需求，影响了每一个个体，并影响着社会问题、经济问题和政治问题的解决，深刻地影响社会变迁。人口变迁是一切社会变迁和科技发展的先决力量之一，随着人口在一个地区的变化，不管是增长还是减少，都会影响社会运行机制[②]。人口现象与世界上每一次人类福祉的进步都紧密相连，但我们对人口问题的认识是一个渐进的过程，也是一个不断深化的过程。

一、中国人口发展历程

中华人民共和国成立后，我国人口总量迅速增加。1949 年中国大陆总人口[③]为 54167 万（见表 1. 1），2019 年总人口为 140005 万，比 1949 年增加 85838 万人，增长 2. 58 倍。依据人口增长速度，1949 年到 2019 年我国人口发展可以分为三个阶段。

第一阶段：1949—1973 年的高速增长期。这一时期，人口发展表现为人口快速增长，除三年自然灾害时期，其他年份的人口出生率基本上保持在 30‰以上，人口自然增长率总体在 20‰以上，1963 年人口自然增长率升至 33. 5‰，达到历史最高值。这一时期，由于经济发展刚起步，卫生条件未有太大改善，死亡率较高，大多数年份人口死亡率都在 10‰以上。这一时期的人口发展呈现出高出生率、高死亡率和高自然增长率的“三高”特征。

第二阶段：1974—1997 年的中速增长期。这一时期，人口发展表现为

① Ortega Y. Gasset. J. *The Revolution of the Masses*. New York ：W. W. Norton & Company，Lnc. 1932，51.

② ［美］约翰·R. 魏克斯著，侯苗苗译：《人口学概论》，北京：中国社会科学出版社，第 5 页。

③ 中国大陆总人口包括 31 个省、自治区、直辖市现役军人，不包括香港、澳门特别行政区和台湾省以及海外华侨人数。

人口出生率明显下降，在总体 20‰上下波动；随着卫生条件的改善，人口死亡率相较第一阶段有明显下降，降至 7‰左右，人口自然增长率呈下降趋势，降至 10‰~20‰。这一时期表现为较高的人口出生率、低死亡率和较高的人口自然增长率的“中低中”特征。

第三阶段：1998—2019 年的低速增长期。这一时期，人口发展总体呈现出人口出生率保持较低水平，维持在 10‰~16‰；人口死亡率还保持较低水平，维持在 7‰左右。2003 年以后，死亡率还略有回升；2003 年以来，人口死亡率超过了人口自然增长率。人口自然增长率保持较低水平，均低于 10‰，而在 2008 年后的多数年份，人口自然增长率低于 5‰。这一时期人口出生率受到生育政策调整的影响，2011 年的“双独两孩”政策、2013 年的“单独两孩”政策和 2015 年的“全面二孩”政策对人口出生率产生了一点影响，但政策影响时间非常短，影响强度也非常弱。2015 年实现“全面二孩”政策，仅仅带动 2016 年出生人口增长；2017—2019 年，出生人口又呈现出持续下降。这一时期人口发展呈现出低出生率、低死亡率和低自然增长率的“三低”特征。

国家连续调整生育政策，希望能够扭转人口自然增长率下滑的态势，从目前来看，现行的政策并未达到预期的效果，人口自然增长率总体呈现是快速下降。由于“全面二孩”政策的堆积效应逐渐释放，未来人口出生率还将持续下降，如何在生育政策和其他公共政策方面出台组合措施将是以后人口政策必须要研究的问题。就如同我们执行计划生育政策那样，也是采用组合拳才实现对人口快速增长的控制，并实现人口出生率的快速下降。

表 1.1　我国人口数及增长率

年份	年末总人口/万人	增长量/万人	出生人口数/万人	死亡人口数/万人	人口出生率/‰	人口死亡率/‰	人口自然增长率/‰
1949	54167	-	1919	1066	36	20	16
1950	55196	1029	2083	1013	37	18	19

续表

年份	年末总人口/万人	增长量/万人	出生人口数/万人	死亡人口数/万人	人口出生率/‰	人口死亡率/‰	人口自然增长率/‰
1951	56300	1104	2172	1023	37.8	17.8	20
1952	57482	1182	2175	999	37	17	20
1953	58796	1314	2229	843	37	14	23
1954	60266	1470	2333	810	37.97	13.18	24.79
1955	61465	1199	2048	771	32.6	12.28	20.32
1956	62828	1363	2062	737	31.9	11.4	20.5
1957	64653	1825	2245	712	34.03	10.8	23.23
1958	65994	1341	1963	805	29.22	11.98	17.24
1959	67207	1213	1640	965	24.78	14.59	10.19
1960	66207	-1000	1373	1674	20.86	25.43	-4.57
1961	65859	-348	1220	964	18.13	14.33	3.8
1962	67296	1437	2574	697	37.22	10.08	27.14
1963	69172	1876	3073	712	43.6	10.1	33.5
1964	70499	1327	2853	838	39.34	11.56	27.78
1965	72538	2039	2832	708	38	9.5	28.5
1966	74542	2004	2688	677	35.21	8.87	26.34
1967	76368	1826	2679	665	34.12	8.47	25.65
1968	78534	2166	2883	665	35.75	8.25	27.5
1969	80671	2137	2842	668	34.25	8.06	26.19
1970	82992	2321	2862	651	33.59	7.64	25.95
1971	85229	2237	2679	639	30.74	7.34	23.4
1972	87177	1948	2669	682	29.92	7.65	22.27
1973	89211	2034	2550	643	28.07	7.08	20.99
1974	90859	1648	2305	682	24.95	7.38	17.57
1975	92420	1561	2167	689	23.13	7.36	15.77
1976	93717	1297	1900	692	20.01	7.29	12.72
1977	94974	1257	1831	665	19.03	6.91	12.12

续表

年份	年末总人口/万人	增长量/万人	出生人口数/万人	死亡人口数/万人	人口出生率/‰	人口死亡率/‰	人口自然增长率/‰
1978	96259	1285	1780	609	18. 25	6. 25	12
1979	97542	1283	1758	612	17. 82	6. 21	11. 61
1980	98705	1163	1822	634	18. 21	6. 34	11. 87
1981	100072	1367	2125	646	20. 91	6. 36	14. 55
1982	101654	1582	2295	679	22. 28	6. 6	15. 68
1983	103008	1354	2106	720	20. 19	6. 9	13. 29
1984	104357	1349	2106	721	19. 9	6. 82	13. 08
1985	105851	1494	2261	728	21. 04	6. 78	14. 26
1986	107507	1656	2451	749	22. 43	6. 86	15. 57
1987	109300	1793	2590	746	23. 33	6. 72	16. 61
1988	111026	1726	2521	748	22. 37	6. 64	15. 73
1989	112704	1678	2467	747	21. 58	6. 54	15. 04
1990	114333	1629	2439	772	21. 06	6. 67	14. 39
1991	115823	1490	2305	785	19. 68	6. 7	12. 98
1992	117171	1348	2161	786	18. 24	6. 64	11. 6
1993	118517	1346	2168	795	18. 09	6. 64	11. 45
1994	119850	1333	2143	786	17. 7	6. 49	11. 21
1995	121121	1271	2095	804	17. 12	6. 57	10. 55
1996	122389	1268	2099	810	16. 98	6. 56	10. 42
1997	123626	1237	2067	812	16. 57	6. 51	10. 06
1998	124761	1135	1967	817	15. 64	6. 5	9. 14
1999	125786	1025	1855	818	14. 64	6. 46	8. 18
2000	126743	957	1790	823	14. 03	6. 45	7. 58
2001	127627	884	1718	825	13. 38	6. 43	6. 95
2002	128453	826	1661	828	12. 86	6. 41	6. 45
2003	129227	774	1613	831	12. 41	6. 4	6. 01
2004	129988	761	1606	839	12. 29	6. 42	5. 87

续表

年份	年末总人口/万人	增长量/万人	出生人口数/万人	死亡人口数/万人	人口出生率/‰	人口死亡率/‰	人口自然增长率/‰
2005	130756	768	1629	855	12.4	6.51	5.89
2006	131448	692	1597	899	12.09	6.81	5.28
2007	132129	681	1606	920	12.1	6.93	5.17
2008	132802	673	1620	942	12.14	7.06	5.08
2009	133450	648	1602	949	11.95	7.08	4.87
2010	134091	641	1603	957	11.9	7.11	4.79
2011	134735	644	1615	966	11.93	7.14	4.79
2012	135404	669	1646	972	12.1	7.15	4.95
2013	136072	668	1652	979	12.08	7.16	4.92
2014	136782	710	1688	984	12.37	7.16	5.21
2015	137462	680	1655	975	12.07	7.11	4.96
2016	138271	809	1785	977	12.95	7.09	5.86
2017	139008	737	1723	986	12.43	7.11	5.32
2018	139538	530	1523	993	10.94	7.13	3.81
2019	140005	467	1465	998	10.48	7.14	3.34

注：数据来源于2019年《中国统计年鉴》。

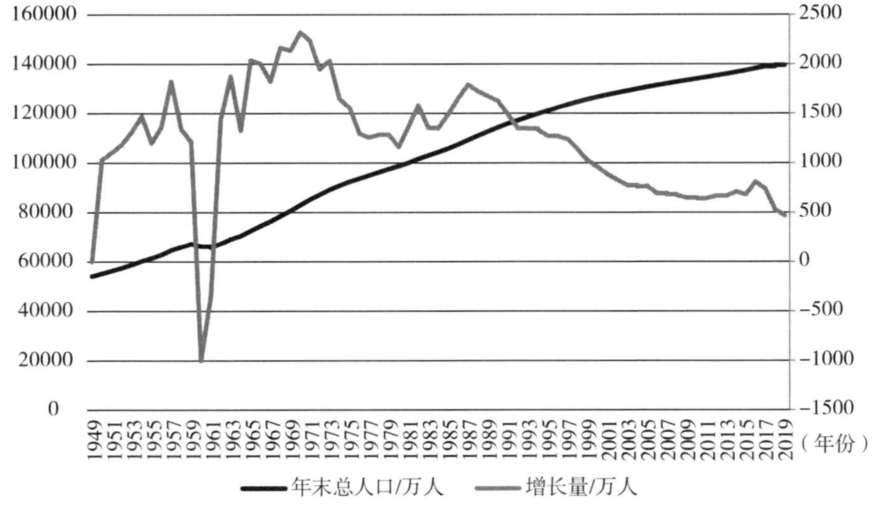

图1.1　1949—2019年全国人口总数和年增长量

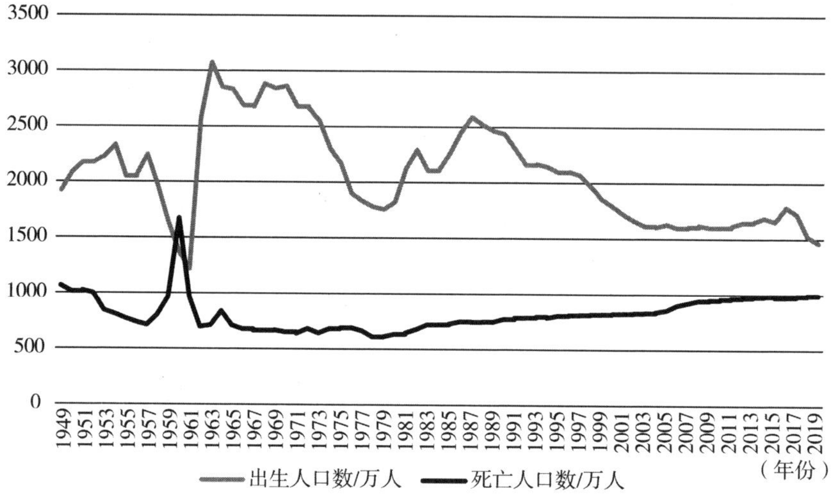

图 1.2　我国历年出生人口数和死亡人口数

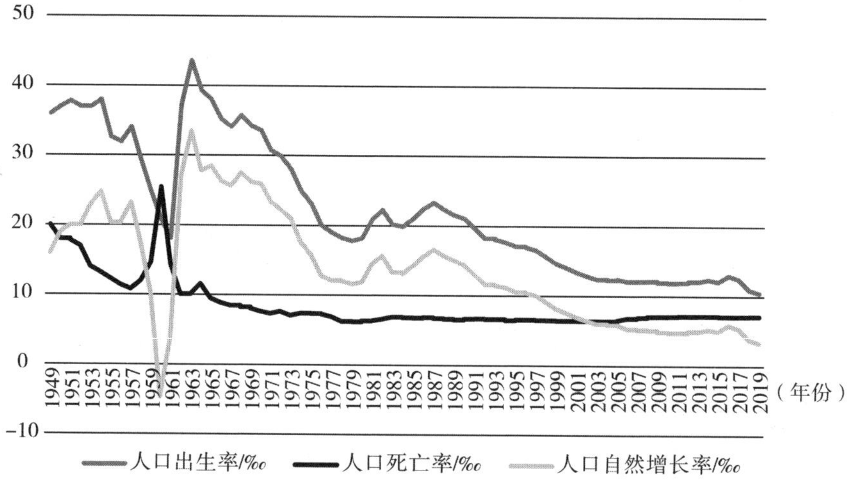

图 1.3　我国历年人口出生率、死亡率和自然增长率

二、人口政策的发展历程

人口政策是一个国家和地区用来影响和干预人口运动过程的一系列的制度安排。广义的人口政策指影响和干预人口运动全过程的法规、制度和措施，既包括影响人口自然变动过程，也包括影响与干预人口迁移变动过程和人口社会变动过程。狭义的人口政策是指一个国家和地区从社会的、经济的、政治的、资源的、生态环境的综合战略利益出发，同时考虑到大多数群众的接受程度，制定的影响与干预人口自然生产和再生产过程的人口政策，包括生育政策、死亡政策、优生政策和婚姻家庭政策等①。由于长期以来，我国面临的是庞大人口的压力，因而人口政策主要是与生育相关的人口政策。

（一）鼓励生育阶段

中华人民共和国成立后，国家政策面临医治战争创伤，恢复和发展工农业生产的背景，政府推行了支持和宣传鼓励人口增长和奖励多子女母亲的政策。毛主席认为中国巨大的人口规模本身就是一项伟大的生产性资本，他指出“人口众多是一件极大的好事，再增加多少倍人也完全有办法”②，“这个办法就是生产”，“革命加生产即能解决吃饭问题”。1953 年，全国第一次人口普查显示：全国人口总数为 6.02 亿人，已远远超过毛主席在 1949 年新政治协商会议上所说的“四万万七千五百万的人口”。庞大而激增的人口与经济社会和资源环境等形成了尖锐的矛盾，促使政府开始思考如何解决人口快速增长的问题。中华人民共和国成立初期人口政策开始关注节育，着手控制人口增长，就在人口控制工作逐渐走上健康发展轨道之时，1957 年的“反右派”斗争以及随后的“大跃进”运动中止了这一工作。1958 年 5 月，党的八届二次会议不点名地批判了马寅初和他的《新人口论》，控制人口增长问题被搁置了。“三年困难时期”过后，中国人口出现了补偿性生育，以更快的速度增长。从 1949 年到 1962 年，我国人口政策总体上是以鼓励生育为主。

（二）提倡控制人口阶段

1962 年，我国人口经历了短暂但快速的恢复性增长，人口增长出现了中华人民共和国成立后的第二次出生高峰期。1962 年，中共中央、国务院发出《关于认真提倡计划生育的指示》强调：“在城市和人口稠密的农村提

---

① 于学军、解振明：《中国人口发展评论：回顾与展望》，人民出版社 2000 年版。

② 《毛泽东选集》第 4 卷，北京：人民出版社 1991 年版，第 1511 页。

倡节制生育，适当控制人口自然增长率，使生育问题由毫无计划的状态逐步走向有计划的状态。”文件第一次使用“计划生育”字样，这是我国计划生育政策的一个里程碑式的文件。1964 年，全国第二次人口普查数据显示，全国总人口 6.95 亿，人口这种盲目增长的态势引起了政府的再一次关注。

1964 年，国家成立了国务院计划生育委员会，一些地方成立了计划生育工作机构，这也是我国建立相应组织机构来推广节制生育工作的尝试。在国务院计划生育委员会领导下，在全国范围开展节育技术指导和宣传教育活动，也取得了一定的成效，1965 年，城市出生率、农村出生率和城市妇女总和生育率都出现了下降。1966—1969 年动乱的社会环境使节制生育工作陷入停滞。1968 年，国务院计划生育委员会被取消，计划生育工作仍由卫生部承担。1966—1970 年，我国人口净增加 1.05 亿，到 1970 年总人口达 8.3 亿。1970 年全国计划工作会议，将人口计划纳入国民经济发展第四个五年计划，规定了城乡人口自然增长率指标。1971 年 7 月，国务院转发卫生部、商业部、燃化部《关于做好计划生育的报告》，把控制人口增长的指标首次纳入国民经济发展计划，要求除人口稀少的地区外，各级都要加强对计划生育工作的领导，报告提出在第四个五年计划期间人口自然增长率要逐年降低，争取到 1975 年一般城市降到千分之十左右，农村降到千分之十五以下。

1973 年 7 月，国务院成立计划生育领导小组，办公室设在卫生部。各地也相应成立了计划生育工作机构，把计划生育办公室从卫生部门单列出来，这一变化标志着我国控制人口工作真正被提到议事日程。1973 年 12 月，中国第一次计划生育汇报会上提出计划生育要提倡实行“晚、稀、少”政策。“晚”是指男 25 周岁、女 23 周岁才结婚；“稀”指拉长生育间隔，两胎要间隔 4 年左右；“少”是指只生两个孩子。“有计划地增长人口”成为当时的人口政策主要内容。

1975 年毛泽东在国家计划经济委员会《关于一九七五年国民经济发展报告》上批示：人口非控制不可。[①] 当时国家制定了“提倡一对夫妇生育

① 彭佩云主编：《中国计划生育全书》，中国人口出版社 1997 年版，第 133 页。

子女的数量最好一个，最多两个”的生育政策。1978年，第五届全国人民代表大会第一次会议通过的《中华人民共和国宪法》第五十三条规定“国家提倡和推行计划生育”，“计划生育”第一次被载入宪法。1980年3月，邓小平在中共中央理论务虚会上发表讲话，他指出要使中国实现四个现代化，至少有两个重要特点是必须看到的：“一个是底子薄……第二条是人口多，耕地少。人口多特别是农民多，这种情况不是很容易改变的，这就成为中国现代化建设必须考虑的特点。”1980年9月，中共中央发出《关于控制我国人口增长问题致全体共产党员、共青团员的公开信》，提倡一对夫妇只生育一个孩子。20世纪六七十年代，我国人口政策主要提倡控制人口增长。

（三）严格控制人口阶段

1981年五届全国人大常委会第17次会议通过国务院机构改革方案，决定成立国家计划生育委员会负责全国计划生育工作，并将其正式纳入政府序列，成为国务院的组成部分。1982年2月，中共中央发出《关于进一步做好计划生育工作的指示》，具体规定了生育政策、避孕节育政策、奖励政策和限制政策等。计划生育的主要内容及目的是：提倡晚婚、晚育，少生、优生，从而有计划地控制人口。这一指示精神成为各地制定具体生育政策的基本要求，同年9月，中共十二大把实行计划生育确定为基本国策，同年写入新修改的宪法，规定：“夫妻双方有实行计划生育的义务。”1991年中共中央、国务院颁布《关于加强计划生育工作严格控制人口增长的决定》，明确要求贯彻现行生育政策，严格控制人口增长。各地推行计划生育一票否决制，计划生育工作得到进一步的加强，之后，人口出生率持续下降。20世纪90年代以来，人口计划生育政策逐渐稳定，推行20多年取得了巨大的成就。

1984年4月，中共中央转发了《关于计划生育情况的汇报》的7号文件，对“一孩”政策进行修正。文件规定：“经过批准农村可生二胎，严禁生育超计划的二胎和多胎，对徇私舞弊要处分”，即“开小口”“堵大口”“禁歪口”。实行因地制宜、分类指导的政策，变“一孩”政策为“一孩半”政策，在这一精神指导下，地方政府结合自身实际制定了计划生育的条件，从而构建了从中央到地方的计划生育政策框架。1999 年我国开始进入人口老龄化社会，有些学者建议放松计划生育政策。2000 年 3 月，中共中央、国务院发布了《关于加强人口与计划生育工作稳定低生育水平的决定》，指出："人口问题是社会主义初级阶段长期面临的重大问题，是制约我国经济和社会发展的关键因素。控制人口数量，提高人口素质，是实现我国社会主义现代化建设宏伟目标和可持续发展的重大战略决策。""计划生育是我们必须长期坚持的基本国策。在实现了人口再生产类型的转变之后，人口与计划生育工作的主要任务将转向稳定低生育水平，提高出生人口素质。"2001 年 12 月，第九届全国人大常务委员会第二十五次会议审议通过了《中华人民共和国人口与计划生育法》，计划生育基本国策有了国家基本法律的保障。这一时期，人口政策主基调还是严格控制人口阶段，人口增长量和人口出生率都呈现急剧下降。

（四）从计划生育转向人口均衡发展阶段

2003 年 3 月，第十届全国人大第一次会议决定，将国家计划生育委员会更名为国家人口和计划生育委员会，新成立的国家人口和计划生育委员会增加了开展人口发展战略研究、制定人口发展规划和促进生殖健康产业发展等职能。计划生育部门的更名，使人口和计划生育系统的业务工作也超越了传统计划生育的职能，从关注计划生育到关注人口发展的转变，从关注生育控制到关注生育服务的转变，人口与计划生育服务成为政府公共服务职能的一部分。2013 年 3 月，国务院机构改革方案设立国家卫生和计划生育委员会，为国务院组成部门，人口与计划生育工作成为新成立的卫计委工作的一部分，而且和强势卫生部门合并，也使人口与计划生育职能弱化了。2018 年 3 月，国务院机构改革方案设立国家卫生健康委员会。3 月 27 日，新组建的国家卫生健康委员会正式挂牌，至此"计划生育"首次从国务院机构名称中消失。不仅是机构名称取消了"计划生育"，计划生育相关内容在国家卫生健康委员会的职能配置、内设机构中也大幅减少。国家卫生健康委员会机构职能中从关注"计划生育"转而关注"生育"，并且不再提及"计划"二字，反映了政府的职能层面和政策层面已经不再以控制人口增长为根本任务。

2010 年 10 月，十七届五中全会审议通过《中共中央关于制定国民经济和社会发展第十二个五年规划的建议》提出了“坚持计划生育基本国策，逐步完善政策，促进人口长期均衡发展”的目标。2011 年“人口均衡”被写入《国家人口发展“十二五”规划》，成为国家战略的一部分。2012 年 10 月，党的十八大报告作出了“坚持计划生育的基本国策，提高出生人口素质，逐步完善政策，促进人口长期均衡发展”的重大战略决策，为我国人口发展指明了方向。

2013 年 11 月，中共十八届三中全会通过《中共中央关于全面深化改革若干重大问题的决定》，启动了“单独二孩”政策，《决定》指出坚持计划生育的基本国策，启动实施一方是独生子女的夫妇可生育两个孩子的政策，逐步完善生育政策，促进人口长期均衡发展。2013 年 12 月，《关于调整完善生育政策的决议》由十二届全国人大常委会第六次会议表决通过，“单独二孩”政策正式实施。

2015 年 10 月 29 日，中共中央十八届五中全会通过的《中共中央关于制定国民经济和社会发展第十三个五年规划的建议》，提出要“促进人口均衡发展”，坚持计划生育的基本国策，完善人口发展战略，全面实施一对夫妇可生育两个孩子政策，同时提出积极开展应对人口老龄化行动。2015 年 12 月，全国人大常委会表决通过了人口与计划生育法修正案，“全面二孩”政策于 2016 年 1 月 1 日起正式实施。人口政策逐渐从控制生育转向人口发展，推动人口与经济社会和资源环境的协调发展。

2020 年 10 月，中共中央十九届五中全会审议通过《中共中央关于制定国民经济和社会发展第十四个五年规划和二〇三五年远景目标的建议》，提出制定人口长期发展战略，优化生育政策，增强生育政策包容性，提高优生优育服务水平，发展普惠托育服务体系，降低生育、养育、教育成本，促进人口长期均衡发展，提高人口素质。从“独生子女”政策，到“单独二孩”政策，到“全面二孩”政策，再到“增强生育政策包容性”，反映了生育政策发生了根本的改变，从控制人口转向人口要与经济社会资源环境相协调的方向发展。

北京大学穆光宗教授对“增强生育政策包容性”这一表述理解是要加快生育政策改革的力度和速度，生育政策要更加尊重生育决策的自主性和生育状态的多样性，以政策的包容性体现生育友好以及优化的价值取向和伦理追求。对生育政策包容性强调反映了从过去以人口为中心，转向以人为中心的政策设计，关注人的发展和选择。

三、中国人口均衡思想的提出

中华人民共和国成立后到70年代初，中国人口经历了快速的增长，与经济和社会发展出现了严重的不平衡。1949—1971年，不包括1959—1961年三年自然灾害期间，人口增长率一直保持快速上升的阶段，1949年到1965年人口自然增长率从16‰到28.5‰，1965年到1971年人口自然增长率都在26‰左右；1960—1965年增加人口6331万，年均增加人口1266万；1965—1970年新增人口10454万，超过一个亿，年均增加人口2091万；1971年比1970年增加人口2237万。与此同时人均耕地面积从1965年的2.14亩下降到1970年的1.48亩，人均粮食1970年比1955年降低了10斤，人口过快增长对人口自身以及经济社会和资源环境都造成了破坏性影响。面对巨大的人口压力，20世纪70年代我国开始推行计划生育政策，努力控制人口的过快增长。计划生育政策迅速抑制了人口过快增长，经过近30年努力，1971—1998年，计划生育政策使我国出生人口减少3.38亿[①]，人均国内生产总值从418元增加到6490元，居民消费水平从227元增加到3094元；1970—1997年，粮食产量从293公斤增加到402公斤，基本上实现了粮食自给。可以看出，计划生育政策改变了人口与经济社会和资源环境之间的不平衡，引导人口向均衡发展。

20世纪80年代以后，随着计划生育政策的推进，特别是计划生育政策越来越以严格控制人口数量作为政策的核心内容，人口数量的增幅迅速

---

① 翟振武：《建设人口均衡型社会》，载《求是》2013年第23期，第57页。

下降。计划生育政策在解决原来人口与经济社会发展不平衡的同时，也带来了新的不平衡，人口内部结构开始出现失衡：

一是人口出生性别比出现失衡。大量统计数据证实，人口出生性别比的正常值为 1. 03~1. 07。1972 年我国出生人口性别比为 1. 07[①]，1987 年增长到 1. 08，之后呈现快速增长，2007 年达到最高 1. 17。2008 年后，出生人口性别比开始出现缓慢下降，2019 年为 1. 10[②]（见表 1. 2），明显高于正常值。2013 年的“单独二孩”政策和 2015 年“全面二孩”政策对出生人口性别比影响较大，出生人口性别比呈现明显下降。当前，出生人口性别比还是高出正常值范围，造成人口出生性别比失衡的根本原因是中国传统文化中对男孩的偏好，直接原因是非法进行非医学需要的胎儿性别鉴定和非法进行性别选择的终止妊娠。

表 1. 2 我国出生人口性别比

年份	出生人口性别比	年份	出生人口性别比
1967	1. 07	2009	1. 17
1972	1. 07	2010	1. 16
1977	1. 07	2011	1. 16
1982	1. 07	2012	1. 16
1987	1. 08	2013	1. 16
1990	1. 10	2014	1. 16
1992	1. 12	2015	1. 14
1997	1. 14	2016	1. 13
2002	1. 16	2017	1. 12
2007	1. 17	2018[③]	—
2008	1. 17	2019	1. 10

注：数据来源于《中国统计年鉴》。

---

① http：//www. kuaiyilicai. com/stats/global/yearly_ per_ country/g_ population_ sex_ ratio_ at_ birth/chn. html.

② 数据来源《2019 年我国卫生健康事业发展统计公报》。

③ 《2018 年我国卫生健康事业发展统计公报》对出生人口性别比表述为 2018 年出生人口性别比稳步下降。

二是人口年龄结构的失衡。进入2000年后，人口开始出现年龄结构的失衡，人口年龄结构呈现出老年型年龄结构。我国人口老龄化呈现四个特征。

第一，人口老龄化水平高。1999年我国60岁以上的老年人口占总人口的比重达到10%，开始步入老龄化社会。2010年60岁以上的老年人口占总人口的13.26%，65岁及以上的老年人口占总人口的比重为8.87%。2019年60岁及以上的老年人口为25388万，占总人口的比重为18.1%；65岁及以上的老年人口17603万，占总人口的比重达12.6%（见表1.3），人口老龄化进程正在加快。世界卫生组织预测，到2050年，中国60岁以上的老人占总人口的比重将达到35%，届时，我国人口老龄化水平比世界平均值高13.8%，将跻身于人口高龄化国家的行列。

第二，老年人口规模大。2019年末65岁以上的老年人口达1.76亿，从1999年到2019年，老年人口净增0.90亿，2000年比1999年新增老年人口142万，2019年比2018年新增老年人口980万。预计到2050年前后，我国老年人口数将达到峰值的4.87亿。到时候，中国老年人口将是世界老年人口的四分之一，中国老年人口数量比发达国家总和还多5000万。

第三，老年人口增速比较快，从世界人口老龄化进程来看，法国用了115年，瑞士用了85年，英国用了80年，美国用了60年，而我国只用了18年（1981—1999年）就进入了人口老龄化社会，而且人口老龄化程度还在加快。

第四，人口老龄化程度高度稳定。在快速老龄化进程结束之后，21世纪下半叶我国人口老龄化将呈现超高水平、高度稳定的老龄社会形态。老年人口规模保持在3.8亿~4.8亿，位居全球老龄化水平最高的国家行列。

人口老龄化的出现对经济社会发展形成了强大的压力。有学者认为，人口老龄化将成为人类社会的常态。它不仅是经济社会发展的必然趋势，也是人口再生产模式从传统型（高出生率—高死亡率）向现代型（低出生率—低死亡率）转变的必然结果，甚至可以说是社会现代化的一个重要标志①。人口老龄化是一个严重的社会问题，还是现代化的重要特征，需要我们客观认识，但是，我国人口老龄化是在经济还不发达的状况下形成的，即“未富先老”，或者说“边富边老”，这也反映了我国人口与经济社会发展的失衡。

表 1.3　1999—2019 年我国人口年龄构成

年份	年末总人口/万人	65 岁及以上人口比重/%	15~64 岁人口比重/%	0~14 岁人口比重/%
1999	125786	6.90	67.70	25.40
2000	126743	6.96	70.15	22.89
2001	127627	7.10	70.40	22.50
2002	128453	7.30	70.30	22.40
2003	129227	7.50	70.40	22.10
2004	129988	7.58	70.92	21.50
2005	130756	7.69	72.04	20.27
2006	131448	7.93	72.32	19.75
2007	132129	8.05	72.53	19.42
2008	132802	8.25	72.80	18.95
2009	133450	8.47	73.05	18.48
2010	134091	8.87	74.53	16.60
2011	134735	9.12	74.43	16.45
2012	135404	9.39	74.15	16.46
2013	136072	9.67	73.92	16.41
2014	136782	10.06	73.45	16.49
2015	137462	10.47	73.01	16.52
2016	138271	10.85	72.51	16.64
2017	139008	11.39	71.82	16.80
2018	139538	11.94	71.20	16.86
2019	140005	12.6	69.6	17.8

注：数据来源于《中国统计年鉴》（1999—2019 年）。

① 彭希哲、胡湛：《公共政策视角下的中国人口老龄化》，载《中国社会科学》2011 年第 3 期，第 122 页。

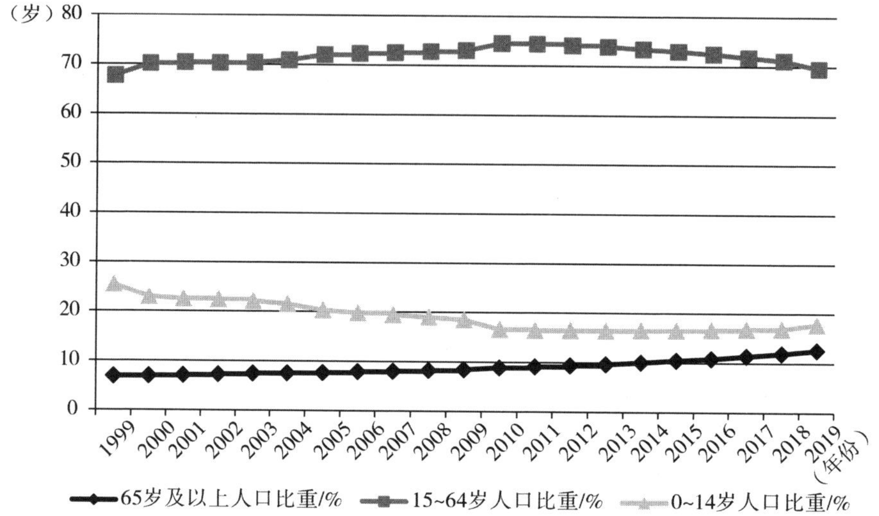

图 1.4　1999—2019 年人口年龄构成

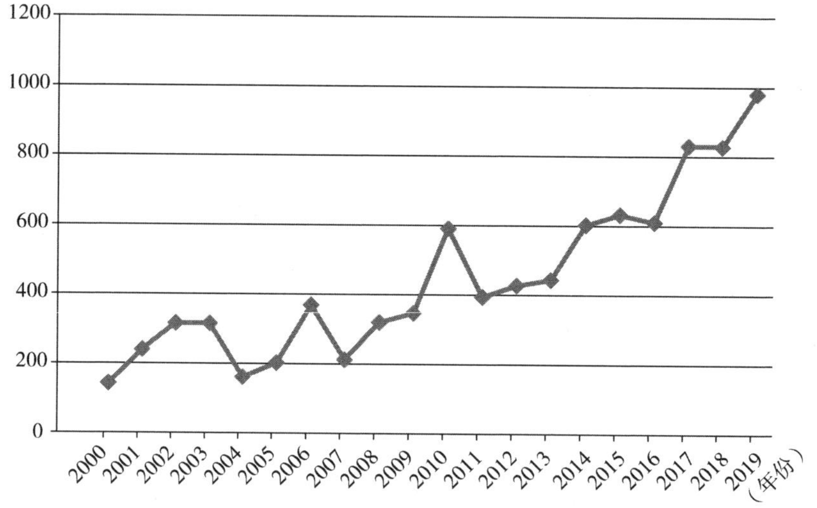

图 1.5　2000—2019 年新增老年人口数量（单位：万人）

三是人口出生率持续走低，新生人口数量少。1990 年以前，人口出生率基本在 20‰以上，1970 年以前更是超过 30‰，20 世纪 90 年代前人口出生率属于“超多子化”阶段。1990 年以来，人口出生率持续下降，1999

年人口出生率下降到14.64‰，低于15‰，进入“少子化”阶段。2002年人口出生率下降到12.86‰，低于13‰，进入“严重少子化”阶段①。2002—2016年，人口出生率虽有波动，但都低于13‰；2009—2011年，人口出生率甚至低于12‰。2012—2016年，人口出生率在波动中有所回升。而2016年后，人口出生率持续下降，2019年人口出生率仅为10.48‰（见表1.4），达到中华人民共和国成立以来的最低值，人口出生率处于“超少子化”阶段。

表1.4　1949—2019年我国人口出生率

年份	人口出生率/‰	少子化程度	年份	人口出生率/‰	少子化程度
1949	36	超多子化	2003	12.41	严重少子化
1965	37.88	超多子化	2004	12.29	严重少子化
1970	33.43	超多子化	2005	12.4	严重少子化
1975	23.01	超多子化	2006	12.09	严重少子化
1980	18.21	多子化	2007	12.1	严重少子化
1985	21.04	超多子化	2008	12.14	严重少子化
1990	21.06	超多子化	2009	11.95	严重少子化
1992	18.24	多子化	2010	11.9	严重少子化
1993	18.09	多子化	2011	11.93	严重少子化
1994	17.7	多子化	2012	12.1	严重少子化
1995	17.12	多子化	2013	12.08	严重少子化
1996	16.98	正常	2014	12.37	严重少子化
1997	16.57	正常	2015	12.07	严重少子化
1998	15.64	正常	2016	12.95	严重少子化
1999	14.64	少子化	2017	12.43	严重少子化
2000	14.03	少子化	2018	10.94	超少子化
2001	13.38	少子化	2019	10.48	超少子化
2002	12.86	严重少子化	-	-	-

① 人口出生率在21.0‰以上为超多子化；21.0‰~19.0‰为严重多子化；19.0‰~17.0‰为多子化；17.0‰~15.0‰为正常；15.0‰~13.0‰为少子化；13.0‰~11.0‰为严重少子化；11.0‰以下为超少子化。

四是妇女总和生育率持续下降，目前已低于更替水平。1950 年妇女总和生育率为 5.81 个，1955 年妇女总和生育率上升到 6.26 个，1960 年下降到 4.02 个，1970 年又上升到 5.81 个，1975 年下降到 3.57 个。从妇女总和生育率来看，1950—1975 年，我国处于“超多子化”和“严重多子化”阶段；到 1980 年，随着计划生育政策的执行，妇女总和生育率就快速下降，多子化逐渐成为历史，1980 年总和生育率为 2.24 个，1985 年则为 2.20 个，1990 年为 2.31 个。1980—1990 年，生育率回归正常化阶段。进入 20 世纪 90 年代，总和生育率继续下滑，进入少子化阶段，进入 21 世纪后，又迅速进入超少子化阶段。2000—2015 年，妇女总和生育率下降到 1.5 个以下，2015 年下降到 1.08 个（见表 1.5）。由于“全面二孩”政策带来的生育堆积效应的影响，2016 年、2017 年的总和生育率一度超过 1.5 个，但 2018 年、2019 年的生育率又降至 1.50 个和 1.47 个，已经跌破警戒线。

表 1.5　1950—2019 年我国妇女总和生育率①

年份	总和生育率（孩）/个	少子化程度	年份	总和生育率（孩）/个	少子化程度
1950	5.81	超多子化	2006	1.22	超少子化
1955	6.26	超多子化	2007	1.31	超少子化
1960	4.02	严重多子化	2008	1.36	超少子化
1965	6.08	超多子化	2009	1.26	超少子化
1970	5.81	超多子化	2010	1.18	超少子化
1975	3.57	严重多子化	2011	1.04	超少子化
1980	2.24	正常	2012	1.26	超少子化
1985	2.20	正常	2013	1.25	超少子化
1990	2.31	正常	2014	1.31	超少子化

① 1950—1995 年，2000 年，2010 年总和生育率数据来源于百度。https：//wenku.baidu.com/view/a9711a5bbceb19e8b9f6ba81.html，2008—2015 年数据来源于《第一财经日报》。https：//finance.qq.com/a/20161123/004026.htm.

续表

年份	总和生育率（孩）/个	少子化程度	年份	总和生育率（孩）/个	少子化程度
1995	1.99	少子化	2015	1.08	超少子化
2000	1.26	超少子化	2016	1.70	严重少子化
2003	1.33	超少子化	2017	大于 1.50	严重少子化
2004	1.34	超少子化	2018	1.50	超少子化
2005	1.21	超少子化	2019	1.47①	超少子化

数据来源：1950—1995 年数据来源于百度，2000—2015 年数据来源于《中国统计年鉴》数据计算而得。

总和生育率也称总生育率，是反映人口发展趋势的最重要指标，是指一个国家或地区的妇女在育龄期间每个妇女平均的生育子女数。2010 年全球平均每个妇女生 2.5 个孩子，发达国家为 1.7 个，最不发达国家为 4.5 个，而扣除中国后的欠发达国家为 3.1 个。中国的总和生育率不到世界平均的一半，而且比发达国家的平均水平还要低许多。总和生育率可以说明生育更替水平，因为它表明了能够替代父母双方所需的平均子女数。总和生育率为 2.1 个即达到了生育更替水平，发展中国家的总和生育率略高一点儿。1995 年以来，我国妇女总和生育率已经远远低于 2.1 个的更替水平。2000 年以来，多数年份总和生育率已经非常低于国际上公认的 1.3 个的“低生育陷阱”。历史经验表明，所有落入这一“陷阱”的国家，都没能再重新达到人口更替水平。即使进一步放松人口生育政策，中国的总和生育率也很难有实质性的改变，人口均衡难于恢复，人口衰退将不可避免。

从我国人口发展的历史来看，人口政策的出发点是控制人口增长过快，从而解决人口与经济、社会和环境之间失衡问题，但是在实际工作中，却是对人口出生的严格控制，这导致老年人口在总人口中的比重相应地增加，从而加快了人口老龄化；严格控制人口的措施抑制人口生育，也

① 这届孩子不想生孩子，http://k.sina.com.cn/article_5617133817_14ecea8f900100qh14.html.

使人们逐步接受少生育的观念，即少子女家庭，甚至独生子女家庭才是家庭的常态。由于人口生育率的下降，降低人口迁移的成本，人们通过社会流动获得更多的收入，又进一步降低了人口生育率，这就导致人口和经济、社会与环境之间出现新的不平衡。因此我们应力求在人口、经济、社会和环境之间寻找一个平衡点，既要控制人口，又要引导人口向均衡方向发展。人口均衡发展思想正是基于人口发展现状的思考，是对人口发展“不均衡”的反思和应对。

第二节　人口均衡发展的理论渊源

人口长期均衡发展的认识是一个长期的过程，也是从不同学科和思想体系中不断获取新的养分的过程，并在实际工作中不断认识和深化，从而形成人口长期均衡发展理论。

一、均衡理论

经济学的均衡理论为人口均衡发展提供了可借鉴的概念。经济的一般均衡是指经济体系中各种要素之间处于相对平衡，是其状态变动的净趋向为零的状态。法国经济学家瓦尔拉斯 1874 年在《纯粹经济学要义》中认为，整个经济体系处于均衡状态时，所有消费品和生产要素的价格将有一个确定的均衡值，它们的产出和供给，将有一个确定的均衡量①。在一般均衡理论的基础上，英国经济学家詹姆斯·米德又提出内部均衡的概念②。米德认为，在开放经济条件下，如果一国经济划分为生产贸易品的贸易部门与生产非贸易品的非贸易部门，那么内部均衡是指对国内商品和劳务的需求足以保证非通货膨胀下的充分就业，即非贸易品市场处于供求均衡状态，也就是说，内部均衡是指国内经济处于无通货膨胀的充分就业状态。

---

① 莱昂·瓦尔拉斯：《纯粹经济学要义》，蔡受百译，商务印书馆 2013 年版。
② 詹姆斯·米德：《国际收支》，李翀译，首都经济贸易大学出版社 2001 年版。

在内部均衡的基础上，研究者将国际收支平衡作为外部均衡进行研究，外部均衡是指一个国家理想的国际收支平衡或者理想的国际收支状态，它不但表现为高水平的国际收支基本平衡，而且表现为内部均衡基础上或以较小的调节成本为代价的国际收支基本平衡。内外部均衡不应是局部的均衡，而应该是一般均衡，亦即内部经济与外部经济相互影响作用下的共同均衡，内部均衡是基础，外部均衡反作用于内部均衡。均衡理论被引入人口学用来研究人口内容要素之间的均衡问题以及人口与外部因素之间的均衡问题，拓展人口研究的领域，也把人口问题的研究从人口本身拓展到一个更加宽广的领域。

二、适度人口理论

马尔萨斯被视为“适度人口”理论的奠基者。1798 年，他出版的《人口原理》提出一个系统分析人口增长与生活资料增长相互关系的理论框架，阐述了人口变动与社会发展的相互关系。他创立了“增长—限制—均衡”的原理。英国经济学家埃德文·坎南于 1888 年出版《初级政治经济学》，从报酬递减规律出发，认为特定时期，固定面积上能生产和获得的最大收益所对应的人口数量是相对固定的，那么处于人口与土地之间的平衡点的人口规模就是适度人口。威克塞尔于 1910 年第一次提出了“适度人口”概念，他的适度人口学说主要讨论一个国家的适度人口规模、工农业生产供养人口的能力和达到适度人口规模的途径。他指出，在一定时期内，一个国家工农业生产潜力允许达到最大生产率和最大福利时所能容纳的人口，就是适度人口规模，并且适度人口规模会随着经济的发展而变动。英国人口学家卡尔-桑德斯 1922 年出版《人口问题：人类进化研究》提出适度人口密度理论，由于他和坎南在理论上具有一致性，他们的理论也被称之为“坎南·桑德斯适度人口理论”。

马克思、恩格斯对适度人口进行了阐述。马克思指出：“社会生产条件只能适应一定数量的人口，这种由一定形式的生产条件的扩展能力所设定的人口限制随着生产条件的变化而变化，或收缩或扩大[①]。”恩格斯在《反杜林论》中指出：“人类数量增多到必须为其增长规定一个限度的这种抽象可能性当然是存在的。但是，如果说共产主义社会在将来某个时候不得不像已经对物的生产进行调整那样，同时也对人的生产进行调整，那么正是那个社会，而且只有那个社会才能毫无困难地做到这点。”马克思认为相对于物质资料生产所需要的适度人口不仅包括人口数量，也包括人口结构、人口质量和空间分布。

与早期的适度人口理论相比，现代人口理论涉及的研究领域更加宽泛，适度人口标准的确定趋于多元化。法国著名人口学家阿尔弗雷·索维 1952 年出版的《人口通论》系统地阐述了适度人口的概念和理论，大大地扩展了“适度人口”概念的内涵，认为“适度人口就是一个以令人满意的方式，达到某项特定目标的人口”，包括经济适度人口、政治适度人口、军事适度人口和文化适度人口[②]。美国人口学家赫茨勒于 1956 年出版代表作《世界人口危机》，指出适度条件是一个动态的条件，任何适度条件经过一段时期之后总要发生变化，因此他认为重要的是研究制定一个综合指数来描述。[③]

三、可持续发展理论

1987 年联合国世界环境与发展委员会在《我们共同的未来》一书中正式提出可持续发展。可持续发展强调既要满足当代人的需求，又不对后代人满足其自身需求的能力构成危害的发展。[④] 可持续发展理念包括两大方面的内容：一是对传统发展方式的反思与批判；二是对规范的可持续发展模式的更改设计。可持续发展具体表现在：工业应当是高产低耗的，能源应当被清洁利用、粮食需要保障长期供给，人口与资源应当保持相对平衡等。可持续发展强调把发展与环境作为一个有机的整体，试图从根本上变

① 《马克思恩格斯全集》第 46 卷（下），人民出版社 1975 年版。
② 阿尔弗雷·索维：《人口通论》，商务印书馆 1978 年版。
③ 赫茨勒：《世界人口危机》，商务印书馆 1965 年版。
④ 世界环境与发展委员会：《我们共同的未来》，吉林人民出版社 1997 年版。

革人类社会经济的发展方式，降低单位产值的资源消耗与能源消耗，使人类发展的需求与资源的供给、环境的承载相适应。

1992 年联合国在里约热内卢召开的“环境与发展大会”，通过了以可持续发展为核心的《里约环境与发展宣言》《21 世纪议程》等文件，里约会议是可持续发展从理论走向实践的全新标志。《21 世纪议程》要求各国制定和组织实施相应的可持续发展战略、计划和政策，迎接人类社会面临的共同挑战。执行《21 世纪议程》不但促使各个国家走上可持续发展的道路，还将使各国加强国际合作，促进经济发展和保护全球环境。

2015 年 9 月，第 70 届联合国大会一致通过了《2030 年可持续发展议程》。可持续发展目标述及发达国家和发展中国家人民的需求并强调不会落下任何一个人。新议程范围涉及可持续发展的三个层面：社会、经济和环境，以及与和平、正义和高效机构相关的重要方面。《2030 年可持续发展议程》于 2016 年 1 月 1 日正式启动。新议程呼吁各国现在就采取行动，为今后 15 年实现 17 项可持续发展目标而努力。国家主席习近平在第 70 届联大发言，提出“坚持走绿色、低碳、循环、可持续发展之路”。2016 年 9 月，我国制订发布了《中国落实 2030 年可持续发展议程国别方案》。2016 年 12 月，国务院正式印发了《中国落实 2030 年可持续发展议程创新示范区建设方案》，积极落实 2030 年可持续发展议程，以可持续发展理念为引领，以创新为第一动力，促进经济社会协调发展。

四、科学发展观

中共中央总书记胡锦涛在 2003 年 7 月 28 日的讲话中提出“坚持以人为本，树立全面、协调、可持续的发展观，促进经济社会和人的全面发展”，按照“统筹城乡发展、统筹区域发展、统筹经济社会发展、统筹人与自然和谐发展、统筹国内发展和对外开放”的要求推进各项事业的改革和发展。这就是科学发展观，党的十七大把科学发展观写入党章。

科学发展观是党中央从新世纪、新阶段的实际出发，着眼于把握发展规律、丰富发展内涵、创新发展理念的指导思想，是我国经济社会发展的重要指导方针，是发展中国特色社会主义必须坚持和贯彻的重大战略思想。科学发展观坚持全面可持续发展的基本要求，是对人类发展的客观要求和一般规律的深刻认识与理论升华。实践科学发展观，必须在坚持以经济建设为中心的基础上，全面推进政治、经济、文化、生态建设，实现经济发展与社会全面进步，科学发展观坚持协调发展，统筹城乡发展、统筹区域发展、统筹经济社会协调发展、统筹人与自然和谐发展、统筹国内发展与对外开放，推进生产力与生产关系、推动经济基础和上层建筑相协调，推进经济、政治、文化建设协调发展。坚持科学发展观就是要确保人口实现均衡发展，促进人口内部均衡和外部均衡。

五、新发展理念

“创新、协调、绿色、开放、共享”的新发展理念是习近平总书记根据我国社会发展现状和发展阶段作出的科学判断，它遵循着一切从实际出发的原则。新发展理念是对我国国情与发展的高度总结，它的思想和实践理念是建立在现实基础上的，遵循着我国发展的客观规律，也体现了要以客观现实的发展提出相应的理论和思想。新发展理念的提出，体现了与时俱进的思想品格，并且在正确发展理念的指引下，彰显出更强大的生命力。

“创新”关注的更多是发展的动力问题，国内经济发展方式在整体上仍属粗放型，并且企业的创新能力不足带来的耗能大、低效率等一些问题依然形势严峻，国家引导创新是现实发展的要求，也是为了引导国内企业更好地适应国际市场竞争环境。“协调”所要解决的是经济发展的不平衡问题，这里的“不平衡”既指经济产业结构发展的不平衡，也指东西部地域发展的不平衡问题。“绿色”注重的是在社会发展和经济发展中人与自然之间的关系处理问题，我国自然资源的储存危机已经不能支撑经济的高能耗发展，并且随着环境问题的凸显，这已经不单单是经济发展问题，而是人的生存问题，绿色发展是经济和社会健康发展的必然要求。“开放”体现了内外联动发展的必然要求。随着改革开放的不断深入，以及社会主义市场经济体制的不断深化，开放是我国必须坚持的发展理念，这既是我国发展的必然要求，也是世界未来发展的必然趋势。“共享”是要解决社会的公平与正义问题。发展成果由人民共享，这是由我国国家性质、党的性质以及国家发展目标来决定的。人民对于公平正义的呼唤，是社会主义民主发展的必然要求，也是社会发展中解决民生问题和不公平问题的必然反映。

第三节　人口均衡发展的内涵

为了统筹解决人口问题，《国家人口发展战略研究报告（2007）》提出新时期人口发展战略，坚持以人为本，推进制度创新，优先投资于人的全面发展，稳定低生育水平，提高人口素质，改善人口结构，引导人口合理分布，保障人口安全，实现人口大国向人力资本强国的转变，实现人口与经济社会资源环境的协调和可持续发展。2008 年 3 月，国家人口计生委提出“两个统筹”的思想：一是统筹人口数量、素质、结构、分布等各要素之间的关系，实现人口长期均衡发展；二是统筹人口与经济、社会、资源、环境的关系，实现全面协调可持续发展。2008 年 4 月，国家人口计生委主任李斌指出，在“十一五”期间保持现行生育政策稳定的基础上，对人口发展作出百年预测，根据因地制宜、分类指导、总体稳定、适度微调的原则，制定战略性规划，促进人口长期均衡发展。2015 年《中共中央关于制定国民经济和社会发展第十三个五年规划的建议》将“促进人口均衡发展”作为“十三五”规划的重要目标，2017 年十九大报告进一步指出，要促进生育政策和相关经济社会政策配套衔接，加强人口发展战略研究。人口长期均衡发展已经成为我国人口政策的出发点和立足点。

一、人口均衡

人口问题是经济社会系统中最基本的变量。人口均衡的含义，不同学者表述不完全相同。穆光宗指出人口均衡是指人口系统构成要素相互匹配、互为依存、动态协调和协同发展的状态，其外延包括人口的性别结构、年龄结构和分布结构相对平衡的状态[①]。翟振武等人认为，人口均衡至少包括两层含义：一是人口作为一个整体，应与外部的经济、社会、资源和环境等各因素的发展相平衡；另一层含义是指相对于人口内部而言，人口的规模、素质、结构等各要素都要达到各自的理想状态[②]。杨宜勇认为人口均衡应该包括“时间均衡、空间均衡、经济均衡、性别均衡、素质均衡、城乡均衡、年龄均衡、种族均衡等多个维度”。[③] 李建民从狭义和广义的角度解释人口均衡，狭义人口均衡是指一个国家或地区人口各要素及其变化之间的动态平衡，广义人口均衡则包括狭义人口均衡的含义外，还延伸到人口发展与社会经济及资源环境的关系向更高级均衡状态发展的过程[④]。

从上述学者的论述来看，人口均衡的主要特征包括：一是人口均衡是内部与外部均衡的统一，人口均衡是人口自身系统及其与外部系统之间要保持长期均衡的发展状态，要求人口发展与经济社会变化相互适应，还必须与资源环境系统的生产和供养能力相互协调；二是人口均衡是一种动态的均衡，即人口内部均衡与外部均衡是动态的过程，不只是短期均衡，而是一个较长时期（中长期）的均衡，是人口的内、外部系统在相互影响、相互制约下的动态平衡。

二、人口内部均衡

人口均衡首先是人口内部均衡。人口不仅有数量的规定，还有质量、结构的要求。人口内部均衡就是指人口规模、人口质量和人口结构等三个基本的人口要素之间的平衡。人口内部均衡表现为：人口规模适当，人口质量优良，人口结构合理，且三者相互协调。人口数量是指在一定时期内

---

① 穆光宗：《构筑人口均衡发展型社会》，载《北京大学学报》2011 年第 3 期，第 128 页。

② 翟振武、杨凡：《中国人口均衡发展的状况与分析》，载《人口与计划生育》2010 年第 8 期。

③ 王钦池：《促进人口均衡发展 建设人口均衡型社会——中国人口与发展咨询会（2010）观点综述》，载《人口与计划生育》2010 年第 7 期。

④ 李建民：《论人口均衡发展的概念与要义》，载《人口研究》2010 年第 3 期，第 45 页。

人口自身繁衍所达到的人口规模，一定规模的人口数量要求人口作为生产者和资源消耗者双重身份能够保持协调；人口质量是指在一定的社会生产力条件下、一定社会制度下，人们所具备的身体素质、思想道德和科学文化素质的水平，人口质量要与经济社会发展相适应；人口结构主要包括人口年龄结构和性别结构，人口年龄结构和性别结构应保持在一个相对合理的范围，否则将会引发社会问题。

三、人口外部均衡

人口外部均衡是指人口与经济、社会、资源和环境等人口自身之外的系统之间相互协调和持续发展达到了一种平衡状态。

人口与经济发展的均衡。经济是人口存在和发展的基础，经济发展水平和发展方式制约着人口再生产的规模、增长速度和内在结构等方面的转变，人口发展状况也直接影响着经济发展的水平，人口与经济之间存在着相互影响和协同发展的关系。

人口与社会发展的均衡。人口发展是社会发展的重要内容，人口是社会存在与发展的基础，正如马克思和恩格斯所指出的，“全部人类历史上的第一个前提无疑是有生命的个人的存在”。但是人口并非越多越好，人口增长与社会发展水平相协调，才能有益于社会发展。社会发展水平也制约着人口问题的解决。

人口与资源的均衡。资源是人类社会生存与发展的物质基础和能量源泉。人口增长与随之相伴随的资源开发和利用，促进了经济社会的发展。无论哪种资源，总体上都是稀缺的，随着经济的发展，人类对资源消耗产生的“加权效应”呈增强态势，从而导致资源短缺加剧，形成人口与资源的紧张关系。

人口与环境的均衡。生态环境是人类进行生产和生活的场所，是人类赖以生存的物质基础，人类与环境形成了一个多层次、多单元的复合系统。随着人口的迅速增长和社会生产力的发展，人类“征服自然”的手段越来越多，城市化的迅速推进，对生物圈内的生产、消费、分解、还原实行全面干预。从人类角度来看，我们取得了巨大胜利；从自然界角度看，环境受到越来越严重的伤害。因此，我们必须保持生物链不受损害，摆正人类和人类活动在自然界的位置，维护生态系统的平衡。

人口的空间均衡。人口的空间均衡是指人口规模、结构、素质在空间分布状况能否与其所在的地域空间单元的经济社会资源环境之间达成平衡。主要包括人口规模的空间分布、人口结构的空间分布和人口素质的空间分布，人口的空间分布要能够与一定地域空间范围内的经济发展、社会福利、教育发展和基础设施建设水平达到一个相对均衡的状态。

第二章 人口均衡发展评价体系构建及对江苏省的评价

第一节 人口均衡发展指标体系

一、既有的指标体系

（一）钱芳莉的指标体系

钱芳莉在对珠海市人口均衡型社会研究中提出一个理论框架①。她指出“人口均衡型社会”包括内部均衡和外部均衡两个方面，其中，内部均衡作为模型构造的前提和基础，主要针对人口自身系统的均衡，即人口数量、质量、结构、分布的均衡；而外部均衡则反作用于内部均衡，主要体现在人口自身系统与经济、社会、资源、环境之间的相互协调和持续发展，提出“人口均衡型社会”模型要从长期性、动态性、相对性和系统性四个角度进行分析。在她的模型中，内部均衡主要包括人口规模、结构、分布、死亡、生育、迁移等，外部均衡包括经济、社会、资源、环境、医疗、地理、生物、健康、生态、民族等，人口内部均衡和人口外部均衡是相互联系、相互影响的过程。

① 钱芳莉：《珠海市构建人口均衡型社会的实证研究》，载《暨南学报》2012年第6期，第104-113页。

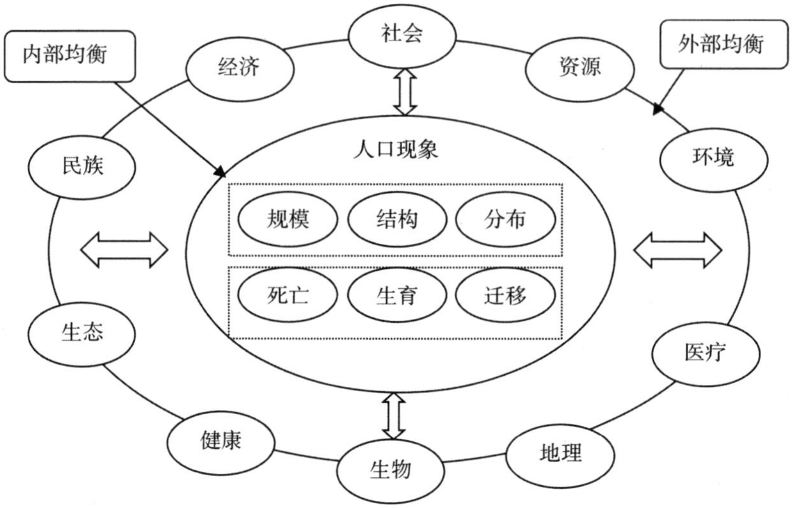

图 2.1　人口均衡社会的理论框架

（二）周炎炎的指标体系

周炎炎的成都市人口均衡发展研究框架，是通过结合专家意见、层次分析法和熵权法构建的模型①。

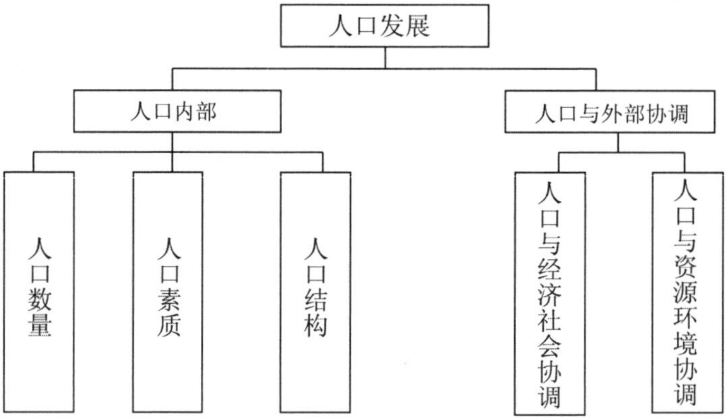

图 2.2　成都人口与均衡发展评价模型的理论分析框架

① 周炎炎：《城市人口均衡发展监测度指标体系模型与实证》，载《统计与决策》2015 年第 24 期，第 39-43 页。

表 2.1　成都市人口均衡发展监测度指标体系模型

要素	核心监测指标	指标归一化权重
人口数量	自然增长率	0.0789
人口素质	人口平均预期寿命	0.1056
	每万人在校大学生数	0.1062
人口结构	老年人口比例	0.1057
	城镇人口比例	0.1059
	第三产业就业人口比例	0.0977
人口与经济社会协调	人均 GDP	0.1016
	城乡收入比	0.1043
人口与资源环境协调	人均耕地面积	0.0954
	人均公共绿地面积	0.0987

在人口内部与外部均衡发展状况考察中，通过计算人口内部发展指数和人口外部发展指数的协调度指数来客观展现，计算步骤如下：

首先，采集不同年份的相应指标数据，并对数据进行标准化处理，数据标准化处理公式为：

正向指标：$Z_i = \dfrac{X_i - X_{min}}{X_{max} - X_{min}}$，$i = 1, 2, 3, \cdots, n$　　（公式 2.1）

负向指标：$Z_i = \dfrac{X_{max} - X_i}{X_{max} - X_{min}}$，$i = 1, 2, 3, \cdots, n$　　（公式 2.2）

其中，Z_i 为数据标准化值，X_i 为数据原始值，X_{max} 为原始数据组中最大值，X_{min} 为原始数据组中最小值。

其次，将人口内部发展指数和人口外部发展指数分别记为两个评价函数 f（pin）和 f（pex），然后计算二者协调系数（其中 k 为调节系数）：

$$C = \left[\frac{f(pin) \times f(pex)}{\left(\dfrac{f(pin) + f(pex)}{2} \right)^2} \right]^k \qquad \text{（公式 2.3）}$$

再次，计算人口协调系数（其中 α 和 β 分别代表两个要素的权重）：

$$F = \alpha f(pin) + \beta f(pex) \quad \text{（公式 2.4）}$$

最后，计算人口均衡发展指数：

$$D = \sqrt{C \times F} \quad \text{（公式 2.5）}$$

最终将人口发展各指标标准化数据代入公式 2.3、2.4、2.5，即可求得人口协调系数和人口均衡发展指数，以此来量化人口均衡发展状况。

（三）国家人口和计划生育委员会发展规划与信息司的指标体系

国家人口和计划生育委员会发展规划与信息司主编《促进人口长期均衡发展研究——人口发展战略与“十二五”规划研究报告之一》[①] 提出人口长期均衡发展评价模型。其设计思路是，借鉴可持续发展理论与已有的评价指标体系，建立以人口全面发展为核心，资源、环境、社会、经济协调一致，和谐发展的动态评价指标体系；并通过计算机技术建立评价体系平台，实现长期均衡评价和动态监测。人口长期均衡发展评价监测模型要实现三方面的功能：一是描述和反映一定时期内国家和区域的人口均衡发展的综合水平或状况；二是评价和监测一定时期内国家和区域人口均衡发展的趋势和速度；三是综合衡量国家和区域不同子系统之间的均衡发展程度。

1. 建构人口均衡发展评价模型体系。包括总目标层、子目标层、一级指标、二级指标、三级指标。子目标层包括人口子系统、资源子系统、环境子系统、经济子系统和社会子系统五个方面（见图 2.3）。五个子系统以人口子系统为核心，相互作用、相互影响，形成整个系统的均衡状态与均衡发展评价，以这五个系统为基础，可形成五个完整的评价体系与评价模型。模型框架见图 2.3，各级指标构成见表 2.2。

① 国家人口和计划生育委员会发展规划与信息司编：《促进人口长期均衡发展研究——人口发展战略与“十二五”规划研究报告之一》，中国人口出版社 2010 年版。

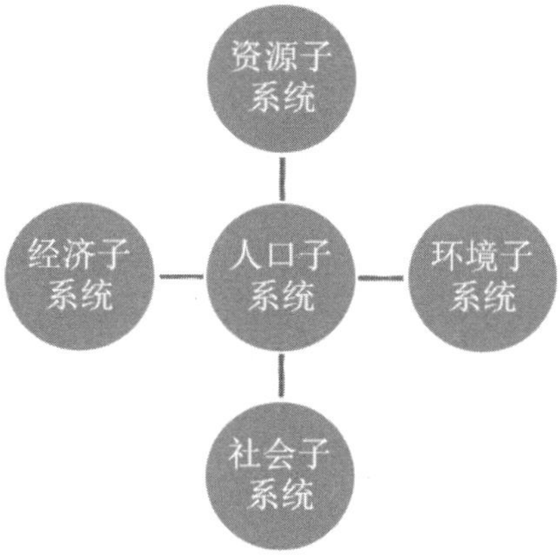

图 2.3　人口、资源、环境、经济和社会系统图

表 2.2　人口长期均衡发展评价监测模型框架

<table>
<tr><td rowspan="16">人口均衡发展总体分布</td><td rowspan="4">人口子系统</td><td>人口规模指数</td></tr>
<tr><td>人口结构指数</td></tr>
<tr><td>人口素质指数</td></tr>
<tr><td>生育政策指数</td></tr>
<tr><td rowspan="2">资源子系统</td><td>资源禀赋指数</td></tr>
<tr><td>资源利用指数</td></tr>
<tr><td rowspan="3">环境子系统</td><td>环境状态指数</td></tr>
<tr><td>环境压力指数</td></tr>
<tr><td>环境治理指数</td></tr>
<tr><td rowspan="3">经济子系统</td><td>经济问题指数</td></tr>
<tr><td>经济结构指数</td></tr>
<tr><td>经济效益指数</td></tr>
<tr><td rowspan="4">社会子系统</td><td>社会结构指数</td></tr>
<tr><td>生活质量指数</td></tr>
<tr><td>基础建设指数</td></tr>
<tr><td>社会治安指数</td></tr>
</table>

2. 评价模型计算。一是子系统得分。指标权重计算，子系统内的一级

指标的权重通过层次分析法或等权重得出，各一级指标的二级指标或三级指标的权重则通过主成分分析法得出，即首先通过主成分分析法得出正交向量或标准化正交向量及各主成分的贡献率，其次再对特征向量矩阵中的元素取绝对值后乘以其贡献率，将其得出的数值归一化后便得到我们所要求的权重值。二是目标值确定。我们将子系统的各二级或三级指标的目标值定为该指标各年份各地区的历史最大值（逆向指标定为最小值）或中间值。指标得分的计算如下：

正向指标得分公式：

$$\frac{x_i - \min(x_i)}{\max(x_i) - \min(x_i)} \times 100 \qquad \text{（公式 2.6）}$$

负向指标得分公式：

$$100 - \frac{\max(x_i) - x_i}{\max(x_i) - \min(x_i)} \qquad \text{（公式 2.7）}$$

对于中间值指标，其在目标区间内得分为满分，大于该区间上限时为负向指标，小于该区间下限时为正向指标。

3. 人口均衡发展的综合评价。计算出各子系统的得分，可进一步通过加总得到一个国家或区域的综合评价，计算综合评价的方法就是对各个子系统得分取算术平均数。

4. 人口均衡发展的均衡度评价。对于各个子系统来说，需要从协调性的角度进行总体评价。人口均衡发展理解为各个子系统之间的协调发展，各个子系统之间的均衡状态定义为各个子系统综合发展水平上的相似，而均衡测试是反映各个子系统之间发展的协调程度的一个测试，均衡度模型如下：

$$C = \exp(-2v) * 100 \qquad \text{（公式 2.8）}$$

$$v = \frac{\left[\frac{1}{n}\sum_{i=1}^{n} (f(x_i) - f)^2\right]^{\frac{1}{2}}}{f} \qquad \text{（公式 2.9）}$$

$$f = \frac{1}{n}\sum_{i=1}^{n} \int (x_i) \qquad \text{（公式 2.10）}$$

其中 v 为差异系数，C 为均衡测试，简称均衡度。

（四）李华、申稳稳和俞书伟的指标

表 2.3　李华、申稳稳和俞书伟的指标框架

	一级指标	三级指标
山东省经济发展人口—资源—环境协调度评价指标体系	经济子系统 D	国内生产总值 D1
		人均国内生产总值 D2
		第一产业国内生产总值 D3
		第二产业国内生产总值 D4
		全社会固定资产投资 D5
		外贸进出口总额 D6
		在岗职工平均工资 D7
	人口子系统 F	总人口 F1
		从业人员人数 F2
		第一产业从业人数 F3
		第二产业从业人数 F4
		在校学生数 F5
		人口自然增长率 F6
		全职职工人数 F7
		老年负担系数 F8
	资源子系统 R	资源消耗总量 R1
		人均日生活用水量 R2
		人均公共绿地面积 R3
		耕地面积 R4
		农作物播种面积 R5
	环境子系统 E	工业用水排放达标率 E1
		工业固体废物利用率 E2
		工业废水排放量 E3
		工业废气排放量 E4
		工业固体废弃物排放量 E5

李华、申稳稳和俞书伟在《关于山东经济发展与人口-资源-环境协调度评价》构建山东经济发展与人口、资源、环境协调度指标体系中，运用主成分分析法分别计算出经济发展、人口、资源和环境各系统的协调发展水平，最后通过经济、人口资源和环境各子系统赋予不同的权重确定山东省总体协调度。采取层次分析法计算出各子系统的权重，经济系统和资源系统的权重为30%，人口和环境系统的权重为20%。山东省经济发展与人口、资源和环境的协调度为[①]：

$$H = 0.3 \times D + 0.2 \times P + 0.3 \times R + 0.2 \times E \quad (公式 2.11)$$

（五）刘志、李国平等的指标体系

刘志、李国平等在《人口长期均衡发展——北京的战略选择》一书提出人口均衡发展的模型[②]。将人口均衡发展评价指标体系分解成两个子系统，即人口内部均衡子系统和人口外部均衡子系统，将人口与经济、社会、资源和环境有机结合在一起，形成一个三级人口均衡发展评价指标体系。指标体系包括5个一级指标，15个二级指标和27个三级指标（见表2.4）。

表2.4 人口均衡发展评价指标体系

子系统	一级指标	权重	二级指标	权重	三级指标	权重	备注
内部子系统	人口内部均衡发展指数	1/5	人口规模	1/15	人口自然增长率	1/30	(*)
					人口净迁移率	1/30	(*)
			人口结构	1/15	出生人口性别比	1/45	(*)
					65岁以上人口占总人口的比重	1/45	(-)
					0~14岁人口占总人口的比重	1/45	(+)
			人口素质	1/15	平均预期寿命	1/30	(+)
					平均受教育年限	1/30	(+)

① 李华、申稳稳和俞书伟：《关于山东经济发展与人口-资源-环境协调度评价》，载《东岳论坛》2008年第3期，第75-79页。

② 刘志、李国平，等，编著：《人口长期均衡发展——北京的战略选择》，科学出版社2013年版。

续表

子系统	一级指标	权重	二级指标	权重	三级指标	权重	备注
外部子系统	人口与经济均衡发展指数	1/5	经济实力	1/10	人均国内生产总值	1/10	(+)
			经济结构	1/10	网民普及率	1/20	(-)
					第二、三产业人口比例	1/20	(+)
	人口与社会均衡发展指数	1/5	文化教育	1/20	教育支出占国内生产总值的比重	1/40	(+)
					互联网用户数	1/40	(+)
			医疗卫生	1/20	每千人拥有医护人员数	1/20	(+)
			社会保障	1/20	城镇养老保障覆盖率	1/40	(+)
					城镇登记人口失业率	1/40	(-)
			公平发展	1/20	基尼系数	1/40	(-)
					城乡人均收入比	1/40	(-)
	人口与资源均衡发展指数	1/5	土地	1/15	人口密度	1/30	(-)
					人均耕地面积	1/30	(+)
			能源	1/15	年人均用电量	1/15	(-)
			水资源	1/15	年人均水资源占有量	1/15	(+)
	人口与环境均衡发展指数	1/5	大气环境	1/15	SO_2浓度	1/45	(-)
					空气质量二级以上天数占全年比例	1/45	(+)
					PM2. 5	1/45	(-)
			水环境	1/15	Ⅰ~Ⅲ类水质占监测总长度的比例	1/15	(+)
			生态环境	1/15	人均公园绿地面积	1/30	(+)
					森林覆盖率	1/30	(+)

注：“*”表示适度指标，“-”表示负向指标，“+”表示正向指标。

指标体系的权重如下，5个一级指标分别占1/5，15个二级指标和27个三级指标则分别根据所从属的上一级指标进行简单评分权重。

第二节　江苏省人口均衡发展的评价与比较

一、指标体系

在考虑可比性和数据获得方面，本书采用刘志和李国平等人的指标体系，并在此基础上进行个别调整，调整后的指标体系如下：

表 2.5　人口均衡发展评价指标体系

子系统	一级指标	权重	二级指标	权重	三级指标	权重	备注
内部子系统	人口内部均衡发展指数	1/5	人口规模	1/15	人口自然增长率	1/30	(*)
					人口净迁移率	1/30	(*)
			人口结构	1/15	人口性别比	1/45	(*)
					65 岁以上人口占总人口的比重	1/45	(-)
					0~14 岁人口占总人口的比重	1/45	(+)
			人口素质	1/15	平均预期寿命	1/30	(+)
					平均受教育年限	1/30	(+)
外部子系统	人口与经济均衡发展指数	1/5	经济实力	1/10	人均国内生产总值	1/10	(+)
			经济结构	1/10	产业结构偏离度	1/20	(-)
					第二、三产业从业人口比例	1/20	(+)
	人口与社会均衡发展指数	1/5	文化教育	1/20	教育支出占国内生产总值的比重	1/40	(+)
					互联网用户数	1/40	(+)
			医疗卫生	1/20	每千人拥有医护人员数	1/20	(+)
			社会保障	1/20	城镇养老保障覆盖率	1/40	(+)
					城镇登记人口失业率	1/40	(-)
			公平发展	1/20	恩格尔系数	1/40	(-)
					城乡人均收入比	1/40	(-)

续表

子系统	一级指标	权重	二级指标	权重	三级指标	权重	备注
外部子系统	人口与资源均衡发展指数	1/5	土地	1/15	人口密度	1/30	(-)
					人均耕地面积	1/30	(+)
			能源	1/15	年人均用电量	1/15	(-)
			水资源	1/15	年人均水资源占有量	1/15	(+)
	人口与环境均衡发展指数	1/5	大气环境	1/15	SO_2浓度	1/30	(-)
					空气污染指数	1/30	(-)
			水环境	1/15	Ⅰ~Ⅲ类水质占监测总长度的比例	1/15	(+)
			生态环境	1/15	人均绿地面积	1/30	(+)
					森林覆盖率	1/30	(+)

注："*"表示适度指标，"-"表示负向指标，"+"表示正向指标。

（一）人口内部均衡发展代表性指标

人口内部均衡发展主要包括三个方面：人口规模、人口结构和人口素质，其中人口规模主要选择人口规模变动指标：人口自然增长率和人口净迁移率；人口结构包括性别结构、年龄结构；人口素质包括平均预期寿命、平均受教育年限。

（二）人口与经济均衡代表性指标

人口与经济均衡发展指标主要包括：经济实力和经济结构。经济实力主要用人均 GDP 来表示；经济结构包括产业结构偏离度，第二、三产业从业人口比例。

（三）人口与社会均衡代表性指标

人口与社会均衡发展主要包括文化教育、医疗卫生、社会保障和公平发展四个方面。其中，文化教育包括教育支出占 GDP 的比重和网民普及率；医疗卫生包括每千人拥有医护人员数；社会保障包括城镇养老保障覆盖率和城镇登记人口失业率；公平发展包括恩格尔系数和城乡人均收入比。

（四）人口与资源均衡代表性指标

人口与资源均衡发展包括三个方面：土地、能源和水资源。其中土地包括人口密度和人均耕地面积；能源指年人均用电量；水资源指年人均水资源占有量。

（五）人口与环境均衡代表性指标

人口与环境均衡发展包括三个方面：大气环境、水环境、生态环境。其中，大气环境包括 SO_2 浓度、空气污染指数；水环境指Ⅰ~Ⅲ类水质占监测总长度的比例；生态环境包括人均绿地面积和林木覆盖率。

二、数据来源与分析

（一）数据来源

本书采用的数据主要是2000—2019年的《江苏省统计年鉴》《江苏省经济与社会发展统计公报》，2010年《江苏省人口普查资料》、2015年《江苏省1%人口抽样调查资料》。资源和环境的数据有部分来自相应部门的年报数据。

（二）数据标准化

依据设置的评价指标体系搜集所需要的数据，并计算各三级指标分值，针对正向指标采用平均值标准化的方法进行原始数据无量纲化处理。平均值标准化的具体公式如下：

$$X_i' = \frac{n \cdot X_i}{\sum_{i=1}^{n} X_i},\ i = 1,\ 2,\ \cdots,\ n \qquad \text{（公式 2.12）}$$

式中，i 表示第 i 个年份，X_i 表示每个三级指标中第 i 个年份的原始数值，X_i' 表示每个三级指标中第 i 个年份的标准化数值。

针对负向指标先取其倒数，再用标准化的方法进行原始数据的无量纲化处理，其平均值标准化的具体公式如下：

$$X_i' = \frac{n \cdot \frac{1}{X_i}}{\sum_{i=1}^{n} \frac{1}{X_i}},\ i = 1,\ 2,\ \cdots,\ n \qquad \text{（公式 2.13）}$$

式中，i 表示第 i 个年份，X_i 表示每个三级指标中第 i 个年份的原始数值，X_i' 表示每个三级指标中第 i 个年份的标准化数值。

针对适度指标先取其与理想值的差值，再采用标准化的方法进行原始数据的无量纲化处理，其平均值标准化的具体公式如下：

$$X_i' = \frac{n \cdot | X_i - X_{best} |}{\sum_{i=1}^{n} | X_i - X_{best} |},\ i = 1,\ 2,\ \cdots,\ n \qquad (公式 2.14)$$

式中，i 表示第 i 个年份，X_i 表示每个三级指标中第 i 个年份的原始数值，X_{best} 表示每个三级指标中第 i 个年份的理想值，X_i' 表示每个三级指标中第 i 个年份的标准化数值。

本章设置的所有指标中只有 3 个三级指标是适度指标（见表 2.5），其中，人口自然增长率的理想值为 0，人口净迁移率的理想值为 0，人口性别比的理想值为 105。

三、江苏省人口均衡发展的比较分析

（一）江苏省人口内部均衡发展指数

人口内部均衡发展指数的计算公式为：

$$P = \sum_{i=1}^{m} W_i \cdot P_i\ ; \qquad (公式 2.15)$$

$$P_i = \sum_{j=1}^{n} W_j \cdot P_{ij},\ i = 1,\ 2,\ 3;\ j = 1,\ 2,\ 3 \qquad (公式 2.16)$$

式中，P 代表人口内部均衡发展指数，P_i 代表人口内部均衡的二级指标，W_j 代表三级指标的权重，W_i 代表二级指标的权重，P_{ij} 代表二级指标 P_i 所包含的三级指标。

表 2.6　2000—2019 年江苏省人口内部均衡指标值

年份	人口自然增长率/‰	人口净迁移率/%	人口性别比	65 岁以上人口占总人口的比重/%	0～14 岁人口占总人口的比重/%	年龄中位数/岁	平均受教育年限/年
2000	2.56	3.65	102.58	8.84	19.63	33.58	7.63
2001	2.41	3.68	102.51	10.25	19.01	–	–
2002	2.18	3.90	102.7	9.89	18.8	35.96	7.39
2003	2.01	4.10	102.52	11.34	17.02	37.78	7.49
2004	2.25	4.40	102.72	10.72	16.33	37.89	7.61
2005	2.21	4.62	100.08	10.87	15.54	38.01	7.92
2006	2.28	4.62	100.09	10.96	14.68	38.87	8.03
2007	2.3	5.02	100.08	11.37	14.3	39.27	8.21
2008	2.3	5.06	100.11	11.51	13.58	39.76	8.23
2009	2.56	5.27	100.16	11.94	13.01	40.62	8.33
2010	2.85	5.39	101.52	10.89	13.01	38.52	8.94
2011	2.61	5.12	101.44	11.39	13.27	40.01	8.92
2012	2.45	4.85	101.42	11.77	13.16	40.34	9.01
2013	2.43	4.24	101.39	12.6	13.11	41.24	9.17
2014	2.43	3.58	101.37	13.24	13.62	41.77	9.09
2015	2.02	3.35	101.34	12.69	13.56	40.31	9.21
2016	2.73	2.87	101.33	14.04	14.43	42.52	9.23
2017	2.68	3.02	101.32	15.12	14.06	43.54	9.24
2018	2.29	2.79	101.29	14.03	13.86	43.41	9.11
2019	2.08	2.69	101.27	14.69	13.94	44.79	9.34

运用公式 2.12、公式 2.13、公式 2.14 对 2000—2019 年人口内部均衡指标值（见表 2.6）进行数据标准化，得到人口内部均衡数据标准化值，结果见表 2.7：

表 2.7　2000—2019 年江苏省人口内部均衡数据标准化值

年份	人口自然增长率	人口净迁移率	人口性别比	65 岁以上人口占总人口的比重	0～14 岁人口占总人口的比重	平均预期寿命	平均受教育年限
2000	1.075	0.888	0.665	1.323	1.318	0.842	0.894
2001	1.012	0.895	0.684	1.141	1.276	–	–
2002	0.915	0.949	0.632	1.183	1.262	0.901	0.866
2003	0.844	0.997	0.682	1.031	1.143	0.947	0.878
2004	0.945	1.070	0.627	1.091	1.096	0.950	0.892
2005	0.928	1.124	1.352	1.076	1.043	0.953	0.928
2006	0.957	1.124	1.350	1.067	0.985	0.974	0.941
2007	0.966	1.221	1.352	1.029	0.960	0.984	0.962
2008	0.966	1.231	1.344	1.016	0.912	0.996	0.965
2009	1.075	1.282	1.330	0.980	0.873	1.018	0.976
2010	1.197	1.311	0.957	1.074	0.873	0.965	1.048
2011	1.096	1.245	0.979	1.027	0.891	1.003	1.046
2012	1.029	1.180	0.984	0.994	0.883	1.011	1.056
2013	1.020	1.031	0.992	0.928	0.880	1.033	1.075
2014	1.020	0.871	0.998	0.883	0.914	1.047	1.065
2015	0.848	0.815	1.006	0.922	0.910	1.010	1.080
2016	1.146	0.698	1.009	0.833	0.969	1.066	1.082
2017	1.125	0.735	1.012	0.774	0.944	1.091	1.083
2018	0.962	0.679	1.020	0.834	0.930	1.088	1.068
2019	0.873	0.654	1.025	0.796	0.936	1.122	1.095

将数据标准化值代入公式 2.15、公式 2.16，计算江苏省 2000—2019 年人口内部均衡发展指数，得到江苏省人口内部均衡指数（见表 2.8）。

表 2.8　2000—2019 年江苏省人口内部均衡指数

年份	人口规模	人口结构	人口素质	人口内部均衡
2000	0.065	0.073	0.058	0.197
2001	0.064	0.069	–	–
2002	0.062	0.068	0.059	0.189
2003	0.061	0.063	0.061	0.186
2004	0.067	0.063	0.061	0.191
2005	0.068	0.077	0.063	0.208
2006	0.069	0.076	0.064	0.209
2007	0.073	0.074	0.065	0.212
2008	0.073	0.073	0.065	0.211
2009	0.079	0.071	0.066	0.216
2010	0.084	0.065	0.067	0.215
2011	0.078	0.064	0.068	0.211
2012	0.074	0.064	0.069	0.206
2013	0.068	0.062	0.070	0.201
2014	0.063	0.062	0.070	0.196
2015	0.055	0.063	0.070	0.188
2016	0.061	0.062	0.072	0.196
2017	0.062	0.061	0.072	0.195
2018	0.055	0.062	0.072	0.188
2019	0.051	0.061	0.074	0.186

由于缺少 2001 年平均预期寿命和平均受教育年限，江苏省人口内部均衡只有 2000、2002—2019 年的数据。数据显示：江苏省人口内部均衡指数存在明显的波动，总体表现为“先下降，再增长，再下降”的波浪式发展格局（见图 2.4）。2000—2003 年为下降期，2003—2009 年为增长期，2009—2019年为下降期，其中 2016 年出现短期上升，主要是由于“全面二孩”政策的实施，导致人口规模指数呈现短期上升，从而带动人口内部均

衡指数的短期增长。

其中，人口规模指数与人口内部均衡指数波动趋势一致，呈现“先降、再升、又下降”的趋势；人口结构指数呈现“先下降，短期上升，再下降”的趋势，特别是2005年后，基本是下降；人口素质指数呈现持续增长（见图2.5）。从图2.5可以看出，人口内部均衡主要问题在于人口规模和人口结构。

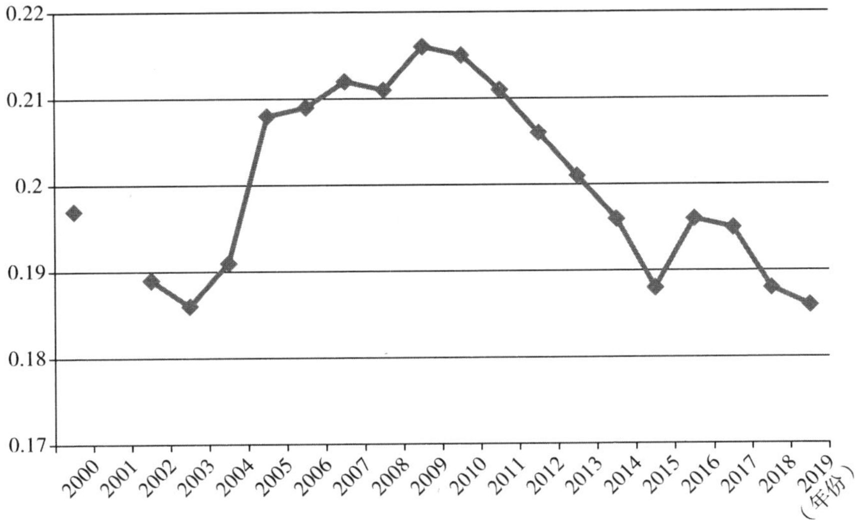

图2.4　2000—2019年江苏省人口内部均衡指数

（二）江苏省人口与经济均衡发展指数

人口与经济均衡发展指数计算公式为：

$$E = \sum_{i=1}^{m} W_i \cdot E_i \text{；} \qquad \text{（公式 2.17）}$$

$$E_i = \sum_{j=1}^{n} W_j \cdot E_{ij}\text{，} i = 1\text{，} 2\text{，} 3\text{；} j = 1\text{，} 2\text{，} 3 \qquad \text{（公式 2.18）}$$

式中，E 代表人口与经济均衡发展指数，E_i 代表人口与经济均衡的二级指标，W_j 代表三级指标的权重，W_i 代表二级指标的权重，E_{ij} 代表二级指标 E_i 所包含的三级指标。

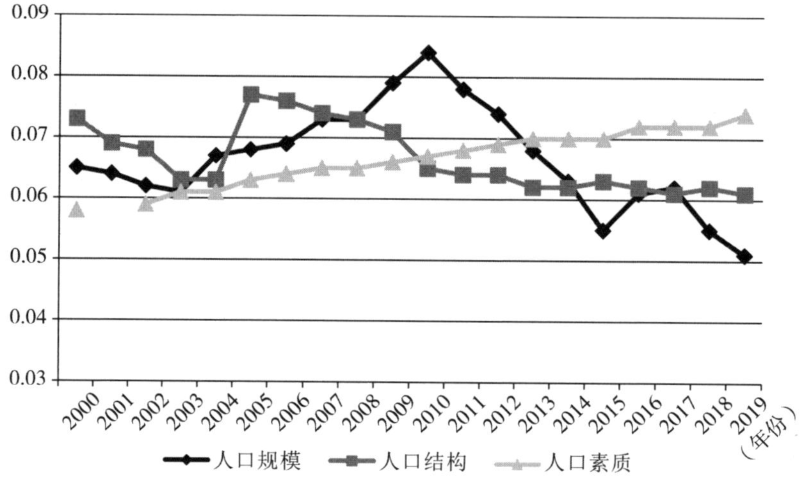

图 2.5　2000—2019 年江苏省人口要素指数

表 2.9　2000—2019 年江苏省人口与经济均衡发展指标

年份	人均国内生产总值/万元	产业结构偏离度	第二、三产业人口比例/%
2000	11673. 82	61. 09	57. 20
2001	12851. 55	59. 45	58. 70
2002	14322. 94	57. 06	61. 00
2003	16684. 59	53. 12	64. 10
2004	20120. 8	44. 41	66. 80
2005	24734. 75	46. 23	69. 10
2006	28691. 99	43. 13	71. 40
2007	34050. 74	38. 79	73. 70
2008	40400. 28	36. 81	74. 90
2009	44700. 12	34. 44	76. 30
2010	53335. 27	32. 5	77. 70
2011	63049. 56	30. 69	78. 50

续表

年份	人均国内生产总值/万元	产业结构偏离度	第二、三产业人口比例/%
2012	69304. 27	29. 14	79. 20
2013	76469. 41	28. 77	79. 90
2014	83103. 19	27. 61	80. 70
2015	89376. 67	25. 62	81. 60
2016	96752. 28	24. 86	82. 30
2017	106984. 3	24. 11	83. 20
2018	115775. 7	23. 31	83. 90
2019	123459. 1	22. 33	84. 52

利用公式 2. 12、公式 2. 13、公式 2. 14 对 2000—2019 年江苏省人口与经济均衡发展指标（见表 2. 9）进行数据标准化，得到人口与经济均衡指标数据标准化值，结果见表 2. 10。

表 2. 10　2000—2019 年江苏省人口与经济均衡发展指数标准化值

年份	人均国内生产总值	产业结构偏离度	第二、三产业人口比例
2000	0. 207	0. 549	0. 771
2001	0. 228	0. 565	0. 791
2002	0. 254	0. 588	0. 822
2003	0. 296	0. 632	0. 863
2004	0. 357	0. 756	0. 900
2005	0. 439	0. 726	0. 931
2006	0. 510	0. 778	0. 962
2007	0. 605	0. 865	0. 993
2008	0. 718	0. 912	1. 009
2009	0. 794	0. 975	1. 028

续表

年份	人均国内生产总值	产业结构偏离度	第二、三产业人口比例
2010	0. 947	1. 033	1. 047
2011	1. 120	1. 094	1. 057
2012	1. 231	1. 152	1. 067
2013	1. 358	1. 167	1. 076
2014	1. 476	1. 216	1. 087
2015	1. 588	1. 310	1. 099
2016	1. 719	1. 350	1. 109
2017	1. 901	1. 392	1. 121
2018	2. 057	1. 440	1. 130
2019	2. 193	1. 503	1. 139

将数据标准化值代入公式 2. 17、公式 2. 18，计算江苏省 2000—2019 年人口与经济均衡发展指数，得到江苏省人口与经济均衡发展指数（见表 2. 11）。

表 2. 11　2000—2019 年江苏省人口与经济均衡发展指数

年份	经济实力	经济结构	人口与经济均衡
2000	0. 021	0. 066	0. 087
2001	0. 023	0. 068	0. 091
2002	0. 025	0. 070	0. 096
2003	0. 030	0. 075	0. 104
2004	0. 036	0. 083	0. 119
2005	0. 044	0. 083	0. 127
2006	0. 051	0. 087	0. 138
2007	0. 060	0. 093	0. 153
2008	0. 072	0. 096	0. 168

续表

年份	经济实力	经济结构	人口与经济均衡
2009	0.079	0.100	0.180
2010	0.095	0.104	0.199
2011	0.112	0.108	0.220
2012	0.123	0.111	0.234
2013	0.136	0.112	0.248
2014	0.148	0.115	0.263
2015	0.159	0.120	0.279
2016	0.172	0.123	0.295
2017	0.190	0.126	0.316
2018	0.206	0.129	0.334
2019	0.219	0.132	0.351

2000—2019 年江苏省人口与经济均衡发展指数呈现逐年上升趋势（见图 2.6），2000 年为 0.087，2019 年为 0.351，其中经济实力发展指数呈现逐年上升的趋势，与人口和经济均衡发展指数趋势一致，经济实力指数对人口与经济均衡发展指数贡献较多；经济结构发展指数呈现缓慢上升的趋势（见图 2.7）。

（三）人口与社会均衡发展指数

人口与社会均衡发展指数的计算公式为

$$S = \sum_{i=1}^{m} W_i \cdot S_i \qquad \text{（公式 2.19）}$$

$$S_i = \sum_{j=1}^{n} W_j \cdot S ij,\ i = 1,\ 2,\ 3;\ j = 1,\ 2,\ 3 \qquad \text{（公式 2.20）}$$

式中，S 代表人口与社会均衡发展指数，S_i 代表人口与社会均衡的二级指标，W_j 代表三级指标的权重，W_i 代表二级指标的权重，S_{ij} 代表二级指标 S_i 所包含的三级指标。

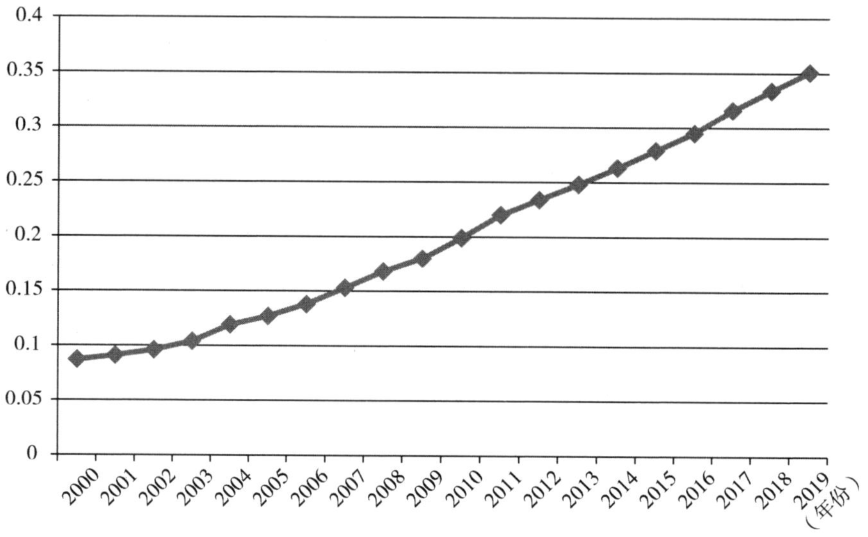

图 2.6　2000—2019 年江苏省人口与经济均衡发展指数

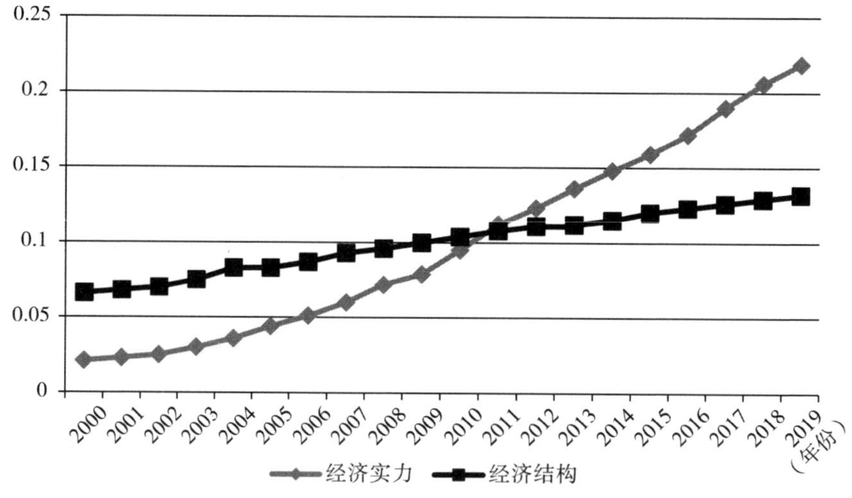

图 2.7　2000—2019 年江苏省经济发展指数

表 2.12　2000—2019 年江苏省人口与社会均衡发展指标

年份	教育支出占国内生产总值的比重/%	宽带接入用户/万户	每千人拥有医护人员数/人	城镇养老保障覆盖率/%	城镇登记人口失业率/%	恩格尔系数	城乡人均收入比
2000	1.37	183	18.83	8.82	3.4	42.02	1.89
2001	1.53	399	19.00	8.79	3.6	41.99	1.95
2002	1.53	396	17.47	9.60	4.2	40.26	2.05
2003	1.44	456	17.77	10.45	4.1	39.27	2.18
2004	1.72	478	18.30	11.16	3.9	41.29	2.20
2005	1.38	449	19.18	12.55	3.6	39.16	2.33
2006	1.66	578	20.05	13.84	3.4	37.65	2.42
2007	1.87	672	21.32	15.12	3.2	38.08	2.50
2008	1.89	772	22.06	16.63	3.3	38.83	2.54
2009	1.95	961	23.38	17.77	3.22	37.06	2.57
2010	2.06	1062	25.16	19.10	3.16	36.87	2.52
2011	2.20	1221	27.03	21.01	3.22	36.63	2.44
2012	2.46	1406	31.33	22.69	3.14	35.83	2.43
2013	2.36	1431	34.39	23.95	3.03	29	2.39
2014	2.27	1523	36.74	33.91	3.01	29.2	2.30
2015	2.45	2183	39.32	33.27	3.00	28.9	2.29
2016	2.38	2685	42.59	34.08	3.00	28.3	2.281
2017	2.33	3106	45.44	35.10	2.98	27.8	2.276
2018	2.21	3352	51.35	36.74	2.97	26.1	2.26
2019	2.22	3586	66.27	38.97	3.03	25.1	2.25

利用公式 2.12、公式 2.13、公式 2.14 对 2000—2019 年人口与社会均衡指标（见表 2.12）进行数据标准化，得到人口与社会均衡发展指标标准

化值，结果见表 2. 13。

表 2. 13　2000—2019 年江苏省人口与社会均衡发展指标标准化值

年份	教育支出占国内生产总值的比重	网民普及率	每千人拥有医护人员数	城镇养老保障覆盖率	城镇登记人口失业率	恩格尔系数	城乡人均收入比
2000	0. 698	0. 136	0. 631	0. 416	0. 967	0. 809	1. 211
2001	0. 779	0. 297	0. 637	0. 415	0. 913	0. 810	1. 173
2002	0. 779	0. 294	0. 585	0. 453	0. 783	0. 844	1. 116
2003	0. 733	0. 339	0. 595	0. 493	0. 802	0. 866	1. 050
2004	0. 876	0. 355	0. 613	0. 527	0. 843	0. 823	1. 040
2005	0. 703	0. 334	0. 643	0. 593	0. 913	0. 868	0. 982
2006	0. 845	0. 430	0. 672	0. 654	0. 967	0. 903	0. 945
2007	0. 952	0. 500	0. 714	0. 714	1. 027	0. 893	0. 915
2008	0. 962	0. 574	0. 739	0. 785	0. 996	0. 875	0. 901
2009	0. 993	0. 715	0. 783	0. 839	1. 021	0. 917	0. 890
2010	1. 049	0. 790	0. 843	0. 902	1. 040	0. 922	0. 908
2011	1. 120	0. 908	0. 906	0. 992	1. 021	0. 928	0. 938
2012	1. 253	1. 045	1. 050	1. 071	1. 047	0. 949	0. 942
2013	1. 202	1. 064	1. 152	1. 131	1. 085	1. 172	0. 957
2014	1. 156	1. 132	1. 231	1. 601	1. 092	1. 164	0. 995
2015	1. 247	1. 623	1. 317	1. 571	1. 096	1. 176	0. 999
2016	1. 212	1. 996	1. 427	1. 609	1. 096	1. 201	1. 003
2017	1. 186	2. 309	1. 522	1. 657	1. 103	1. 223	1. 005
2018	1. 125	2. 492	1. 720	1. 735	1. 107	1. 302	1. 012
2019	1. 130	2. 666	2. 220	1. 840	1. 085	1. 354	1. 017

将数据标准化后的值代入公式 2. 19、公式 2. 20，计算江苏省 2000—

2019 年人口与社会均衡发展指数，得到江苏省人口与社会均衡发展指标（见表 2.14）。

表 2.14　2000—2019 年江苏省人口与社会均衡发展指标

年份	文化教育	医疗卫生	社会保障	公平发展	人口与社会均衡
2000	0.021	0.032	0.035	0.051	0.137
2001	0.027	0.032	0.033	0.050	0.142
2002	0.027	0.029	0.031	0.049	0.136
2003	0.027	0.030	0.032	0.048	0.137
2004	0.031	0.031	0.034	0.047	0.142
2005	0.026	0.032	0.038	0.046	0.142
2006	0.032	0.034	0.041	0.046	0.152
2007	0.036	0.036	0.044	0.045	0.161
2008	0.038	0.037	0.045	0.044	0.164
2009	0.043	0.039	0.047	0.045	0.174
2010	0.046	0.042	0.049	0.046	0.182
2011	0.051	0.045	0.050	0.047	0.193
2012	0.057	0.053	0.053	0.047	0.210
2013	0.057	0.058	0.055	0.053	0.223
2014	0.057	0.062	0.067	0.054	0.240
2015	0.072	0.066	0.067	0.054	0.259
2016	0.080	0.071	0.068	0.055	0.274
2017	0.087	0.076	0.069	0.056	0.288
2018	0.090	0.086	0.071	0.058	0.305
2019	0.095	0.111	0.073	0.059	0.338

2000—2019 年江苏省人口与社会均衡指数总体呈现上升趋势，仅个别

年份有波动，且波动较小（见图 2.8），2000 年为 0.137，2019 年为 0.338，人口与社会均衡指标总体来说是逐步改善的。其中，医疗卫生、社会保障和文化教育指数总体呈现逐年上升的趋势，而公平发展指数呈现的是“先下降，后上升”的趋势（见图 2.9）。

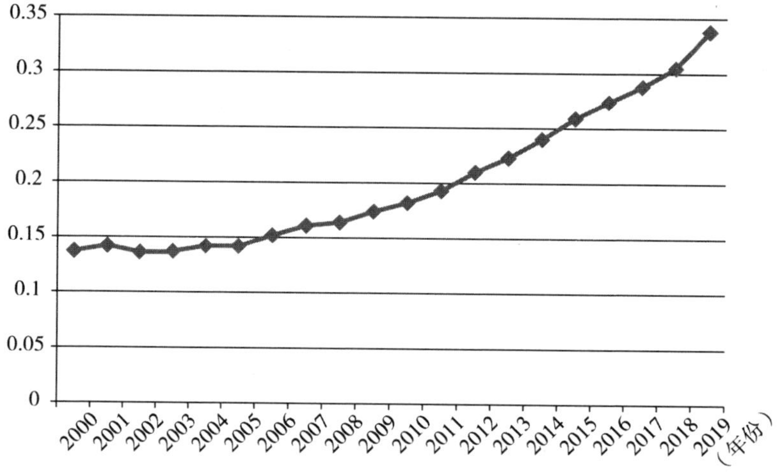

图 2.8　2000—2019 年江苏省人口与社会均衡发展指标

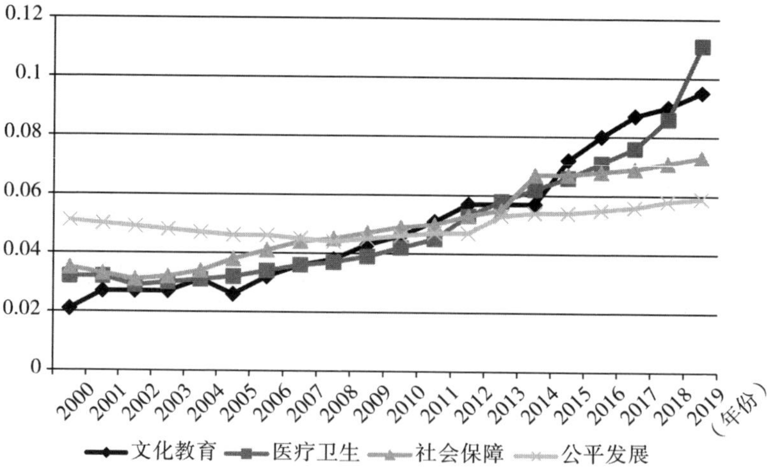

图 2.9　2000—2019 年江苏省社会发展指数

（四）人口与资源均衡发展指数

人口与资源均衡发展指数的计算公式为

$$R = \sum_{i=1}^{m} W_i \cdot R_i \qquad \text{（公式 2.21）}$$

$$R_i = \sum_{j=1}^{n} W_j \cdot R_{ij}, \ i = 1, 2, 3; \ j = 1, 2, 3 \qquad \text{（公式 2.22）}$$

式中，R 代表人口与资源均衡发展指数，R_i 代表人口与资源均衡的二级指标，W_j 代表三级指标的权重，W_i 代表二级指标的权重，R_{ij} 代表二级指标 R_i 所包含的三级指标。

表 2.15　2000—2019 年江苏省人口与资源均衡发展指标

年份	人口密度/人/平方千米	人均耕地面积/亩	年人均用电量/千瓦时	年人均水资源占有量/立方米/人
2000	714	1.03	1326	601.78
2001	717	1.01	1466	373.73
2002	722	0.99	1681	361.92
2003	727	0.98	2018	830.08
2004	733	0.95	2419	267.33
2005	740	0.94	2891	615.37
2006	746	0.93	3357	528.24
2007	753	0.92	3822	645.31
2008	756	0.91	4017	486.96
2009	761	0.89	4243	512.54
2010	767	0.88	4911	487.37
2011	770	0.87	5421	623.39
2012	772	0.87	5784	471.38
2013	774	0.87	6243	357.11
2014	742	0.86	6297	501.63
2015	744	0.86	6412	729.79
2016	746	0.86	6825	927.35
2017	749	0.85	7233	489.33
2018	751	0.85	7612	470.02
2019	753	0.85	7763	287.11

对2000—2019年人口与资源均衡发展指标（见表2.15）利用公式2.12、公式2.13、公式2.14，进行数据标准化，得到人口与资源均衡发展指标标准化值，结果见表2.16。

表2.16　2000—2019年江苏省人口与资源均衡发展指标标准化值

年份	人口密度	人均耕地面积	年人均用电量	年人均水资源占有量
2000	1.045	1.134	2.552	1.139
2001	1.041	1.112	2.308	0.707
2002	1.034	1.090	2.013	0.685
2003	1.027	1.079	1.677	1.571
2004	1.018	1.046	1.399	0.506
2005	1.009	1.035	1.170	1.165
2006	1.001	1.024	1.008	1.000
2007	0.991	1.013	0.885	1.221
2008	0.987	1.002	0.842	0.922
2009	0.981	0.980	0.797	0.970
2010	0.973	0.969	0.689	0.922
2011	0.969	0.958	0.624	1.180
2012	0.967	0.958	0.585	0.892
2013	0.964	0.958	0.542	0.676
2014	1.006	0.947	0.537	0.949
2015	1.003	0.947	0.528	1.381
2016	1.001	0.947	0.496	1.755
2017	0.997	0.936	0.468	0.926
2018	0.994	0.936	0.444	0.890
2019	0.991	0.936	0.436	0.543

将数据标准化值代入公式 2. 21、公式 2. 22，计算江苏省 2000—2019 年人口与资源均衡发展指数，得到江苏省人口与资源均衡发展指数（见表 2. 17）。

表 2. 17　2000—2019 年江苏省人口与资源均衡发展指数

年份	土地	能源	水资源	人口与资源均衡
2000	0. 073	0. 170	0. 076	0. 319
2001	0. 072	0. 154	0. 047	0. 273
2002	0. 071	0. 134	0. 046	0. 251
2003	0. 070	0. 112	0. 105	0. 287
2004	0. 069	0. 093	0. 034	0. 196
2005	0. 068	0. 078	0. 078	0. 224
2006	0. 067	0. 067	0. 067	0. 201
2007	0. 067	0. 059	0. 081	0. 207
2008	0. 066	0. 056	0. 061	0. 184
2009	0. 065	0. 053	0. 065	0. 183
2010	0. 065	0. 046	0. 061	0. 172
2011	0. 064	0. 042	0. 079	0. 184
2012	0. 064	0. 039	0. 059	0. 163
2013	0. 064	0. 036	0. 045	0. 145
2014	0. 065	0. 036	0. 063	0. 164
2015	0. 065	0. 035	0. 092	0. 192
2016	0. 065	0. 033	0. 117	0. 215
2017	0. 064	0. 031	0. 062	0. 157
2018	0. 064	0. 030	0. 059	0. 153
2019	0. 064	0. 029	0. 036	0. 130

2000—2019 年江苏省人口与资源均衡发展指数呈现“波动式下降”趋势（见图 2. 10），2000 年人口与资源均衡发展指数为 0. 319，2019 年人口与资源均衡发展指数降至 0. 130。其中土地指数呈现持续下降，但下降幅度较小，能源指数呈现持续下降趋势，水资源指数呈现持续波动，波动的

趋势与人口和资源均衡发展指数波动大体一致（见图 2. 11）。

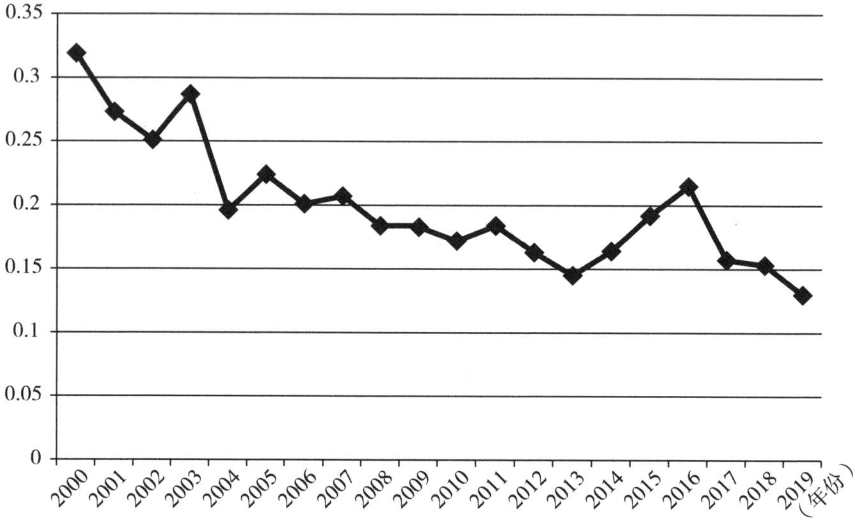

图 2. 10　2000—2019 年人口与资源均衡发展指数

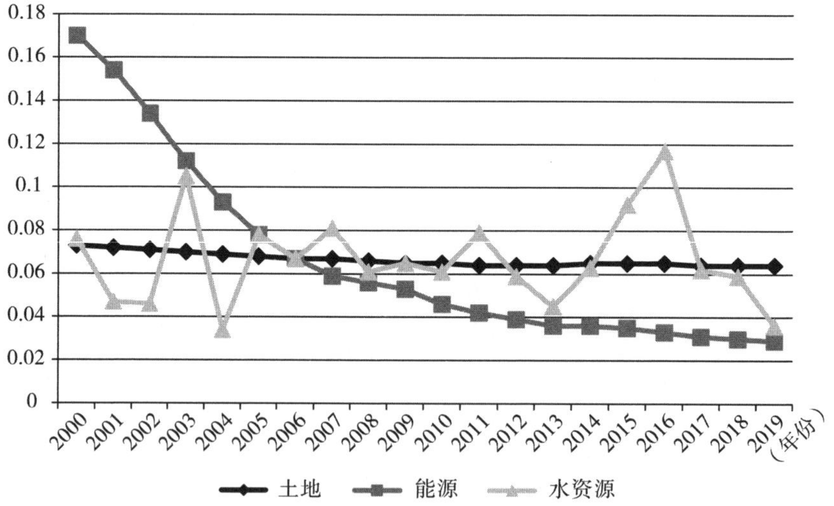

图 2. 11　2000—2019 年江苏省资源发展指数

（五）人口与环境均衡发展指数

人口与环境均衡发展指数的计算公式为

$$H = \sum_{i=1}^{m} W_i \cdot H_i \qquad \text{（公式 2.23）}$$

$$H_i = \sum_{j=1}^{n} W_j \cdot H_{ij}，\ i = 1，2，3；j = 1，2，3 \qquad \text{（公式 2.24）}$$

式中，H 代表人口与环境均衡发展指数，H_i 代表人口与环境均衡的二级指标，W_j 代表三级指标的权重，W_i 代表二级指标的权重，H_{ij} 代表二级指标 H_i 所包含的三级指标。

表 2.18　2000—2019 年江苏省人口与环境均衡发展指标

年份	SO_2 浓度/毫克/立方米	空气污染指数/%	Ⅰ～Ⅲ类水质占监测总长度的比例/%	人均绿地面积/平方米	森林覆盖率/%
2000	–	–	–	8.1	–
2001	–	–	–	6.6	–
2002	–	–	–	7.1	–
2003	–	–	–	7.9	–
2004	–	–	–	8.9	7.5
2005	0.043	77	26.3	10.3	7.5
2006	0.043	75	31.8	11.6	7.5
2007	0.044	74	31	12.6	7.5
2008	0.041	73	29.2	13.1	7.5
2009	0.036	71	27.6	13.2	15.8
2010	0.036	73.5	31.4	13.3	15.8
2011	0.035	71.5	34.9	13.3	15.8
2012	0.033	71	35.5	13.6	15.8
2013	0.035	82.5	37.2	14	15.8

续表

年份	SO_2 浓度/毫克/立方米	空气污染指数/%	Ⅰ～Ⅲ类水质占监测总长度的比例/%	人均绿地面积/平方米	森林覆盖率/%
2014	0.029	78	36.9	14.4	15.8
2015	0.025	73	36.7	14.6	15.8
2016	0.021	68	45.1	14.8	15.8
2017	0.016	65.5	46.3	15	15.8
2018	0.012	63	51.1	14.7	15.2
2019	0.009	60	82.9	15	15.2

对2000—2019年人口与环境均衡发展指标（见表2.18）利用公式2.12、公式2.13、公式2.14，进行数据标准化，得到人口与环境均衡发展指标标准化值，结果见表2.19。

表2.19　2000—2019年江苏省人口与环境均衡发展指标标准化值

年份	SO_2 浓度	空气质量二级以上天数占全年比例	Ⅰ～Ⅲ类水质占监测总长度的比例	人均绿地面积	林木覆盖率
2000	–	–	–	0.669	–
2001	–	–	–	0.545	–
2002	–	–	–	0.587	–
2003	–	–	–	0.653	–
2004	–	–	–	0.735	0.607
2005	0.567	0.926	0.676	0.851	0.607
2006	0.567	0.950	0.817	0.958	0.607
2007	0.554	0.963	0.796	1.041	0.607
2008	0.594	0.976	0.750	1.082	0.607
2009	0.677	1.004	0.709	1.090	1.278

续表

年份	SO_2 浓度	空气质量二级以上天数占全年比例	Ⅰ～Ⅲ类水质占监测总长度的比例	人均绿地面积	林木覆盖率
2010	0.677	0.970	0.807	1.099	1.278
2011	0.696	0.997	0.897	1.099	1.278
2012	0.738	1.004	0.912	1.124	1.278
2013	0.696	0.864	0.956	1.157	1.278
2014	0.840	0.914	0.948	1.190	1.278
2015	0.975	0.976	0.943	1.206	1.278
2016	1.160	1.048	1.159	1.223	1.278
2017	1.523	1.088	1.189	1.239	1.278
2018	2.030	1.131	1.313	1.214	1.230
2019	2.707	1.188	2.130	1.239	1.230

将数据标准化值代入公式 2.23、公式 2.24，计算江苏省 2000—2019 年人口与环境均衡发展指数，得到江苏省人口与环境均衡发展指数（见表 2.20）。

表 2.20　2000—2019 年江苏省人口与环境均衡发展指数

年份	大气环境	水环境	生态环境	人口与环境均衡
2000	–	–	–	–
2001	–	–	–	–
2002	–	–	–	–
2003	–	–	–	–
2004	–	–	0.045	–
2005	0.050	0.045	0.049	0.143
2006	0.051	0.054	0.052	0.157

续表

年份	大气环境	水环境	生态环境	人口与环境均衡
2007	0.051	0.053	0.055	0.159
2008	0.052	0.050	0.056	0.159
2009	0.056	0.047	0.079	0.182
2010	0.055	0.054	0.079	0.188
2011	0.056	0.060	0.079	0.195
2012	0.058	0.061	0.080	0.199
2013	0.052	0.064	0.081	0.197
2014	0.058	0.063	0.082	0.204
2015	0.065	0.063	0.083	0.211
2016	0.074	0.077	0.083	0.234
2017	0.087	0.079	0.084	0.250
2018	0.105	0.088	0.081	0.274
2019	0.130	0.142	0.082	0.354

由于缺少2000—2004年的部分数据，2000—2019年江苏省人口与环境均衡发展指数只有2005—2019年的数据，2005—2019年江苏省人口与环境均衡发展指数呈现持续上升趋势（见图2.12），2005年人口与环境均衡发展指数为0.143，2019年上升到0.354，其中大气环境和水环境指数呈现前期有波动，但后期快速上升趋势；生态环境指数前期增长快，但2009年以来，变化不大（见图2.13）。

（六）人口均衡发展综合指数

人口均衡发展指数综合评价公式：

$$Z = \frac{(P + E + S + R + H)}{5} \qquad （公式2.25）$$

式中，Z代表人口均衡发展综合评价得分，P代表人口内部均衡发展指数，E代表人口与经济均衡发展指数，S代表人口与社会均衡发展指数，R

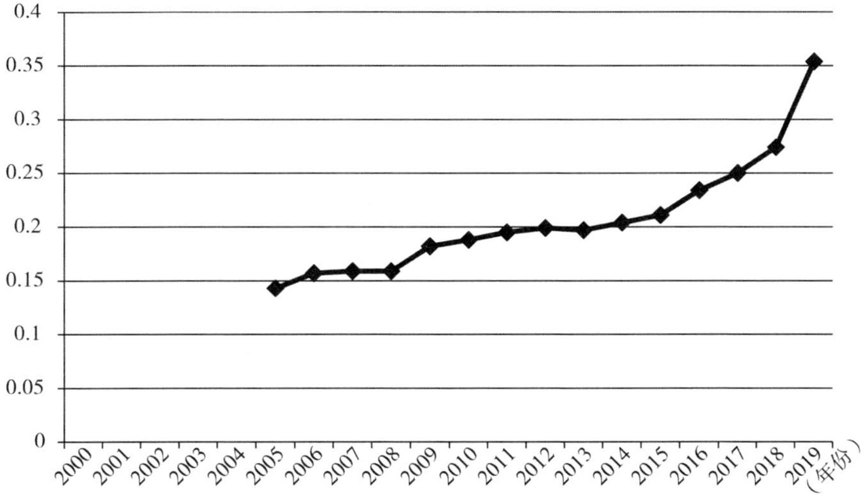

图 2. 12 2000—2019 年江苏省人口与环境均衡发展指数

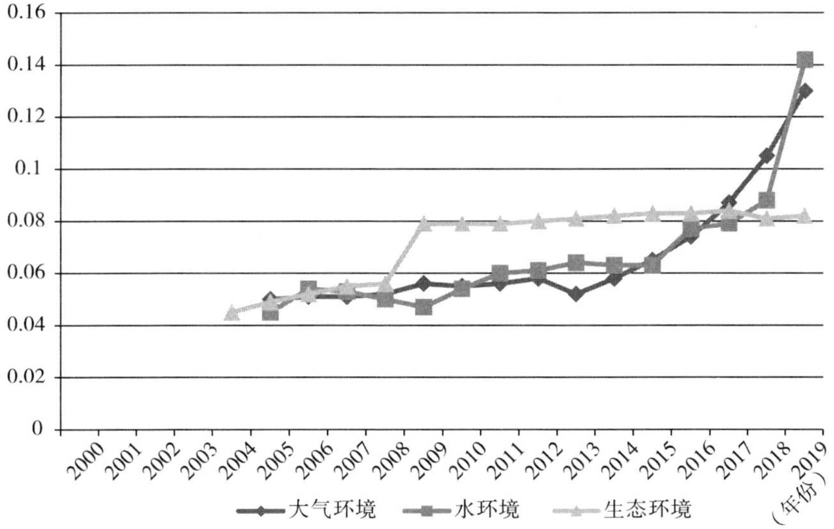

图 2. 13 2000—2019 年江苏省环境发展指数

代表人口与资源均衡发展指数，*H* 代表人口与环境均衡发展指数。

表 2.21　2000—2019 年江苏省人口均衡发展综合得分

年份	人口内部均衡	人口与经济均衡	人口与社会均衡	人口与资源均衡	人口与环境均衡	人口均衡发展
2000	0.197	0.087	0.137	0.319	-	-
2001	-	0.091	0.142	0.273	-	-
2002	0.189	0.096	0.136	0.251	-	-
2003	0.186	0.104	0.137	0.287	-	-
2004	0.191	0.119	0.142	0.196	-	-
2005	0.208	0.127	0.142	0.224	0.143	0.844
2006	0.209	0.138	0.152	0.201	0.157	0.857
2007	0.212	0.153	0.161	0.207	0.159	0.892
2008	0.211	0.168	0.164	0.184	0.159	0.886
2009	0.216	0.180	0.174	0.183	0.182	0.935
2010	0.215	0.199	0.182	0.172	0.188	0.956
2011	0.211	0.220	0.193	0.184	0.195	1.003
2012	0.206	0.234	0.210	0.163	0.199	1.012
2013	0.201	0.248	0.223	0.145	0.197	1.014
2014	0.196	0.263	0.240	0.164	0.204	1.067
2015	0.188	0.279	0.259	0.192	0.211	1.129
2016	0.196	0.295	0.274	0.215	0.234	1.214
2017	0.195	0.316	0.288	0.157	0.25	1.206
2018	0.188	0.334	0.305	0.153	0.274	1.254
2019	0.186	0.351	0.338	0.130	0.354	1.359

2005—2019 年江苏省人口均衡发展综合指数总体呈现上升趋势（见图 2.14）。具体而言，人口内部均衡指数呈现“先增后降”的趋势，但变化幅度较小；人口与经济均衡指数总体呈现持续上升趋势；人口与社会均衡指数前期有小幅波动，后期持续上升；人口与资源均衡指数呈现波动中下

降趋势；人口与环境均衡指数呈现上升趋势（见图 2.15）。

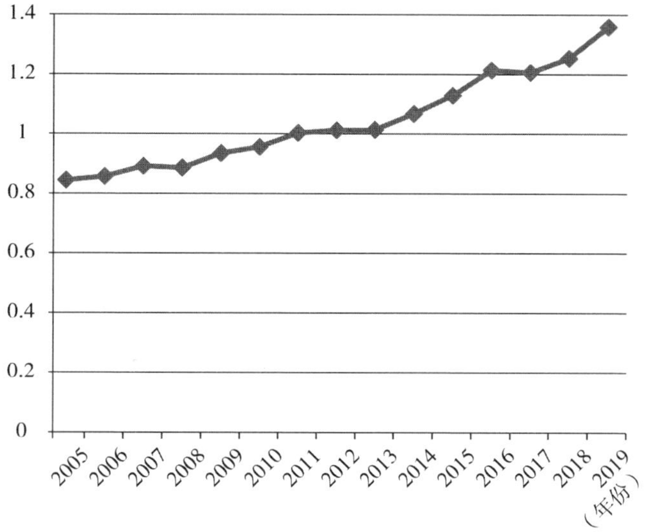

图 2.14　江苏省历年人口均衡发展综合指数

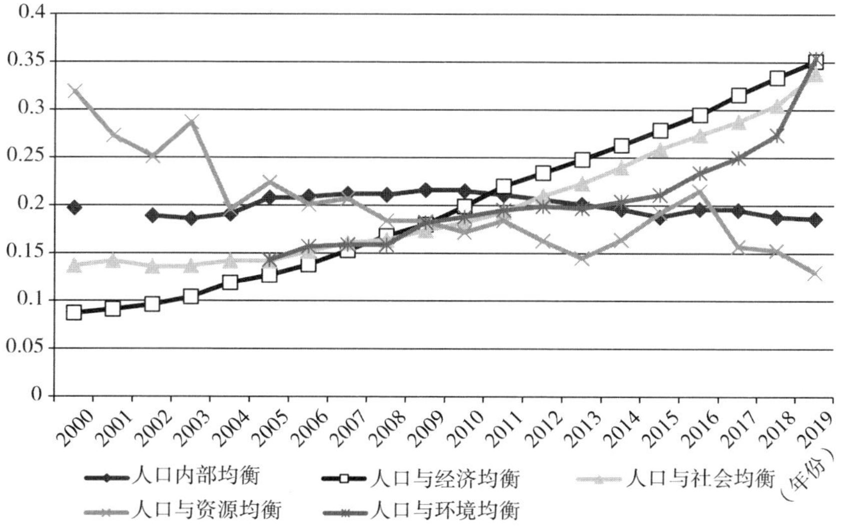

图 2.15　2000—2019 年江苏省人口均衡发展各指标综合指数

表 2.22　2005—2017 年各要素对人口均衡发展的贡献率（%）

年份	人口内部均衡	人口与经济均衡	人口与社会均衡	人口与资源均衡	人口与环境均衡
2005	24.64	15.05	16.82	26.54	16.94
2006	24.39	16.10	17.74	23.45	18.32
2007	23.77	17.15	18.05	23.21	17.83
2008	23.81	18.96	18.51	20.77	17.95
2009	23.10	19.25	18.61	19.57	19.47
2010	22.49	20.82	19.04	17.99	19.67
2011	21.04	21.93	19.24	18.34	19.44
2012	20.36	23.12	20.75	16.11	19.66
2013	19.82	24.46	21.99	14.30	19.43
2014	18.37	24.65	22.49	15.37	19.12
2015	16.65	24.71	22.94	17.01	18.69
2016	16.14	24.30	22.57	17.71	19.28
2017	16.17	26.20	23.88	13.02	20.73
2018	14.99	26.63	24.32	12.20	21.85
2019	13.69	25.83	24.87	9.57	26.05

综上而言，江苏省人口均衡发展指数呈现逐年向好的发展态势，在人口均衡发展的指标中，人口与经济均衡、人口与社会均衡、人口与环境均衡发展态势较好，人口内部均衡和人口与资源均衡发展欠佳。从贡献率来看，人口与经济均衡、人口与社会均衡和人口与环境均衡总体是呈现上升趋势，而人口内部均衡与人口资源均衡呈现下降趋势（见图 2.16），2005 年人口内部均衡贡献率为 24.64%，人口与经济均衡贡献率为 15.05%，人口与社会均衡贡献率为 16.82%，人口与资源均衡贡献率为 26.54%，人口与环境均衡贡献率为 16.94%；2019 年的江苏省发展贡献率方面，人口内

部均衡贡献率下降至13.69%，人口与经济均衡贡献率上升为25.83%，人口与社会均衡贡献率上升为24.87%，人口与资源均衡贡献率下降为9.57%，人口与环境均衡贡献率为26.05%（见表2.22）。

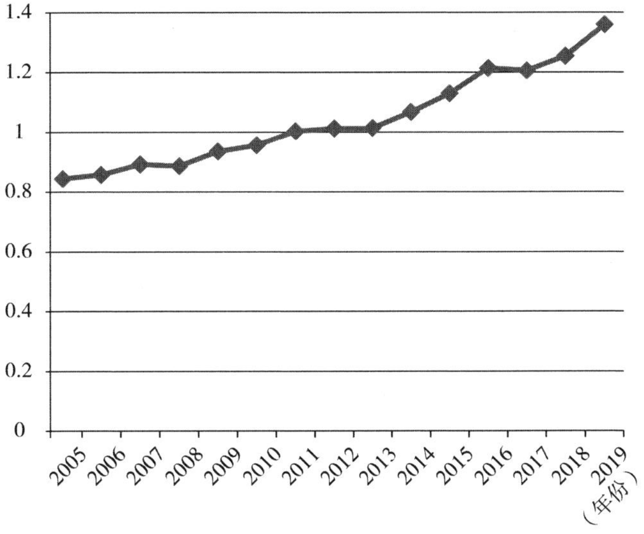

图2.16　2005—2019年江苏省人口均衡各要素的贡献率（%）

第三章　江苏省人口内部均衡发展

人口内部均衡体现在人口规模、人口结构和人口素质三个层面，人口内部均衡的目标就是要促进人口规模适度、人口结构优化和人口素质优良。

第一节　人口规模特征与发展趋势

一、人口规模

人口规模，指一定时期内人口发展的数量，即人口总量，人作为经济活动的载体，人口规模是经济活动的基础。人口规模主要包括户籍人口规模①和常住人口规模②。前者以户口所在地为基准，反映的是户口在本地的人口；后者以常住地为基准，反映的是常住在本地的人口。在计划经济时代，由于限制人口在城乡和地区流动，户籍人口数量和常住人口数量比较接近，但是随着城乡二元体制改革的推进和经济社会的快速发展，流动人

---

① 户籍人口是指公民依《中华人民共和国户口登记条例》已在其经常居住地的公安户籍管理机关登记了常住户口的人。这类人口不管其是否外出，也不管外出时间长短，只要在某地注册有常住户口，即为该地区的户籍人口。户籍人口数一般是通过公安部门的经常性统计月报或年报取得的。

② 常住人口是指在调查区域内经常居住的人口。常住人口是国际上进行人口普查时常用的统计口径之一。目前世界上大多数国家都把居住半年以上作为判别常住人口的时间标准。我国第六次全国人口普查的常住人口包括：居住在本乡镇街道且户口在本乡镇街道和户口待定的人；居住在本乡镇街道且离开户口所在的乡镇街道半年以上的人；户口在本乡镇街道且外出不满半年和在境外工作学习的人。

口规模迅猛增长。2010 年全国第六次人口普查时，流动人口增加到 2.61 亿，占全国总人口比重高达 19.07%，有学者认为中国已经整体迈入人口流动性社会[1]。由于人口流动，导致各地区户籍人口与常住人口数量存在较大差异。从人口与经济社会协调发展来看，常住人口的数量越来越被重视，常住人口是主体消费群体，也是公共服务的主要对象，常住人口逐渐被纳入人口统计的重要指标，1990 年江苏省将常住人口纳入人口统计。

表 3.1　江苏省历年户籍人口数量及增长率

年份	户籍人口/万人	年均增长率/‰	年份	户籍人口/万人	年均增长率/‰
1949	3512.00	-	2001	7097.00	3.92
1952	3739.00	21.10[2]	2002	7127.33	4.27
1957	4182.71	*22.68*	2003	7163.93	5.14
1962	4333.74	*7.12*	2004	7206.05	5.88
1965	4623.74	*21.83*	2005	7252.88	6.50
1970	5252.09	*25.81*	2006	7317.72	8.94
1975	5636.12	*14.21*	2007	7354.08	4.97
1980	5938.19	*10.50*	2008	7388.63	4.70
1985	6213.48	*9.10*	2009	7419.23	4.14
1990	6671.73	*14.33*	2010	7466.59	6.38
1991	6733.87	9.31	2011	7514.25	6.38
1992	6767.49	4.99	2012	7553.48	5.22
1993	6800.69	4.91	2013	7616.84	8.39
1994	6831.28	4.50	2014	7684.69	8.91
1995	6868.42	5.44	2015	7717.59	4.28
1996	6908.13	5.78	2016	7775.66	7.52
1997	6948.36	5.82	2017	7794.19	2.38
1998	6983.09	5.00	2018	7831.86	4.83
1999	7009.09	3.72	2019	7858.27	3.37
2000	7069.28	8.59	-	-	-

数据来源：《江苏省统计年鉴》（2019）。

---

① 刘盛和、邓羽、胡章：《中国流动人口地域类型的划分方法及空间分布特征》，载《地理学报》2010 年第 10 期，第 1187-1197 页。

② 斜体为人口年平均增长率。

（一）户籍人口

1. 人口总量

1949 年江苏省户籍人口为 3512 万，2019 年户籍人口 7858.27 万，1949 年到 2019 年的 70 年间，共增加人口 4346.27 万，2019 年户籍人口是 1949 年的 224%，平均年增长人口 62.1 万（见表 3.1）。江苏省户籍人口发展大致可以分为三个阶段：

第一阶段：高速增长期（1949—1970 年）。1949 年户籍人口为 3512 万，1949—1952 年户籍人口的年均增长率[①]为 21.1‰，1952—1957 年户籍人口年均增长率为 22.68‰，1957—1962 年户籍人口年均增长率为 7.12‰，1962—1965 年户籍人口的年均增长率为 21.83‰，1965—1970 年户籍人口的年均增长率为 25.81‰。除去“三年困难时期”，这一时期人口高速增长，人口增长速度均超过 20‰，1949—1970 年一共增加人口 1740.09 万。

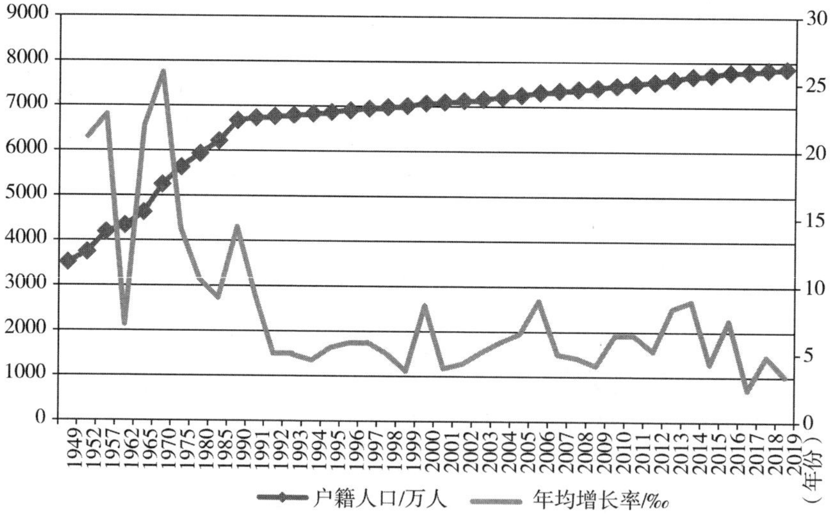

图 3.1 江苏省历年户籍人口及年均增长率

① 人口年均增长率：即，其中 B 为末年人口数，A 为第一年人口数，n 为年数-1。

第二阶段：中速增长期（1970—1990 年）。1970—1975 年户籍人口的年均增长率为 14. 21‰，1975—1980 年户籍人口的年均增长率为 10. 5‰，1980—1985 年户籍人口的年均增长率为 9. 1‰，1985—1990 年户籍人口的年均增长率为 14. 33‰。这一时期人口增长速度较快，基本上保持在 10‰左右，相对于第一阶段的增长速度，已经呈现明显下降。但由于人口基数大，1970—1990 年江苏省户籍人口也增长了 1419. 64 万。

第三阶段：低速增长期（1990—2019 年）。1990 年以后，江苏省户籍人口增长速度比较低，人口增长率在 2‰～10‰上下波动，2017 年仅增长 2. 38‰，为中华人民共和国成立以来的最低值。1990—2019 年的 29 年间，江苏省户籍人口总量增长了 1186. 54 万，虽然 2013 年、2015 年两次生育政策调整，户籍人口增长率呈现短暂上升，但是很快又出现下降。2019 年江苏省户籍人口为 7858. 27 万。

2. 人口增长率

1949 年以来，江苏省户籍人口始终保持增长的态势，户籍人口增长率虽然呈现持续的波动，但总体呈现“由高向低”的发展趋势。户籍人口增长率可以分为三个阶段：第一阶段，1949—1970 年，除去三年自然灾害时期，这一时期户籍人口保持较高增长率，1965—1970 年人口年平均增长率达到最高值，为 25. 81‰；第二阶段，1970—1990 年，这一时期人口增长率总体是下降的，但人口增长率仍然保持较高水平，大多数年份都维持在 10‰以上；第三阶段，1990—2019 年，这一时期户籍人口进入低速增长期，人口增长率在 2‰～0 持续波动，2017 年户籍人口增长率达到中华人民共和国成立以来的最低值，为 2. 38‰。2014 年以来，户籍人口增长率呈现波动式下降，2019 年户籍人口增长率仅为 3. 37‰（见图 3. 1）。

（二）常住人口

表 3.2　江苏省历年常住人口数量

年份	人口/万人	增长量/万人	增长率/‰	年份	人口/万人	增长量/万人	增长率/‰
1990	6766.9	–	–	2005	7588.24	65.29	8.68
1991	6843.7	76.8	11.35	2006	7655.66	67.42	8.88
1992	6911.2	67.5	9.86	2007	7723.13	67.47	8.81
1993	6967.27	56.07	8.11	2008	7762.48	39.35	5.10
1994	7020.54	53.27	7.65	2009	7810.27	47.79	6.16
1995	7066.02	45.48	6.48	2010	7869.34	59.07	7.56
1996	7110.16	44.14	6.25	2011	7898.8	29.46	3.74
1997	7147.86	37.7	5.30	2012	7919.98	21.18	2.68
1998	7182.46	34.6	4.84	2013	7939.49	19.51	2.46
1999	7213.13	30.67	4.27	2014	7960.06	20.57	2.59
2000	7327.24	114.11	15.82	2015	7976.3	16.24	2.04
2001	7358.52	31.28	4.27	2016	7998.6	22.3	2.80
2002	7405.5	46.98	6.38	2017	8029.3	30.7	3.82
2003	7457.7	52.2	7.05	2018	8050.7	21.4	2.66
2004	7522.95	65.25	8.75	2019	8070.0	19.3	2.40

数据来源：《江苏省统计年鉴》（2019）。

1. 人口总量及增长率

1990—2019年江苏省常住人口数量呈现逐年增长的趋势，1990年常住人口为6766.9万，2019年常住人口为8070.0万，29年共增长人口1303.1万，年均增长44.93万人（见表3.2）。2019年江苏省常住人口总量低于广东省、山东省、河南省和四川省，排名全国第五[①]（见表3.3）。从增长

① 不包括港澳台地区，2019年人口为年度人口抽样调查推算数据，2005年起各地区人口数据为常住人口口径。

率来看分为三个阶段：

表 3.3　2019 年全国各省、自治区和直辖市常住人口总量

排名	地区	人数/万人	排名	地区	人数/万人
1	广东省	11521	17	黑龙江省	3751
2	山东省	10070	18	山西省	3729
3	河南省	9640	19	贵州省	3623
4	四川省	8375	20	重庆市	3124
5	江苏省	8070	21	吉林省	2691
6	河北省	7592	22	甘肃省	2647
7	湖南省	6918	23	内蒙古自治区	2540
8	安徽省	6366	24	新疆维吾尔自治区	2523
9	湖北省	5927	25	上海市	2428
10	浙江省	5850	26	北京市	2154
11	广西壮族自治区	4960	27	天津市	1562
12	云南省	4858	28	海南省	945
13	江西省	4666	29	宁夏回族自治区	695
14	辽宁省	4352	30	青海省	608
15	福建省	3973	31	西藏自治区	351
16	陕西省	3876	–	–	–

第一阶段（1991—2000 年）。这一阶段常住人口增长率逐年下降，由 1991 年的 11.35‰降至 1999 年的 4.27‰，常住人口年增长量从 1991 年的 76.8 万，下降到 1999 年的 30.67 万。2000 年，由于全国第六次人口普查，原来未被统计的常住人口重新被统计，导致常住人口数量激增，常住人口增长量也达到 114.11 万，常住人口增长率也急增至 15.82‰。

第二阶段（2001—2010 年）。这一阶段的前期，常住人口增长率逐步提升，中期是高位波动，后期先降后升。2001 年常住人口增长率为 4.27‰，2004 年升至 8.75‰，2004—2007 年维持在 8‰~9‰；2008 年出现较大幅度的下降，常住人口增长率降至 5.10‰；2010 年常住人口增长率又升至 7.56‰。这一阶段常住人口增长率维持在 4‰以上，常住人口年增长数量也都在 30 万人以上。

第三阶段（2011—2019 年）。这一阶段常住人口增长率较低，人口增长率均低于 4‰，受 2013 年、2015 年生育政策调整的影响，人口增长率出现反弹，说明生育政策调整对人口增长率起到了刺激作用。但两次政策调整对人口增长率影响有差异，2013 年“单独二孩”政策对人口增长率影响力较小，人口增长仅维持一年；2015 年“全面二孩”政策的影响力略微大一点儿，人口增长维持了两年。“全面二孩”政策对常住人口的增长影响比较显著。2015 年人口增长率为 2.04‰，2016 年人口增长率迅速增长到 2.80‰，2017 年又增长至 3.82‰，人口增长率提升也仅维持两年，2019 年人口增长率又降至 2.40‰。“全面二孩”政策影响效果需要进一步评价。这一阶段常住人口的年增长量仅 2017 年超过 30 万，其他年份均在 30 万人以下，有 3 个年份常住人口的增长量甚至降至 20 万人以下。

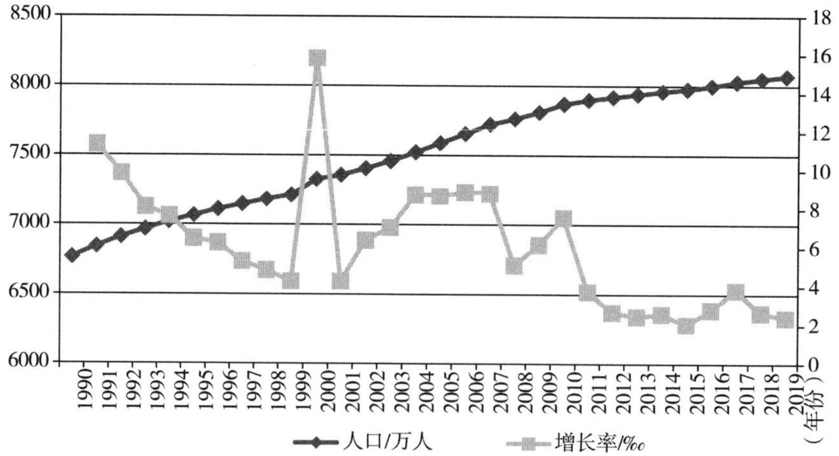

图 3.2　江苏省历年常住人口数和增长率

2. 人口密度

人口密度是单位土地面积上的人口数量，它是表示一个地区人口密集程度的指标。通常以每平方千米或每公顷的常住人口为计算单位。1990 年江苏省人口密度为 660 人/平方千米，2013 年为 774 人/平方千米，2014 年人口密度下降到 742 人/平方千米，下降的主要原因是由于江苏省的国土面积由 10.26 万平方千米增加到 10.78 万平方千米，2019 年人口密度增长到 753 人/平方千米。总体来看，江苏省的人口密度是不断提高的，2019 年的人口密度比 1990 年的人口密度增长了 14.1%（见表 3.4）。全国人口密度从 1990 年 119 人/平方千米提高到 2019 年的 145 人/平方千米，增长 21.8%，江苏省人口密度的增速低于全国水平。2019 年江苏省人口密度在全国（不包括港澳台地区）排名第 4 位，位列上海、北京和天津之后（见表 3.5），江苏省人口密度在所有省份中排名第一，属于人多地少的省份。

表 3.4 江苏省和全国历年人口密度　　单位：人/平方千米

年份	江苏省	全国	年份	江苏省	全国
1990	660	119	2005	740	136
1991	667	121	2006	746	137
1992	674	122	2007	753	138
1993	679	123	2008	756	138
1994	684	125	2009	761	139
1995	689	126	2010	767	140
1996	693	127	2011	770	133
1997	697	129	2012	772	134
1998	700	130	2013	774	135
1999	703	131	2014	742	135
2000	714	132	2015	744	136
2001	717	133	2016	746	137
2002	722	134	2017	749	138
2003	727	135	2018	751	145
2004	733	135	2019	753	145

数据来源：《江苏省统计年鉴》（2019）。

表 3.5　2019 年全国各省、自治区和直辖市人口密度排名

排名	省份	人口密度/人/平方千米	排名	省份	人口密度/人/平方千米
1	澳门	20719	18	辽宁	294
2	香港	6781	19	江西	279
3	上海	3829	20	海南	266
4	北京	1435	21	山西	238
5	天津	1305	22	广西	208
6	江苏	753	23	贵州	205
7	台湾	655	24	陕西	188
8	广东	647	25	四川	172
9	山东	638	26	吉林	143
10	河南	577	27	云南	123
11	浙江	574	28	宁夏	104
12	安徽	454	29	黑龙江	79
13	河北	402	30	甘肃	62
14	重庆	379	31	内蒙古	21
15	福建	327	32	新疆	15
16	湖南	326	33	青海	8
17	湖北	319	34	西藏	3

数据来源：《中国统计年鉴》(2019)。

江苏省人口密度存在较大的地区差异。以 2019 年为例，全省人口密度为 753 人/平方千米，其中苏南地区人口密度为 1203 人/平方千米，苏中地区为 720 人/平方千米，苏北地区仅 554 人/平方千米（见表 3.6），苏南地区人口密度是苏中地区的 1.67 倍，是苏北地区的 2.17 倍，江苏省人口分布呈现“南稠北稀”的格局。从 2000 年到 2019 年，苏南地区常住人口增长了 56.0%，而苏中地区常住人口减少了 5.0%，苏北地区常住人口减少

了 3.8%；2019 年苏南地区的人口密度是 2000 年的 155%，而 2019 年苏中地区人口密度仅是 2000 年的 85%，苏北地区则是 92%。苏南地区的人口是越来越稠密，而苏中和苏北则相较以前更稀了。

表 3.6　2019 年江苏省不同区域的人口密度

地区	总人口/万人		土地面积/平方千米		人口密度/人/平方千米	
	2000 年	2019 年	2000 年	2019 年	2000 年	2019 年
苏南	2165.82	3378.09	27953	28084	775	1203
苏中	1736.67	1650.31	20429	22929	850	720
苏北	3163.13	3041.60	52312	54866	605	554

（三）总户数

1990—2019 年，江苏省人口总户数总体上呈现逐步增长的态势，少数年份略有下降，总户数从 1990 年的 1806.78 万户增加到 2019 年的 2647.77 万户，平均每户人数则从 1990 年户均 3.75 人下降到户均 3.05 人。从 1990 年到 2019 年，全省总户数增长了 146.5%，而户规模下降至 81.3%（见表 3.7）。数据显示，1990 年以来江苏省的家庭规模趋于小型化。1990—2010 年，家庭规模呈现快速下降，2010 年之后，家庭规模已经基本稳定在 3.1 人以下（见图 3.3），家庭规模已经触底。家庭规模小型化是社会、经济、文化、人口等多方面因素共同作用的结果。从人口变化的角度看，结婚年龄的推迟，不婚率和离婚率的提高，低生育率、人口流动程度和城市化水平等因素，都会导致家庭规模的不断缩小。其中生育政策的调整是最直接的原因，特别是 20 世纪 80 年代以来严格的独生子女政策。2000 年以来，江苏省人口出生率一直保持在 10‰以下，低人口出生率是导致家庭人口数量快速下降的主要原因，同时人口流动和城镇化也成为家庭规模缩小的重要推力，因为家庭规模越小越便于迁移和就业。

表 3.7　江苏省历年总户数和户均人数

年份	总户数/万户	总人口/万人	户均人口数/人/户	年份	总户数/万户	总人口/万人	户均人口数/人/户
1990	1806. 78	6766. 9	3. 75	2005	2463. 6	7588. 24	3. 08
1991	1859. 7	6843. 7	3. 68	2006	2485. 61	7655. 66	3. 08
1992	1957. 85	6911. 2	3. 53	2007	2507. 51	7723. 13	3. 08
1993	1893. 28	6967. 27	3. 68	2008	2504. 03	7762. 48	3. 1
1994	1923. 44	7020. 54	3. 65	2009	2519. 44	7810. 27	3. 1
1995	2066. 09	7066. 02	3. 42	2010	2564. 59	7869. 34	3. 07
1996	2014. 21	7110. 16	3. 53	2011	2572. 9	7898. 8	3. 07
1997	2133. 69	7147. 86	3. 35	2012	2588. 23	7919. 98	3. 06
1998	2087. 92	7182. 46	3. 44	2013	2593. 31	7939. 49	3. 06
1999	2121. 51	7213. 13	3. 4	2014	2601. 33	7960. 06	3. 06
2000	2220. 38	7327. 24	3. 3	2015	2617. 8	7976. 3	3. 05
2001	2314	7358. 52	3. 18	2016	2621. 2	7998. 6	3. 05
2002	2350. 96	7405. 5	3. 15	2017	2631. 68	8029. 3	3. 05
2003	2345. 19	7457. 7	3. 18	2018	2638. 76	8050. 70	3. 05
2004	2388. 23	7522. 95	3. 15	2019	2647. 77	8070. 00	3. 05

数据来源：《江苏省统计年鉴》(2019)。

二、人口变动

人口变动包括人口自然变动和人口迁移。人口自然变动和人口迁移影响着人口规模。人口自然变动是指人口由于出生和死亡，从而对人口规模产生影响。人口迁移是指人口迁入与迁出，从而影响人口规模。

(一) 出生人口数

1978 年以来，江苏省出生人口数呈现出“波动式上升—下降—缓慢增长”的发展趋势。依据发展趋势，将出生人口数分为三个阶段。

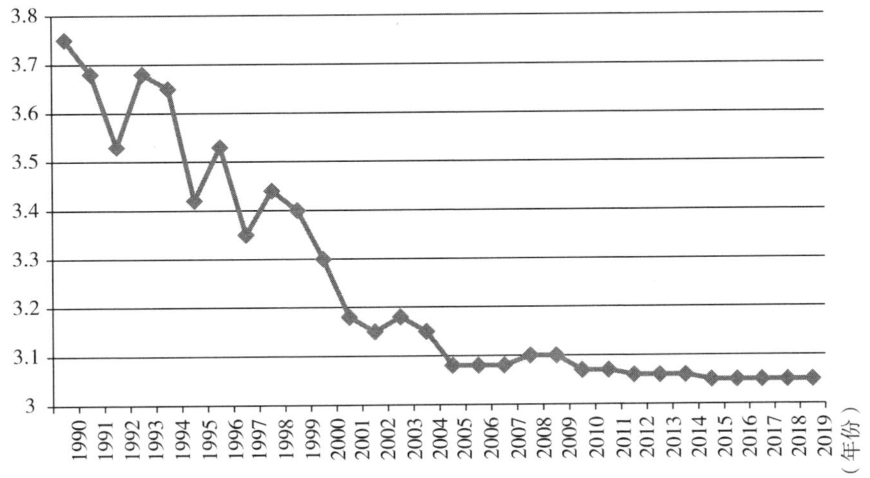

图 3.3 江苏省历年户均人口数 单位：人

第一阶段（1978—1990 年）。这一时期出生人口数量呈现“W”形特征，人口变动趋势总体是上升的。1981—1984 年，出生人口持续下降，从 100.58 万人下降至 64.09 万人，之后一直到 1990 年，出生人口持续上升，到 1990 年出生人口达到 1978 年以来的峰值，为 137.96 万人。1981—1984 年出生人口下降的主要原因是“三年自然灾害”期间人口出生数过低，导致在下一个生育周期中生育人口少，从而造成出生人口数低。

第二阶段（1990—2000 年）。这一阶段出生人口数量呈现直线下降趋势。1990 年出生人口 137.96 万，2000 年降至 66.01 万人，2000 年出生人口数比 1990 年减少了 71.95 万人，2000 年是 1978 年以来第二低的出生人口数。这一阶段出生人口持续下降和严格的计划生育政策有关，但也在深刻改变着人们的生育观念，进而影响人们的生育行为。

第三阶段（2000—2019 年）。这一阶段出生人口数变动呈现出“前期波动中缓慢增长，后期波动中下降”，人口出生数量较低。2000 年出生人口数是 66.01 万，2016 年达 77.96 万，为这一时期出生人口最多的年份，2019 年又降至 73.51 万。前期波动增长与生育政策的调整相关，2013 年“单独二孩”和 2015 年“全面二孩”政策的影响，使出生人口略有增长，但随后下降。

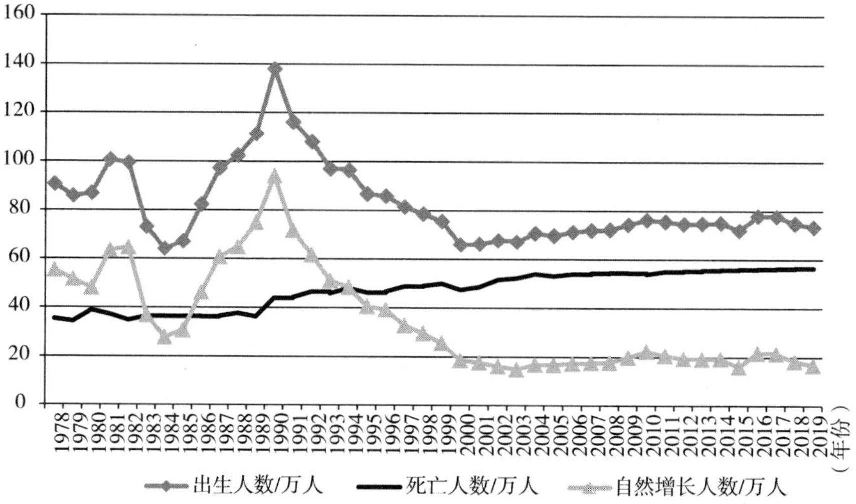

图 3.4　江苏省历年人口出生数、死亡数和自然增长数

人口出生率[①]指某一地区在一个时期之内（通常指一年）出生人数与平均人口数之比，它反映出人口的出生水平，是人口变动的重要指数。江苏省人口出生率分布阶段与人口出生数量分布阶段比较一致，1978 年人口出生率为 15.63‰，之后表现出波动式增长的趋势，到 1990 年达到最高，为 20.54‰，1990 年之后，人口出生率持续下降。1992 年人口出生率为 15.71‰，人口发展处于正常化阶段，1993 年人口出生率为 13.97‰，人口发展进入少子化阶段，1995 年人口发展进入严重少子化阶段，1998 年人口出生率为 10.97‰（见表 3.8），人口发展进入超少子化阶段（见表 3.9）。1990 年之前，人口出生率有些波动，但从 1990 年之后，人口出生率持续下降，到了 2000 年之后，人口出生率在低水平上徘徊。人口出生率从正常化阶段仅维持 1 年，进入少子化阶段仅维持 2 年，严重少子化阶段也维持 3 年，从正常化阶段进入超少子化阶段仅用了 6 年时间。2000 年以来，江苏省人口出生率始终低于 10‰，一直处于超少子化阶段。

① 人口出生率 =（年内出生人数/年内平均人口数）×1000‰

表 3.8 1978—2019 年江苏省人口自然变动

年份	出生人数/万人	死亡人数/万人	自然增长人数/万人	出生率/‰	死亡率/‰	自然增长率/‰
1978	90.62	35.32	55.30	15.63	6.09	9.54
1979	85.79	34.31	51.48	14.63	5.85	8.78
1980	86.90	38.87	48.03	14.69	6.57	8.12
1981	100.58	37.18	63.40	16.83	6.22	10.61
1982	99.42	34.77	64.65	16.43	5.75	10.68
1983	73.17	36.39	36.78	11.97	5.95	6.02
1984	64.09	36.32	27.77	10.42	5.90	4.52
1985	67.11	36.35	30.76	10.84	5.87	4.97
1986	82.38	36.19	46.19	13.20	5.80	7.40
1987	97.27	36.50	60.77	15.42	5.79	9.63
1988	102.46	37.65	64.81	16.03	5.89	10.14
1989	111.27	36.31	74.96	17.15	5.60	11.55
1990	137.96	43.86	94.10	20.54	6.53	14.01
1991	116.03	44.23	71.80	17.05	6.50	10.55
1992	108.04	46.49	61.55	15.71	6.76	8.95
1993	96.94	45.87	51.07	13.97	6.61	7.36
1994	96.38	47.98	48.40	13.78	6.86	6.92
1995	86.77	46.20	40.57	12.32	6.56	5.76
1996	85.84	46.64	39.20	12.11	6.58	5.53
1997	81.47	48.76	32.71	11.43	6.84	4.59
1998	78.60	49.01	29.59	10.97	6.84	4.13
1999	75.58	49.95	25.63	10.50	6.94	3.56
2000	66.01	47.40	18.61	9.08	6.52	2.56
2001	66.31	48.61	17.70	9.03	6.62	2.41
2002	67.69	51.60	16.09	9.17	6.99	2.18

续表

年份	出生人数/万人	死亡人数/万人	自然增长人数/万人	出生率/‰	死亡率/‰	自然增长率/‰
2003	67.18	52.24	14.94	9.04	7.03	2.01
2004	70.78	53.93	16.85	9.45	7.20	2.25
2005	69.81	53.12	16.70	9.24	7.03	2.21
2006	71.34	53.96	17.38	9.36	7.08	2.28
2007	72.05	54.36	17.69	9.37	7.07	2.30
2008	72.32	54.51	17.81	9.34	7.04	2.30
2009	74.36	54.43	19.93	9.55	6.99	2.56
2010	76.31	53.94	22.37	9.73	6.88	2.85
2011	75.61	55.03	20.58	9.59	6.98	2.61
2012	74.67	55.29	19.38	9.44	6.99	2.45
2013	74.86	55.59	19.27	9.44	7.01	2.43
2014	75.13	55.81	19.32	9.45	7.02	2.43
2015	72.11	56.02	16.09	9.05	7.03	2.02
2016	77.96	56.15	21.81	9.76	7.03	2.73
2017	77.82	56.34	21.48	9.71	7.03	2.68
2018	74.93	56.52	18.41	9.32	7.03	2.29
2019	73.51	56.74	16.77	9.12	7.04	2.08

数据来源：《江苏省统计年鉴》。

表 3.9　人口出生率的类型

类型	人口出生率/‰
超多子化	21.0 以上
严重多子化	21.0~19.0
多子化	19.0~17.0
正常	17.0~15.0
少子化	15.0~13.0
严重少子化	13.0~11.0
超少子化	11.0 以下

人口出生率的下降与生育政策密切相关，特别是生育控制政策。20 世纪 70 年代国家提出“晚稀少”的生育政策，之后，宽松型生育政策逐渐向严格控制人口出生数量转变。1980 年五届全国人大提出“独生子女”这一政策性建议，同年 9 月，中共中央在《关于控制我国人口增长问题致全体共产党员、共青团员的公开信》中表示国家和政府对一个家庭只生育一个孩子的观点是支持的。1984 年中共中央作了关于计划生育工作情况汇报后，国家推进了“独生子女”政策的普及。江苏省积极响应中央号召，推进独生子女政策的实施，独生子女政策的实施直接导致人口出现快速的下降。2000 年后，江苏省计划生育政策也进行了相应调整，2002 年江苏省颁布《人口和计划生育条例》，对严格的“一对夫妻只生一个孩子”的独生子女政策进行调整，实行“一方为两代独生子女或者夫妻均为独生子女”生育二孩和农村“单独两孩”的政策。2013 年国家出台“单独二孩”，2015 年又出台“全面二孩”政策，从政策效果来看，生育政策调整对人口出生率的影响总体不大，而且影响持续时间比较短。2002 年，江苏省生育政策微调，2003 年出生人口数量反而比 2002 年减少了 0. 51 万人，仅 2004 年出生人口数量比 2003 年增加了 3. 6 万人，到 2005 年，出生人口数比 2004 年又下降了 0. 97 万人。2014 年 3 月，“单独二孩”政策在全省全面实施，2014 年出生人口比 2013 年仅增加 0. 27 万人，随后，2015 年出生人口比 2014 年减少了 3. 02 万人，甚至低于 2013 年出生人口数。2015 年全国推行“全面二孩”政策，“全面二孩”政策于 2016 年 1 月 1 日正式实施，2016 年出生人口比 2015 年增长 5. 85 万人，随后 2017 年，比 2016 年减少了 0. 14 万人。而实际工作中，江苏省对放松生育政策的影响估计过高，比如省卫生厅厅长总结了 2013 年的工作成绩和新一年卫生系统的工作安排，特别提到了全省放开双独二胎后，卫生系统首先面临压力，当双独二胎放开后，额外将有 11 万~18 万个宝宝出生①。从目前来看，现行几次生育政

① 省卫生厅长：双独放开后，江苏缺万名医生，http：//js. people. com. cn/html/2014/01/15/282572. html.

策调整对出生人口数量影响较小，影响持续的时间也比较短。

（二）死亡人口

死亡人口是人口变动的重要内容，死亡人口意味着人口总量的减少。从 1978—2019 年，共死亡 1986.74 万人，平均年死亡人数为 47.3 万。1978 年以来死亡人口数量呈现“个别年份小幅波动、总体持续增长”的格局，1978 年死亡人口为 35.32 万，2019 年死亡人口 56.74 万，是 1978 年以来最多的一年（见表 3.8）。死亡人数基本稳定，人口死亡率略有增长，1997 年以来，基本稳定在 7‰左右。

（三）人口自然增长

一个地区的人口增长取决于出生人口与死亡人口，一个地区出生人口数减去死亡人口数，就是人口自然增长数量。1978 年以来，人口自然增长经历了“波动式增长—持续下降—持续波动”三个阶段（见表 3.8），第一阶段：1978—1990 年，这一时期表现为波动式增长，这一时期人口出现短期下降，下降的主要原因是上一个人口周期形成的人口数量减少，1990 年人口自然增长数量达到 1978 年以来的最高峰，为 94.1 万人；第二阶段：1990—2003 年，这一阶段人口自然增长呈现直线下降，从 94.1 万人下降到 2003 年 14.94 万人，这一阶段平均每年下降 6.1 万人；第三阶段：2003—2019 年，这一时期人口呈现持续波动。这一时期人口波动与生育政策调整有一定关系，生育政策的调整对人口自然增长有一定刺激作用，但这种刺激作用持续时间较短。人口自然增长量的趋势和人口自然增长率的趋势基本一致。2000 年以来，人口自然增长率波动较小，基本稳定在 2‰~3‰，年人口增长数量在 20 万左右。

1978 年以来，人口变动经历了由“高出生率—低死亡率—高自然增长率”向“低出生率—低死亡率—低自然增长率”的转变过程（见图 3.5）。2000 年以来，人口出生率和人口自然增长率均在低位徘徊，2002 年、2013 年、2015 年三次生育政策调整，并未出现较大的增幅。生育政策调整对人口增长刺激作用在弱化，未来推动人口增长需要有新思路。

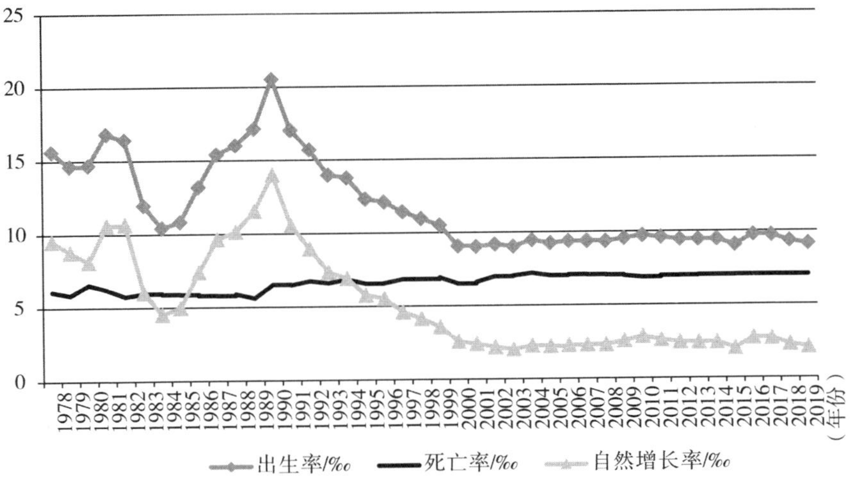

图 3.5　江苏省历年人口出生率、死亡率和自然增长率

三、人口迁移

由于户籍制度的存在，我国人口迁移在空间移动表现为人口迁移和人口流动两种类型。根据有无发生户籍人口的变动，将发生迁移和流动行为的人分别称为迁移人口和流动人口。人口迁移主要是以改变居住地为目的，跨越一定地区（地界）的人口移动行为①。人口流动是为了满足某种社会经济生活需要而进行短期迁移的行为②。

（一）迁移人口

迁移人口是指在一定时期内发生的空间位置变化的人口。净迁入人口等于常住人口减去户籍人口，净迁入率=（常住人口-户籍人口）/户籍人口×100%。

1990 年，江苏省户籍人口 6671. 73 万，常住人口 6766. 9 万，常住人口比户籍人口多 95. 17 万（见表 3. 10）。从 1990—2019 年，常住人口数量始终大于户籍人口数量，人口始终处于净流入状态，常住人口大于户籍人

① 郭未：《人口学》，社会科学文献出版社 2018 年版，第 330 页。

② 北京市政府研究室：《工作研究》，1986 年特刊第 1 期。

口的主要原因是外来人口的迁入。江苏省地处长江经济带，下辖13个设区市，全部进入全国百强城市，是中国综合发展水平最高的省份，也是中国经济最活跃的省份之一，与上海、浙江、安徽共同构成的长江三角洲城市群，是国际六大世界级城市群之一。江苏省对于外来人口具有强大的吸引力。

1990—2019年江苏省净流入人口数量呈现出“先增长、后下降”的“倒V形”发展趋势。1990—2010年为净流入人口增长阶段，这一阶段净流入人口数量总体是增长态势，个别年份略有下降，1990年净流入人口为95.17万，2010年增长到402.75万，20年净流入人口增长了4.23倍；2010—2019年为净流入人口数下降的阶段，这一时间段净流入人口数量总体呈现下降趋势，到2019年，净流入人口数量下降至211.73万（见表3.10），2019年净流入人口数量仅为2010年的52.6%。人口净迁入率呈现“先增长、后下降”，与净流入人口数量的变化趋势基本一致（见图3.7）。

表3.10　江苏省历年户籍人口与常住人口

年份	户籍人口/万人	常住人口/万人	净迁入人口/万人	净迁入率/%
1990	6671.73	6766.9	95.17	1.43
1991	6733.87	6843.7	109.83	1.63
1992	6767.49	6911.2	143.71	2.12
1993	6800.69	6967.27	166.58	2.45
1994	6831.28	7020.54	189.26	2.77
1995	6868.42	7066.02	197.6	2.88
1996	6908.13	7110.16	202.03	2.92
1997	6948.36	7147.86	199.5	2.87
1998	6983.09	7182.46	199.37	2.86

续表

年份	户籍人口/万人	常住人口/万人	净迁入人口/万人	净迁入率/%
1999	7009. 09	7213. 13	204. 04	2. 91
2000	7069. 28	7327. 24	257. 96	3. 65
2001	7097	7358. 52	261. 52	3. 68
2002	7127. 33	7405. 5	278. 17	3. 90
2003	7163. 93	7457. 7	293. 77	4. 10
2004	7206. 05	7522. 95	316. 9	4. 40
2005	7252. 88	7588. 24	335. 36	4. 62
2006	7317. 72	7655. 66	337. 94	4. 62
2007	7354. 08	7723. 13	369. 05	5. 02
2008	7388. 63	7762. 48	373. 85	5. 06
2009	7419. 23	7810. 27	391. 04	5. 27
2010	7466. 59	7869. 34	402. 75	5. 39
2011	7514. 25	7898. 8	384. 55	5. 12
2012	7553. 48	7919. 98	366. 5	4. 85
2013	7616. 84	7939. 49	322. 65	4. 24
2014	7684. 69	7960. 06	275. 37	3. 58
2015	7717. 59	7976. 3	258. 71	3. 35
2016	7775. 66	7998. 6	222. 94	2. 87
2017	7794. 19	8029. 3	235. 11	3. 02
2018	7831. 86	8050. 7	218. 84	2. 79
2019	7858. 27	8070. 0	211. 73	2. 69

注：数据来源于《江苏省统计年鉴》(2019)。

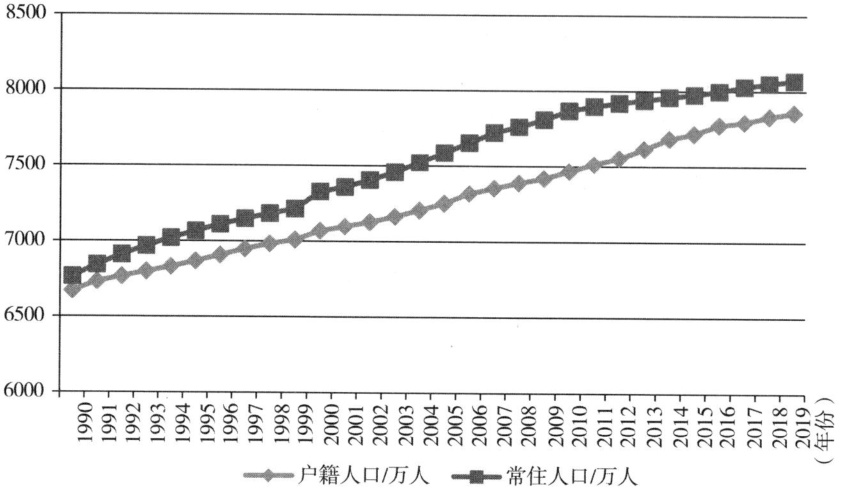

图 3.6　江苏省历年户籍人口与常住人口数

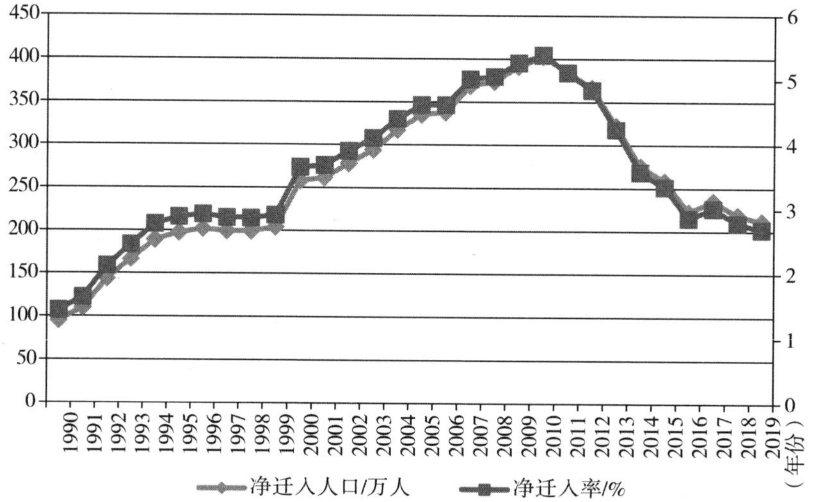

图 3.7　江苏省净迁入人口和净迁入率

（二）流动人口

1. 流动人口概况

江苏省 1995 年流动人口总量为 450 万，其中省外流入人口 73 万，占 16.2%，省内的流动人口 377 万，占 83.8%，1995 年流动人口类型主要是省内流动。2000 年流动人口总量为 967 万，其中省外流入人口 270 万，占 27.9%，省内流动人口 697 万，占 72.1%。2005 年江苏省流动人口总量为 1523 万，其中省外流入人口 545 万，占 35.8%，省内流动人口 978 万，占 64.2%。2010 年全省有流动人口 1823 万，其中省外流入人口 738 万，占 40.5%，省内流动人口 1085 万，占 59.5%。2016 年全省有流动人口 1864 万，其中省外流入人口 1219 万，占 65.4%，省内流动人口 645 万，仅占 34.6%（见表 3.11）。江苏省流动人口呈现如下特征：一是流动人口总量持续增长，但增长幅度开始下降，1995—2000 年流动人口的年平均增长率为 21.1%，2010—2016 年流动人口年平均增长率下降至 0.4%；二是省外流入人口持续增长，省外流入人口的增速始终高于省内流动人口；三是省内流动人口呈现“先增长、后下降”的趋势，2010—2016 年，省内流动人口出现负增长；四是省外流入人口的比重持续上升，而省内流动人口的比重持续下降，流动人口逐渐由省内流动人口占主体转变为省外流入人口占主体的格局，2016 年流动人口中省外流入人口占比达 65.4%。

表 3.11　1995—2016 年江苏省流动人口①

年份	省外/万人	比重/%	平均增长率/%	省内/万人	比重/%	平均增长率/%	总数/万人	平均增长率/%
1995	73	16.2	-	377	83.8	-	450	-
2000	270	27.9	38.7	697	72.1	16.6	967	21.1
2005	545	35.8	19.2	978	64.2	8.8	1523	12.0
2010	738	40.5	7.9	1085	59.5	2.6	1823	4.6
2016②	1219	65.4	10.6	645	34.6	-9.9	1864	0.4

① 施国庆，等：《江苏流动人口研究》，载《江苏省人口发展研究——第六次全国人口普查课题论文集》（下），江苏科学技术出版社 2014 年版，第 695 页。

② 江苏吸纳流动人口 1864 万，http：//xh. xhby. net/mp3/pc/c/201707/12/c348827. html.

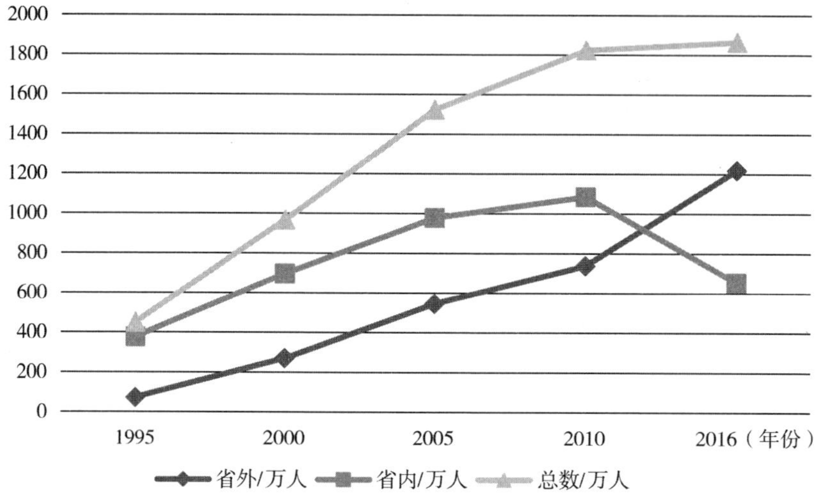

图 3.8　1995—2016 年江苏省流动人口分布

2. 流动人口的地区差异

江苏省流动人口的分布存在区域的差异。具体表现为：一是从流动人口总数来看，苏南地区流动人口人数最多，其次是苏北地区，最后是苏中地区。根据第五、六次人口普查数据来看，2000 年、2010 年流动人口的分布都保持这一特征。二是流动人口向苏南地区集中。2000 年苏南地区流动人口占比 60.48%，2010 年的苏南地区流动人口占比提高到 69.44%，提升了近 9 个百分点。来自省内的流动人口主要集中在苏南地区，其次是苏北地区，最后是苏中地区，2010 年流动人口在苏南地区的比重比 2000 年增加了 4.86 个百分点，苏中地区流动人口减少了 3.46 个百分点，而苏北地区反而增加了 2.35 个百分点（见表 3.12），无论是省内流动人口和省外流入人口均向苏南地区集中，苏南地区对流动人口的“虹吸效应”非常突出。

表 3.12　2000、2010 年江苏省流动人口的区域分布①

区域	2000 年			2010 年		
	全省/%	省内/%	省外/%	全省/%	省内/%	省外/%
苏南	60.48	52.78	80.38	69.44	57.64	89.80
苏中	17.68	19.98	11.70	13.24	16.52	7.11
苏北	19.38	23.49	8.74	17.32	25.84	3.09
合计	97.54	96.25	100.82	100	100	100

3. 流动人口省际变动

表 3.13　1953—2010 年江苏省净迁入人口数量

年份	省际净迁移人口/万人
1953	-5.34
1964	-39.34
1982	14.09
1990	95.17
2000	257.96
2010	402.75

1953—2010 年，江苏省省际净迁移呈现出钩形特征，净流入人口数量表现“先下降，后直线上升”的发展趋势（见图 3.9），1953 年省内人口净流出 5.34 万，1964 年后省内人口净流出达 39.34 万。这一时期，江苏省为净流出省份，主要是江苏省人口外迁。到了 20 世纪 80 年代，江苏省经济快速增长，吸引了大量外省劳动力进入江苏，江苏省逐渐成为外来人口的流入地，1982 年江苏省省际净迁入人口 14.09 万，1990 年达到 95.17 万人，2000 年增长到 257.96 万人，2010 年增长达到 402.75 万人（见表

① 王欢：《江苏省流动人口特征演变》，载《人口与社会》，2015 年第 1 期，第 65 页。

3.13)。可以看出，改革开放之后，江苏省综合实力显著提升，对省外人口具有强大的吸引能力。

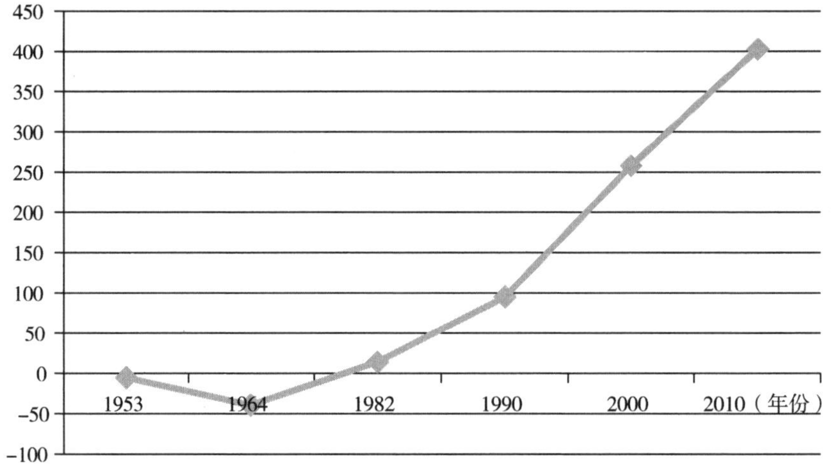

图 3.9　1953—2010 年江苏省省际净迁入人口（万人）

第二节　人口结构特征与发展趋势

一、年龄结构

人口年龄结构亦称为人口年龄构成，指各个年龄组人口在总人口中所占的比重。年龄是人口基本的自然属性。任何一个人口群体都是由许多具有不同年龄的人口所组成的，不同国家或地区在不同时点的人口总是从 0 岁组开始，直到某个最高的年龄组为止。各个年龄组的人口在其总人口中所占的比重就构成该人口的年龄结构。人口年龄结构一般包括：一是现有人口中育龄人口与非育龄人口比例；二是劳动年龄人口与非劳动年龄人口比例；三是少年儿童人口与老年人口比例等。

（一）年龄中位数

表 3.14　江苏省人口年龄中位数

年份	江苏省年龄中位数/岁	增长率/%	全国年龄中位数/岁	年份	江苏省年龄中位数/岁	增长率/%	全国年龄中位数/岁
1953	21.2	–	22.7	2008	39.76	1.26	–
1964	19.4	–	20.2	2009	40.62	2.16	–
1982	25.53	–	22.9	2010	38.52	−5.18	35.2
1990	27.62	–	25.3	2011	40.01	3.87	–
2000	33.58	–	30.8	2012	40.34	0.81	–
2001	–	–	–	2013	41.24	2.24	–
2002	35.96	–	–	2014	41.77	1.29	–
2003	37.78	5.06	–	2015	40.31	−3.51	–
2004	37.89	0.28	–	2016	42.52	5.49	–
2005	38.01	0.34	–	2017	43.54	2.41	–
2006	38.87	2.24	–	2018	43.41	−0.30	–
2007	39.27	1.04	–	2019	44.79	3.18	–

数据来源：年龄中位数依据《江苏省统计年鉴》计算而得。

人口年龄中位数指将全体人口按年龄大小的自然顺序排列时，居于中间位置的人的年龄数值，也称中位年龄或中数年龄。年龄中位数是一种位置的平均数，它将总人口分成两半，一半在中位数以上，一半在中位数以下，反映了人口年龄的分布状况和集中趋势。年龄中位数的大小可以反映人口的年老或年轻的程度。美国人口普查局 1971 年出版的《人口学方法与资料》依据年龄中位数把人口划分为三种类型。年龄中位数低于 20 岁的人口为年轻型人口，介入 20~30 岁为成年型人口，大于 30 岁的为老年型人口。江苏省人口年龄中位数分别为：1953 年 21.2 岁，1964 年 19.4 岁，1982 年 25.53 岁，1990 年 27.62 岁，2000 年 33.58 岁，2010 年 38.52 岁，2019 年 44.79 岁（见表 3.14）。人口年龄中位数总体表现为持续上

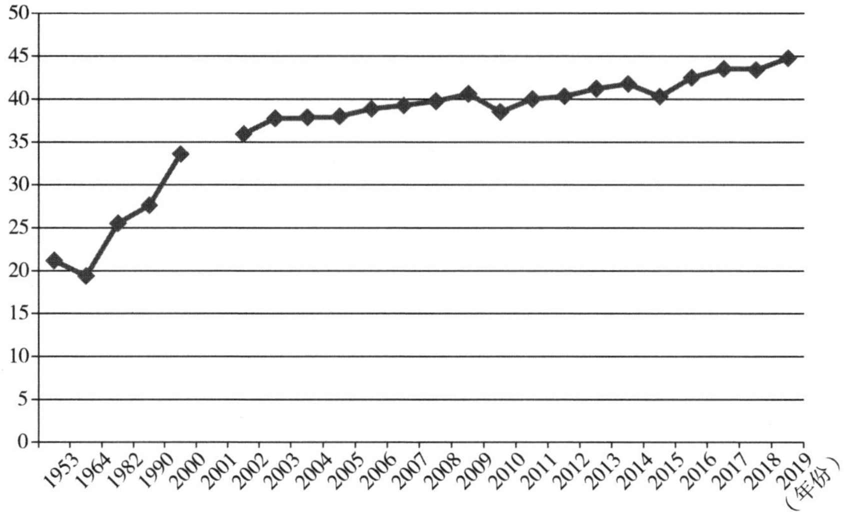

图 3. 10　江苏省人口年龄中位数　单位：岁

升，1990 年以来，人口年龄中位数呈现快速增长的态势，每 10 年增长 5 岁左右，2010—2019 年 9 年增长 6. 27 岁。依据年龄中位数划分人口发展阶段来看，1953 年江苏省人口类型已属于成年型人口，2000 年江苏省正式迈入老年型人口阶段（见表 3. 15），当前人口老龄化程度还在不断提高。

和全国相比，江苏省年龄中位数在“全国第一次人口普查”和“全国第二次人口普查”时，低于全国年龄中位数，从“全国第三次人口普查”时，江苏省人口年龄中位数就比全国年龄中位数高出 2. 63 岁，第四次人口普查时，高 2. 32 岁，差距略有下降，第五次人口普查时中位年龄又提高了 2. 78 岁，而第六次人口普查时，中位年龄的差距又进一步提高，高达 3. 32 岁（见表 3. 14），江苏省人口老龄化程度要高于全国水平，江苏省人口老龄化程度还在加速发展。

（二）人口年龄结构

表 3.15　人口年龄结构类型区分

类型	年轻型	成年型	老年型
少儿系数（0～14 岁人口占总人口的比重）	40%以上	30%～40%	30%以下
老年系数（65 岁人口占总人口的比重）	4%以下	4%～7%	7%以上
60 岁及以上人口占总人口的比重	5%以下	5%～10%	10%以上
老化指标（65 岁及以上人口数/0～14 岁人口数＊100%）	15%以下	15%～30%	30%以上
年龄中位数	20 岁以下	20～30 岁	30 岁以上

人口年龄结构，也称之为人口的年龄构成，即各个年龄组人口在总人口中所占的比重或百分比。各个年龄组的人口在其总人口中所占的比重就是人口年龄结构。人口年龄结构包括：少年儿童人口、劳动适龄人口和老年人口的年龄结构。少年儿童人口反映的是一个地区的活力，一般而言，少年儿童人口比例在 40%以上为年轻型人口，30%以下为老年型人口，介于 30%～40%的为成年型人口。

表 3.16　江苏省历年人口年龄构成

年份	0～14 岁比重/%	15～64 岁比重/%	65 岁及以上比重/%
1953	37.56	57.95	4.49
1964	39.82	56.48	3.71
1982	28.98	65.48	5.55
1990	23.75	69.46	6.79
2000	19.63	71.52	8.84
2001	19.01	70.74	10.25
2002	18.80	71.32	9.89

续表

年份	0~14 岁比重/%	15~64 岁比重/%	65 岁及以上比重/%
2003	17.02	71.64	11.34
2004	16.33	72.95	10.72
2005	15.54	73.60	10.87
2006	14.68	74.36	10.96
2007	14.30	74.32	11.37
2008	13.58	74.91	11.51
2009	13.01	75.05	11.94
2010	13.01	76.10	10.89
2011	13.27	75.34	11.39
2012	13.16	75.07	11.77
2013	13.11	74.29	12.60
2014	13.62	73.13	13.24
2015	13.56	73.75	12.69
2016	14.43	71.52	14.04
2017	14.06	70.82	15.12
2018	13.86	72.11	14.03
2019	13.94	71.37	14.69

数据来源：2001 年数据来源于《中国人口统计年鉴》，其他年份数据来源于《江苏省统计年鉴》。

少年儿童人口。1953 年江苏省少年儿童人口比例为 37.56%，1982 年为 28.98%，2000 年为 19.63%，2010 年为 13.01%，2019 年为 13.94%（见表 3.16）。从 1953 年以来，少年儿童人口的比重总体呈现下降趋势，2010 年少年儿童人口的比重达到最低值，为 13.01%；2010 年之后，少年儿童人口的比重在较低水平波动，总体表现为前期增长，后期下降，比重在 13%~15%。少年儿童人口的比重从 1953 年的 37.56%，下降至 2019 年的 13.94%（见表 3.16），下降了 23.62 个百分点。

劳动适龄人口。劳动适龄人口是社会的主体，也是生产主体。江苏省劳动适龄人口的比重呈现“先升后降”的趋势，1964 年劳动适龄人口比重为 56.48%，1982 年江苏省劳动适龄人口比重为 65.48%；1990 年为 69.46%；2010 年为 76.10%，达到最高值，之后开始下降，2019 年劳动适龄人口占比降至 71.37%（见表 3.16）。劳动适龄人口从 1953 年的 57.95%，增加到 2019 年的 71.37%，增加了 13.42 个百分点。2010 年以来，劳动适龄人口总体是下降的，2010 年劳动适龄人口的比重达到 1953 年以来的最高值，为 76.10%，2019 年比重降至 71.37%，下降了 4.73 个百分点。

老年人口。65 岁及以上人口从 1953 年的 4.49%，增加到 2019 年的 14.69%，增加了 10.2 个百分点（见表 3.16）。老年人口比重总体呈现持续上升的趋势，而且增长速度还在不断加快，社会养老压力在不断加大。根据世界卫生组织定义：一个国家或地区 60 岁及以上的人口比例达到 10%，65 岁及以上的人口比例达到 7%以上，即可被称为老龄化的社会；当 65 岁及以上的人口比例达到 14%，则进入深度老龄化，即可称为老龄社会；65 岁及以上的人口比例超过 20%，则被称为过度老龄社会。2000 年江苏省 65 岁及以上人口超过 7%，表明江苏省 2000 年已经迈入老龄化的社会，2016 年后，江苏省 65 岁及以上人口比重持续保持在 14%以上，可以说明江苏省人口已经深度老龄化。从当前老年人口增长速度来看，江苏省正在快步迈向“过度老龄社会”。2017 年以来，老年人口的比重超过了少年儿童人口比重，人口年龄结构呈现“头重脚轻”的失衡结构，人口结构正趋于失衡。

从人口年龄结构来看，老年人口的比重不断增长；少年儿童人口的比重不断减少，近年虽有所回升，但回升幅度较小；劳动适龄人口比重先升后降。2017 年老年人口的比重首次超过少年儿童的比重，从发展趋势来看，老年人口的比重将会持续增长，少年儿童人口比重将有一段时间徘徊，劳动适龄人口的比重持续下降（见图 3.11）。从历次全国人口普查数

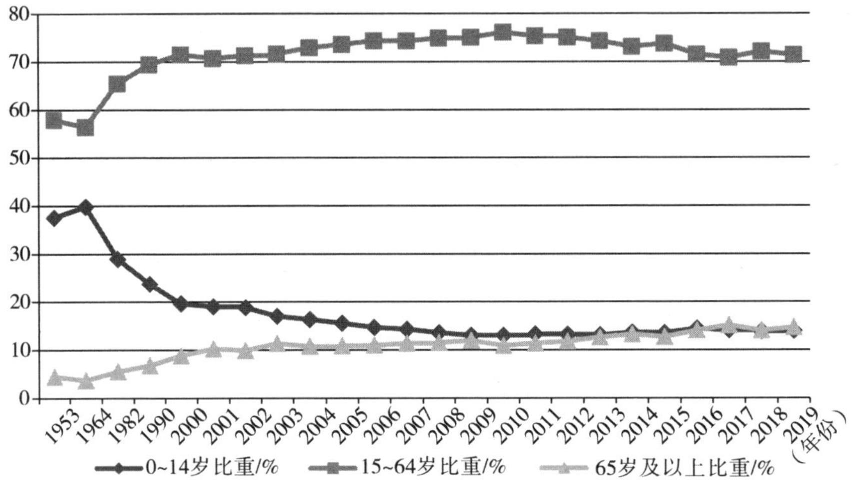

图 3.11　江苏省历年人口年龄构成

据来看，第一次人口普查时，江苏省少年儿童比重高于全国水平，但第二、三、四、五、六次人口普查时，江苏省少年儿童人口比重则低于全国水平；在劳动适龄人口方面，第一次人口普查江苏省劳动适龄人口的比重低于全国的比重，第二、三、四、五、六次人口普查时，6 次人口普查江苏省老龄人口的比重均高于全国水平（见表 3.17）。江苏省人口年龄结构呈现“两头失衡”的问题，即少年儿童人口与老年人口的比重的失衡，少年儿童人口比重的失衡更具有挑战性。

表 3.17　中国历次人口普查的年龄结构

年份	0~14 岁人口比重/%		劳动适龄人口比重/%		65 岁及以上人口比重/%	
	全国	江苏省	全国	江苏省	全国	江苏省
1953	36. 3	37. 56	59. 3	57. 95	4. 4	4. 49
1964	40. 7	39. 82	55. 7	56. 47	3. 6	3. 71
1982	33. 6	28. 98	61. 5	65. 47	4. 9	5. 55
1990	27. 7	23. 75	66. 7	69. 46	5. 6	6. 79
2000	22. 9	19. 63	70. 1	71. 53	7. 0	8. 84
2010	16. 6	13. 01	74. 5	76. 1	8. 9	10. 89

（三）抚养比

劳动适龄人口与具有劳动能力或在业人口不完全一致，由于具有劳动能力和在业人口绝大部分都属于劳动适龄人口，因此就用劳动适龄人口近似地代替有劳动能力的或在业的人口①，用劳动适龄人口表示抚养人口，而0~14岁和65岁及以上人口表示被抚养人口。从人口年龄结构可以分析抚养与被抚养人口之间的相对关系，人口年龄结构也体现了人口与经济社会发展的关系。

少年儿童抚养比是指某一国家或地区中少年儿童人口数与劳动适龄人口数之比，它反映了每100个劳动适龄人口抚养少年儿童人口的人数。1953年江苏省少年儿童抚养比为64.81，1964年江苏省少年儿童抚养比为70.50，1982年江苏省少年儿童抚养比为44.26，1990年江苏省少年儿童抚养比为34.19，2000年江苏省少年儿童抚养比为27.45，2005年江苏省少年儿童抚养比为21.11，2010年江苏省少年儿童抚养比为17.09，2015年江苏省少年儿童抚养比为18.39，2019年江苏省少年儿童抚养比为19.52（见表3.18），从1964年以来，少年儿童抚养比总体趋势是下降的，2010年降至最低点，之后少年儿童抚养比有所回升。

老年抚养比是指某一国家和地区老年人口数与劳动适龄人口数之比，它反映了每100名劳动适龄人口抚养老年人口的数量。1953年江苏省老年抚养比为7.75，1964年江苏省老年抚养比为6.56，1982年江苏省老年抚养比为8.47，1990年江苏省老年抚养比为9.77，2000年江苏省老年抚养比为12.36，2005年江苏省老年抚养比为14.77，2010年江苏省老年抚养比为14.31，2015年江苏省老年抚养比为17.21，2019年江苏省老年抚养比为20.58（见表3.18），江苏省老年抚养比表现为少数年份有波动，总体呈现上升态势。

---

① 查瑞传：《人口普查资料分析技术》，中国人口出版社，1991年版。

表 3.18　江苏省历年人口抚养比①

年份	少儿抚养比	老年抚养比	总抚养比
1953	64.81	7.75	72.56
1964	70.50	6.56	77.06
1982	44.26	8.47	52.73
1990	34.19	9.77	43.96
2000	27.45	12.36	39.81
2001	26.87	14.49	41.36
2002	26.36	13.86	40.22
2003	23.76	15.84	39.6
2004	22.38	14.70	37.08
2005	21.11	14.77	35.88
2006	19.74	14.74	34.48
2007	19.25	15.30	34.55
2008	18.13	15.37	33.50
2009	17.34	15.91	33.25
2010	17.09	14.31	31.40
2011	17.61	15.11	32.72
2012	17.53	15.68	33.21
2013	17.65	16.96	34.61
2014	18.63	18.11	36.74
2015	18.39	17.21	35.6
2016	20.18	19.64	39.82
2017	19.85	21.35	41.2
2018	19.22	19.46	38.68
2019	19.52	20.58	40.1

① 2001 年数据来源于《中国人口统计年鉴》，其他年份数据来源于《江苏省统计年鉴》。

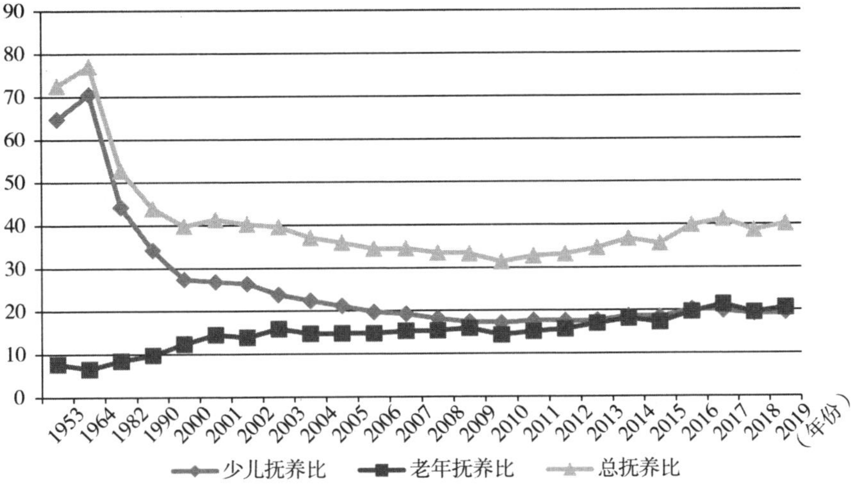

图 3.12　江苏省历年人口抚养比

总抚养比是指某一国家和地区非劳动适龄人口与劳动适龄人口之比，非劳动适龄人口是指少年儿童人口与老年人口之和，它反映了每 100 名劳动适龄人口抚养多少名非适龄劳动人口的数量。1953 年江苏省总抚养比为 72.56，1964 年上升为 77.06；1964 年后，总抚养比总体呈下降趋势，到 2010 年降至中华人民共和国成立以来的最低点，为 31.40，之后开始缓慢回升，2019 年回升至 40.1。总抚养比总体上呈现出“先下降→后缓慢上升”的发展趋势（见图 3.12）。

儿童抚养比可以看作是投资，老年抚养比是在还债。人口生育率下降越快，儿童抚养比（投资）下降就越快，儿童数量减少使得后续年轻劳动力不足，从而导致今后老年抚养比（还债）上升就越快。当老年抚养比上升幅度超过儿童抚养比下降幅度时，总抚养比止跌回升。日本在总抚养比止跌回升时，经济开始出现危机。因此，通过降低生育率而降低总抚养比并非人口红利，而是人口高利贷①。由于在人口流入以及庞大的经济总量和投资的作用下，总抚养比的上升在短期内还难以对经济发展产生巨大的

① 易富贤：《总抚养比和经济增长的互动》，载《商学院》2013 年第 6 期，第 45 页。

影响，但从长远来看，总抚养比的上升会对经济社会可持续发展带来影响，需要尽早地研判人口与经济社会发展的关系，提早采取应对措施。

（四）人口红利

“人口红利”是指劳动适龄人口规模大于非劳动适龄人口规模，是指一个国家的劳动年龄人口占总人口的比重较大，抚养率比较低，为经济发展创造了有利的人口条件，整个国家的经济呈高储蓄、高投资和高增长的局面。一般而言，一个国家人口生育率的迅速下降会导致少儿抚养比例迅速下降，劳动年龄人口比例上升，在老年人口比例达到较高水平之前，将形成一个劳动力资源相对丰富、抚养负担轻、对经济发展十分有利的“黄金时期”，人口经济学家称之为“人口红利”。中国近几十年的经济增长，很多人认为“人口红利”是一个重要因素。

在人口转变过程中，由于出生率与死亡率下降初始时间与速度不同步，后者先于前者发生。因而在人口转变的前一阶段，易出现人口年轻化趋势，少年儿童快速增长，而老年人口增长缓慢，导致少儿抚养比快速上升，经济增长将深受其累，这时会形成所谓的“人口负债”；在人口转变的后一阶段，易出现人口老龄化趋势。在出生率下降初期，出生率下降速度快于人口老龄化速度。在这一人口变动过程中，会形成一个有利于经济发展的人口年龄结构，也就是少儿抚养比与老年抚养比在一个时期内都比较低的局面，并会持续较长一段时间。总人口年龄结构呈现“中间大、两头小”的结构特征，使得劳动力供给充足，而且社会负担相对较轻。年龄结构的这种变化会促进劳动力供给增加、储蓄和投资增长、人力投资增加和妇女就业机会增加等，从而对社会经济发展有利，人口学家称这段时期为“人口机会窗口”或“人口红利”[①][②]。然而在进入人口转变第二阶段的晚期，少年儿童数量在继续减少的同时，老年人口数量则快速增加，此时老年抚养比的上升速度远远快于少儿抚养比的下降速度，总抚养比上升较

① 蔡昉：《人口转变、人口红利与经济增长可持续性——兼论充分就业如何促进经济增长》，载《人口研究》2004 年第 2 期。

② 于学军：《中国人口转变与“战略机遇期”》，载《中国人口科学》2003 年第 1 期。

快，经济增长受阻，这一时期重新出现人口负债。需要指出的是：在人口转变的早期和晚期出现的人口负债，其性质是完全不同的。在人口转变早期出现的人口负债，可看作是对未来的一种人力投资，是未来人口红利产生的基础与前提条件；而在人口转变晚期出现的人口负债，则可视作是在偿还前期所享有的部分人口红利，因而可视作真正意义上的“负债”。

根据国际通行的标准，当总抚养系数低于53%时，人口负担较轻，处在人口红利期。1982年以来，江苏省总抚养系数一直低于53%，最高年份总抚养比是1982年的52.73，最低年份总抚养比是2010年的31.40，这一时期一直处于人口红利期。但是随着老年人口的快速增长，少年儿童人口持续保持低位运行，总抚养比将会持续增长，人口红利将逐渐消失，从而进入人口负债期，这就是人口转变晚期出现的“人口负债”，是一个真正意义上的“负债”，将对经济社会发展形成深刻影响。

二、性别结构

（一）人口性别比

性别结构是指人口中男性与女性的构成。人口性别比是指人口中男性与女性之比，以女性为100，表示100名女性相对应男性的数量，人口性别比分为总人口性别比、出生人口性别比和分年龄段人口性别比。1990年江苏省人口性别比为103.62，2000年人口性别比为102.58，2010年人口性别比101.52，2019年人口性别比为101.27（见表3.19）。整体来看，江苏省男性人口数量多于女性人口数量，表现为“男多女少”的格局，江苏省人口性别比低于全国水平（见图3.13）。以2000年为例，江苏省人口性别比为102.58，全国人口性别比106.74，世界总人口性别比为101.5，其中发达国家人口性别比为94.7，发展中国家人口性别比为103.2。1990年以来，江苏省人口性别比基本上保持在100~104，人口性别比均低于全国人口性别比；2010年以来，江苏省人口性别比呈现小幅下降，并稳定在101~102，人口性别比逐渐趋向于均衡。

表 3.19 江苏省历年人口性别结构

年份	男性人口数/万人	女性人口数/万人	江苏省人口性别比	全国人口性别比
1990	3443.68	3323.22	103.62	106.27
1991	3451.96	3391.74	101.78	105.52
1992	3483.24	3427.96	101.61	104.27
1993	3513.59	3453.68	101.73	104.18
1994	3534.09	3486.45	101.37	104.51
1995	3589.56	3476.46	103.25	104.21
1996	3610.72	3499.44	103.18	103.34
1997	3628.08	3519.78	103.08	104.36
1998	3643.21	3539.26	102.94	105.13
1999	3656.05	3557.08	102.78	105.89
2000	3710.28	3616.96	102.58	106.74
2001	3724.81	3633.71	102.51	106.00
2002	3752.03	3653.47	102.70	106.06
2003	3775.26	3682.44	102.52	106.20
2004	3811.87	3711.08	102.72	106.29
2005	3795.64	3792.6	100.08	106.30
2006	3829.47	3826.19	100.09	106.29
2007	3863.09	3860.03	100.08	106.19
2008	3883.33	3879.15	100.11	106.07
2009	3908.18	3902.09	100.16	105.93
2010	3964.31	3905.03	101.52	105.21
2011	3977.69	3921.11	101.44	105.18
2012	3987.91	3932.07	101.42	105.13
2013	3997.09	3942.4	101.39	105.10
2014	4007.09	3952.97	101.37	105.06
2015	4014.65	3961.65	101.34	105.02
2016	4025.66	3972.94	101.33	104.98
2017	4041.05	3988.25	101.32	104.81
2018	4051.15	3999.55	101.29	104.64
2019	4060.5	4009.5	101.27	104.45

注：江苏省的数据来源于《江苏省统计年鉴》，全国数据来源于《中国人口统计年鉴》(2018)。

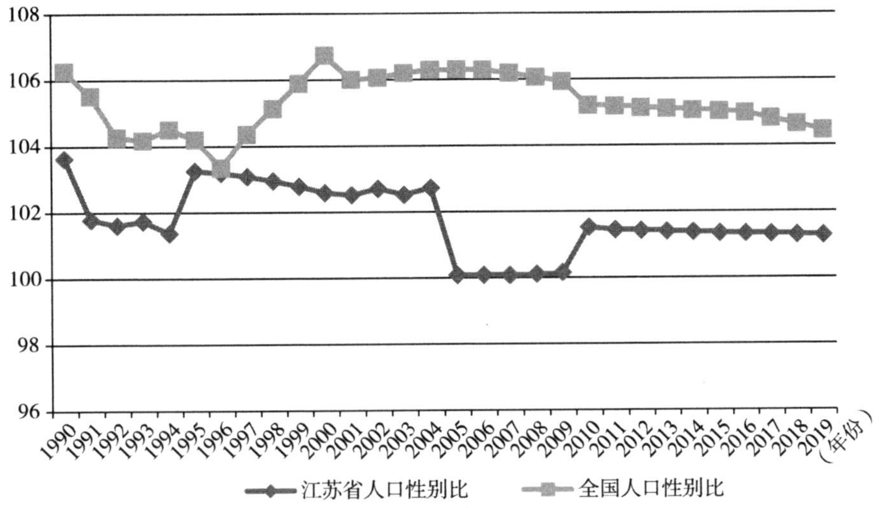

图 3.13　江苏省和全国历年人口性别比

（二）分年龄段性别比

表 3.20　江苏省历年分年龄段人口性别比

年份	0~4 岁	0~14 岁	15~64 岁	65 岁及以上
2000	122.72	115.33	102.29	80.65
2002	117.74	114.01	99.47	83.50
2003	111.08	114.66	96.74	83.92
2004	127.69	123.73	95.96	83.49
2005	123.37	120.43	93.72	84.48
2006	122.81	123.31	93.75	85.90
2007	128.71	125.43	99.03	86.76
2008	126.57	122.82	94.70	86.87
2009	127.60	124.76	95.48	88.97
2010	120.42	120.28	100.59	88.40
2011	122.93	121.59	100.16	89.40

续表

年份	0~4 岁	0~14 岁	15~64 岁	65 岁及以上
2012	121.87	122.09	98.24	90.43
2013	121.64	121.57	99.77	90.21
2014	120.37	122.35	99.48	91.23
2015	115.31	119.07	102.65	90.09
2016	117.04	118.30	99.08	93.52
2017	117.91	117.97	101.28	91.76
2018	118.10	116.07	101.20	89.54
2019	111.39	116.08	98.95	91.82

注：数据来源于《江苏省统计年鉴》，2005 年的数据来源于《2005 年江苏省 1%人口统计资料》。

分年龄段人口性别比变化的一般规律是：出生人口性别比最高，由于男性的死亡率高于女性，所以随着年龄增加，呈现出下降趋势。即，对某一个出生序列来说，分年龄性别比曲线从出生性别比开始逐渐下降，在婴儿和青少年年龄段，男性多于女性，中年阶段基本达到两性平衡，人口性别比均衡值为 100，而在老年阶段，女性将多于男性，伴随着年龄的增加，分年龄性别比继续下降。

从图 3.14 可以看出，2000—2019 年分年龄性别比总体表现为少年儿童人口性别比高于劳动适龄人口性别比，劳动适龄人口性别比又高于老年人口性别比。少年儿童性别比总体呈现“两头低、中间高”的格局，2000—2003 年少年儿童人口性别比低于 120，2004—2014 年少年儿童性别比高于 120，2015—2019 年又降至 120 以下，且呈现逐年下降的趋势，2019 年为 116.08；劳动适龄人口的性别比总体表现为“先下降，后在波动中小幅增长”，劳动适龄人口性别比在 100 上下波动，2019 年为 98.95；老年人口性别比总体呈现逐渐增长态势，2000 年为 80.65，2019 年升至 91.82。2000—2019 年，分年龄段人口的性别比逐渐趋于均衡。

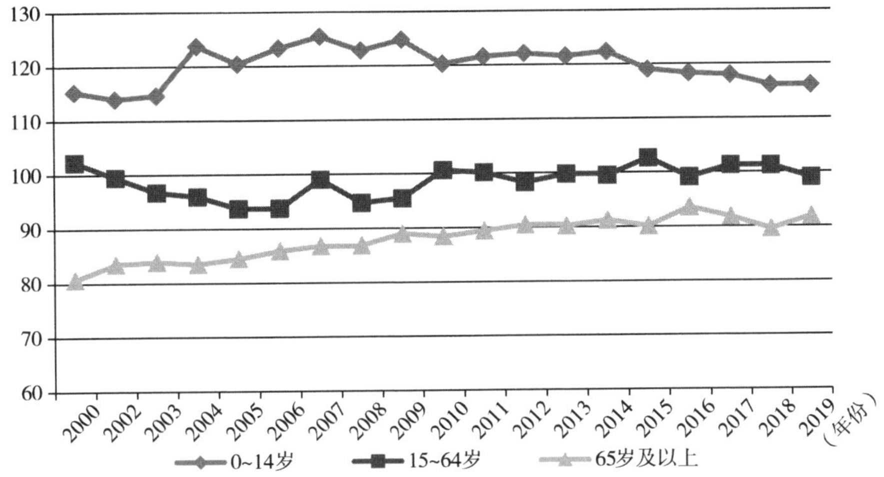

图 3.14　江苏省历年分年龄段人口性别比

（三）出生人口性别比

在不受干扰的情况下，出生婴儿性别比例是个恒定值，即每出生 100 名女婴时，男婴出生数为 103~107 名。由于男婴死亡率略高于女婴，这样到婚龄期时男女性别比例就能够基本持平。1990 年，江苏省出生人口性别比为 114.86，2000 年达 116.51，2010 年出生人口性别比下降到 116.24，2015 年继续下降，为 111.68（见表 3.21）。江苏省出生人口性别比的发展趋势表现为“先增长、后下降”，发展趋势与全国的出生人口性别比一致。江苏省出生人口性别比发展过程相对于全国而言波动幅度比较小。1990 年，江苏省出生人口性别比高于全国水平，2000 年、2010 年、2015 年，江苏省出生人口性别比低于全国水平。出生人口性别比过高会导致出生男女比例失调，新生儿的男女比例失调对未来社会的良性运行、社会伦理道德体系会造成一定冲击：如婚配失当、人口拐卖、性行为犯罪等，影响和谐社会的构建尤其是婚姻和家庭的稳定。而要改变男女比例失调的周期较长，因而需要持续关注出生人口性别比。

表 3.21　江苏省及全国出生人口性别比

年份	江苏省	全国
1953	107.02	104.90
1964	104.23	106.60
1982	107.67	108.48
1990	114.86	111.36
2000	116.51	116.86
2010	116.24	117.94
2015	111.68①	113.51②
2017	109.06③	-

注：1953、1964、1982、1990、2000 年人口出生性别比数据来源于《江苏省人口发展研究》（上），江苏科学技术出版社 2014 年版，第 16 页。

正常的出生人口性别比应在 103~107。1953 年江苏省出生人口性别比为 107.02，到 1964 年出生人口性别比下降至 104.23，1982 年升到 107.67，从 1953—1982 年，出生人口性别比基本在正常值，这一时期的前期是鼓励生育，后期才处于提倡控制人口阶段。1982 年后，我国进入严格控制人口阶段，推行比较严格的计划生育政策。由于独生子女政策的实施，而传统上对男孩的偏好，导致部分医院开展医学性别选择，出生人口性别比因而快速上升，1990 年，出生人口性别比达 114.86，2000 年达 116.51，2010 年依然是 116.24。从 1982—2010 年，出生人口性别比严重偏离了正常值范围。但随着生育政策的调整，家庭有了更多选择的机会，出生人口的性别比开始下降，2015 年出生人口性别比降至 111.68，2017 年又降至 109.06，接近于 107 的正常值。

① 《江苏出生人口性别比已连续 5 年呈下降趋势》，http：//js.people.com.cn/n2/2016/0706/c360302-28621043.html.

② 赖丽敏：2015 年中国出生人口性别比例 113.51 实现七连降，《深圳晚报》，2016-07-12。

③ 我省出生人口性别比连续 7 年下降，http：//www.jiangsu.gov.cn/art/2018/4/3/art_60085_7554586.html.

江苏省出生人口性别比稳步下降，主要有这几方面的原因：一是人的观念在改变，计划生育政策的执行，使得人们主动或被动地接受了性别平等的观念；二是依法整治“两非”行为，不断完善综合治理出生人口性别比偏高的长效机制；三是坚持强化督促检查和考核评估，强化对出生人口性别比偏高地区的工作指导和督促检查力度管理；四是生育政策的调整，特别是2013年以来出生性别比下降，与生育政策调整有密切的关系，由于“单独二孩”“全面二孩”政策的执行，给了人们更多选择的机会，人口性别比失调问题得到明显遏制。

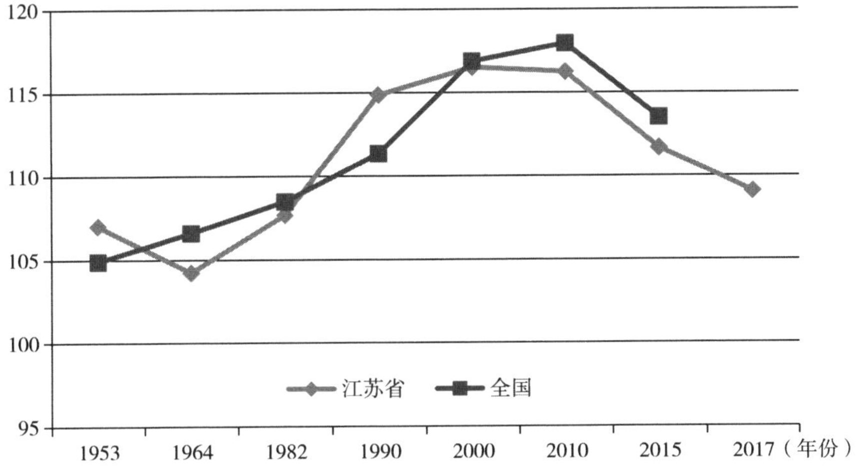

图3.15　江苏省及全国出生人口性别比

三、年龄性别结构

年龄和性别是人口分组的最基本标志，以年龄和性别对人口进行分组就构成了人口的年龄结构和性别结构，也可以将这两个分类标准结合起来，来分析不同年龄的性别结构和不同性别的年龄结构。人口年龄性别金字塔是把人口年龄性别结构用条形图的形式表示，形象地反映了人口的年龄性别状况、类型和未来发展趋势，由于它和金字塔相似，又称为人口年龄金字塔。在人口年龄性别金字塔比例组中，每一条代表一个年龄组，年龄按从小到大由最底部向高处排列，中轴线左侧代表男性，右侧代表女性；左侧的条代表男性在相应年龄组人口占总人口的比例，右侧的条代表女性在相应年龄组人口占总人口的比例；条的长短表示相应年龄组人口占总人口比重的大小，条越长，说明所占比越高，反之，条越短，所占比越低。

人口年龄结构金字塔图基本上可分为三种类型（见表 3.22），即：

（1）增长型（年轻型）：年轻人比重大，塔形下宽上尖；

（2）静止型（成年型）：除极老的年龄组外，各年龄组人数差别不是很大，塔形较直，只在高龄部分（塔尖）急剧收缩；

（3）缩减型（年老型）：年轻人比重小，中年以上比重较大，塔形下窄上较宽。

表 3.22　人口年龄结构金字塔的类型

类型	图式特征	人口结构特征	人口增长趋势
增长型	塔形呈上尖下宽	少年人口比重大，老年人口比重小：出生率、自然增长率长期较高	人口迅速增长，人口规模不断扩大
静止型	塔形上下差别不大	出生率和死亡率相差不大	零增长，人口相对平衡
缩减型	塔形呈下窄上较宽	少年人口比重缩小，老年人口比重增大：出生率长期下降	人口呈现负增长，人口规模缩小

（一）2000 年江苏省人口金字塔

2000 年江苏省人口金字塔如图 3.16 所示，总体而言，0~9 岁年龄段的性别比明显偏高，处于不均衡状态，20~34 岁年龄段的人口性别比低于 100，中青年人口呈现出“女多男少”的性别失衡；人口年龄结构方面，0~14 岁的人口占 19.64%，15~64 岁的人口占 71.52%，65 岁及以上的人口占 8.85%（见表 3.23），人口年龄性别金字塔呈底部较窄、中间较宽、顶部尖的缩减型的橄榄球形状（见图 3.16），人口发展已经进入人口老龄化阶段，人口年龄结构开始失衡。

表 3.23　2000 年江苏省各年龄段性别比

年龄段	男性人口比重/%	女性人口比重/%	性别比
0~4 岁	2.25	1.84	122.72
5~9 岁	3.46	2.90	119.48
10~14 岁	4.80	4.39	109.49
15~19 岁	3.57	3.53	101.18
20~24 岁	3.39	3.53	95.83
25~29 岁	4.19	4.28	98.04
30~34 岁	5.48	5.52	99.26
35~39 岁	4.63	4.54	101.91
40~44 岁	3.61	3.38	106.89
45~49 岁	4.02	3.80	105.96
50~54 岁	3.04	2.83	107.45
55~59 岁	2.28	2.11	108.32
60~64 岁	1.95	1.84	105.86
65~69 岁	1.61	1.67	96.49
70~74 岁	1.16	1.35	85.68
75~79 岁	0.72	0.99	72.60
80 岁及以上	0.46	0.89	52.21

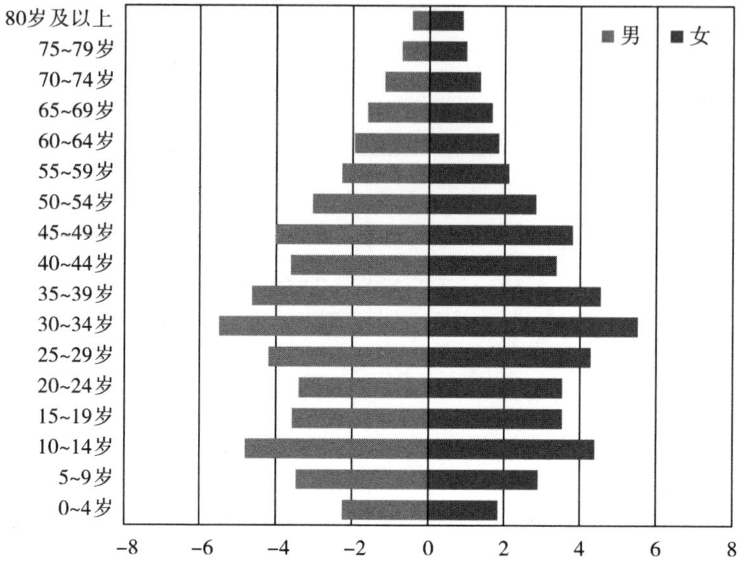

图 3.16　2000 年江苏省人口年龄性别金字塔

（二）2005 年江苏省人口金字塔

表 3.24　2005 年江苏省各年龄段性别比

年龄段	男性人口比重/%	女性人口比重/%	性别比
0~4 岁	2.30	1.86	123.47
5~9 岁	2.50	2.06	121.31
10~14 岁	3.69	3.13	117.82
15~19 岁	3.99	3.82	104.67
20~24 岁	2.59	3.12	83.11
25~29 岁	3.06	3.52	87.11
30~34 岁	3.78	4.25	89.05
35~39 岁	4.89	5.63	86.91
40~44 岁	4.34	4.70	92.22
45~49 岁	3.50	3.63	96.35
50~54 岁	4.04	4.06	99.58
55~59 岁	3.10	3.03	102.34
60~64 岁	2.30	2.24	102.80

续表

年龄段	男性人口比重/%	女性人口比重/%	性别比
65~69 岁	1.90	1.87	101.86
70~74 岁	1.49	1.64	90.93
75~79 岁	0.92	1.20	77.27
80 岁及以上	0.66	1.19	55.68

2005 年人口年龄性别金字塔如图 3.17 所示，0~9 岁年龄段的人口性别比保持在 120 以上，维持较高水平，男孩的偏好非常明显，20~54 岁年龄段的人口性别比低于 100，性别结构上呈现出少年儿童人口性别比高、中青年人口性别比低的结构性失衡。在年龄结构方面：0~14 岁人口的比重开始下降，占 15.54%，比 2000 年下降了 4.1 个百分点，人口年龄金字塔的底部变窄，65 岁及以上的人口比例上升到 10.87%，比 2000 年增长了 2.02 个百分点（见表 3.24），人口老龄化程度在不断提高，而劳动年龄人口数量比重继续增长，人口红利在持续，但是人口年龄结构逐渐失衡。

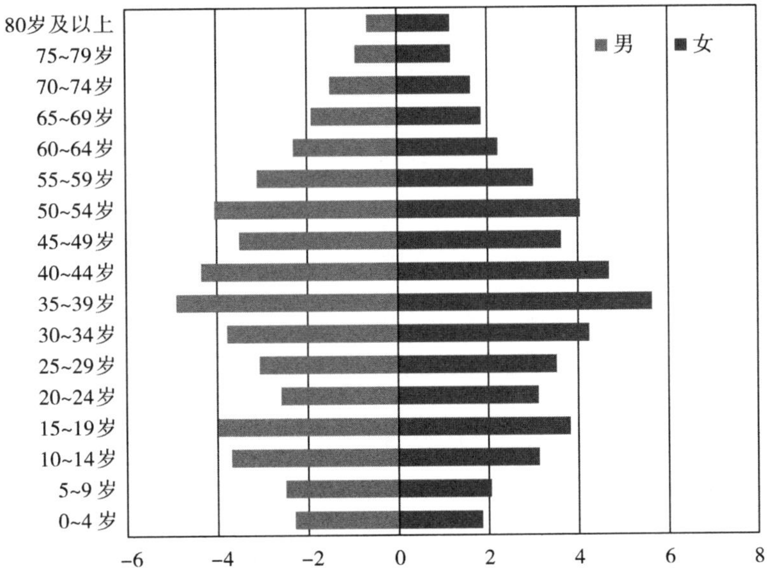

图 3.17　2005 年江苏省人口年龄性别金字塔

（三）2010年江苏省人口金字塔

表3.25　2010年江苏省各年龄段性别比

年龄段	男性人口比重/%	女性人口比重/%	性别比
0~4岁	2.64	2.2	120.42
5~9岁	2.23	1.85	120.78
10~14岁	2.23	1.86	119.62
15~19岁	3.74	3.44	108.76
20~24岁	4.94	4.95	99.80
25~29岁	3.54	3.62	97.65
30~34岁	3.5	3.53	99.32
35~39岁	4.05	4.09	98.95
40~44岁	4.99	5.14	97.10
45~49岁	4.14	4.16	99.59
50~54岁	3.19	3.09	103.38
55~59岁	3.49	3.42	102.10
60~64岁	2.59	2.51	103.05
65~69岁	1.85	1.81	102.16
70~74岁	1.42	1.47	97.11
75~79岁	1.01	1.19	84.86
80岁及以上	0.82	1.31	62.84

2010年人口年龄性别金字塔如图3.18所示：0~9岁年龄段人口性别比超过120，持续维持较高水平；20~49岁年龄段的人口性别比比2005年的水平有所提高，比较接近100，中青年年龄段的性别比趋于好转。在年龄结构方面，0~14岁少年儿童人口占13.01%，比2005年下降了2.53个百分点；65岁及以上老年人口达10.88%，比2005年略有提高；15~64岁

的劳动适龄人口比重持续增加，比 2005 年高 2.53 个百分点（见表 3.25）。劳动适龄人口比重的增长是在少年儿童人口的比重持续下降的基础上实现的。2010 年人口年龄结构出现新的变化，0~4 岁人口的比例超过了 5~9 岁人口的比例，金字塔底部有所扩大，新生人口的比例有所提高。

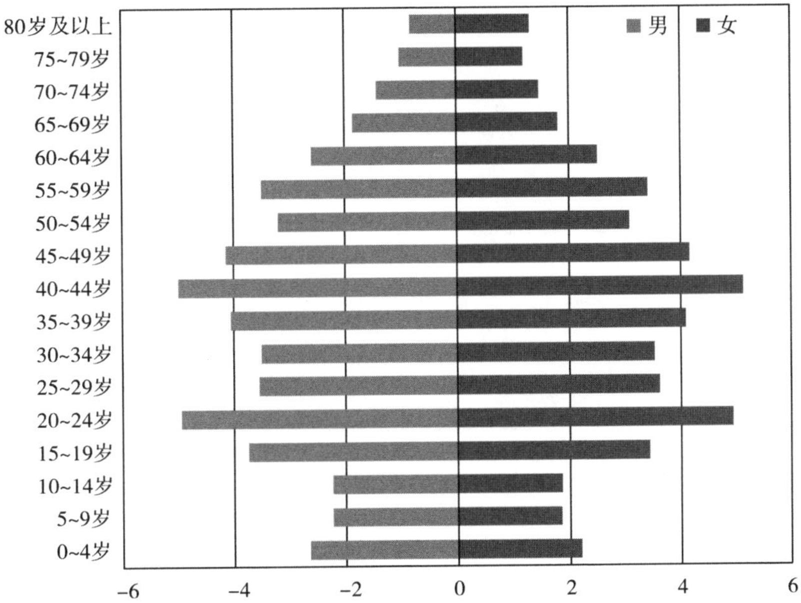

图 3.18　2010 年江苏省人口年龄性别金字塔

（四）2015 年江苏省人口金字塔

表 3.26　2015 年江苏省各年龄段性别比

年龄段	男性人口比重/%	女性人口比重/%	性别比
0~4 岁	2.75	2.39	115.31
5~9 岁	2.50	2.02	123.37
10~14 岁	2.12	1.78	119.20
15~19 岁	2.24	1.73	129.70
20~24 岁	3.90	3.66	106.53

续表

年龄段	男性人口比重/%	女性人口比重/%	性别比
25~29 岁	5.33	5.05	105.65
30~34 岁	3.54	3.54	99.84
35~39 岁	3.46	3.49	99.37
40~44 岁	3.92	3.93	99.71
45~49 岁	4.79	4.88	98.02
50~54 岁	3.92	3.93	99.65
55~59 岁	2.99	2.95	101.33
60~64 岁	3.26	3.22	101.12
65~69 岁	2.36	2.33	101.41
70~74 岁	1.59	1.64	96.79
75~79 岁	1.08	1.22	89.04
80 岁及以上	0.98	1.49	65.82

2015 年人口年龄性别金字塔如图 3.19 所示：0~14 岁人口性别比虽然比较高，但比 2010 年有所下降；15~29 岁的人口性别比高于 100，呈现“男多女少”的格局；30~54 岁人口的性别比比 2010 年有所提高，接近 100；55~69 岁年龄段的性别比略高于 100，性别比趋于均衡。从年龄结构来看，0~14 岁的少年儿童人口的比重为 13.56%，比 2010 年提高了 0.55 个百分点，少年儿童人口占总人口的比重比 2010 年略有提高；65 岁及以上老年人口占 12.69%，比 2010 年提高 1.81 个百分点（见表 3.26），老年人口的比重比 2010 年有所增长，人口老龄化程度进一步提高，15~64 岁的劳动适龄人口的比例比 2010 年略有下降。金字塔底部比 2010 年有所扩大，0~4 岁人口的比重比 2010 年又有提高。

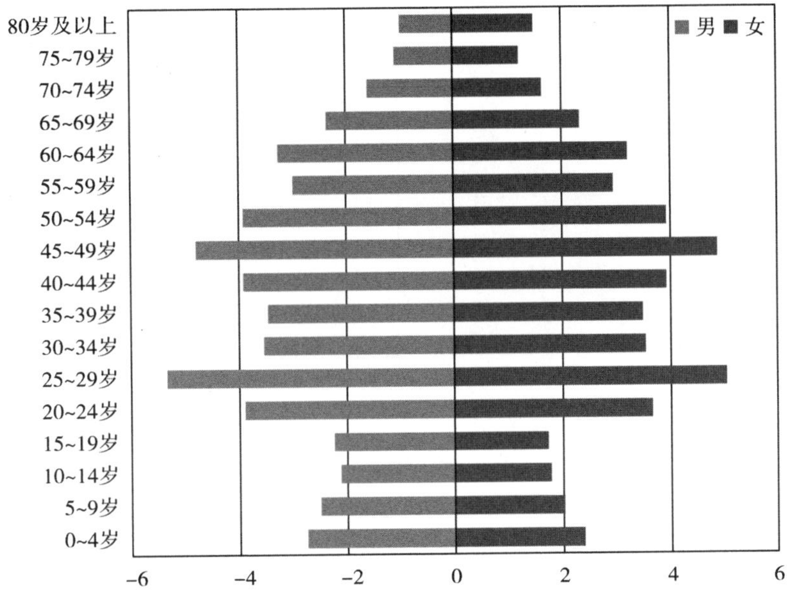

图 3.19　2015 年江苏省人口年龄性别金字塔

（五）2019 年江苏省人口金字塔

表 3.27　2019 年江苏省各年龄段性别比

年龄段	男性人口比重/%	女性人口比重/%	性别比
0~4 岁	2.17	1.95	111.39
5~9 岁	2.8	2.42	115.76
10~14 岁	2.71	2.25	120.49
15~19 岁	1.96	1.69	116.22
20~24 岁	2.19	2.38	92.3
25~29 岁	3.42	3.33	102.65
30~34 岁	3.93	3.98	98.79
35~39 岁	3.19	3.16	101.01
40~44 岁	3.35	3.41	98.1

续表

年龄段	男性人口比重/%	女性人口比重/%	性别比
45~49 岁	4. 21	4. 25	99. 09
50~54 岁	4. 79	5. 01	95. 58
55~59 岁	3. 59	3. 79	94. 77
60~64 岁	3. 45	3. 45	99. 92
65~69 岁	3. 23	3. 27	98. 55
70~74 岁	2. 22	2. 3	96. 87
75~79 岁	1. 43	1. 54	92. 9
80 岁及以上	1. 35	1. 85	72. 76

2019 年人口年龄性别金字塔如图 3. 20 所示：0~4 岁人口性别比有所下降，15~19 岁人口性别比也有所下降，25~64 岁人口性别比比 2015 年有所下降，性别比基本趋于均衡。从年龄结构来看，0~14 岁的少年儿童人

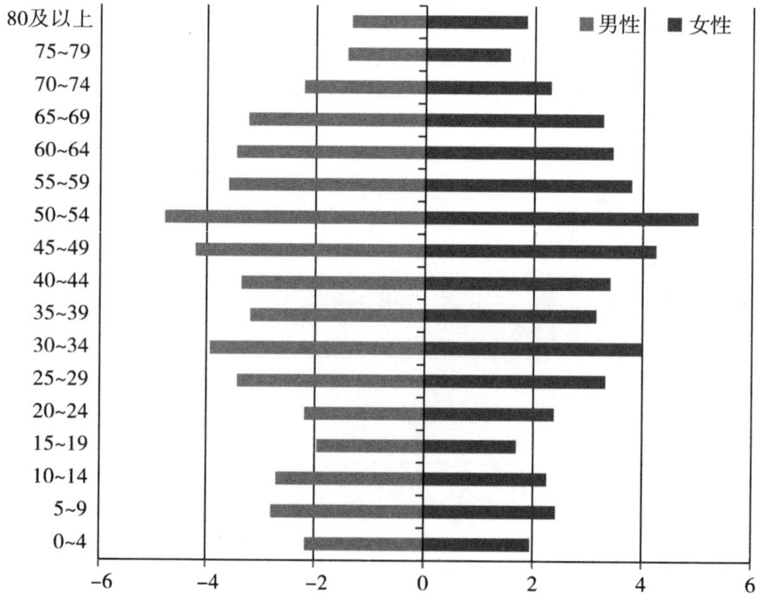

图 3. 20　2019 年江苏省人口年龄性别金字塔

口的比重为 14.3%，比 2015 年提高了 0.74 个百分点，65 岁及以上老年人口占 17.19%，比 2015 年提高 4.5 个百分点（见表 3.27）；老年人口的比重增长较快，人口老龄化程度进一步提高，15~64 岁的劳动适龄人口的比例比 2015 年下降较多，减少了 5.2 个百分点。0~4 岁人口的比重比 2015 年下降 1.02 个百分点，底部开始收紧，人口长期均衡存在较高的风险。

从 2000 年、2005 年、2010 年、2015 年、2019 年人口年龄性别金字塔的变化来看 2000—2019 年人口变化趋势，呈现如下特征。其一，总体趋势是金字塔的底部逐渐变宽再变窄，中部收窄，上部变宽的变化过程。最底部在 2010—2015 年有所扩展，但在 2019 年又呈现收缩趋势，40 岁以下的部分总体呈现收缩趋势，老年人口比重增加，人口老龄化日趋严重。总体而言，江苏省人口年龄性别金字塔呈现缩减型（老年型）人口年龄性别结构，人口年龄结构呈现结构性失衡。其二，金字塔底部呈现"倒三角形—正三角形—竖橄榄形"的转变过程。0~4 岁新生儿的比重呈现"先增长，后下降"的趋势，将影响人口的长期均衡。其三，新生儿的性别比总体是下降的。这说明传统"重男轻女"的观念正在改变，少年儿童人口性别比偏高，呈现失衡状况，中青年性别比逐渐提升，趋于均衡。其四，高龄老人的比重增加。80 岁及以上的老年人口比重由 2000 年的 1.35%，增加到 2019 年的 3.2%，增加了 1.85 个百分点。由于平均寿命的增加，高龄老人的数量越来越多，养老服务将面临更加严峻的挑战。

第三节　人口素质特征与发展趋势

人口素质又称人口质量，它包含思想素质、文化素质、身体素质等。通常称之为德、智、体。思想素质是支配人们行为的意识状态，文化素质是人们认识和改造世界的能力，身体素质是人口质量的自然条件和基础。人口群体是素质和数量的统一，二者相互联系和相互制约。在一定的社会条件下，控制人口数量有助于提高人口素质，而提高人口素质反过来又会促进控制人口数量。

一、人口健康素质

人口健康素质是指人口的健康水平，主要指标包括平均预期寿命、婴儿死亡率和孕产妇死亡率等指标。

（一）平均预期寿命

人口平均预期寿命是指如果当前分年龄死亡率保持不变，同一时期出生的人口预期能够生存的平均年数。它以当前分年龄死亡率为基础计算，但实际上，死亡率是不断变化的，因此，平均预期寿命是一个假定的指标。人口平均预期寿命是度量人口健康状况的一个重要的指标。人口寿命的长短受两方面的制约。一方面，社会经济条件、卫生医疗水平限制着人们的寿命，所以不同的社会和不同的时期，人的寿命长短有着很大的差别；另一方面，由于体质、遗传和生活条件等个体差异，也使每个人的寿命长短相差悬殊。具体每个个体的寿命是难以预测的，但在一定的死亡水平下，可以通过科学的方法计算并预期每个人出生时平均可存活的年数，即人口平均预期寿命。

1982 年以来，江苏省人口平均预期寿命呈上升趋势。1982 年 69.5 岁，1990 年达 71.6 岁，2000 年为 74.1 岁，2010 年为 76.6 岁，2015 年 77.5 岁，2019 年达 78.27 岁（见表 3.28），1982—2019 年共增长了 8.77 岁，平均年增长 0.24 岁。1982 年以来，江苏省人口平均预期寿命整体高于全国人口平均预期寿命，江苏省人口平均预期寿命与全国人口平均预期寿命的差距呈现“先增长，后减少”的趋势（见图 3.21），1982 年江苏省与全国人口平均预期寿命相差 1.7 岁，到 1990 年差距扩大到 3 岁，2000 年这种差距只有 2.7 岁，2010 年差距又降至 1.8 岁，2015 年仅相差 1.2 岁，2019 年相差已不足 1 岁。

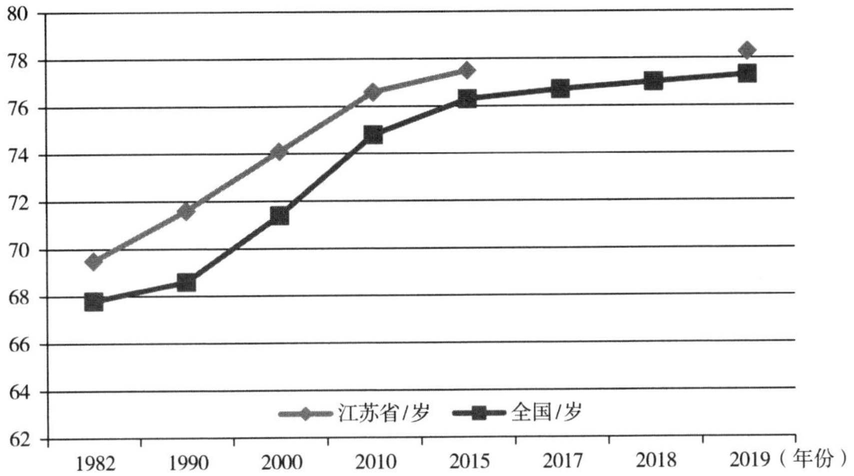

图 3.21　1982—2019 年江苏省和全国人口平均预期寿命

表 3.28　江苏省和全国人口平均预期寿命

年份	江苏省/岁	全国/岁
1982	69.5	67.8
1990	71.6	68.6
2000	74.1	71.4
2010	76.6	74.8
2015	77.5	76.3
2017	–	76.7
2018	–	77.0
2019	78.27①	77.3

注：1982—2015 年江苏数据来源于《江苏省统计年鉴》（2018），全国数据来源于《中国人口统计年鉴》（2019）。

① 江苏人均预期寿命 78.27 岁，各项健康指标居全国前列，《新华日报》，2020 年 12 月 17 日。

（二）婴儿死亡率

表 3.29　江苏省和全国历年婴儿死亡率

年份	江苏省/‰	全国/‰	年份	江苏省/‰	全国/‰
2000	11.20	32.2	2010	4.21	13.1
2001	10.05	30	2011	4.04	12.1
2002	8.84	29.2	2012	3.81	10.3
2003	8.71	25.5	2013	3.79	9.5
2004	8.03	21.5	2014	3.36	8.9
2005	6.69	19	2015	3.30	8.1
2006	5.95	17.2	2016	3.05	7.5
2007	5.40	15.3	2017	2.61	6.77
2008	5.30	14.9	2018	2.71	6.1
2009	4.43	13.8	2019	2.52	5.6

数据来源：《江苏省统计年鉴》（2019）、《中国统计年鉴》（2019）。

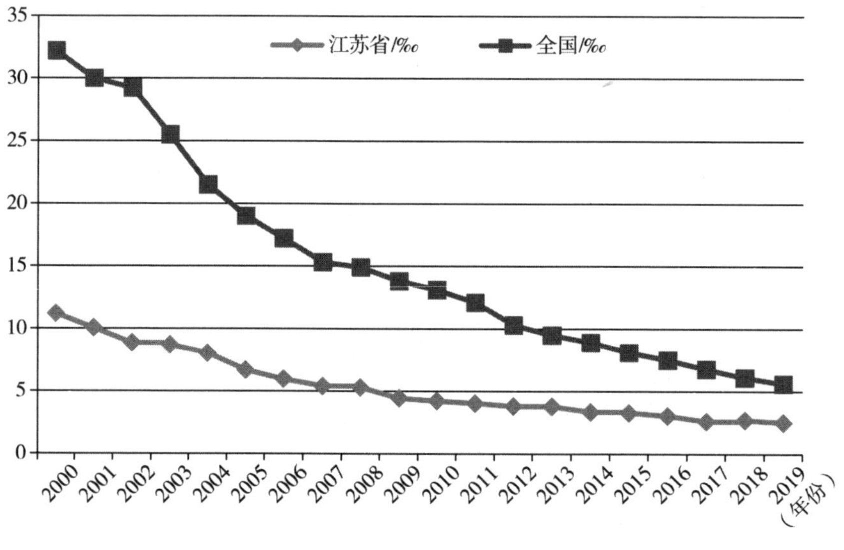

图 3.22　江苏省、全国历年婴儿死亡率

婴儿死亡率是指一定时期内（通常为一年）新出生的活产婴儿中，未满周岁死亡的婴儿人数所占的比例，用千分比表示，婴儿死亡率不同0岁

人口死亡率，表示的是1年出生的婴儿达到1岁之前死亡的概率。婴儿死亡率受到人口死亡水平、社会经济发展及医疗卫生条件等综合因素影响，是妇幼卫生发展水平的敏感性指标。2000—2019年，江苏省婴儿死亡率呈现逐年下降趋势，2000年江苏省婴儿死亡率为11.2‰，2019年为2.52‰（见表3.29）。与全国相比，每个年份的婴儿死亡率均低于全国水平，全国婴儿死亡率与江苏婴儿死亡率的差距在不断缩小。2000—2019年，前期婴儿死亡率下降较快，后期下降较慢（见图3.22），主要是后期婴儿死亡率已经下降到较低水平。这也反映出江苏乃至全国的卫生水平的不断提升。

表3.30　2000—2019年江苏省和全国5岁以下儿童死亡率

年份	江苏省/‰	全国/‰	年份	江苏省/‰	全国/‰
2000	14.61	39.7	2010	5.60	16.4
2001	13.40	35.9	2011	5.44	15.6
2002	11.34	34.9	2012	4.91	13.2
2003	11.25	29.9	2013	4.82	12
2004	10.14	25.0	2014	4.39	11.7
2005	8.56	22.5	2015	4.33	10.7
2006	7.62	20.6	2016	4.13	10.2
2007	6.94	18.1	2017	3.67	9.1
2008	6.53	18.5	2018	3.99	8.4
2009	5.86	17.2	2019	3.74	7.8

2000—2019年，江苏省5岁以下儿童死亡率呈现逐年下降的趋势，2000年5岁以下儿童死亡率为14.61‰，2019年下降至3.74‰，江苏省5岁以下儿童死亡率均低于全国水平，但是差距正在缩小，2000年相差25.09个千分点，到2019年仅相差4.06个千分点（见表3.30）。5岁以下儿童死亡率与婴儿死亡率的变动趋势大体一致（见图3.23）。

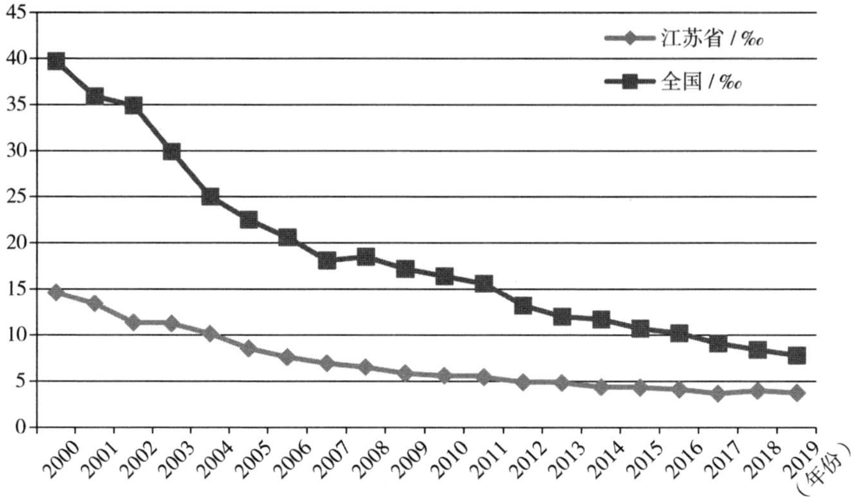

图 3.23　江苏省、全国历年 5 岁以下儿童死亡率

（三）孕产妇死亡率

表 3.31　江苏省历年孕产妇死亡率

年份	江苏省/1/10 万	全国/1/10 万	年份	江苏省/1/10 万	全国/1/10 万
2000	28.51	53	2010	6.24	30
2001	23.86	50.2	2011	6.00	26.1
2002	25.44	43.2	2012	5.28	24.5
2003	23.12	51.3	2013	4.99	23.2
2004	20.74	48.3	2014	4.65	21.7
2005	18.56	47.7	2015	4.64	20.1
2006	11.47	41.1	2016	4.47	19.9
2007	11.37	36.6	2017	10.42	19.6
2008	10.76	34.2	2018	9.83	18.3
2009	7.02	31.9	2019	7.78	17.8

孕产妇死亡率即每万例活产或每10万例活产中孕产妇的死亡数。从妊娠开始到产后42天内，因各种原因（除意外事故外）造成的孕产妇死亡均计算在内。由于其比例较小，因而分母多以万或十万计。

2000—2019年，江苏省孕产妇死亡率（1/10万）总体呈现下降趋势，仅2002年、2017年两年出现增长，2000年为28.51人/10万人，到2016年下降到4.47人/10万人，但是2017年迅速回升到10.42人/10万人，比上一年增长了2.33倍，但之后两年，孕产妇死亡率又连续下降，2019年为7.78人/10万人（见表3.31）。孕产妇死亡率近年的上升与生育政策调整引发高龄产妇有一定关系，随着政策施行，高龄产妇还会有一个持续发展时期，因而需要医疗机构积极面对这个问题。与全国相比，江苏省孕产妇死亡率一直低于全国平均水平，差距正在不断缩小，特别是2017年，江苏省孕产妇死亡率出现反弹，而全国孕产妇死亡率还继续下降（见图3.24）。

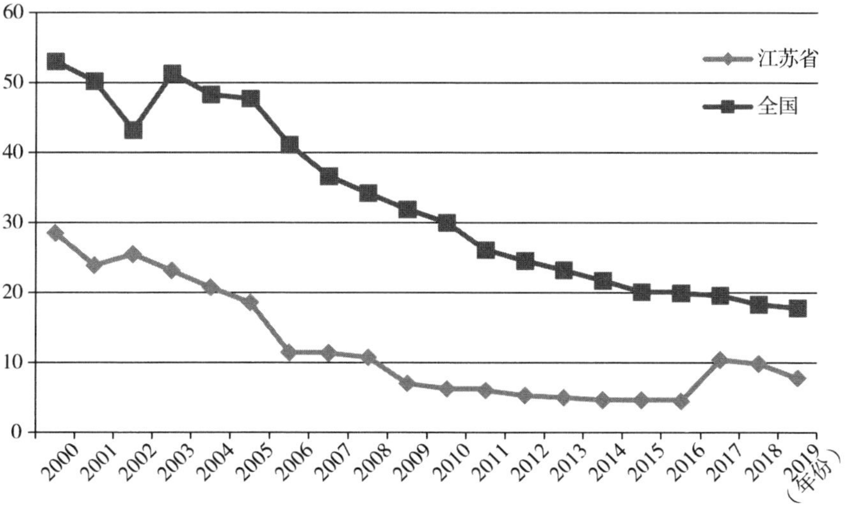

图3.24　江苏省和全国历年孕产妇死亡率（1/10万）

二、科学文化素质

人口的科学文化素质是某个时期和某个地区人口在文化知识、科学技术水平、生产经验和劳动技能等方面所具有的较为稳定的、内在的基本品质。

(一) 文盲率

1982年以来，江苏省人口的文盲率持续下降。1982年江苏省人口的文盲率为26.80%，1990年为17.23%，2000年为6.31%，2010年文盲率降为3.81%（见表3.32）。江苏省人口文盲率呈现逐年下降的趋势，与全国相比，1982年以来，江苏省人口文盲率始终低于全国平均水平，1982年江苏省人口文盲率低于全国7.69个百分点，2000年低于全国0.41个百分点，2010年低于0.27个百分点，江苏省人口的文盲率与全国人口的文盲率的差距在不断地缩小。

表3.32 江苏省和全国文盲率

年份	江苏省/%	全国/%
1982	26.80	34.49
1990	17.23	22.21①
2000	6.31	6.72
2010	3.81	4.08

数据来源：1964、1982、1990、2000、2010年全国、江苏省人口普查数据公报。

(二) 受教育程度构成

表3.33 江苏省每10万人拥有各种受教育程度构成

年份	大专及以上/人	高中和中专/人	初中/人	小学/人	合计/人	大专及以上/%	高中和中专/%	初中/%	小学/%	合计/%
1964	386	1470	5236	26588	33680	1.15	4.36	15.55	78.94	100
1982	639	6981	20049	32613	60282	1.06	11.58	33.26	54.10	100
1990	1474	8670	26426	34791	71361	2.07	12.15	37.03	48.75	100
2000	3919	13079	36365	32882	86245	4.54	15.16	42.16	38.13	100
2010	10815	16143	38670	24176	89804	12.04	17.98	43.06	26.92	100
2015	15427	17007	34379	21874	88687	17.39	19.18	38.76	24.66	100

数据来源：1982、1990、2000、2010年《江苏省人口普查数据公报》，2015年数据来源于《江苏省统计年鉴》(2020)。

① 安新利：《我国文盲率变动趋势及前瞻》，载《中国国情国力》1999年第3期，第44页。

江苏省每10万人拥有各种受教育程度的构成如下。1964年各种受教育人数为33680人，其中大专及以上386人，占1.15%；高中和中专1470人，占4.36%；初中5236人，占15.55%；小学26588人，占78.94%。1982年各种受教育人数为60282人，其中大专及以上639人，占1.06%；高中和中专6981人，占11.58%；初中20049人，占33.26%；小学32613人，占54.10%。1990年各种受教育人数为71361人，其中大专及以上1474人，占2.07%；高中和中专8670人，占12.15%；初中26426人，占37.03%；小学34791人，占48.75%。2000年各种受教育人数为86245人，其中大专及以上3919人，占4.54%；高中和中专13079人，占15.16%；初中36365人，占42.16%；小学32882人，占38.13%。2010年各种受教育人数为89804人，其中大专及以上10815人，占12.04%；高中和中专16143人，占17.98%；初中38670人，占43.06%；小学24176人，占26.92%（见表3.33）。从1964年到2015年，每10万人中大专及以上文化程度的比例不断提升，从1.15%提高至17.39%；高中和中专文化程度的比重持续提升，从4.36%提升至19.18%；初中文化程度的比重先上升后下降，从15.55%提升至43.06%，然后又下降至38.76%；小学文化程度的比重直线下降，由78.94%下降至24.66%。江苏省受教育程度中高学历持续提升，低学历持续下降，受教育程度整体得到提升。

表3.34　江苏省各种受教育程度人口在总人口中的比重

年份	每10万人中拥有受教育程度的人数/人	江苏人口数/万人	受教育程度人口在总人口中的比重/%
1964	33680	4450.46	33.68
1982	60282	6088.94	60.28
1990	71361	6671.73	71.36
2000	86245	7069.28	86.25
2010	89804	7466.59	89.80

1964—2010年，江苏省每10万人中，受教育程度的人口的比重持续

上升，1964 年占比 33.68%，约占总人口的三分之一；1982 年受教育程度的人口比重达 60.28%，接近三分之二；1990 年达到 71.36%，2000 年达到 86.25%（见表 3.34），2010 年上升到 89.80%，接近 90%。在受教育构成方面，呈现“三升一降”的趋势，大专及以上的比重不断上升，从 1964 年的 1.15%上升至 2010 年的 12.04%；高中和中专人数的比重持续上升，从 1964 年 4.36%上升至 2010 年的 17.98%；初中人数的比重持续上升，从 1964 年的 15.55%上升至 2010 年的 43.06%；小学人数的比重持续下降，从 1964 年 78.94%下降至 2010 年的 26.92%。江苏省受教育程度的人数和比重均持续增长。

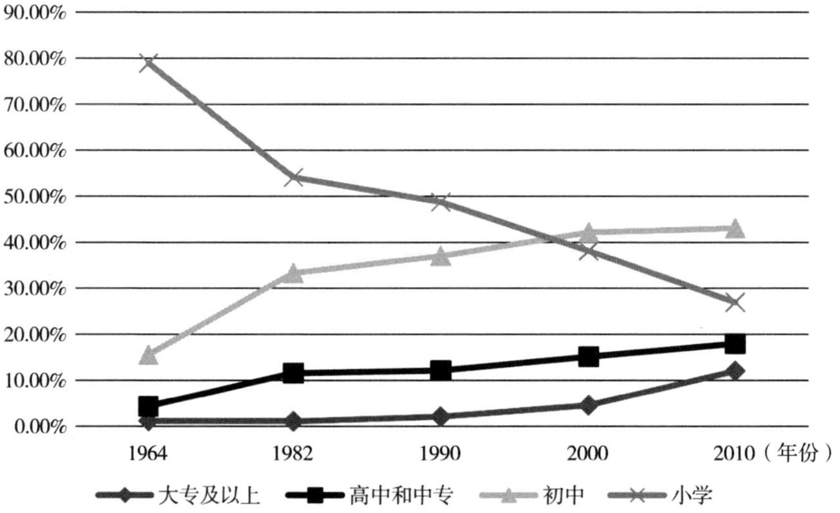

图 3.25　江苏省人口受教育程度构成

（三）平均受教育年限

表 3.35　2000—2019 年江苏省人口受教育程度分布

年份	6 岁及 6 岁以上人口数/人	小学人口数/人	初中人口数/人	高中人口数/人	大专及以上人口数/人
2000	69220051	24017994	26562474	9553182	2842270
2001	–	–	–	–	–

续表

年份	6岁及6岁以上人口数/人	小学人口数/人	初中人口数/人	高中人口数/人	大专及以上人口数/人
2002	69427	22186	26861	9124	2656
2003	69585	21505	25753	9922	3454
2004	68931	20688	27275	9525	3393
2005	939782	270481	370726	138515	63909
2006	66239	19809	25582	10071	4794
2007	65988	18943	26528	9866	5355
2008	65610	18053	27524	10331	4621
2009	64329	17778	27275	9808	4995
2010	73634330	19016862	30417500	12697799	8506817
2011	63465	15096	26449	10873	7651
2012	62230	14701	24602	11062	8373
2013	61632	14527	24668	11346	8462
2014	61601	14189	24496	10802	8796
2015	1163203	270803	425735	210556	190987
2016	62953	14012	22540	12036	10458
2017	62123	13433	23092	10939	10739
2018	62186	14057	23106	11838	9281
2019	59066	13540	20855	11144	10371

注：数据来源：国家统计局分省数据。2000、2010年数据为普查数据，2005、2015年为1%人口抽样调查样本数据，其他年份为1‰人口抽样调查样本数据。

人口平均受教育程度根据“目标人口组受教育年限总和/目标人口组总人口数”这一思路计算。公式如下：目标人口组平均受教育年限=（大学本科人数＊16+大学专科＊14.5+中专＊12.5+高中＊12+初中＊9+小学＊5.5）/目标人口数。大学专科、中专和小学因存在不同学制取其平均值，大学本科与大学专科合计时，其学制取加权平均数15年。现计算公式如下，目标人口组平均受教育年限=（大学专科及以上人数＊15+高中＊12+初中＊9+小学 ＊5.5）/目标人口数[①]。平均受教育年限依据《中国统计年鉴》的分省数据中“6岁以上抽样调查的人口的受教育状况”计算而得，其中，2000年、2010年数据是依据人口普查数据的人口受教育程度计算而得。

表3.36 江苏省6岁以上人口平均受教育年限

年份	平均受教育年限/年	增长率/%	年份	平均受教育年限/年	增长率/%
2000	7.63		2010	8.94	7.32
2001	7.63		2011	8.92	−0.22
2002	7.39		2012	9.01	1.01
2003	7.49	1.35	2013	9.17	1.78
2004	7.61	1.60	2014	9.09	−0.87
2005	7.92	4.07	2015	9.21	1.32
2006	8.03	1.39	2016	9.23	0.22
2007	8.21	2.24	2017	9.24	0.11
2008	8.23	0.24	2018	9.11	−1.41
2009	8.33	1.22	2019	9.34	2.52

2000年以来，江苏省劳动适龄人口的平均受教育年限总体是不断增长的，2000年平均受教育年限为7.63年，2010年达8.94年，2019年达到9.34年，2000—2019年的19年增长了1.71年（见表3.36、图3.26）。从增长率来看，增长率呈现较大的波动，全省平均受教育年限的增长率总趋势是下降的，但多数年份是正增长。平均受教育年限的年增长很难在短期出现大的变化，平均受教育程度增长需要长期地、持续地投入。

① 周稽裘主编：《2002年江苏省教育发展报告》，江苏教育出版社，2003年版。

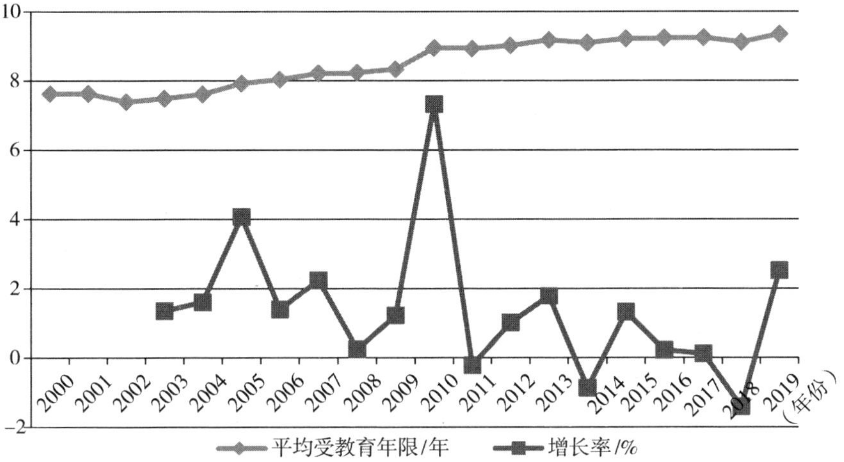

图 3.26　江苏省平均受教育年限

第四节　人口内部均衡发展评价

人口内部均衡表现为人口规模适度、人口结构合理和人口素质全面提升以及各要素之间的力量作用平衡，江苏省人口发展呈现如下特点。

一、人口规模

常住人口规模大，人口增速逐渐放缓，人口密度高，但区域分布差异较大；人口变动经历了从“两高”到“两低”的转变，人口流入多。

江苏省常住人口规模比较大。1990 年常住人口为 6766.9 万，2019 年为 8070 万，2019 年常住人口总量位居全国第五。1990 年以来，常住人口的增长速度总体呈现下降趋势，特别是 2010 年以来，年平均人口增长率仅 2.8‰，保持较低水平，从人口发展的趋势来看，较低人口增长率已经成为常态，人口均衡发展的基础正在丧失。江苏省人口密度高，但区域分布不平衡。2019 年，江苏省的人口密度排在上海、北京和天津之后，位居全国（不包括港澳台地区）第四，在所有省中排名第一，属于典型的人多地少的省份，人口密度存在较大的区域差异，呈现南密北稀的格局。而苏北地区的人口密度不及苏南地区的一半，江苏省人口在空间分布上处于失衡状态。

经历剧烈人口转变。人口从“高出生率—高死亡率—高自然增长率”，到“低出生率—低死亡率—低自然增长率”转变。特别是2000年以来，由于死亡率比较低，人口出生率和人口自然增长率均在低位徘徊，2013年、2015年两次人口政策的重大调整，另出生人口数和人口自然增长率呈现短暂增长，随后又下降。低生育率对人口发展存在较大的风险，致使人口长期均衡难以实现，为系统性社会风险埋下隐患。穆光宗指出，中国将从一个低风险的人口转变时期逐渐过渡到高风险的人口转变时期，一个人口学意义的“风险社会”正不以我们的意志为转移地形成和发展①。

江苏省是人口净流入地区。1990年以来，常住人口数量始终高于户籍人口，2019年净流入人口211.73万，人口净流入呈现“先增长，后下降”的格局。1990—2010年，净流入人口总体持续增长，2010年净流入人口达到峰值，为402.75万；2010年之后，净流入人口总体呈现下降趋势，2019年净流入人口仅为211.73万。江苏省是流动人口较多的省份，1995年以来，流动人口总量不断增长，1995年流动人口总量450万，到2016年达1864万，2016年流动人口数量占常住人口的23.3%。流动人口的变动趋势呈现三大特征：逐渐从省内流动人口占主体转向省外流入人口占主体；省外的流入人口逐渐向苏南地区集中；苏北的流动人口开始出现回流。庞大的流动人口缓解了由于出生率低导致的人口风险。

二、人口结构状况

人口年龄结构偏离均衡，人口性别结构出现结构性偏离。江苏省人口年龄中位数呈现快速上升，人口趋于老化，1982年为25.53岁，1990年为27.62岁，2000年为33.58岁，2019年达44.79岁。人口年龄中位数增长

① 低生育率：走向人口学意义的风险社会，http://www.cas.cn/xw/kjsm/gndt/200607/t20060720_1002732.shtml.

快于全国水平，人口老化程度快于全国水平。人口年龄结构变动呈现出：老年人口的比重不断增长，少年儿童人口的比重不断减少，近年少年儿童人口的比重有所回升，但回升幅度较小，劳动适龄人口比重先升后降，当前人口年龄结构呈现为老年型人口年龄结构，人口年龄结构出现结构性失衡。随着老年人口的持续增长，而少年儿童人口持续保持低位运行，人口红利将逐渐减少，逐渐向人口负债期过渡，人口红利的减少将会对经济社会持续发展形成较大的压力。人口性别比逐渐趋向均衡，不同年龄阶段的性别比存在差异。出生人口性别比总体偏高，但逐渐下降，青年性别比偏高，趋于不均衡，中年性别比逐步改善，趋向均衡，人口性别结构存在着结构性失衡，但随着政策调整，结构性失衡正趋于好转。

三、人口素质状况

人口健康素质逐步提升，人口文化教育素质有提升。江苏省人口平均预期寿命逐年增长，1982 年人口平均预期寿命为 69.5 岁，到 2019 年达 78.27 岁，1982—2017 年人口平均预期寿命始终高于全国平均水平，但两者的差距在不断缩小。婴儿死亡率、5 岁以下儿童死亡率持续下降，均低于全国平均水平，孕产妇死亡率持续下降，2017 年略有回升，也低于全国平均水平，要能够及时应对由于生育政策调整而形成的高龄产妇增多的问题。江苏省文盲率持续下降，从 1982 年的 26.8%下降至 2010 年的 3.81%，文盲率低于全国平均水平，目前文盲人口主要是老年人群体。受教育构成呈现出：小学人数的比重在快速下降，初中、高中和大专以上人数的比重不断提高，大专以上人数的比重在 2000 年后呈现快速提升，受教育程度不断提升，接受教育的人数和比重都在不断提升。江苏省平均受教育年限逐步提高，2000 年平均受教育年限为 7.63 年，2010 年达 8.94 年，2019 年达到 9.34 年，2000—2019 年平均受教育增长了 1.71 年。人口素质不断提升，能够为经济社会发展提供高质量的劳动力，但高素质人口会趋于生育子女数量相对不高，高素质人口会抑制生育水平。

第四章 江苏省人口与经济社会均衡发展

一定数量的人口是一切社会存在与发展的基础，从经济发展角度来看，人口既是生产的主体，也是消费的主体。人口可以通过劳动力的数量和质量投入来促进和延缓经济的发展，人口数量过多也会导致缺少就业机会，政府公共服务供给不足，从而导致社会问题。因而在人口与经济社会的发展之间要寻求一种均衡，促进人口与经济社会的协调发展。

第一节 人口发展与经济增长的均衡关系

人口规模（Populationsize）是指的一个地区人口数量的多少。与人口规模相关的就是人口容量，人口容量（Population Carrying Capacity），又称人口承载力或者人口承载量，是适应生存能力的重要量度。人口容量是指在特定时空条件下，资源、生态、环境在保障人类基本生理需求的前提下，所能够供养的最大人口数。人口容量与国家或地区发展的经济基础、地理位置和建设条件、现状特点等密切相关。人口容量反映的是一个国家或地区的生态系统和社会经济系统能够支持多大人口规模得以生存的潜力。人口规模，指生活在一个城市中的实际人口数量。人口规模是指现有的人口总量，人口容量是指在一定的自然资源和经济社会条件下，一个国家或地区所能容纳的最高人口数量。人口合理容量，则是指在有效和持续地利用资源、环境并获得最大经济效益的情况下，一定地区所能容纳的人口数量。

一、人口参与经济活动的现状

（一）劳动参与率

表 4.1　2000—2019 年江苏省就业人口

年份	就业人口/万人	失业人员/万人	经济活动人口/万人	劳动适龄人口/万人	劳动参与率/%	劳动参与率的增长率/%
2000	4418. 14	30. 36	4448. 5	5224. 32	85. 15	-
2001	4436. 45	36. 14	4472. 59	5205. 42	85. 92	0. 90
2002	4472. 84	42. 17	4515. 01	5281. 36	85. 49	−0. 50
2003	4499. 97	41. 84	4541. 81	5342. 46	85. 01	−0. 56
2004	4537. 07	42. 9	4579. 97	5487. 96	83. 45	−1. 84
2005	4578. 75	41. 63	4620. 38	5584. 71	82. 73	−0. 86
2006	4628. 95	40. 4	4669. 35	5692. 95	82. 02	−0. 86
2007	4677. 88	39. 26	4717. 14	5739. 93	82. 18	0. 20
2008	4700. 96	41. 09	4742. 05	5814. 72	81. 55	−0. 77
2009	4726. 54	40. 74	4767. 28	5861. 43	81. 33	−0. 27
2010	4754. 68	40. 65	4795. 33	5986. 88	80. 10	−1. 51
2011	4758. 23	41. 45	4799. 68	5951. 35	80. 65	0. 69
2012	4759. 53	40. 47	4800	5945. 71	80. 73	0. 10
2013	4759. 89	37. 61	4797. 5	5897. 85	81. 34	0. 76
2014	4760. 83	36. 57	4797. 4	5821. 5	82. 41	1. 32
2015	4758. 5	36. 01	4794. 51	5882. 45	81. 51	−1. 09
2016	4756. 22	35. 21	4791. 43	5720. 99	83. 75	2. 75
2017	4757. 8	34. 69	4792. 49	5686. 17	84. 28	0. 63
2018	4750. 90	34. 37	4785. 27	5805. 36	82. 43	−2. 00
2019	4745. 20	35. 09	4780. 29	5759. 559	82. 00	−0. 52

注：数据来源于《江苏省统计年鉴》，2001 年劳动适龄人口数量依据 2001 年人口年龄构成计算而得。

劳动参与率是指经济活动人口（包括就业者和失业者）占劳动年龄人口的比率，是用来衡量人们参与经济活动状况的指标。根据经济学理论和各国的经验，劳动参与率反映了潜在劳动者个人对于工作收入与闲暇的选择偏好，它受到工资水平、家庭收入等社会因素的影响，也受性别、年龄等个体因素的影响，同时还受社会保障的覆盖率和水平、劳动力市场状况等宏观经济和社会环境的影响。劳动参与率=（有工作人数+目前正在找工作人数）/（16~64 岁人口数量）*100%。经济活动人口是指在一定时期内，为各种经济生产和服务活动提供劳动的 16 岁及以上年龄的人口，包括就业人口和失业人口。就业人口是指从业人口，失业人口是指有劳动能力，在一定时期内没有工作，但有意愿并正在积极寻找工作的人口，限于数据可得性，失业人口数量用年末城镇登记失业人口来替代。

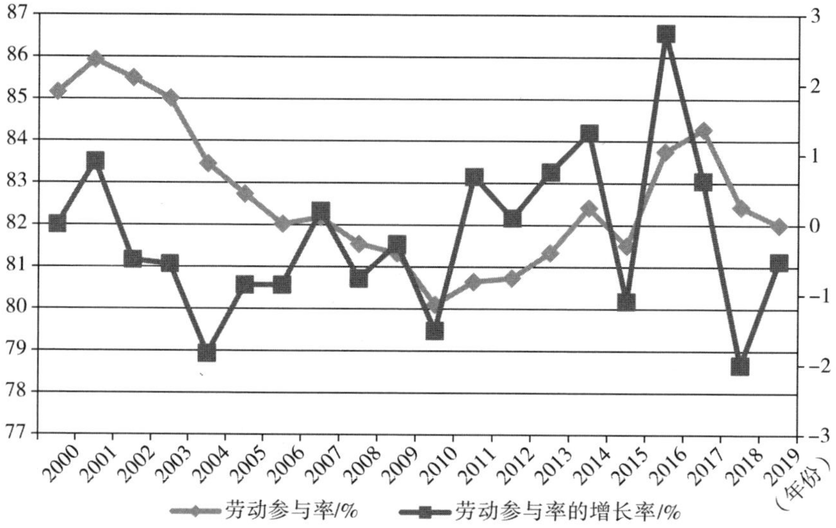

图 4.1　江苏省历年劳动参与率及其增长率

劳动参与率越高，相当于参与经济活动中的人数越多，越有利于经济发展，反之，则不利于经济发展。2000 年以来，江苏省劳动参与率始终都在 80%以上，2010 年最低，为 80.10%，2001 年最高，为 85.92%，2019 年仍然在 82.00%，江苏省始终保持着较高的劳动参与率。2000—2019 年江苏省劳动参与率总体呈现“下降—上升”两个阶段。以 2010 年为界，2000—2010 年，劳动参与率总体是下降的，2000 年为 85.15%，到 2010 年下降至 80.10%，2010 年之后开始回升，到 2017 年升至 84.28%，2019 年又下降至 82.00%（见表 4.1）。2019 年全国劳动参与率为 79.28%，世界平均水平为 61.86%①。2019 年江苏省劳动参与率高于全国平均水平，更高于世界平均水平。较高的劳动参与率反映了江苏省正处于劳动年龄人口高峰期，人口的生产性极高，说明江苏省当前正处于“人口红利”期；也反映了江苏省经济形势好，能够提供较多的就业机会，诱导了人口参与到经济活动中来；还反映了江苏省良好的就业环境，人们愿意就业。

（二）就业人口

就业人口即从业人口，就业人口的比重反映全社会正在从事经济活动的人口情况。就业人口比重是指就业人口在总人口中的比重。

表 4.2　江苏省历年就业人口及增长率

年份	总人口		就业人口		就业人口/总人口/%	就业人口增速与人口增速之比
	总量/万人	增速/%	总量/万人	增速/%		
1990	6766.90	-	4225.02	-	62.44	-
1991	6843.70	1.13	4272.97	1.13	62.44	1.00
1992	6911.20	0.99	4315.12	0.99	62.44	1.00
1993	6967.27	0.81	4339.81	0.57	62.29	0.70
1994	7020.54	0.76	4362.76	0.53	62.14	0.70
1995	7066.02	0.65	4385.17	0.51	62.06	0.78
1996	7110.16	0.62	4386.97	0.04	61.70	0.06
1997	7147.86	0.53	4388.79	0.04	61.40	0.08
1998	7182.46	0.48	4389.92	0.03	61.12	0.06
1999	7213.13	0.43	4390.71	0.02	60.87	0.05
2000	7327.24	1.58	4418.14	0.62	60.30	0.39

① 15 岁以上人口的劳动参与率，http://finance.sina.com.cn/worldmac/indicator_SL.TLF.CACT.ZS.shtml。世界劳动参与率是指 15 岁以上人口的劳动参与，包括 65 岁及以上人口。

续表

年份	总人口		就业人口		就业人口/总人口/%	就业人口增速与人口增速之比
	总量/万人	增速/%	总量/万人	增速/%		
2001	7358.52	0.43	4436.45	0.41	60.29	0.95
2002	7405.50	0.64	4472.84	0.82	60.40	1.28
2003	7457.70	0.70	4499.97	0.61	60.34	0.87
2004	7522.95	0.87	4537.07	0.82	60.31	0.94
2005	7588.24	0.87	4578.75	0.92	60.34	1.06
2006	7655.66	0.89	4628.95	1.10	60.46	1.24
2007	7723.13	0.88	4677.88	1.06	60.57	1.20
2008	7762.48	0.51	4700.96	0.49	60.56	0.96
2009	7810.27	0.62	4726.54	0.54	60.52	0.87
2010	7869.34	0.76	4754.68	0.60	60.42	0.79
2011	7898.80	0.37	4758.23	0.07	60.24	0.19
2012	7919.98	0.27	4759.53	0.03	60.10	0.11
2013	7939.49	0.25	4759.89	0.01	59.95	0.04
2014	7960.06	0.26	4760.83	0.02	59.81	0.08
2015	7976.30	0.20	4758.50	-0.05	59.66	-0.25
2016	7998.60	0.28	4756.22	-0.05	59.46	-0.18
2017	8029.30	0.38	4757.80	0.03	59.26	0.08
2018	8050.7	0.27	4750.90	-0.15	59.01	-0.54
2019	8070.0	0.24	4745.20	-0.12	58.80	-0.50

注：数据来源于《江苏省统计年鉴》。

1990—2019年，江苏省就业人口总数总体呈现“先增长→再缓慢下降”的趋势。1990—2014年为增长阶段，2014年就业人口总数达到峰值，为4760.83万人，2014年后开始进入缓慢下降阶段，到2019年降至

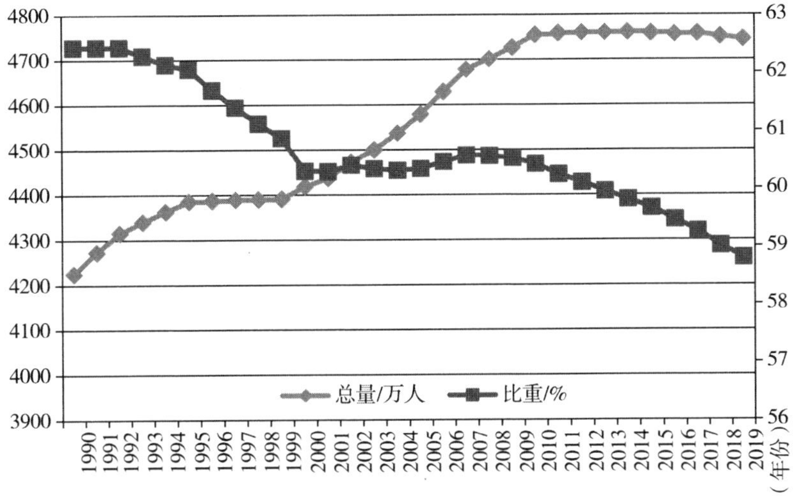

图 4.2　江苏省历年就业人口及其在总人口中的比重

4745.20 万人，呈现小幅下降。1990—2019 年，江苏省就业人口在总人口中的比重总体是呈现下降趋势，1990 年江苏省就业人口 4225.02 万人，占总人口的 62.44%，1999 年就业人口的比重下降至 61%以下，之后一直到 2012 年，都在 60%~61%波动。2013 年，就业人口的比重降至 60%以下，之后持续下降，到 2019 年降至 58.8%，为 1990 年以来的最低值。1990—2019 年，就业人口比重下降了 3.64 个百分点。就业人口总量与总人口比重的发展趋势形成“剪刀式”分布（见图 4.2）。

从就业人口增速与人口增速之比来看。总体来看，总人口的增长速度略快于就业人口的增长速度。从图 4.3 可以看出，总人口与就业人口分布的两个曲线之间形成的开口逐渐变大。计算就业人口年增长率与总人口年增长率之比，当比值大于 1 时，就业人口占总人口比重会增加，反之则会减少。总体说来，1990—1999 年，就业人口年增长率与总人口增长率之比，是逐渐变小的，从 1 下降到 0.05；2000 年开始增长，一直到 2002 年达到最高，为 1.28；2002—2006 年呈现高位波动，2006 年之后，就业人口增速与人口增速之比持续下降，2006 年为 1.24，2008 年降为 0.96，小

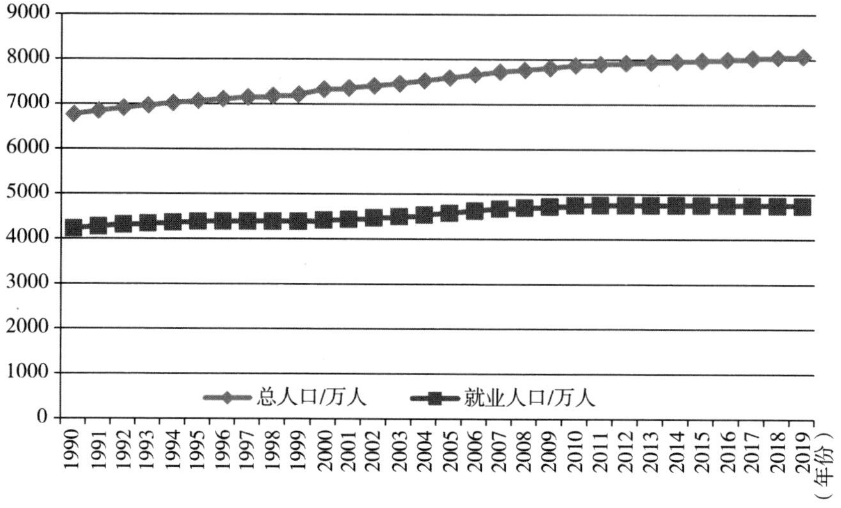

图 4.3　江苏省历年总人口数与就业人口数

于 1，表明就业人口的增速开始低于总人口的增速，之后持续下滑。2013 年之后，就业人口增速与人口增速之比低于 0.2，2015 年和 2016 年出现负值，2017 年开始回升到 0.08，2018 年、2019 年继续下降为负值（见图 4.4）。就业人口增速下降，一方面与经济下行压力加大，经济发展提供的就业机会逐渐减少有关；另一方面也可能与经济增长过程中自愿性失业数量的增加或者非常规就业人口的增长有关。

二、人口与经济增长的关系

（一）人口增长与经济增长的协调发展关系

人口增长与经济增长的弹性系数是衡量人口与经济的协调关系。弹性系数是指某个地区在某个时期的人口增长率与同一时期的经济增长率的比值，常用来衡量人口与经济协调发展的关系。当弹性系数大于 1 时，说明人口增长速度快于经济增长速度；而弹性系数小于 1 时，说明经济增长快于人口增长。一般而言，当弹性系数大于或等于 1 时，人口与经济发展的关系为“社会停滞级”，0.21~0.99 为“社会渐进级”，0.2 及以下为“社

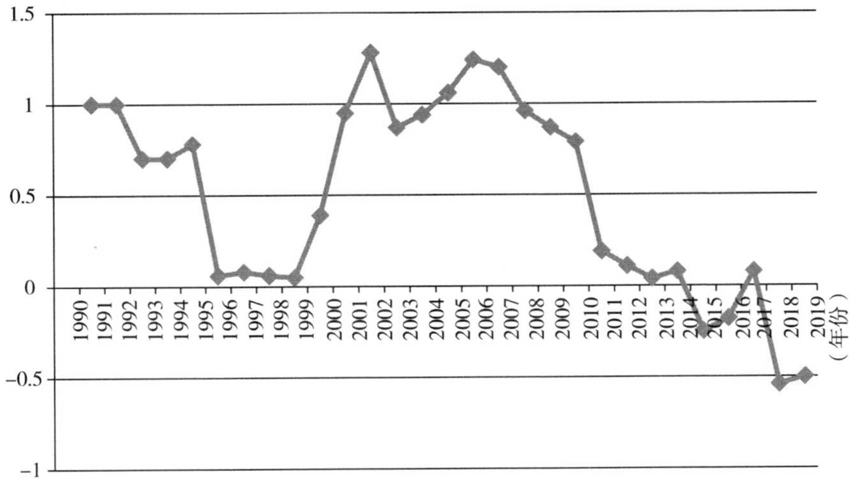

图 4.4 江苏省就业人口年增长率与总人口年增长率的比率

会协调级”①。弹性系数越低，表明人口与经济发展协调度越高。

表 4.3 江苏省历年人口与经济总量的关系

年份	总人口/万人	增长率/%	国内生产总值/亿元	增长率/%	人口增长与经济增长的弹性系数
1990	6766.90	-	1416.50	-	-
1991	6843.70	1.13	1601.38	13.05	0.087
1992	6911.20	0.99	2136.02	33.39	0.030
1993	6967.27	0.81	2998.16	40.36	0.020
1994	7020.54	0.76	4057.39	35.33	0.022
1995	7066.02	0.65	5155.25	27.06	0.024
1996	7110.16	0.62	6004.21	16.47	0.038
1997	7147.86	0.53	6680.34	11.26	0.047
1998	7182.46	0.48	7199.95	7.78	0.062

① 胡春春:《广东省四大区域人口与区域经济协调发展研究》，载《统计科学与实践》2012年第10期，第31-33页。

续表

年份	总人口/万人	增长率/%	国内生产总值/亿元	增长率/%	人口增长与经济增长的弹性系数
1999	7213.13	0.43	7697.82	6.91	0.062
2000	7327.24	1.58	8553.69	11.12	0.142
2001	7358.52	0.43	9456.84	10.56	0.040
2002	7405.50	0.64	10606.85	12.16	0.053
2003	7457.70	0.70	12442.87	17.31	0.041
2004	7522.95	0.87	15136.78	21.65	0.040
2005	7588.24	0.87	18769.32	24.00	0.036
2006	7655.66	0.89	21965.61	17.03	0.052
2007	7723.13	0.88	26297.83	19.72	0.045
2008	7762.48	0.51	31360.64	19.25	0.026
2009	7810.27	0.62	34912.00	11.32	0.054
2010	7869.34	0.76	41971.34	20.22	0.037
2011	7898.80	0.37	49801.59	18.66	0.020
2012	7919.98	0.27	54888.84	10.22	0.026
2013	7939.49	0.25	60712.81	10.61	0.023
2014	7960.06	0.26	66150.64	8.96	0.029
2015	7976.30	0.20	71289.51	7.77	0.026
2016	7998.60	0.28	77388.28	8.55	0.033
2017	8029.30	0.38	85900.94	11.00	0.035
2018	8050.7	0.27	92595.40	7.79	0.034
2019	8070.0	0.24	99631.52	7.60	0.032

注：数据来源于《江苏省统计年鉴》。

从人口增长与经济增长的弹性系数来看，1991—2019 年江苏省人口增长与经济增长的弹性系数的绝对值均小于 0.2，绝大多数年份的人口增长

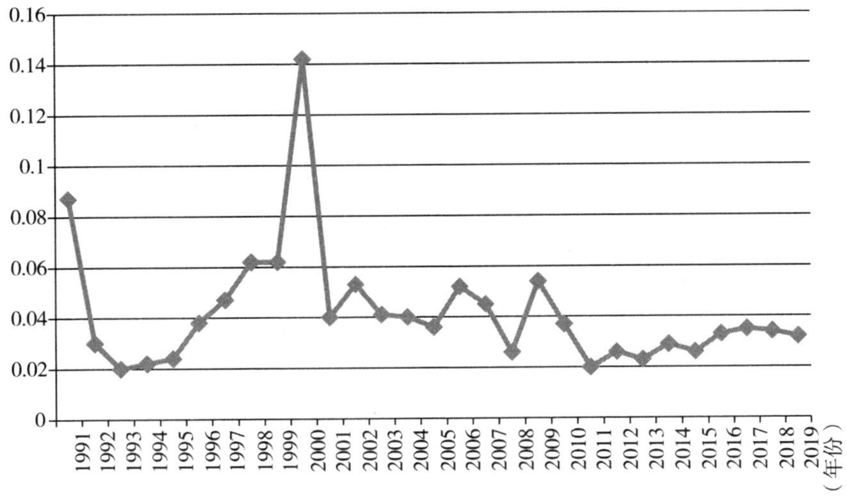

图 4.5 江苏省人口增长与经济增长的弹性系数

与经济增长的弹性系数的绝对值小于 0.1，仅 2000 年超过 0.1，为 0.142。2010—2019 年更是低于 0.05，其中 2011 年仅为 0.02（见表 4.3）。从人口增长与经济增长的弹性系数来看，江苏省人口与经济的协调关系可以确定为“社会协调级”，经济增长始终快于人口增长，社会财富有大量的盈余。20 世纪 90 年代以来，由于计划生育政策的严格执行，人口增长速度快速下降，人口保持着低速增长，而经济领域随着改革开放的深入，经济始终保持较高的增长速度，1991—2019 年，经济增长速度均值为 16.11%，大多数年份经济增长速度保持在 10% 以上，20 世纪 90 年代中期甚至达到 20% 以上。2010 年以来，经济增长速度开始放缓，2019 年经济增长速度仅为 7.6%，为近 20 年以来最低（见图 4.6）。

（二）人口红利及其对经济增长的影响

安德鲁·梅森 1997 年提出了“人口红利”，1998 年被联合国人口基金《世界人口现状（1998）》引用，从而成为公认的人口经济学概念。所谓“人口红利”是指人口转型过程中，形成有利于经济发展的“中间大、两头小”的人口年龄结构，即未成年人口和老年人口在总人口中的比例比较

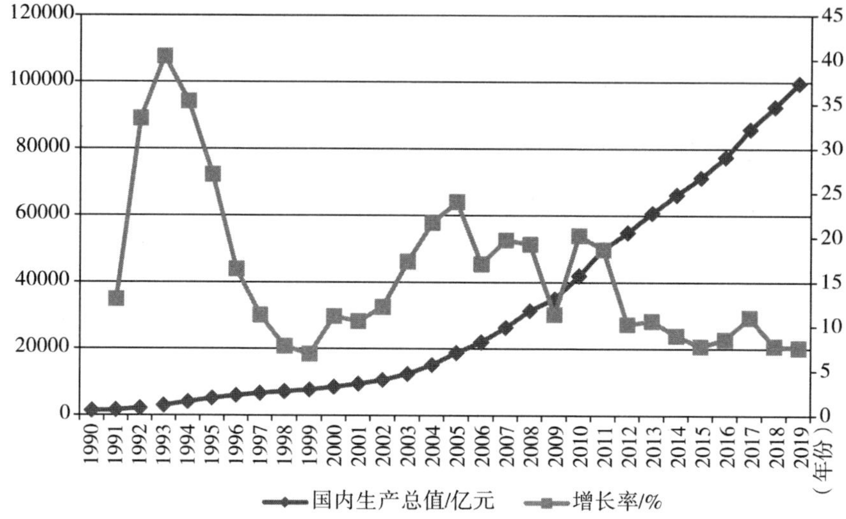

图 4.6 江苏省历年国内生产总值及其增长率

低、劳动力人口比例较高，人口负担较轻，由此导致较高劳动参与率。由于较高劳动参与率对一个国家的经济增长产生了积极效应，经济因而获得额外增长，这段时期则被称为“人口红利期”。1997 年，布鲁姆和威廉姆森使用“人口红利”解释了东亚崛起，他们把“中间大、两头小”的人口年龄结构视为人口红利。他们估计东亚国家在这段时间里的人均 GDP 增长额中的 1/4～1/3 应当归功于“人口红利”。他们认为，虽然经济增长与总人口数没有直接关系，但与劳动年龄人口（15～64 岁）数量呈正相关。也就是说，劳动年龄人口越多，经济发展越好。按照这个逻辑，劳动人口较多，并且施行生育控制的时期，社会总生产大于社会总消费，社会财富就可以积蓄下来。同时，因为子女较少，社会更加关注劳动者受教育的权益，因此劳动者在这一时期素质会提高，这些都会促成社会生产的大发展。这就是过去 30 年在中国发生的事情。但这些劳动力最后还是会变成老年人，而新生儿一定会变成大人，人口出生率的下降会造成未来劳动年龄人口的减少，当“人口红利”的大门关闭之后，等待着人们的只有“人口负债”①。

一般用抚养比来衡量人口红利，将少年儿童抚养比、老年人口抚养比及总抚养比分别低于30%、23%、53%时的人口发展水平视为人口红利期。其中，总抚养比是被抚养人口（0~14岁人口和65岁及以上人口）与15~64岁人口的比值，少年儿童抚养比是0~14岁人口与15~64岁人口之比，老年人口抚养比是65岁及以上与15~64岁人口之比。

人口红利分为人口微利、人口红利、人口高利和人口暴利四个阶段，总抚养比在50%~53%为人口微利期，总抚养比在47%~50%为人口红利期，总抚养比在44%~47%为人口高利期，总抚养比小于44%为人口暴利期；人口负债分为人口微债、人口负债、人口高债和人口极高债四个阶段（见表4.4）。总抚养比在59%~62%为人口微债期，总抚养比在62%~65%为人口负债期，总抚养比在65%~68%为人口高债期，总抚养比大于68%为人口极高债期。

表4.4　人口红利与人口负债界定

类型	指标	总抚养比/%	少年儿童抚养比/%	老年人口抚养比/%
人口红利	微利	50~53	28.5~30	21.5~23
	红利	47~50	27~28.5	20~21.5
	高利	44~47	25.5~27	18.5~20
	暴利	<44	<25.5	<18.5
盈亏平衡		53~59	30~33	23~26
人口负债	微债	59~62	33~34.5	26~27.5
	负债	62~65	34.5~36	27.5~29
	高债	65~68	36~37.5	29~30.5
	极高	>68	>37.5	>30.5

① 陈友华：《人口红利与人口负债：数量界定、经验观察与理论思考》，载《人口研究》2005年第6期，第21-27页。

表 4.5　1964—2019 年江苏省人口抚养比构成

年份	0~14 岁人数/%	15~64 岁人数/%	65 岁及以上/%	少年儿童抚养比/%	老年抚养比/%	总抚养比/%
1964	39. 82	56. 48	3. 71	70. 50	6. 57	77. 07
1982	28. 98	65. 48	5. 55	44. 26	8. 48	52. 73
1990	23. 75	69. 46	6. 79	34. 19	9. 78	43. 97
2000	19. 63	71. 52	8. 84	27. 45	12. 36	39. 81
2001	19. 01	70. 74	10. 25	26. 87	14. 49	41. 36
2002	18. 80	71. 32	9. 89	26. 36	13. 87	40. 23
2003	17. 02	71. 64	11. 34	23. 76	15. 83	39. 59
2004	16. 33	72. 95	10. 72	22. 39	14. 69	37. 08
2005	15. 54	73. 60	10. 87	21. 11	14. 77	35. 88
2006	14. 68	74. 36	10. 96	19. 74	14. 74	34. 48
2007	14. 30	74. 32	11. 37	19. 24	15. 30	34. 54
2008	13. 58	74. 91	11. 51	18. 13	15. 37	33. 49
2009	13. 01	75. 05	11. 94	17. 34	15. 91	33. 24
2010	13. 01	76. 10	10. 89	17. 10	14. 31	31. 41
2011	13. 27	75. 34	11. 39	17. 61	15. 12	32. 73
2012	13. 16	75. 07	11. 77	17. 53	15. 68	33. 21
2013	13. 11	74. 29	12. 60	17. 65	16. 96	34. 61
2014	13. 62	73. 13	13. 24	18. 62	18. 10	36. 73
2015	13. 56	73. 75	12. 69	18. 39	17. 20	35. 59
2016	14. 43	71. 52	14. 04	20. 18	19. 63	39. 81
2017	14. 06	70. 82	15. 12	19. 85	21. 35	41. 20
2018	13. 86	72. 11	14. 03	19. 22	19. 46	38. 68
2019	13. 94	71. 37	14. 69	19. 52	20. 58	40. 11

少年儿童抚养比方面，表现为“先持续下降，后有回升”的趋势。1964—2010 年少年儿童抚养比持续下降，1964 年少年儿童抚养比为 70. 50%，之后少年儿童抚养比一路下滑，2010 年少年儿童抚养比降至 17. 10%，为

1964 年以来的最低值；2010—2019 年，少年儿童抚养比在波动中缓慢回升，2019 年达到 19. 52%（见表 4. 5），从当前少年儿童抚养比数据来看，人口红利仍处于人口暴利期。较低的少年儿童抚养比，致使社会享受着人口暴利，也为人口均衡发展埋下隐患，直接影响人口再生产的实现。

老年抚养比方面，基本表现为持续上升。2010 年以来有所波动，但总趋势是上升的。从 1964 年的 6. 57%，上升到 2019 年的 20. 58%，1964 年到现在老年抚养比增长了 14. 01 个百分点（见表 4. 5）。2017 年、2019 年老年抚养比的数据表现已经进入人口红利阶段（人口红利阶段为 20%～21. 5%），很快将进入人口微利阶段，而距人口微债阶段（26%～27. 5%）也相差不远。老年抚养比的持续上升，对养老带来了巨大的挑战，同时也影响社会消费。

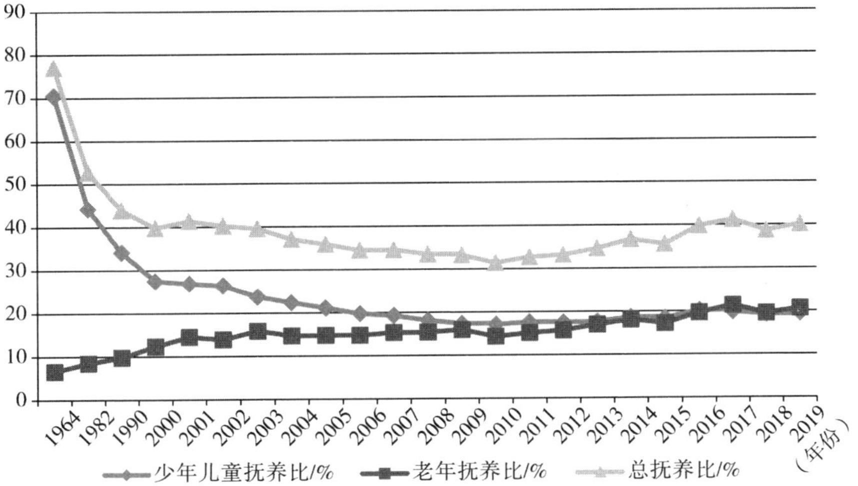

图 4. 7　1964—2019 年江苏省人口抚养比构成

总抚养比方面，呈现“持续下降—缓慢上升”的趋势。1964 年总抚养比为 77. 07%，1964—2010 年总抚养比总体表现为不断下降，2010 年至最低值，为 31. 41%；2010 年后，总抚养比开始在波动中缓慢上升，2019 年达到 40. 11%（见表 4. 5）。根据人口红利和人口负债的界定，1964 年，江苏省处于人口负债极高阶段，到 1982 年，进入人口红利的微利阶段，1990

年至今，总抚养比一直低于44%，江苏省一直处在人口暴利期。但2010年以来，随着少年儿童抚养比和老年抚养比的双重上升，总抚养比随之上升，2015年以来，总抚养比快速上升（见图4.7）。总抚养比上升是在老年抚养比和少年儿童抚养比的同时上升情况下发生的，目前人口发展虽然处在人口暴利期，但随着老年抚养比的持续上升，人口暴利将会不断下降，而且这种人口暴利将是一去不复返的。

人口红利是通过人口年龄转变所带来的庞大的劳动力数量来刺激经济增长，这种刺激通过四个方面来实现：一是劳动力规模和分工效应，即劳动力供给数量上升，分工效应增强，提高总产出和人均收入水平；二是劳动参与率，年龄结构优势带来劳动参与率的提高，促进储蓄和投资，进而影响经济增长；三是劳动力质量，劳动力质量提高可促进劳动生产率的提高，从而增加产出①；四是由于生育率下降，导致家庭供养人口的时间和精力减少了，将促进劳动者素质和技能提升，从而促进经济增长。

“人口红利”不意味着经济必然增长，但“人口红利”可以助推经济增长。人口红利对经济的影响主要是两个方面：一是对生产领域的影响，劳动力供给比较充足，企业的雇佣成本较低；二是对消费的影响，劳动年龄人口和老年人口的增长，会促进储蓄率的提升。人口红利也存在负面影响，由于劳动年龄人口比重较大，会导致就业形势十分严峻，同时劳动年龄人口中低素质的人口也会制约着人口红利的实现。由于大量农村劳动力进入城市，会推动城市房价上升，从而导致生活成本增加。从长远来看，人口红利期只是一个人口变迁过程的必经阶段，在享受人口红利的同时，要能够有应对人口红利下降的政策措施。

人口红利的实现也需要一定的条件，首先是人口的充分就业，确保人力资源能够得到充分利用，而不是大量失业形成社会负担；其次是劳动力自由流动，劳动力能够得到有效配置；最后是劳动力素质不断提高。

---

① 雷晓康、张楠：《近年我国人口红利总量的研究综述》，载《理论学刊》2011年第6期，第77-81页。

用柯布—道格拉斯生产函数来衡量人口红利对经济的贡献。函数如下：

$$Y = A L^{\alpha} K^{\beta} \quad (公式 4.1)$$

两边取对数得到

$$\ln Y = \ln A + \alpha L + \beta \ln K + \mu \quad (公式 4.2)$$

加入抚养比 f_0 以衡量人口红利对经济的作用①，得到

$$\ln Y = \ln A + \alpha \ln L + \beta \ln K + \gamma f_0 + \mu \quad (公式 4.3)$$

其中，因变量 Y 为经济产出，用地区生产总值代表；L 为劳动力投入，采用就业人员数表示；K 是资本投入，用规模以上固定资产投资总额表示；A 是全要素生产率参数；f_0 是总抚养比；α 为劳动力投入的产出弹性系数；β 为资本投入的产出弹性系数；γ 为总抚养比对经济增长的边际影响参数；μ 为随机误差项。参数值见表 4.6。

表 4.6　江苏省历年国内生产总值与就业人数

年份	国内生产总值/亿元	就业人数/万人	固定资产投资总额/亿元	总抚养比/%
2000	8553.69	4418.14	3302.96	39.81
2001	9456.84	4436.45	3849.24	41.36
2002	10606.85	4472.84	5335.80	40.23
2003	12442.87	4499.97	6827.59	39.59
2004	15136.78	4537.07	8739.71	37.08
2005	18769.32	4578.75	10071.42	35.88
2006	21965.61	4628.95	12268.07	34.48

① 陈志科、邓志文：《人口转变、人口红利与经济增长的实证研究——基于湖南省面板数据的分析》，载《经济特区》2012 年第 12 期，第 190-192 页。

续表

年份	国内生产总值/亿元	就业人数/万人	固定资产投资总额/亿元	总抚养比/%
2007	26297. 83	4677. 88	15060. 45	34. 54
2008	31360. 64	4700. 96	18949. 88	33. 49
2009	34912. 00	4726. 54	23184. 28	33. 24
2010	41971. 34	4754. 68	21643. 02	31. 41
2011	49801. 59	4758. 23	26314. 66	32. 73
2012	54888. 84	4759. 53	31706. 58	33. 21
2013	60712. 81	4759. 89	35982. 52	34. 61
2014	66150. 64	4760. 83	41552. 75	36. 73
2015	71289. 51	4758. 5	45905. 17	35. 59
2016	77388. 28	4756. 22	49370. 85	39. 81
2017	85900. 94	4757. 8	53000. 21	41. 20
2018	92595. 40	4750. 90	55915. 22	38. 68
2019	99631. 52	4745. 20	58766. 90	40. 11

利用 SPSS21. 0 进行多元线性回归，结果显示，从业人数和总抚养比未进入方程，得到回归方程如下：

$$\ln Y = 1.886 + 0.866 \ln K \qquad (公式 4.4)$$

回归结果显示：经济增长与全社会固定资产投资呈现线性关系，相关系数为正值，而经济增长与从业人数和总抚养比不存在线性关系。2000—2019 年，人口均处于暴利期，但它可以分为两个阶段：2000—2010 年，人口红利总体是下降的：2011—2019 年，人口红利总体是增长的，但这两个阶段，经济都是增长的。从两个阶段的人口与经济关系来看，人口对经济并没有直接的影响，但人口是通过影响经济发展的其他要素从而推动经济增长的。

三、基于经济承载力的适度人口规模测算

基于经济承载力的适度人口指特定的区域在只考虑经济条件下能够承载的人口数量，所有的经济指标中国内生产总值是衡量区域经济发展最重要的标准，本书以国内生产总值、第二、三产业的增加值 3 个经济指标为标准①。基于 3 个经济指标（ Q_i ），江苏省经济承载人口计算公式如下：

$$C_e = \frac{P}{I} = \frac{P}{\sum_{i}^{3} \alpha E_i} \quad \text{（公式 4.5）}$$

$$E_i = \frac{P}{C_{ei}} = \frac{P}{T_i * Q_i} \quad \text{（公式 4.6）}$$

$$T_i = \frac{P_c}{Q_{ci}} \quad \text{（公式 4.7）}$$

式中，C_e 表示经济承载人口数，P 表示江苏省实际人口数，α 表示各指标经济压力指数的权重（取 1/3），E_i 表示各指标经济压力指数，C_{ei} 表示各指标的承载人口数，T_i 表示经济承载指数，Q_i 表示各指标产值，P_c 表示全国人口数，Q_{ci} 表示全国各指标产值。

表 4.7 江苏省 2000—2019 年经济承载人口

年份	GDP 承载人口/万人	第二产业可承载人口/万人	第三产业可承载人口/万人	经济可承载人口/万人	江苏常住人口/万人	超载或富余人口/万人
2000	10810.92	12312.14	9750.41	10858.57	7327.24	3531.33
2001	10886.83	12612.4	9648.292	10917.57	7358.52	3559.05
2002	11193.81	13306.08	9721.872	11221.27	7405.5	3815.77
2003	11700.85	13989.42	10053.62	11699.87	7457.7	4242.17
2004	11905.75	14579.62	9992.558	11873.83	7522.95	4350.88
2005	12649.4	15201.65	10840.45	12653.72	7588.24	5065.48

① 朱杰、王强：《基于综合承载力的福建省区域适度人口测算》，载《亚热带资源与环境学报》2020 年第 3 期，第 59 页。

续表

年份	GDP 承载人口/万人	第二产业可承载人口/万人	第三产业可承载人口/万人	经济可承载人口/万人	江苏常住人口/万人	超载或富余人口/万人
2006	12723. 65	15112. 47	11026. 77	12741. 41	7655. 66	5085. 75
2007	12713. 49	15134. 44	11033. 72	12746. 3	7723. 13	5023. 17
2008	12872. 94	15107. 47	11443. 56	12972. 4	7762. 48	5209. 92
2009	13199. 46	15559. 54	11676. 08	13293. 44	7810. 27	5483. 17
2010	13465. 04	15297. 61	12514. 43	13664. 7	7869. 34	5795. 36
2011	13485. 98	14978. 33	12810. 34	13700. 12	7898. 8	5801. 32
2012	13501. 16	15031. 97	12797. 82	13715. 48	7919. 98	5795. 5
2013	13619. 38	15141. 8	13095. 26	13899. 79	7939. 49	5960. 3
2014	13778. 99	15316. 21	13285. 83	14075. 74	7960. 06	6115. 68
2015	14219. 16	16305. 42	13336. 35	14518	7976. 3	6541. 7
2016	14329. 38	16400. 72	13539. 38	14661. 45	7998. 6	6662. 85
2017	14346. 24	16401. 94	13540. 85	14668. 23	8029. 3	6638. 93
2018	14148. 01	16113. 16	13374. 33	14456. 96	8050. 7	6406. 26
2019	14139. 58	16282. 04	13353. 95	14491	8070	6421

通过对 2000—2019 年相关经济数据的计算，得到江苏省 2000—2019 年经济承载人口的结果（见表 4. 7），可以看出 2000—2019 年江苏省经济适度人口规模与实际人口规模比较一直是处于富余状态且有上升趋势。江苏省经济承载人口从 2000 年的 10858. 57 万人，上升至 2019 年的 14491 万人。第二产业承载人口数量始终高于第三产业，2019 年第二产业承载人口为 16282. 04 万人，第三产业承载人口为 13353. 95 万人，第二产业承载人口超过第三产业承载人口 2928. 09 万人，第二产业对承载人口的作用更加突出；第三产业承载人口增长率更高，2019 年第二产业承载人口是 2000 年承载人口的 1. 32 倍，而 2019 年第三产业承载人口是 2000 年承载人口的 1. 37 倍。

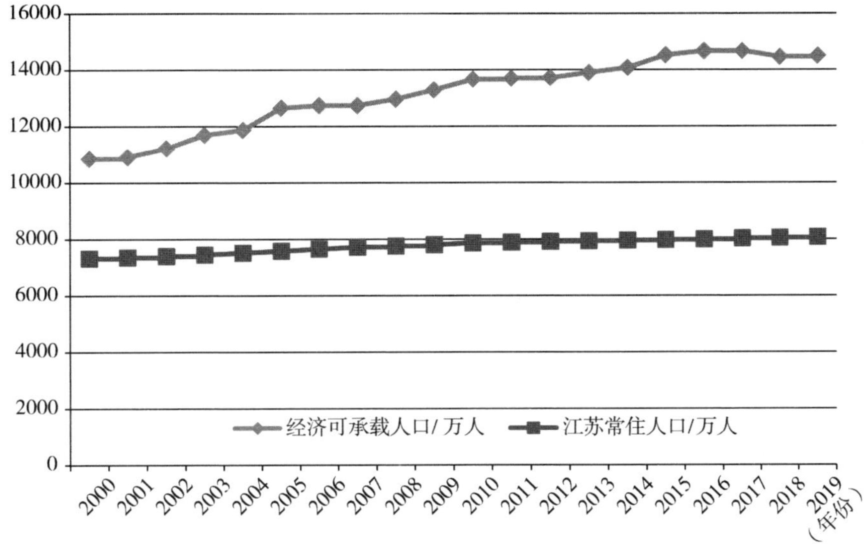

图 4.8　2000—2019 年江苏省经济承载人口

四、小结

就业人口总量持续增长，但增速低于总人口的增速，保持较高的劳动参与率。从数量来看，人口与经济的协调关系表现社会协调级，但人口增长与总抚养比与经济增长并不存在线性关系。

1. 就业人口的变动。2000—2019 年，江苏省就业人口总体是增长，前期增长较快，后期增长缓慢，且个别年份略有下降，就业人口占总人口的比重总体呈下降趋势，前期有波动，2007 年以后，就业人口占总人口中的比重持续下降。2000 年以来，江苏省保持着较高劳动参与率，最低年份劳动参与率都在 80%以上，劳动参与率总体呈现出“前期下降，后期波动回升”的特征。2019 年江苏省的劳动参与率不仅高于全国平均水平，也高于世界平均水平。就业人口的增长速度要低于常住人口增长速度。

2. 人口增长与经济增长的关系。从人口增长与经济增长的弹性系数来看，人口与经济的协调关系可以确定为“社会协调级”，人口对经济增长具有基础性作用，但就业人数和总抚养比与经济增长之间并不存在线性相关，人口是通过影响其他要素推动经济增长的。1990年以来江苏省人口红利一直处于人口暴利期，其中，少年儿童抚养比始终处于人口暴利期，老年人口也处于人口红利期，但随着老年抚养比的持续升高，老年人口的人口红利即将结束。总体而言，江苏省人口红利正在不断下降。

3. 经济适度人口规模。依据江苏省国内生产总值，第二、三产业的增加值计算江苏省经济适度人口。2000—2019年江苏省经济适度人口规模与实际人口规模比较一直是处于富余状态且有上升趋势。经济承载人口从2000年的10858.57万，上升至2019年的14491万。第二产业承载人口数量高于第三产业，第二产业对承载人口的作用更加突出，但第三产业承载人口增长率要高于第二产业承载人口。

第二节　人口就业与产业发展的匹配关系

根据配第—克拉克定理，随着经济的发展，人均国民收入水平的提高，第一产业的国民收入和劳动力的相对比重逐渐下降，第二产业国民收入和劳动力的相对比重上升，经济进一步发展，第三产业国民收入和劳动力的相对比重也开始上升。基于上述规律，分析江苏省产业结构与就业结构的关系。

一、分产业就业

（一）三次产业的就业现状及变化特征

表4.8　江苏省历年三次产业产业人员数、比重及增长率

年份	就业人数	从业人数/万人			从业人员构成/%			从业人员增长率/%		
		第一产业	第二产业	第三产业	第一产业	第二产业	第三产业	第一产业	第二产业	第三产业
1990	4225.02	2389.25	1212.58	623.19	56.6	28.7	14.7	–	–	–
1991	4272.97	2405.68	1226.34	640.95	56.3	28.7	15.0	0.69	1.13	2.85
1992	4315.12	2337.93	1270.80	706.39	54.2	29.4	16.4	−2.82	3.63	10.21
1993	4339.81	2228.06	1325.38	786.37	51.4	30.5	18.1	−4.70	4.29	11.32

续表

年份	就业人数	从业人数/万人			从业人员构成/%			从业人员增长率/%		
		第一产业	第二产业	第三产业	第一产业	第二产业	第三产业	第一产业	第二产业	第三产业
1994	4362.76	2131.65	1375.14	855.97	48.9	31.5	19.6	-4.33	3.75	8.85
1995	4385.17	2057.08	1407.64	920.45	46.9	32.1	21.0	-3.50	2.36	7.53
1996	4386.97	2014.06	1397.25	975.66	45.9	31.9	22.2	-2.09	-0.74	6.00
1997	4388.79	1981.54	1382.03	1025.22	45.1	31.5	23.4	-1.61	-1.09	5.08
1998	4389.92	1946.49	1341.12	1102.31	44.3	30.6	25.1	-1.77	-2.96	7.52
1999	4390.71	1908.64	1330.39	1151.68	43.5	30.3	26.2	-1.94	-0.80	4.48
2000	4418.14	1890.96	1335.16	1192.02	42.8	30.2	27.0	-0.93	0.36	3.50
2001	4436.45	1832.25	1375.30	1228.90	41.3	31.0	27.7	-3.10	3.01	3.09
2002	4472.84	1744.41	1453.67	1274.76	39.0	32.5	28.5	-4.79	5.70	3.73
2003	4499.97	1615.49	1547.99	1336.49	35.9	34.4	29.7	-7.39	6.49	4.84
2004	4537.07	1506.31	1633.35	1397.42	33.2	36.0	30.8	-6.76	5.51	4.56
2005	4578.75	1414.83	1703.29	1460.62	30.9	37.2	31.9	-6.07	4.28	4.52
2006	4628.95	1323.88	1777.52	1527.55	28.6	38.4	33.0	-6.43	4.36	4.58
2007	4677.88	1230.28	1857.12	1590.48	26.3	39.7	34.0	-7.07	4.48	4.12
2008	4700.96	1179.94	1889.79	1631.23	25.1	40.2	34.7	-4.09	1.76	2.56
2009	4726.54	1120.19	1942.61	1663.74	23.7	41.1	35.2	-5.06	2.80	1.99
2010	4754.68	1060.29	1996.97	1697.42	22.3	42.0	35.7	-5.35	2.80	2.02
2011	4758.23	1023.02	2017.49	1717.72	21.5	42.4	36.1	-3.52	1.03	1.20
2012	4759.53	989.98	2032.32	1737.23	20.8	42.7	36.5	-3.23	0.74	1.14
2013	4759.89	956.74	2041.99	1761.16	20.1	42.9	37.0	-3.36	0.48	1.38
2014	4760.83	918.84	2047.16	1794.83	19.3	43.0	37.7	-3.96	0.25	1.91
2015	4758.50	875.56	2046.16	1836.78	18.4	43.0	38.6	-4.71	-0.05	2.34
2016	4756.22	841.85	2045.17	1869.20	17.7	43.0	39.3	-3.85	-0.05	1.77
2017	4757.80	799.31	2041.10	1917.39	16.8	42.9	40.3	-5.05	-0.20	2.58
2018	4750.9	764.89	2033.39	1952.62	16.1	42.8	41.1	-4.31	-0.38	1.84
2019	4745.2	734.51	2011.96	1998.73	15.5	42.4	42.1	-3.97	-1.05	2.36

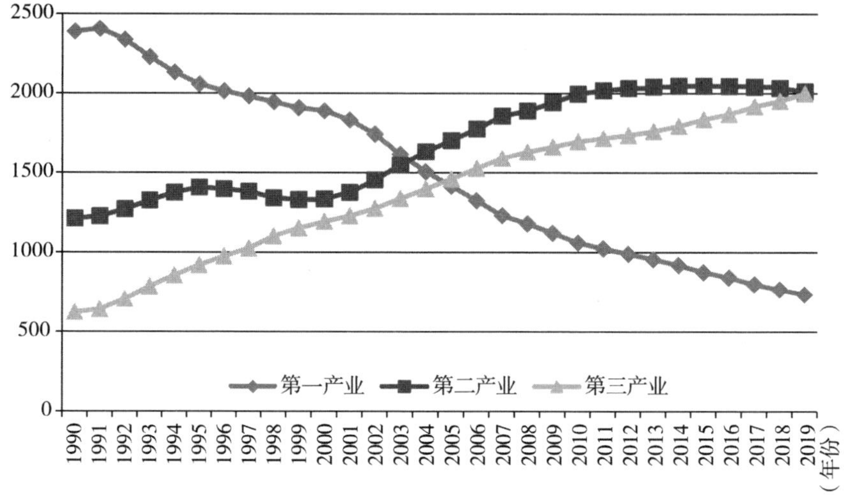

图 4.9 江苏省历年三次产业从业人口数 单位：万人

1990 年以来，江苏省三次产业的就业人口发生较大的变动。总体表现为“一降两升”，即：第一产业的就业人口呈现下降趋势，第二、三产业的就业人口呈现上升趋势。具体情况如下：

第一产业。1990 年第一产业吸纳就业人口为 2389.25 万，占就业人口的 56.6%；第二产业就业人口为 1212.58 万，占就业人口的 28.7%；第三产业就业人口为 623.19 万，占就业人口的 14.7%。第一产业的就业人数最多，其次是第二产业，最少的是第三产业。1990 年，第一产业就业人口的比重超过 50%，占据绝对的主导地位。第一产业就业人口数量仅 1991 年略有增加，其后，就业人口数量持续下降（见图 4.9），2019 年降至 734.51 万，仅为 1990 年第一产业就业人员的 30.74%，不足 1/3，占全部就业人口的 15.5%。1990—2019 年，第一产业就业人口比重持续下降，1990 年为 56.6%，2000 年降至 42.8%，2019 年则降至 15.5%（见表 4.8）。

第二产业。1990—2019 年第二产业就业人数和比重总体呈增长趋势，仅在 1995—2000 年略有下降，2000 年后，就业人口及其比重均呈现持续增长。2004 年第二产业就业人口数量和比重首次超过第一产业，2015 年第二产业就业人数开始下降，2017 年第二产业的就业比重开始下降，但下降幅度都比较小，2019 年第二产业就业人数达 2011. 96 万，是 1990 年就业人数的 166%，占就业人数的 42. 4%（见表 4. 8）。2004 年开始，第二产业的就业人口在三大产业中占据首位。

第三产业。1990—2019 年，第三产业就业人数和比重持续增长，2005 年第三产业就业人数和比重超过第一产业，就业结构开始表现为“二三一”的结构形态。2019 年第三产业就业人数达 1998. 73 万，是 1990 年第三产业就业人数的 321%，第三产业就业人数占就业人数的比重由 1990 年的 14. 7%，增长至 2019 年的 42. 1%（见表 4. 8）；第三产业的就业人口比重与第二产业的就业人口比重的差距越来越小，2019 年仅相差 0. 3%。由于第三产业就业人口增长速度快于第二产业，第三产业就业人口总数超越第二产业指日可待。

1990—2019 年，从三大产业的发展趋势来看，第一产业就业人口的比重逐渐快速下降；第二产业就业人口的比重总体是增长的，其中有部分年份出现波动，近期开始下降；第三产业就业人口的比重持续增长，且增长快速。1990—2019 年就业结构也在不断变动，1990—2003 年就业结构呈现“一二三”就业结构，2004 年转变为“二一三”就业结构，2005 年转变“二三一”就业结构（见图 4. 10）。2019 年第三产业就业人数为 1998. 73 万，占当年就业人数的 42. 1%，仅比第二产业少 0. 3 个百分点，2015 年以来第二产业的就业人数开始下降，而第三产业就业人数依然持续增长，第二产业与第三产业之间的差距在不断缩小，1990 年相差 14 个百分点，而 2019 年仅相差 0. 3 个百分点，第三产业人数和比重很快将超过第二产业，在未来几年内，就业结构将转变为“三二一”的结构特征。

从从业人员年增长率来看，第一产业就业人口仅在 1991 年为正增长，其余年均为负增长（见图 4. 11）；第二产业就业人口增长率经历“增长、下降，再增长、再下降”的过程，2003 年第二产业就业人口年增长率达到最高，为 6. 49%。2003 年之后，第二产业的就业人口年增长率总体呈现下降态势，2015 年出现负增长，2019 年增长率-1. 05%。第三产业的就业人

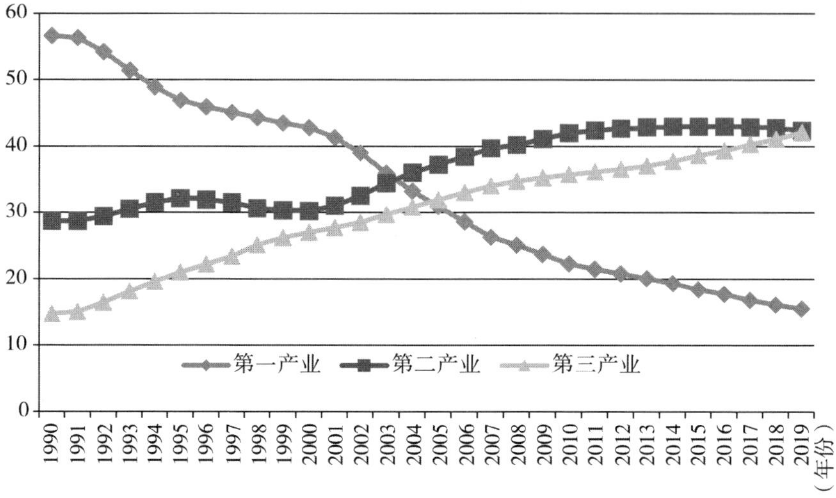

图 4.10　江苏省历年三次产业从业人口的比重　单位：%

口始终保持增长态势。年增长率表现“前期快速增长，中期波动式下降，近期出现小幅回升”，第三产业就业人口的年增长速度总体是下降的，2008 年以来保持在 2%左右。2019 年第三产业从业人员增长率为 2.36%，第二产业从业人员增长率为-1.05%，而第一产业从业人数增长率为-3.97%。

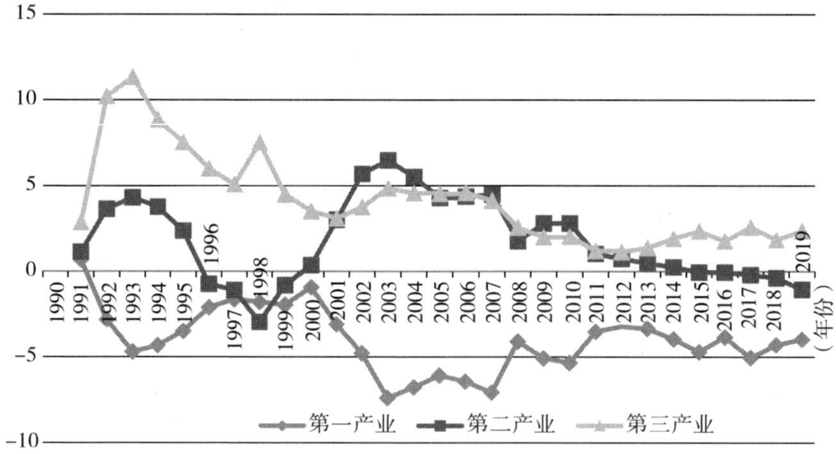

图 4.11　江苏省历年三次产业从业人口的年增长率　单位：%

（二）各行业部门的就业现状及变化特征

根据历年《江苏省统计年鉴》，国民经济行业分为 19 个门类：农、林、牧、渔业，采矿业，制造业，电力、热力、燃气及水生产和供应业，建筑业，批发和零售业，交通运输、仓储和邮政业，住宿和餐饮业，信息传输、软件和信息技术服务业，金融业，房地产业，租赁和商务服务业，科学研究、技术服务业，水利、环境和公共设施管理业，居民服务、修理和其他服务业，教育，卫生和社会工作，文化、体育和娱乐业，公共管理、社会保障和社会组织。限于数据的可得性，从业人员是指法人单位的从业人员。

2005 年江苏省有 479062 个法人单位，共有从业人员 2189 万人，每个法人单位平均从业人员为 45. 7 人，法人单位的从业人员占全部从业人员的比重为 47. 81%。2019 年法人单位 2327228 个，是 2005 年的 4. 86 倍，法人单位从业人员为 4033 万人，是 2005 年的 1. 84 倍，法人单位平均从业人数从 45. 7 人下降到 17. 3 人，法人单位从业人员占全部从业人员的比重上升到 84. 98%（见表 4. 9）。2005—2019 年全省法人单位总数及其从业人数总体呈现为持续增长，个别年份有下降，法人单位总量增长速度要高于从业人数的增长速度，每个法人单位的员工规模呈现下降趋势，即平均每个法人单位雇用的人数在减少，法人单位趋于小型化，法人单位的从业人数在全部从业人数中的比重持续上升，2017 年达到 95. 8%，但近年有所下降，2019 年为 84. 98%。可以看出：更多的从业者在法人单位中工作，法人单位更容易提供稳定就业和确保劳动者纳入社会保障体系。

表 4. 9　江苏省法人单位及从业人员数量

年份	法人单位/个	法人单位从业人数/万人	总从业人数/万人	法人单位平均从业人数/人	法人单位从业人数占全部从业人数的比重/%
2005	479062	2189	4578. 75	45. 7	47. 81
2006	536112	2417	4628. 95	45. 1	52. 21
2007	583462	2708	4677. 88	46. 4	57. 89
2008	630793	2825	4700. 96	44. 8	60. 09

续表

年份	法人单位/个	法人单位从业人数/万人	总从业人数/万人	法人单位平均从业人数/人	法人单位从业人数占全部从业人数的比重/%
2009	718548	3158	4726. 54	43. 9	66. 81
2010	862285	3288	4754. 68	38. 1	69. 15
2011	984419	3529	4758. 23	35. 8	74. 17
2012	1109565	3633	4759. 53	32. 7	76. 33
2013	1062911	3640	4759. 89	34. 2	76. 47
2014	1395251	4019	4760. 83	28. 8	84. 42
2015	1578060	4347	4758. 5	27. 5	91. 35
2016	1907723	4558	4756. 22	23. 9	95. 83
2017	2356035	4558	4757. 8	19. 3	95. 80
2018	2053629	3828	4750. 9	18. 6	80. 58
2019	2327228	4033	4745. 2	17. 3	84. 98

2005 年，江苏省法人单位的从业人员前五名的行业：一是制造业（56. 7%），二是建筑业（16. 0%），三是教育（5. 4%），四是住宿和餐饮业（5. 3%），五是公共管理、社会保障和社会组织（4. 0%），行业前五名的从业人员占法人单位从业人员的 87. 4%，2005 年，从法人单位的从业人员的比重来看，是制造业一家独大的时代；2010 年江苏省法人单位的从业人员前五名的行业（见表 4. 10）：一是制造业（50. 7%），二是建筑业（19. 1%），三是住宿和餐饮业（7. 2%），四是公共管理、社会保障和社会组织（3. 6%），五是教育（3. 3%）。行业前五名从业人员占法人单位从业人员的 83. 9%。2010 年制造业的就业人员比重依然超过一半，仍然是制造业一家独大的时代，但其他行业也得到了发展。2015 年江苏省法人单位的从业人员前五名的行业：一是制造业（45. 0%），二是建筑业（18. 5%），三是批发和零售业（10. 1%），四是租赁和商务服务业（3. 8%），五是公

共管理、社会保障和社会组织（3.2%）。行业前五名从业人员占法人单位从业人员的80.6%。2019年江苏省法人单位的从业人员前五名的行业：一是制造业（37.4%），二是建筑业（21.1%），三是批发和零售业（10.3%），四是租赁和商务服务业（5.3%），五是公共管理、社会保障和社会组织（3.1%）。行业前五名从业人员占法人单位从业人员的77.2%。

从2005年、2010年、2015年、2019年前五名的行业分布来看，有四个方面的特征：一是制造业和建筑业是就业主力军，稳定维持在前2名，并且保持着50%以上的就业人数；二是行业分布更趋均衡，就业人数在前五名的行业集中度持续下降，由87.4%下降至77.2%，不同行业的就业的比重差距在缩小，从业人员的行业分布更趋于合理；三是商品流通环节发展迅速，2005年商品流通类企业占据1个席位，占就业人数的5.3%，2015年、2019年都占据2个席位，占就业人数的13.9%和15.6%；四是政府机关和事业单位比重下降，2005年、2010年政府机关和事业单位占据2个席位，2015年、2019年只有一个席位（见表4.10）。

表4.10　2005年、2010年、2015年、2019年江苏省从业人员人数排名前五的行业

排名	2005年	2010年	2015年	2019年
1	制造业	制造业	制造业	制造业
2	建筑业	建筑业	建筑业	建筑业
3	教育	住宿和餐饮业	批发和零售业	批发和零售业
4	住宿和餐饮业	公共管理、社会保障和社会组织	租赁和商务服务业	租赁和商务服务业
5	公共管理、社会保障和社会组织	教育	公共管理、社会保障和社会组织	公共管理、社会保障和社会组织

表 4.11 江苏省历年法人单位数

单位：个

行业	2005	2006	2007	2008	2009	2010	2011	2012	2013	2014	2015	2016	2017	2018	2019
农、林、牧、渔业	1777	2662	4594	19	10487	15522	20291	26845	28850	39210	45617	56231	69105	14591	52733
采矿业	1864	1869	1732	1145	1229	1236	1078	1081	643	750	763	756	796	370	338
制造业	217015	241821	258897	265257	287929	322616	351220	378197	346771	415407	438906	481869	553654	513458	524701
电力、热力、燃气及水生产和供应业	2705	2829	2919	3218	3314	3029	2680	2832	2471	3026	3447	4287	5821	5032	5060
建筑业	15571	18990	22339	25045	29527	40546	49113	56063	43284	66054	78678	104443	144860	119569	158910
批发和零售业	7905	9339	10403	13794	15235	18908	22128	26207	299067	410969	476450	587718	723353	613999	678170
交通运输、仓储和邮政业	6649	7858	8922	11692	13177	16032	18448	23410	25948	35616	41171	50401	63567	59043	65081
住宿和餐饮业	86024	101462	116935	134722	169050	224977	267971	307338	11328	14902	16648	20393	25098	25927	28195
信息传输、软件和信息技术服务业	6120	6796	7396	8366	9022	10181	10924	12156	21459	33158	42515	61674	87155	72799	98224
金融业	951	1169	1580	2310	2764	4192	5111	5782	—	6032	7017	7550	8306	6925	6009

续表

行业	2005	2006	2007	2008	2009	2010	2011	2012	2013	2014	2015	2016	2017	2018	2019
房地产业	10314	12020	13957	16970	18656	23765	27468	30339	29149	37498	41120	48989	60782	59246	67280
租赁和商务服务业	21458	25289	27879	33037	38187	51984	65651	82954	77822	116728	146224	190016	246030	188239	229749
科学研究、技术服务业	9384	10134	10633	13007	14409	17752	21011	27757	40129	55509	67730	98989	142157	129379	157324
水利、环境和公共设施管理业	3650	3898	4056	4935	5175	5611	6090	6815	7501	8832	9235	10268	11930	10920	13892
居民服务、修理和其他服务业	6972	8002	8517	8560	10284	13912	16648	19048	14760	21814	26909	33190	41767	41016	44364
教育	12474	12879	13027	14469	14800	15414	16934	17860	17858	20589	21935	24844	29119	36601	39882
卫生和社会工作	9611	9754	9810	9659	9795	10019	10899	11333	14231	16332	17570	20120	23266	30041	30847
文化、体育和娱乐业	4439	4669	4825	5187	5518	6313	7394	9161	15410	18888	21146	28933	37550	44141	44900
公共管理、社会保障和社会组织	54179	54672	55041	59401	59990	60276	63360	64387	66230	73937	74979	77052	81719	82333	81569
合计	479062	536112	583462	630793	718548	862285	984419	1109565	1062911	1395251	1578060	1907723	2356035	2053629	2327228

表 4.12　江苏省历年法人单位年末从业人数

单位:万人

行业	2005	2006	2007	2008	2009	2010	2011	2012	2013	2014	2015	2016	2017	2018	2019
农、林、牧、渔业	1.68	3.12	6.89	1.45	26.07	37.44	50.09	68.4	43.97	59.3	65.81	73.91	79.61	9.06	45.68
采矿业	23.54	22.82	23.16	20.95	19.11	18.99	18.68	18.35	16.09	14.62	13.67	12.2	11.34	6.96	5.14
制造业	1256.1	1190.6	1312.5	1366.0	1430.5	1601.9	1672.0	1806.8	1609.9	1701.0	1808.5	1858.6	1893.6	1435.64	1506.55
电力、热力、燃气及水生产和供应业	12.46	12.86	13.98	17.99	18.6	18.59	19.07	22.06	18.39	19.68	21.17	21.89	22.1	19.7	19.66
建筑业	353.89	400.58	471.78	541.77	526.63	602.82	581.93	567.47	843.79	633.48	744.69	870.91	894.44	880.28	891.77
批发和零售业	43.98	44.9	45.58	72.11	73.19	74.8	76.72	79.95	317.21	361.89	406.22	457.52	517.12	379.61	416.83
交通运输、仓储和邮政业	9.79	10.06	11.22	20.34	22.18	24.99	28.84	35.74	85.96	80.93	99.35	110.17	117.03	103.52	108.17
住宿和餐饮业	118.23	130.02	145.09	161.39	189.87	228.79	258.31	291.25	44.82	49.17	51.26	51.2	54.32	48.1	50.94
信息传输、软件和信息技术服务业	27.66	30.49	33.76	36.28	38.73	43.31	45.66	53.73	54.81	55.08	68.79	82.51	96.95	86.11	94.05
金融业	25.53	22.59	25.71	32.68	33.06	34.1	35.09	35.91	-	29.66	29.82	29.19	25.28	2.86	48.64

续表

行业	2005	2006	2007	2008	2009	2010	2011	2012	2013	2014	2015	2016	2017	2018	2019
房地产业	23.13	25.53	29.54	39.9	42.04	49.65	55.24	61.13	68.73	70.66	82.14	91.87	102.04	99.95	102.46
租赁和商务服务业	31.53	34.42	35.81	69.52	72.28	80.45	90.89	109.33	107.46	122.59	151.46	179.52	211.87	217.45	212.68
科学研究、技术服务业	17.89	18.27	18.61	27.01	28.35	31.36	34	43.61	68.7	75.09	92.74	114.16	139.24	115.11	123.47
水利、环境和公共设施管理业	11.69	12.34	12.31	16.82	17.04	17.67	18.01	19.19	22.07	22.24	25.1	27.78	29.32	26.91	28.61
居民服务、修理和其他服务业	9.75	10.57	10.71	14.13	15.65	19.08	21.2	24.03	20.07	24.1	29.1	32.5	36.62	31.87	33.63
教育	119.87	87.99	88.1	104.04	104.49	105.01	106.32	106.76	109.95	112.53	114.22	114.09	110.42	129.16	119.9
卫生和社会工作	33.6	33.93	34.22	44.26	44.48	45.1	45.64	47.17	57.53	57.25	60.47	61.59	58.73	73.83	66.97
文化、体育和娱乐业	7.99	8.17	8.24	10.12	10.46	11.42	12.83	16.3	20.19	22.32	25.52	30.34	35.05	30.56	32.11
公共管理、社会保障和社会组织	88.47	89.43	89.95	111.57	112.48	112.73	117.76	122.22	123.79	128.35	128.83	127.48	123.31	131.43	125.38
合计	2217	2189	2417	2708	2825	3158	3288	3529	3633	3640	4019	4347	4558	3828	4033

（三）分行业法人单位的就业人口与比重

农、林、牧、渔业。2005—2019年，农、林、牧、渔业法人单位的从业人员的数量和比重总体呈现“上升→下降→上升”的趋势，2005年从业人员为1.68万[①]，占全部法人单位从业人员的0.08%，在19个行业中排名第19位；2019年从业人员数量45.68万，占1.13%，2019年上升到第14位。

采矿业。2005—2019年，采矿业法人单位的从业人员的数量和比重总体呈现为持续下降的趋势。2005年采矿业的从业人数23.54万，占全部法人单位从业人员的1.08%，在19个行业中排名第11位，2019年从业人员降至5.14万，占0.13%，排名也降至第19位。采矿业在全省的就业结构中已经式微。

制造业。2005—2019年，制造业法人单位的从业人数呈现“前期上升，后期波动中下降”的发展趋势，从业人数始终排在19个行业首位，但比重有所下降。2005年从业人数为1256.1万，占56.66%，2019年从业人数1506.55万，下降到37.36%，2014年以后，制造业从业人员的比重持续下降。

电力、热力、燃气及水生产和供应业。2005—2019年，电力、热力、燃气及水生产和供应业法人单位的从业人数总体呈现波动中增长的态势，从业人员的比重总体表现为“波动式下降”。2005年从业人员12.46万，占0.56%，排名第14位，2019年从业人数达19.66万，占0.49%，排名降至第18位。

建筑业。2005—2019年，建筑业法人单位的从业人数总体表现为波动中增长趋势，建筑业的从业人数始终排在19个行业的第2位，建筑业是江苏省的支柱行业。2005年从业人数为353.89万，2019年升到891.77万人。从业人员的比重呈现出波动式缓慢增长的态势，2005年建筑业从业人

---

① 此处统计的是法人单位的从业人员，是指在法人单位中从事农、林、牧、渔业的工作人员，不是以个体和家庭形式从事农、林、牧、渔业生产的人员。

员占 15.96%，2019 年达 22.11%。

批发和零售业。2005—2019 年，批发和零售业法人单位的从业人员和比重呈现为“先缓慢增长，波动上升”，2005—2012 年为缓慢发展时期，2013—2019 年为波动发展期。2005 年从业人数为 43.98 万，2012 年升至 79.95 万，到 2017 年快速增长到 517.12 万，2019 年降至 416.83 万；批发和零售业的比重由 2005 年的 1.98%增至 2019 年的 10.34%，从第 6 位上升到第 3 位，批发零售业的发展说明江苏省商品流通行业发展快速，市场非常活跃。

交通运输、仓储和邮政业。2005—2019 年，交通运输、仓储和邮政业从业人员的数量和比重总体呈现快速上升的趋势，部分年份有小幅下降。2005 年从业人员为 9.79 万，占 0.44%，排第 16 位，2019 年达 108.17 万，占 2.68%，位次上升到第 8 位。

住宿餐饮业。2005—2019 年，住宿餐饮业的从业人数与比重的分布呈现“Z 字形”发展格局，2005—2012 年持续增长，2013 年大幅下降，之后缓慢增长。2005 年就业人数为 118.23 万，2012 年达到最大值，为 291.25 万，2019 年为 50.94 万。2005 年从业人数占 5.33%，2017 年下降到 1.26%，从 2005 年第 4 位下降到 2019 年的第 12 位。

信息传输、软件和信息技术服务业。2005—2019 年，信息传输、软件和信息技术服务业从业人员和比重总体呈现“持续增长”的态势。2005 年从业人员 27.66 万，2019 年增长到 94.05 万，从业人员的比重从 2005 年的 1.25%，上升到 2019 年的 2.33%。从业人数由 19 个行业中第 9 位降至 2019 年的第 10 位。

金融业。2005—2019 年，金融业从业人员的人数和比重在 2005—2018 年呈现波动中下降，2019 年出现强势反弹。2005 年从业人数 25.53 万，占 1.15%，2019 年为 48.64 万，占 1.21%。从业人数由 19 个行业中排名第 10 位下降至 2019 年的第 13 位。

房地产业。2005—2019 年，江苏省房地产业从业人员总体呈现“持续上升”的态势。2005 年房地产业的从业人员为 23.13 万，到 2019 年发展到102.46万，从业人员的比重由1.04%也上升到2.65%，从业人数在19个行业也由2005年排名第12位上升到2019年的第9位。

租赁和商务服务业。2005—2019年，租赁和商务服务业从业人数呈现“持续上升”的发展趋势。2005年从业人员为31.53万，到2019年上升到212.68万，从业人员的比重分布趋势与从业人数的分布趋势比较一致，2005年从业人员的比重为1.43%，到2019年增长到5.27%。在19个行业中从业人员的排名也由第8名上升到第4名。

科学研究、技术服务业。2005—2019年，科学研究、技术服务业的从业人数和比重呈现“持续上升”的发展态势。2005年从业人员为17.89万，占0.81%，19个行业中排名第13位，2019年从业人数升至123.47万，占3.06%，排名第6位。

水利、环境和公共设施管理业。2005—2019年，水利、环境和公共设施管理业的从业人员呈现“逐年上升”的发展态势，从业人员的比重呈现波动中上升的趋势，2005年从业人员11.69万，占0.53%，在19个行业中就业人数排名第15位，2019年上升至28.61万，占0.71%，排名第17位。

居民服务、修理和其他服务业。2005—2019年，居民服务、修理和其他服务业从业人数总体呈现“持续上升”，从业人数比重的分布与从业人数的分布比较一致，2005年从业人数为9.75万，占0.44%，排名第17位，2019年从业人数增长到33.63万，占0.83%，排名升至第15位。

教育。2005—2019年，教育业的从业人数呈现“先下降，后缓慢增长，上升”的趋势。教育业的从业人数总体是比较稳定的，从业人员的比重总体是下降的，2005年从业人数为119.87万，占5.41%，排在第3位，2019年为119.9万，占2.97%，2019年排第7位。

卫生和社会工作。2005—2019年，卫生和社会工作的从业人数总体呈现增长态势。2005年从业人数为33.6万，占1.52%，在19个行业中排在第7位，2019年增长到66.97万，占1.66%，2019年降至第11位。

文化、体育和娱乐业。2005—2019年，文化、体育和娱乐业的从业人数比较低，从业人数呈现逐年增长的趋势，2005 年从业人员为 7.99 万，占 0.36%，从业人员在 19 个行业中排名第 18 位，2019 年增长到 32.11 万，占 0.80%，2019 年排名上升到第 16 位。

公共管理、社会保障和社会组织行业。2005—2019 年，公共管理、社会保障和社会组织行业的从业人数总体表现为缓慢增长，2005 年从业人员为 88.47 万，占 3.99%，排在第 5 位，2019 年为 125.38 万，比重下降到 3.11%；公共管理、社会保障和社会组织行业排名变动不大，2019 年下降到第 5 位。

（四）分行业的从业人员的变动特征

第一，从业人员的比重增长的行业多于减少的行业。2005 年到 2019 年，有 13 个行业的从业人员的比重增加，增长最多的是批发和零售业，增加了 8.35 个百分点（见图 4.12）；有 6 个行业的从业人员比重减少，下降最大的是制造业，下降了 19.30 个百分点。制造业作为占比第一的行业，其比重的下降，反映了其他行业得到了快速的发展，行业发展更趋多元化。

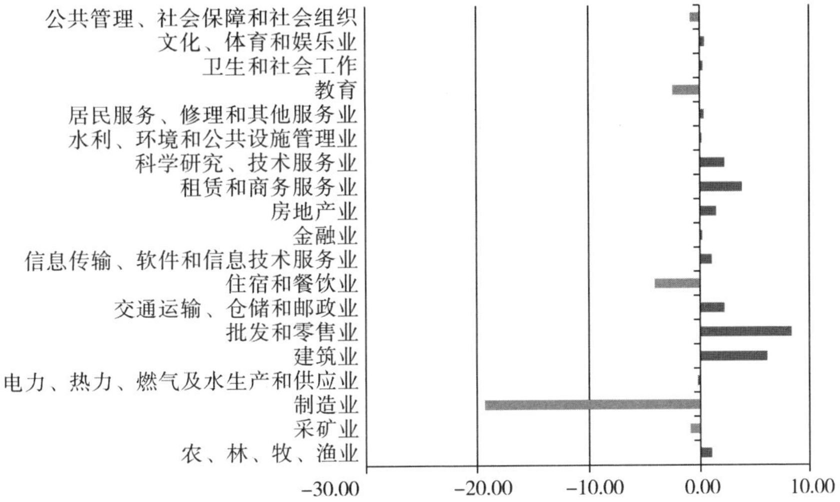

图 4.12　2005 年、2019 年 19 个行业的从业人员对比图

第二，从业人员在产业层面呈现“一降两升”。第一产业从业人员的比重略有上升，第二产业[①]从业人员比重明显下降，第三产业从业人员的比重上升。第一产业就业人员的比重较少，主要是第二产业和第三产业的就业人员的变动。从发展来看，第三产业得到了迅速的发展，从业人员的比重增加了 13.10 个百分点。

第三，政府机关和事业单位的从业人数比重出现明显下降。在从业人员比重下降的 8 个行业中，属于政府和事业单位的教育，公共管理、社会保障和社会组织，卫生和社会工作等三个部门都出现了下降。这三个部门的从业人员的比重从 10.91%下降至 6.74%，下降了 4.17 个百分点。

二、分产业就业与产值关系分析

产业或行业的产值与就业人员数量和素质相关，综合反映为劳动生产率水平的高低。劳动生产率越高，相同数量的就业人口创造的经济价值越高。

（一）分产业的劳动生产率的比较

劳动生产率是指劳动者在一定时期内创造的劳动成果同其劳动消耗量的比值，是衡量经济发展水平和生产力水平的核心指标；也是经济持续增长的引擎。劳动生产率高意味着同等数量的劳动力可以创造更多的经济价值，在粗放经济增长方式下，劳动力通过规模效应可显著推动经济增长，即使劳动生产率不高，经济总量也可以达到相当规模，当生产方式由粗放型向集约型转化，尤其是在人口红利逐渐消退的情况下，劳动力数量减少，如何提高劳动生产率，便形成经济发展需要考量的重要因素，从经济持续发展的角度来看，劳动生产率至关重要。劳动生产率的公式表示为：

劳动生产率=产值/从业人数

① 第二产业主要指采矿业（不含开采专业及辅助性活动），制造业（不含金属制品、机械和设备修理业），电力、热力、燃气及水生产和供应业、建筑业。

表 4.13　江苏省历年劳动生产率

年份	产值/亿元			从业人员/万人			劳动生产率/元/人			
	第一产业	第二产业	第三产业	第一产业	第二产业	第三产业	第一产业	第二产业	第三产业	全社会
1990	355.17	692.59	368.74	2389.25	1212.58	623.19	1487	5712	5917	3353
1991	345.14	793.92	462.32	2405.68	1226.34	640.95	1435	6474	7213	3748
1992	393.82	1119.26	622.94	2337.93	1270.80	706.39	1684	8808	8819	4950
1993	490.59	1598.05	909.52	2228.06	1325.38	786.37	2202	12057	11566	6909
1994	683.98	2186.77	1186.64	2131.65	1375.14	855.97	3209	15902	13863	9300
1995	866.24	2715.26	1573.75	2057.08	1407.64	920.45	4211	19289	17098	11756
1996	989.18	3074.12	1940.91	2014.06	1397.25	975.66	4911	22001	19893	13686
1997	1035.8	3411.86	2232.68	1981.54	1382.03	1025.22	5227	24687	21778	15221
1998	1047.16	3640.1	2512.69	1946.49	1341.12	1102.31	5380	27142	22795	16401
1999	1037.37	3920.15	2740.3	1908.64	1330.39	1151.68	5435	29466	23794	17532
2000	1048.34	4435.89	3069.46	1890.96	1335.16	1192.02	5544	33224	25750	19360
2001	1094.48	4907.46	3454.9	1832.25	1375.30	1228.90	5973	35683	28114	21316
2002	1110.44	5604.49	3891.92	1744.41	1453.67	1274.76	6366	38554	30531	23714
2003	1162.45	6787.11	4493.31	1615.49	1547.99	1336.49	7196	43845	33620	27651
2004	1367.58	8331.9	5123.65	1506.31	1633.35	1397.42	9079	35736	37443	27411
2005	1461.51	10240.41	6419.41	1414.83	1703.29	1460.62	10330	62575	45525	40992
2006	1545.05	11998.09	7697.65	1323.88	1777.52	1527.55	11671	70097	52114	47453
2007	1814.63	14504.63	9669.1	1230.28	1857.12	1590.48	14763	79141	61517	56217
2008	2096.47	17058.54	11790.44	1179.94	1889.79	1631.23	17798	91609	73248	66711
2009	2255.84	18674.81	13541.02	1120.19	1942.61	1663.74	20192	97493	82411	73864
2010	2530.94	21861.48	16991.45	1060.29	1996.97	1697.42	23957	111177	101504	88274
2011	3051.38	25239.22	20548.61	1023.02	2017.49	1717.72	29958	127833	121944	104664
2012	3400.36	27158.78	23142.78	989.98	2032.32	1737.23	34529	136897	136129	115324
2013	3447.49	29149.42	26752.5	956.74	2041.99	1761.16	36268	146369	155321	127551
2014	3607.4	31048.84	30174.27	918.84	2047.16	1794.83	39553	155054	171461	138948
2015	3952.47	33371.77	33931.69	875.56	2046.16	1836.78	45526	161430	186590	149815
2016	4039.75	35041.53	38269.57	841.85	2045.17	1869.20	48431	169274	206996	162710
2017	4045.16	39124.11	42700.49	799.31	2041.10	1917.39	51002	189382	225147	180548
2018	4141.71	42129.37	46936.47	764.89	2033.39	1952.62	54148	207188	240377	196189
2019	4296.28	44270.51	51064.73	734.51	2011.96	1998.73	58492	220037	255486	209963

注：数据来源《江苏省统计年鉴》（2020），国内生产总值是按当年价格计算。

总的来看，1990—2019 年江苏省全社会劳动生产率总体呈现逐年增长的趋势，仅 2004 年第二产业和全社会劳动生产率出现短暂下降。三大产业中，第一产业的劳动生产率最低，1990 年第一产业的劳动生产率为 1487 元/人，2019 年第一产业的劳动生产率仅为 58492 元/人（见表 4. 13），是 1990 年的 39. 3 倍，年平均增长率为 21. 32%（见表 4. 14）；第一产业的劳动生产率年均增速在三大产业中排名第二，高于第二产业。

表 4. 14　江苏省历年劳动生产率的增长率

年份	第一产业/%	第二产业/%	第三产业/%	全社会/%
1991	-3. 50	13. 34	21. 90	11. 78
1992	17. 35	36. 05	22. 27	32. 07
1993	30. 76	36. 89	31. 15	39. 58
1994	45. 73	31. 89	19. 86	34. 61
1995	31. 22	21. 30	23. 34	26. 41
1996	16. 62	14. 06	16. 35	16. 42
1997	6. 43	12. 21	9. 48	11. 22
1998	2. 93	9. 94	4. 67	7. 75
1999	1. 02	8. 56	4. 38	6. 90
2000	2. 01	12. 75	8. 22	10. 43
2001	7. 74	7. 40	9. 18	10. 10
2002	6. 58	8. 05	8. 60	11. 25
2003	13. 04	13. 72	10. 12	16. 60
2004	26. 17	-18. 49	11. 37	-0. 87
2005	13. 78	75. 10	21. 58	49. 55
2006	12. 98	12. 02	14. 47	15. 76
2007	26. 49	12. 90	18. 04	18. 47
2008	20. 56	15. 75	19. 07	18. 67
2009	13. 45	6. 42	12. 51	10. 72
2010	18. 65	14. 04	23. 17	19. 51
2011	25. 05	14. 98	20. 14	18. 57

续表

年份	第一产业/%	第二产业/%	第三产业/%	全社会/%
2012	15.26	7.09	11.63	10.18
2013	5.04	6.92	14.10	10.60
2014	9.06	5.93	10.39	8.94
2015	15.10	4.11	8.82	7.82
2016	6.38	4.86	10.94	8.61
2017	5.31	11.88	8.77	10.96
2018	6.17	9.40	6.76	8.66
2019	8.02	6.20	6.29	7.02
平均	21.32	21.19	21.92	24.33

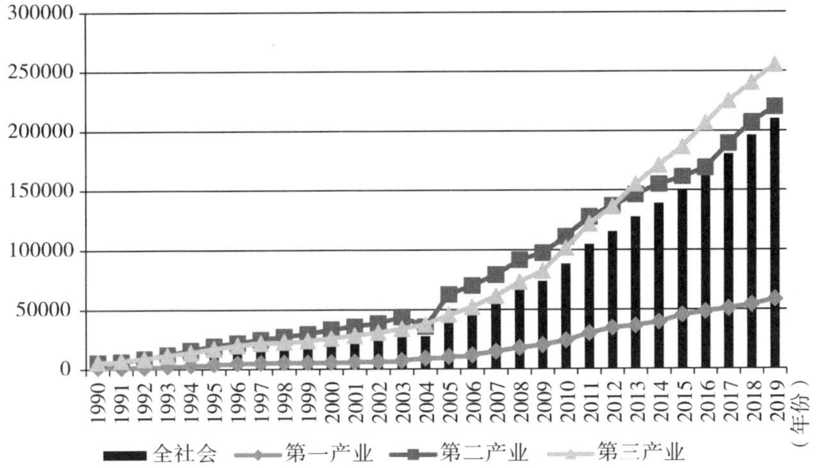

图 4.13　江苏省历年三次产业和全社会的劳动生产率　单位：元/人

1990 年第二产业的劳动生产率为 5712 元/人（见表 4.13），2019 年为 220037 元/人，是 1990 年的 38.5 倍，年平均增长率为 21.19%，第二产业劳动生产率的年均增长速度在三大产业中是最低的；第二产业的劳动生产率发展经历两个阶段：第一阶段是 1990—2012 年，这一阶段第二产业的劳动生产率在三大产业中是最高的，少数年份略低于第三产业；第二阶段是 2013—2019 年，这一阶段，第二产业的劳动生产率位居三大产业的次席，明显落后于第三产业。

1990 年第三产业的劳动生产率为 5917 元/人（见表 4.13），2019 年劳动生产率为 255486 元/人，是 1990 年的 43.2 倍，年平均增长率为 21.92%，第三产业的平均增长速度在三大产业中排名第一。2013 年开始，第三产业的劳动生产率位居三大产业之首。2019 年第三产业劳动生产率是全社会劳动生产率的 122%。

1990—2019 年，三大产业的就业格局不断变动。1990—2012 年，劳动生产率总体呈现为“二三一”格局；2013 年，第三产业的劳动生产率超过第二产业，劳动生产率呈现“三二一”格局（见图 4.13）；第三产业的劳动生产率最高，其次是第二产业，最低是第一产业，不同产业之间的劳动生产率的差距也在不断拉大，特别是第一产业与第二、第三产业之间。2013 年之后，第三产业与第二产业劳动生产率的差距有扩大的趋势。总的来说，在当前新增劳动力不足的情况下，为了创造更多的经济价值，在加快第三产业和第二产业发展的同时，也要不断提高第一产业的劳动生产率，推动三大产业的转型升级，促进三大产业之间协调发展。

（二）分产业的就业吸纳能力分析

就业弹性反映了经济增长每提高 1 个单位所带来的就业的增长，反映了各产业对劳动力的吸纳能力，也揭示了扩大就业的潜力领域。弹性系数越大，劳动力吸纳能力越强；反之，吸纳能力越弱①。计算公式如下：

$$\ln L_i = a + b \ln Y_i \quad \text{（公式 4.8）}$$

其中，L_i 是 i 产业的从业人员数，Y_i 是 i 产业的增加值，回归系数 b 为就业弹性系数。参数赋值见表 4.15。

① 刘丹、张兵、徐孝昶：《我国产业结构与就业结构的协调度及对策研究》，载《西北人口》2012 年第 5 期，第 19-28 页。

表 4.15　1990—2019 年江苏省分产业就业人员与产值

年份	产值/亿元			从业人员数/万人			产值取对数			从业人数取对数		
	第一产业	第二产业	第三产业	第一产业	第二产业	第三产业	第一产业	第二产业	第三产业	第一产业	第二产业	第三产业
1990	355.17	692.59	368.74	2389.25	1212.58	623.19	5.87	6.54	5.91	7.78	7.10	6.43
1991	345.14	793.92	462.32	2405.68	1226.34	640.95	5.84	6.68	6.14	7.79	7.11	6.46
1992	393.82	1119.26	622.94	2337.93	1270.80	706.39	5.98	7.02	6.43	7.76	7.15	6.56
1993	490.59	1598.05	909.52	2228.06	1325.38	786.37	6.20	7.38	6.81	7.71	7.19	6.67
1994	683.98	2186.77	1186.64	2131.65	1375.14	855.97	6.53	7.69	7.08	7.66	7.23	6.75
1995	866.24	2715.26	1573.75	2057.08	1407.64	920.45	6.76	7.91	7.36	7.63	7.25	6.82
1996	989.18	3074.12	1940.91	2014.06	1397.25	975.66	6.90	8.03	7.57	7.61	7.24	6.88
1997	1035.80	3411.86	2232.68	1981.54	1382.03	1025.22	6.94	8.14	7.71	7.59	7.23	6.93
1998	1047.16	3640.10	2512.69	1946.49	1341.12	1102.31	6.95	8.20	7.83	7.57	7.20	7.01
1999	1037.37	3920.15	2740.30	1908.64	1330.39	1151.68	6.94	8.27	7.92	7.55	7.19	7.05
2000	1048.34	4435.89	3069.46	1890.96	1335.16	1192.02	6.95	8.40	8.03	7.54	7.20	7.08
2001	1094.48	4907.46	3454.90	1832.25	1375.30	1228.90	7.00	8.50	8.15	7.51	7.23	7.11
2002	1110.44	5604.49	3891.92	1744.41	1453.67	1274.76	7.01	8.63	8.27	7.46	7.28	7.15
2003	1162.45	6787.11	4493.31	1615.49	1547.99	1336.49	7.06	8.82	8.41	7.39	7.34	7.20
2004	1367.58	5836.90	5232.30	1506.31	1633.35	1397.42	7.22	8.67	8.56	7.32	7.40	7.24

续表

年份	产值/亿元			从业人员数/万人			产值取对数			从业人数取对数		
	第一产业	第二产业	第三产业	第一产业	第二产业	第三产业	第一产业	第二产业	第三产业	第一产业	第二产业	第三产业
2005	1461. 51	10658. 40	6649. 41	1414. 83	1703. 29	1460. 62	7. 29	9. 27	8. 80	7. 25	7. 44	7. 29
2006	1545. 05	12459. 91	7960. 65	1323. 88	1777. 52	1527. 55	7. 34	9. 43	8. 98	7. 19	7. 48	7. 33
2007	1816. 31	14697. 42	9784. 10	1230. 28	1857. 12	1590. 48	7. 50	9. 60	9. 19	7. 11	7. 53	7. 37
2008	2100. 11	17312. 09	11948. 44	1179. 94	1889. 79	1631. 23	7. 65	9. 76	9. 39	7. 07	7. 54	7. 40
2009	2261. 86	18939. 12	13711. 02	1120. 19	1942. 61	1663. 74	7. 72	9. 85	9. 53	7. 02	7. 57	7. 42
2010	2540. 10	22201. 79	17229. 45	1060. 29	1996. 97	1697. 42	7. 84	10. 01	9. 75	6. 97	7. 60	7. 44
2011	3064. 77	25790. 21	20946. 61	1023. 02	2017. 49	1717. 72	8. 03	10. 16	9. 95	6. 93	7. 61	7. 45
2012	3418. 29	27821. 77	23648. 78	989. 98	2032. 32	1737. 23	8. 14	10. 23	10. 07	6. 90	7. 62	7. 46
2013	3469. 86	29888. 45	27354. 50	956. 74	2041. 99	1761. 16	8. 15	10. 31	10. 22	6. 86	7. 62	7. 47
2014	3634. 33	31742. 04	30774. 27	918. 84	2047. 16	1794. 83	8. 20	10. 37	10. 33	6. 82	7. 62	7. 49
2015	3986. 05	33031. 06	34272. 40	875. 56	2046. 16	1836. 78	8. 29	10. 41	10. 44	6. 77	7. 62	7. 52
2016	4077. 18	34619. 50	38691. 60	841. 85	2045. 17	1869. 20	8. 31	10. 45	10. 56	6. 74	7. 62	7. 53
2017	4076. 65	38654. 85	43169. 44	799. 31	2041. 10	1917. 39	8. 31	10. 56	10. 67	6. 68	7. 62	7. 56
2018	4141. 71	42129. 37	46936. 47	764. 89	2033. 39	1952. 62	8. 33	10. 65	10. 76	6. 64	7. 62	7. 58
2019	4296. 28	44270. 51	51064. 73	734. 51	2011. 96	1998. 73	8. 37	10. 70	10. 84	6. 60	7. 61	7. 60

对江苏省 1990—2019 年分产业就业人员与产值的数据，利用 SPSS21.0 进行一元线性回归，设定 F 检验显著性水平为 5%。三次产业的回归结果如下：

第一产业：$\ln L_1 = 10.791 - 0.484\ln Y_1$

第二产业：$\ln L_2 = 6.057 + 0.149\ln Y_2$

第三产业：$\ln L_3 = 5.135 + 0.234\ln Y_3$

第一产业就业弹性系数为负数，说明第一产业存在劳动力过剩与滞留现象，就业比重过高，第一产业弹性系数为负值，其绝对值数额比较大，表明劳动力过剩与滞留现象比较突出。第二产业、第三产业就业弹性系数为正数，说明第二、三产业呈现出相对较高的就业弹性，劳动就业扩张效应突出，其中，第三产业的弹性系数更高，说明第三产业比第二产业对就业具有更大的带动能力。

（三）就业与产业的匹配关系

根据库兹涅茨和钱纳里等人的研究，随着工业化进程发展，人均国民生产总值达到一定程度后，各部门产值比重与就业比重将逐步趋于接近①。其内在原理是，如果各产业是完全竞争的，劳动力是自由流动的，那么劳动力就会从劳动力过剩、低劳动生产率的产业向劳动生产率较高、收益较高的产业转移，最终各产业结构偏离度趋于零，达到均衡状态。一般用结构偏离系数来衡量就业与产值结构之间的偏离状况，即某一产业的就业比重与产业增加值比重的差异程度，计算公式如下：

$$V_i = \frac{\mathrm{GDP_i}}{\mathrm{GDP}} - \frac{L_i}{L}; \qquad \text{（公式 4.9）}$$

全产业的结构偏离系数公式为

$$V = \sum_{i=1}^{n} \left| \frac{\mathrm{GDP_i}}{\mathrm{GDP}} - \frac{L_i}{L} \right|; \qquad \text{（公式 4.10）}$$

① 西蒙·库兹涅茨：《各国经济的增长》，常勋，等，译，商务印书馆 1985 年版，第 128-211 页。

其中，V_i为 i 产业或行业的结构偏离系数，V 为全产业的结构偏离系数，GDP_i为国内生产总值中 i 产业或行业增加值，GDP 为国内生产总值，L_i为 i 产业或行业的从业人员数，L 是从业人员总数，n 为产业或行业数目。

结构偏离系数为零时，该产业的产值结构与就业结构处于均衡状态，系数为正表明就业份额大于产值份额，系数为负表明就业份额小于产值份额。分析 1990—2019 年江苏省三次产业的结构偏离情况，结果见表 4. 16。

表 4. 16　江苏省三大产业结构偏离度

年份	第一产业/%	第二产业/%	第三产业/%	全产业/%
1990	31. 48	−20. 19	−11. 28	62. 95
1991	34. 75	−20. 88	−13. 87	69. 49
1992	35. 74	−22. 95	−12. 79	71. 49
1993	34. 98	−22. 76	−12. 22	69. 95
1994	32	−22. 38	−9. 63	64
1995	30. 11	−20. 57	−9. 54	60. 21
1996	29. 44	−19. 35	−10. 09	58. 87
1997	29. 64	−19. 58	−10. 06	59. 29
1998	29. 8	−20. 01	−9. 79	59. 59
1999	29. 99	−20. 63	−9. 37	59. 99
2000	30. 54	−21. 64	−8. 9	61. 09
2001	29. 73	−20. 89	−8. 83	59. 45
2002	28. 53	−20. 34	−8. 19	57. 06
2003	26. 56	−20. 15	−6. 41	53. 12
2004	22. 2	−10. 93	−11. 27	44. 41
2005	23. 11	−19. 59	−3. 53	46. 23
2006	21. 57	−18. 32	−3. 24	43. 13
2007	19. 39	−16. 19	−3. 2	38. 79
2008	18. 4	−15	−3. 4	36. 81
2009	17. 22	−13. 15	−4. 07	34. 44
2010	16. 25	−10. 9	−5. 35	32. 5
2011	15. 35	−9. 39	−5. 96	30. 69
2012	14. 57	−7. 99	−6. 58	29. 14

续表

年份	第一产业/%	第二产业/%	第三产业/%	全产业/%
2013	14.38	-6.33	-8.06	28.77
2014	13.81	-4.98	-8.82	27.61
2015	12.81	-3.33	-9.47	25.62
2016	12.43	-1.73	-10.7	24.86
2017	12.05	-2.1	-9.95	24.11
2018	11.66	-2.4	-9.26	23.31
2019	11.17	-2.03	-9.13	22.33

具体而言：1990—2019年，第一产业偏离系数为正值，且绝对值较大，1990年是31.48%，2019年下降至11.17%，总体呈现出逐渐下降的趋势。这说明第一产业的就业份额大于产值份额，存在着劳动力过剩和滞留问题，但劳动力过剩问题正趋于好转。

1990—2019年，第二产业的产业结构偏离系数始终为负值，其绝对值总体呈现逐渐下降，由1990年的-20.19%降至2019年的-2.03%，快接近于0。这说明第二产业的就业份额小于产值份额，从发展来看，第二产业的就业与产值之间逐渐趋向均衡。

1990—2019年，第三产业的产业结构偏离系数始终为负值，其绝对值呈现先下降后上升的趋势。其中，1990—2007年，这一时期结构偏离系数的绝对值总体是下降的，1990年产业结构偏离系数为-11.28%，2007年绝对值下降至最小值-3.2%；2007—2019年，这一时期结构偏离系数的绝对值总体是上升的，2019年为-9.13%。第三产业的就业份额与产值份额之间先趋于均衡，再偏离均衡。

1990—2019年全产业结构的偏离系数除个别年份上升外，其他年份均表现为下降，总的趋势是下降的，1990年为62.95%，2019年更是降至22.33%（见图4.14）。这表明产业结构效益在不断提高，产业结构的优化和协调比较显著。偏离度下降主要是第一、二产业偏离数的绝对值下降所致，说明劳动力主要从第一产业转出流向第二、第三产业，第一产业劳动生产率提高，而第二产业劳动生产率下降。

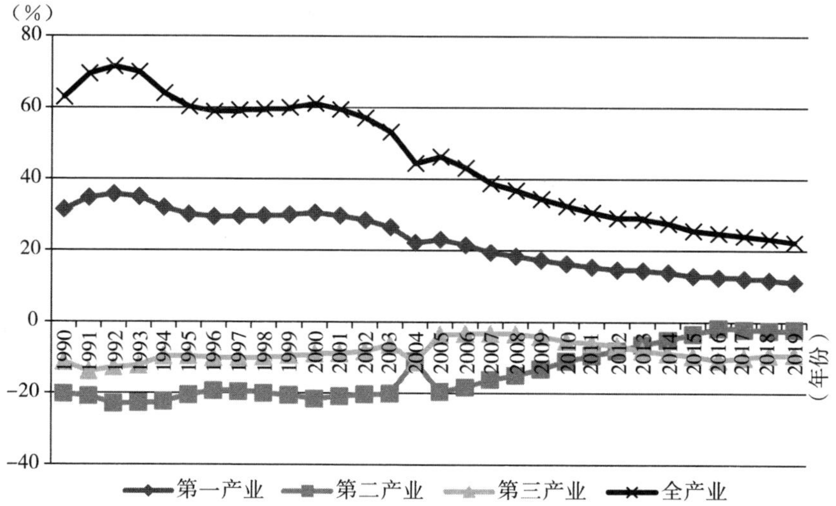

图 4.14　江苏省产业结构偏离系数

三、产业结构对就业的影响

产业结构调整分为调整方向和调整速度两个具体方面，预期产业结构调整方向与就业呈正相关，产业结构调整速度与就业呈负相关，如果前者效应大于后者，则产业结构调整促进就业增长，反之则就业减少。产业结构调整与就业关系的计算公式①为：

$$L = F(STRE, STRK) = a(STRE)^{\alpha}(STRK)^{\beta} \quad （公式 4.11）$$

其中，L 为就业人数，$STRE$ 代表产业结构调整方向，$STRK$ 代表产业结构调整速度。公式两边取对数，得：

$$\ln L = \ln a + \alpha \ln STRE + \beta \ln STRK \quad （公式 4.12）$$

回归方程为

$$\ln L = C_1 + C_2 \ln STRE + C_3 \ln STRK + \varepsilon \quad （公式 4.13）$$

① 焦艳：《产业结构变动对就业效应的显著性分析》，载《现代商业》2010 年第 14 期，第 47-48 页。

产业结构调整方向指标 *STRE* 可以衡量产业结构由低级向高级演进的程度，用第三产业产值占 GDP 比重来度量。产业结构调整速度指标 *STRK* 可以衡量产业波动的剧烈程度，产业结构调整速度越快，产业波动越剧烈，经济波动也越明显，则结构性失业会越严重。其计算公式①为：

$$STRK_t = \sum_{i=1}^{3} \left| \frac{GDP_{it}}{GDP_t} - \frac{GDP_{it-1}}{GDP_{t-1}} \right| \qquad (公式 4.14)$$

其中，$STRK_t$为 t 期的产业结构调整速度，GDP_{it}为 t 期 i 产业的 GDP，GDP_t为 t 期的国内生产总值，GDP_{it-1}是 $t-1$ 期 i 产业的 GDP，GDP_{t-1}为$t-1$ 期的国内生产总值。

选定 1990 年为基期，各参数值见表 4.17。

表 4.17　参数赋值

年份	产值比重/%			就业人数/万人	STRE	STRK	lnL	lnSTRE	lnSTRK
	第一产业	第二产业	第三产业						
1990	25.07	48.89	26.03	4225.02	0.2603	–	–	–	–
1991	21.55	49.58	28.87	4272.97	0.2887	0.0704	8.360	−1.242	−2.654
1992	18.44	52.40	29.16	4315.12	0.2916	0.0624	8.370	−1.232	−2.774
1993	16.36	53.30	30.34	4339.81	0.3034	0.0414	8.376	−1.193	−3.184
1994	16.86	53.90	29.25	4362.76	0.2925	0.0218	8.381	−1.229	−3.826
1995	16.80	52.67	30.53	4385.17	0.3053	0.0256	8.386	−1.186	−3.665
1996	16.47	51.20	32.33	4386.97	0.3233	0.036	8.386	−1.129	−3.324
1997	15.51	51.07	33.42	4388.79	0.3342	0.0219	8.387	−1.096	−3.821
1998	14.54	50.56	34.90	4389.92	0.3490	0.0295	8.387	−1.053	−3.523
1999	13.48	50.93	35.60	4390.71	0.3560	0.0214	8.387	−1.033	−3.844
2000	12.26	51.86	35.88	4418.14	0.3588	0.0244	8.393	−1.025	−3.713
2001	11.57	51.89	36.53	4436.45	0.3653	0.0136	8.398	−1.007	−4.298
2002	10.47	52.84	36.69	4472.84	0.3669	0.022	8.406	−1.003	−3.817
2003	9.34	54.55	36.11	4499.97	0.3611	0.0342	8.412	−1.019	−3.376
2004	11.00	46.93	42.07	4537.08	0.4207	0.1523	8.420	−0.866	−1.882

① 张浩然、衣保中：《产业结构调整的就业效应：来自中国城市面板数据的证据》，载《产业发展研究》2011 年第 5 期，第 50–55 页。

续表

年份	产值比重/%			就业人数/万人	STRE	STRK	lnL	lnSTRE	lnSTRK
	第一产业	第二产业	第三产业						
2005	7.79	56.79	35.43	4578.74	0.3543	0.1971	8.429	-1.038	-1.624
2006	7.03	56.72	36.24	4628.95	0.3624	0.0163	8.440	-1.015	-4.117
2007	6.91	55.89	37.20	4677.88	0.3720	0.0193	8.451	-0.989	-3.948
2008	6.70	55.20	38.10	4700.96	0.3810	0.0179	8.456	-0.965	-4.023
2009	6.48	54.25	39.27	4726.54	0.3927	0.0235	8.461	-0.935	-3.751
2010	6.05	52.90	41.05	4754.68	0.4105	0.0356	8.467	-0.890	-3.335
2011	6.15	51.79	42.06	4758.23	0.4206	0.0222	8.468	-0.866	-3.808
2012	6.23	50.69	43.08	4759.53	0.4308	0.022	8.468	-0.842	-3.817
2013	5.72	49.23	45.06	4759.89	0.4506	0.0394	8.468	-0.797	-3.234
2014	5.49	47.98	46.52	4760.83	0.4652	0.0293	8.468	-0.765	-3.530
2015	5.59	46.33	48.07	4758.5	0.4807	0.033	8.468	-0.733	-3.411
2016	5.27	44.73	50.00	4756.22	0.5000	0.0384	8.467	-0.693	-3.260
2017	4.75	45.00	50.25	4757.8	0.5025	0.0104	8.468	-0.688	-4.566
2018	4.44	45.20	50.36	4750.9	0.5036	0.0060	8.466	-0.686	-5.116
2019	4.31	44.43	51.25	4745.2	0.5125	0.0179	8.465	-0.668	-4.023

利用SPSS21.0进行多元线性回归，设定F检验显著性水平为5%。回归结果如下：

$$\ln L = 8.611 + 0.194\ln STRE \qquad (公式 4.15)$$

结果显示，就业增长与产业结构调整方向呈正相关，相关系数为0.194，与产业结构调整速度没有关系。相比而言，就业增长与产业结构调整方向的相关较强，而与产业结构调整速度没有关联，即产业结构由低级向高级演进的程度越大，越能促进就业的增长。因此，从促进就业的角度讲，应推动产业结构调整，推动产业结构向第二、三产业转移。

四、小结

分产业就业。1990年以来，第一产业的就业人口呈现快速下降的趋势，第二、三产业的就业人口呈现较快增长，就业结构从“一二三”结构特征转变为“二一三”的结构特征，再转变为当前“二三一”的结构特征，且第三产业就业增速明显快于第二产业，第三产业就业人口很快将超过第二产业。法人单位的从业人数逐渐增长，在就业领域中，制造业和建筑业是就业主力军，但就业人员的行业分布更趋多元化。

分产业就业与产值关系分析。第一产业存在劳动力过剩与滞留现象，就业比重过高，第二、第三产业呈现出相对较高的就业弹性，劳动就业扩张效应突出，其中，第三产业比第二产业对就业带动能力更强。第一产业就业份额大于产值份额，第二、第三产业的就业份额小于产值份额，第二产业的产业结构偏离趋于均衡，第三产业的就业与产值的关系是先趋于均衡，再偏离均衡。

产业结构与就业结构的关系。产业结构调整对就业的贡献率更高。产业结构调整方向与就业增长呈显著性相关，产业结构调整速度与就业增长没有显著性相关关系。产业结构调整的方向对就业增长有显著性作用，表现为产业结构由低级向高级调整的过程，有助于促进就业增长。因此，从促进就业的角度讲，应加快进行产业结构调整。

第三节　公共服务与人口发展的匹配关系

一个地区的人口与公共服务是紧密相连的，人口规模越大，对公共服务需要越突出。地区人口规模与公共服务供给之间存在着比较复杂的关系，人口规模对教育、医疗和住房资源的配置有着深刻的影响，人们更希望有优质的教育和医疗资源，而导致居住更加集中，居住集中会抬高房价和引发交通拥堵，从而导致交通面临巨大的压力。

一、教育资源与人口发展的匹配关系

教育是推动经济和社会发展极其重要的因素，教育可以提高劳动力素质，从而提高劳动生产率，促进经济发展。教育水平的高低不仅影响家庭经济收入，还影响家庭的生育观念。另外，教育水平的提高会导致生育率下降。

(一)教育投入

表 4.18 江苏省历年教育投入

年份	国内生产总值/亿元	地方财政支出/亿元	财政教育支出/亿元	在校生总数/万人	生均支出数/元/人	地方财政支出增长率/%	财政教育支出增长/%	财政教育支出占地方财政支出比重/%	财政教育支出占 GDP 比重/%
1990	1416. 5	100. 97	18. 24	938. 75	194	–	–	18. 06	1. 29
1991	1601. 38	128. 18	19. 52	–	–	26. 95	7. 02	15. 23	1. 22
1992	2136. 02	125. 86	23. 31	–	–	-1. 81	19. 42	18. 52	1. 09
1993	2998. 16	163. 87	30. 33	–	–	30. 20	30. 12	18. 51	1. 01
1994	4057. 39	200. 17	47. 58	–	–	22. 15	56. 87	23. 77	1. 17
1995	5155. 25	253. 49	52. 91	1040. 49	509	26. 64	11. 20	20. 87	1. 03
1996	6004. 21	310. 94	66. 68	–	–	22. 66	26. 03	21. 44	1. 11
1997	6680. 34	364. 36	75. 59	–	–	17. 18	13. 36	20. 75	1. 13
1998	7199. 95	424. 9	89. 73	–	–	16. 62	18. 71	21. 12	1. 25
1999	7697. 82	484. 65	102. 46	–	–	14. 06	14. 19	21. 14	1. 33
2000	8553. 69	591. 28	117. 42	1345. 73	873	22. 00	14. 60	19. 86	1. 37
2001	9456. 84	729. 64	144. 61	1351. 88	1070	23. 40	23. 16	19. 82	1. 53
2002	10606. 85	860. 25	162. 41	1361. 39	1193	17. 90	12. 31	18. 88	1. 53
2003	12442. 87	1047. 68	179. 08	1360. 05	1317	21. 79	10. 26	17. 09	1. 44
2004	12436. 78	1312. 04	214. 37	1356. 58	1580	25. 23	19. 71	16. 34	1. 72

续表

年份	国内生产总值/亿元	地方财政支出/亿元	财政教育支出/亿元	在校生总数/万人	生均支出数/元/人	地方财政支出增长率/%	财政教育支出增长/%	财政教育支出占地方财政支出比重/%	财政教育支出占 GDP 比重/%
2005	18769. 32	1673. 4	258. 24	1340. 85	1926	27. 54	20. 46	15. 43	1. 38
2006	21965. 61	2013. 25	364. 02	1330. 6	2736	20. 31	40. 96	18. 08	1. 66
2007	26297. 83	2553. 72	492. 9	1319. 72	3735	26. 85	35. 40	19. 30	1. 87
2008	31360. 64	3247. 49	592. 6	1289. 04	4597	27. 17	20. 23	18. 25	1. 89
2009	34912	4017. 36	680. 63	1262. 35	5392	23. 71	14. 85	16. 94	1. 95
2010	41971. 34	4914. 06	865. 36	1244. 78	6952	22. 32	27. 14	17. 61	2. 06
2011	49801. 59	6221. 72	1093. 22	1230. 01	8888	26. 61	26. 33	17. 57	2. 20
2012	54888. 84	7027. 67	1350. 61	1222. 86	11045	12. 95	23. 54	19. 22	2. 46
2013	60712. 81	7798. 47	1434. 99	1219. 32	11769	10. 97	6. 25	18. 40	2. 36
2014	66150. 64	8472. 45	1504. 86	1245. 33	12084	8. 64	4. 87	17. 76	2. 27
2015	71289. 51	9687. 58	1746. 22	1284. 91	13590	14. 34	16. 04	18. 03	2. 45
2016	77388. 28	9981. 96	1842. 94	1320. 66	13955	3. 04	5. 54	18. 46	2. 38
2017	85900. 94	10621. 39	2003. 67	1358. 42	14750	6. 41	8. 72	18. 86	2. 33
2018	93207. 55	11657. 35	2055. 56	1423. 65	14439	9. 75	2. 59	17. 63	2. 21
2019	99631. 52	12573. 55	2213. 8	1465. 64	15105	7. 86	7. 70	17. 61	2. 22

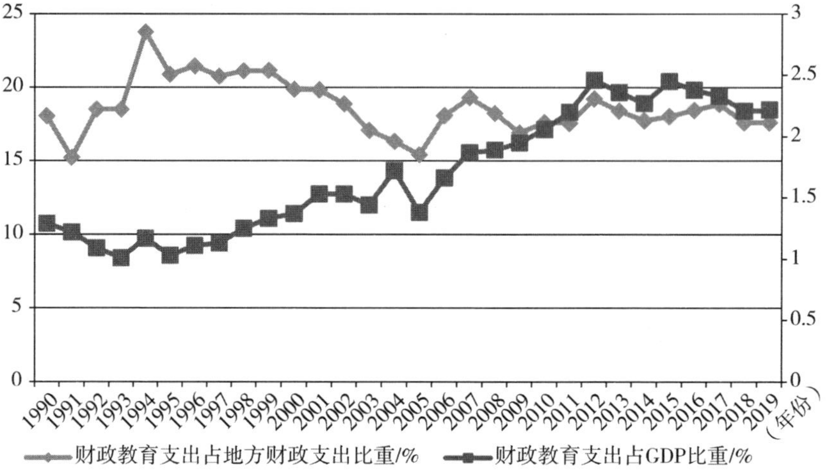

图 4. 15　1990—2019 年财政教育支出占 GDP 的比重

教育是推动地区经济增长和发展的极其重要的因素，教育是将可能的劳动力转变为现实劳动力的基本途径；教育能使科学知识得到普及和推广，并产生新的科学知识；教育能够促进新知识的应用，而现代教育则是提高劳动生产率的重要因素。教育对经济发展的作用越来越大，这已经被世界公认。

财政支出中教育支出的比重是衡量政府对教育重视程度的重要标准。1990 年江苏省财政教育支出为 18. 24 亿元，占地方财政支出的 18. 06%。2019 年江苏省财政教育支出 2213. 8 亿元，占地方财政支出的 17. 61%。1990—2019 年，财政教育支出占地方财政支出的比重在 15%～24%波动，前期波动较大，后期波动逐渐趋于平稳；2000 年以来，基本上在 15%～20%波动。从总的趋势来看，财政教育支出的比重并没有增加，2019 年较 1990 年下降了 0. 45 个百分点，较 2000 年下降了 2. 25 个百分点（见图 4. 14）。从全国 31 个省、自治区、直辖市的财政教育支出占地方财政一般预算支出的比重来看，2019 年江苏省财政教育支出占地方财政一般预算支出的比重为 17. 5%，位居全国 31 个省、自治区、直辖市的第 7 位，低于山东、福建、广东、河北、贵州和江西。2019 年江苏省的一般公共预算教育经费比上年增长 7.85%，排在全国 31 个省、自治区、直辖市的第 17 位。

表 4.19　2019 年全国一般公共预算教育经费增长情况①

地区	一般公共预算教育经费/亿元	一般公共预算教育经费占一般公共预算支出比例/%	一般公共预算教育经费本年比上年增长/%	财政经常性收入本年比上年增长/%	一般公共预算教育经费与财政经常性收入增长幅度比较/%
北京市	1125.36	15.19	10.25	-1.15	11.40
天津市	466.81	13.13	4.19	-0.24	4.43
河北省	1515.72	18.24	11.90	10.55	1.35
山西省	691.89	14.69	3.43	8.77	-5.34
内蒙古自治区	603.43	11.83	6.49	14.86	-8.37
辽宁省	704.28	12.26	7.74	-2.38	10.12
吉林省	497.16	12.64	-2.25	-10.67	8.42
黑龙江省	612.55	12.22	4.22	-1.56	5.78
上海市	959.38	11.73	7.80	0.80	7.00
江苏省	2200.58	17.50	7.85	2.51	5.34
浙江省	1758.08	17.49	12.16	7.26	4.90
安徽省	1219.37	16.50	9.71	4.20	5.51
福建省	965.86	19.02	4.55	0.95	3.60
江西省	1133.17	17.74	8.07	5.85	2.22
山东省	2154.96	20.07	7.68	0.10	7.58
河南省	1773.39	17.45	9.40	6.90	2.50
湖北省	1141.25	14.32	8.59	6.55	2.04

① 见教育部、国家统计局、财政部《关于 2019 年全国教育经费执行情况统计公告》（教财〔2020〕8 号）。

续表

地区	一般公共预算教育经费/亿元	一般公共预算教育经费占一般公共预算支出比例/%	一般公共预算教育经费本年比上年增长/%	财政经常性收入本年比上年增长/%	一般公共预算教育经费与财政经常性收入增长幅度比较/%
湖南省	1273.98	15.86	8.17	6.50	1.67
广东省	3217.77	18.60	14.70	3.55	11.15
广西壮族自治区	1008.88	17.24	8.74	8.56	0.18
海南省	273.49	14.72	9.85	5.93	3.92
重庆市	730.28	15.06	7.58	-6.65	14.23
四川省	1594.00	15.40	8.44	2.48	5.96
贵州省	1061.57	17.85	7.90	0.82	7.08
云南省	1067.31	15.77	-0.20	4.71	-4.91
西藏自治区	261.58	11.96	14.22	1.59	12.63
陕西省	944.63	16.52	10.40	4.58	5.82
甘肃省	636.05	16.10	7.27	3.17	4.10
青海省	219.88	11.80	10.53	3.56	6.97
宁夏回族自治区	179.36	12.47	6.78	0.20	6.58
新疆维吾尔自治区	863.84	16.25	5.91	2.71	3.20

注：一般公共预算支出来源于《中国统计年鉴2020》。

财政教育支出占GDP的比重总体是上升的，1990年财政教育支出占GDP的比重为1.29%；2012年达到最高，为2.46%。2012年之后，财政教育支出占GDP的比重有所波动，2019年降至2.22%。2010年以来，财政教育支出占GDP的比重保持在2%以上。1990—2019年，年生均教育经费的支出呈现逐年递增的趋势，由1990年的194元增加到2019年的15105元（见表4.18）。

（二）教育资源承载力

在校生数量反映了教育资源的承载力，不同时间的在校生数量反映了不同时期的教育资源承载力，教育机构分为学前教育、义务教育、高中教育和普通高等教育机构。

1. 各类学校概况

表 4.20　2000—2019 年江苏省各类学校数量

年份	普通高校/所	中等专业学校/所	普通中学/所	职业中学/所	小学/所	幼儿园/所	合计/所
2000	71	185	3675	362	19110	13832	37235
2001	78	173	3622	343	15754	8886	28856
2002	94	154	3551	309	13372	7808	25288
2003	105	144	3203	258	7845	6875	18430
2004	111	150	3155	256	6723	6566	16961
2005	115	150	3141	239	6261	6467	16373
2006	119	157	3098	243	5940	6503	16060
2007	120	153	3036	218	5668	4964	14159
2008	120	156	2946	173	5233	4241	12869
2009	122	151	2891	160	5013	4110	12447
2010	124	160	2776	122	4498	3944	11624
2011	126	169	2721	85	4328	4257	11686
2012	128	168	2660	75	4128	4392	11551
2013	131	169	2651	66	4020	4722	11759
2014	134	174	2644	57	4023	5072	12104
2015	137	174	2660	51	4068	6759	13849
2016	141	165	2692	51	4036	6867	13952
2017	142	161	2712	52	4075	6982	14124
2018	167	155	2765	50	4103	7222	14462
2019	167	148	2804	48	4151	7608	14926

2000—2019 年，江苏省各类学校总量呈现“先快速下降，后略有回升”的趋势（见图 4.16），学校总量大幅下降。2000 年拥有各类学校 37235 所；2000 年之后，学校总量持续下降，到 2012 年降至最低点，为 11551 所，12 年共减少了 25684 所学校，减少了近三分之二；2012 年之后有所回升，到 2019 年增至 14926 所（见表 4.20），但 2019 年各类学校总数仅为 2000 年的 40.08%。

普通高等学校数量持续增长。2000 年普通高等学校共有 71 所，2019 年为 167 所，2019 年普通高校数量是 2000 年的 2.35 倍。普通高等学校在 2002 年、2003 年、2018 年得到快速的增长，2002 年较 2001 年增加 16 所，2003 年较 2002 年增加了 11 所，2018 年较 2003 年增加 62 所，主要是由于新建民办高校以及中等专业学校转为职业技术学院。由于高校总量较少，对学校总量的变化影响不大。

中等专业学校数量在波动中下降。2000 年中等专业学校共有 185 所，2000—2003 年快速下降，到 2003 年只有 144 所，之后呈现波动式缓慢增长，2015 年达到 174 所；2016—2019 年又呈现下降趋势，2019 年为 148 所。

普通中学数量是“先下降，后缓慢上升”。2000 年，普通中学共有 3675 所，2000—2014 年普通中学数量持续下降，2014 年普通中学数量降至 2000 年以来的最低点，为 2644 所，2015 年开始缓慢回升，2019 年达 2804 所，2019 年普通中学的数量仅为 2000 年普通中学数量的 76.3%。

职业中学数量基本是直线下降。2000 年有 362 所，到 2019 年仅剩下 48 所。2014 年以来，职业中学基本上维持在 50 所左右，2019 年职业中学数量仅是 2000 年的 13.3%，职业中学在教育体系中基本上已经式微。

小学的数量先下降再缓慢回升。2000—2013 年小学的数量直线下降，从 2000 年的 19110 所，到 2013 年下降至 4020 所，2014 年后有所回升，到 2019 年增长到 4151 所。2019 年小学的数量仅为 2000 年的 21.7%，小学的数量急剧下降。小学数量的下降与小学规模扩大是同步的，小学数量的下降主要是乡村学校的大量减少。

幼儿园数量先下降后上升。幼儿园数量从 2000 年的 13832 所下降至

2010 年的 3944 所，2019 年又回升到 7608 所，2019 年幼儿园数量仅是 2000 年的 55%，数量减少了近一半。由于幼儿园数量与小学数量关联性强，其变动的走势比较一致。

从各类学校的数量变化来看，高校数量是持续增长的，但高校占全体学校总数的比重较小；中等专业学校总体变化不大，略有减少；职业中学持续下降，在教育体系中逐渐式微；普通中学、小学和幼儿园的数量呈现“先降后升”，普通中学和小学的数量回升较慢，而幼儿园数量近年回升较快。2000—2019 年各类学校数量总体呈现下降趋势，主要是中小学和幼儿园数量的下降较多。

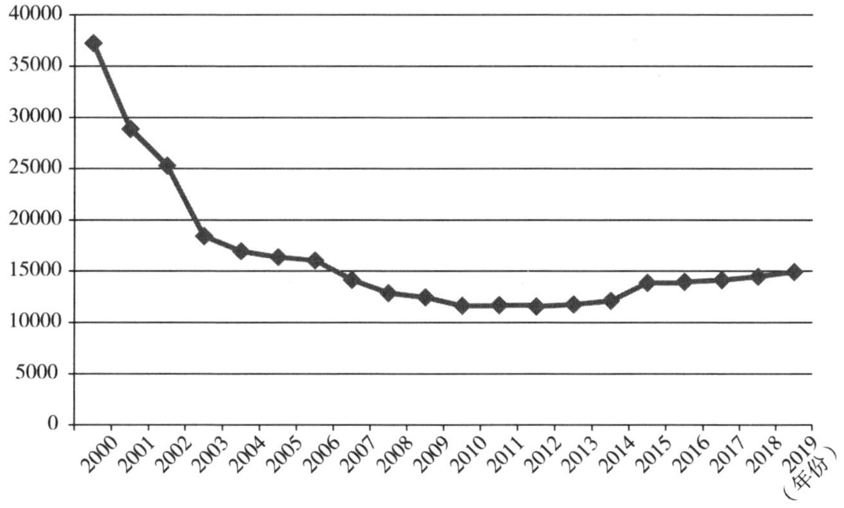

图 4. 16　2000—2019 年江苏省学校总量　单位：所

2. 在校生数量

2000—2019 年江苏省学前教育学生数呈现“先短期下降，后持续增长”的发展趋势。2000—2003 年，幼儿生数呈现下降趋势，由 145. 74 万人降至 125. 25 万人，之后，幼儿生数逐年增加，2019 年达到 253. 9 万人（见表 4. 21）。2000—2010 年，幼儿园数持续下降，严重制约了学前教育的发展。2010 年，国务院颁布《关于当前发展学前教育的若干意见》，就落实《国家中长期教育改革和发展规划纲要（2010—2020 年）》和着力解决当前存在的“入园难”问题提出了指导性意见，被称为学前教育“国十条”，提出要统筹规划，实施“学前教育三年行动计划”。受此政策影响，2011 年幼儿园数量迅速增长，到 2019 年幼儿园数量达 7608 所。随着幼儿园数量增长，逐渐缓解了“入园难”问题，幼儿园生均数呈现出“先升后降”的趋势，2000 年园生均数只有 105 人，2010 年幼儿园园生均数达 522 人，2019 年园生均数又降至 334 人（见图 4.16）。学前教育“国十条”提出要鼓励社会力量以多种形式举办幼儿园。幼儿园数量的快速增长得益于 2011 年以来民办幼儿园的快速增长。

表 4.21　2000—2019 年江苏省学前教育发展状况

年份	学校数/所	幼儿生数/万人	园生均数/人
2000	13832	145.74	105
2001	8886	130.71	147
2002	7808	127.43	163
2003	6875	125.25	182
2004	6566	130.96	199
2005	6467	138.58	214
2006	6503	150.15	231
2007	4964	168.79	340
2008	4241	177.64	419
2009	4110	193.22	470
2010	3944	205.72	522
2011	4257	217.49	511
2012	4392	220.45	502
2013	4722	231.81	491
2014	5072	234.13	462
2015	6759	250.73	371
2016	6867	257.22	375
2017	6982	260.53	373
2018	7222	255.58	354
2019	7608	253.90	334

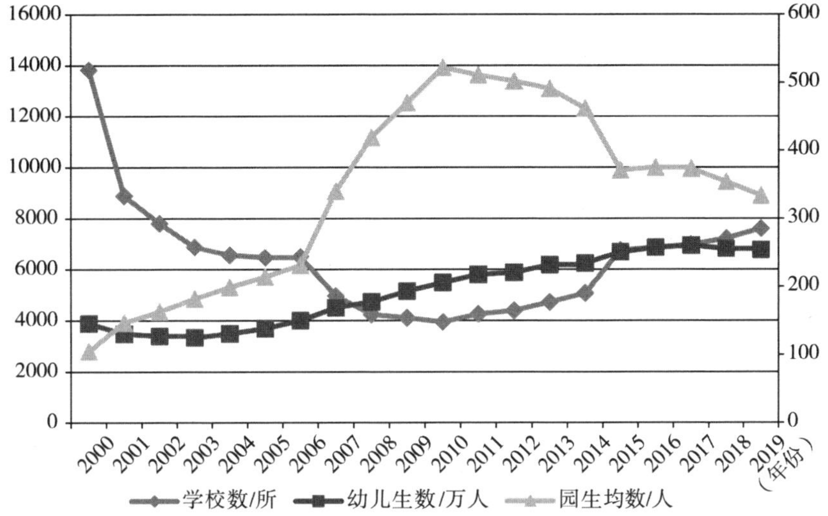

图 4.17　江苏省历年幼儿园数和在校生人数

2000—2019 年江苏省义务教育学生数呈现“先下降再上升”的发展趋势。2000 年义务教育的学生 1012.01 万，2012 年降至最低，为 619.78 万，之后学生数开始回升，2019 年增长到 815.10 万（见表 4.22）。其中，2000 年小学学生数为 718.55 万，之后小学学生数一直下降，2009 年降至 396.02 万人，2010 年小学学生数开始缓慢上升，2019 年达到 572.64 万人；2000 年初中学生数为 293.46 万，2003 年增长到 370.36 万人，之后开始下降，2014 年降至 185.2 万人，2014 年之后出现缓慢回升，2019 年达 242.46 万人。小学的学生数从 2010 年开始出现增长，而初中学生数从 2015 年开始增长（见图 4.18），从增长幅度来看，小学的学生数增长幅度要高于初中学生数。

近年来，义务教育的学生数呈现快速增长的态势，其中，小学学生数的增长要快于初中学生数，随着“全面二孩”政策的实施以及外来人口的迁入，小学生学生数还将持续增长，同时随着小学生步入初中阶段，初中学生数也将持续上升，政府需要应对义务教育阶段小学和初中学生的差异对师资和教学设施的要求，以及未来对不同教育阶段的师资和教学设施的要求，要提前布局，做到未雨绸缪。最近澎湃新闻报道《江苏泗洪多名教师离职遇阻，教育局：缺教师，已批评教育校方》，县教育局人事科科长郑宇称，“教师缺口大”几乎是当前整个教育行业的现状，而泗洪县在今年因各种原因“教师紧缺尤为严重”，今年学校对离职老师作出强制挽留的案例也有增多①。这事件背后是随着义务教育阶段学生数的增长，对老师产生较大的需求，而区域差异引发的教师的短期内流动会加剧这种矛盾。由于师资的培养需要一个周期，特别是优秀师资的培养更需要很长的周期。教育发展要密切关注人口变化，要在动态中调整师资与教学设施，同时要适当储备教师。

表 4.22 江苏省义务教育阶段在校人数

年份	初中学生数/万人	小学学生数/万人	合计/万人
2000	293.46	718.55	1012.01
2001	324.62	686.5	1011.12
2002	352.41	635.23	987.64
2003	370.36	579.39	949.75
2004	367.78	528.21	895.99
2005	346.22	485.53	831.75
2006	318.7	455.75	774.45
2007	298.18	429.18	727.36
2008	278.28	408.07	686.35
2009	256.22	396.02	652.24
2010	232.95	398.78	631.73
2011	211.12	409.6	620.72
2012	197.02	422.76	619.78
2013	185.75	435.37	621.12
2014	185.20	471.48	656.68

① 陈珂：《江苏泗洪多名教师离职遇阻，教育局：缺教师，已批评教育校方》，https://www.thepaper.cn/newsDetail_forward_3846420.

续表

年份	初中学生数/万人	小学学生数/万人	合计/万人
2015	186.71	499.64	686.35
2016	194.95	522.20	717.15
2017	208.69	540.21	748.90
2018	225.76	560.44	786.20
2019	242.46	572.64	815.10

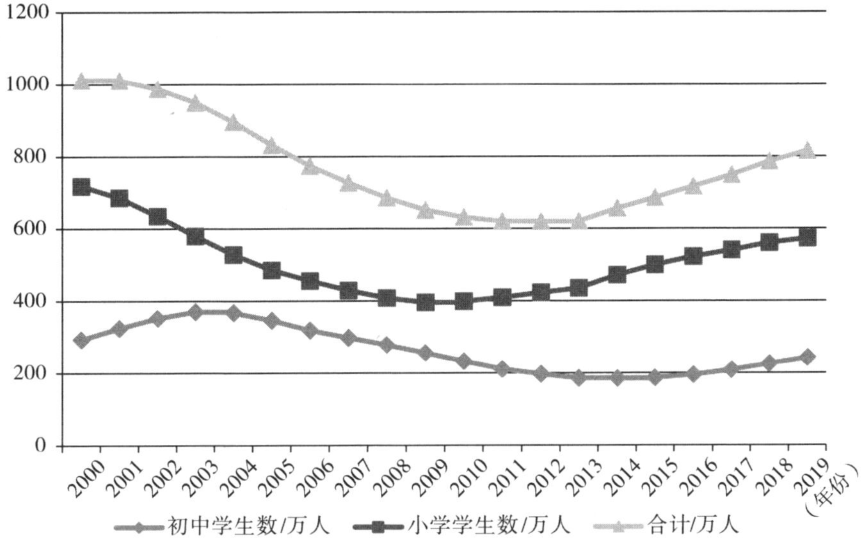

图 4.18　江苏省历年义务教育阶段的学生数

2000—2019 年江苏省高中阶段学生数呈现先增后降的“单峰”形（见图 4.19）。高中教育指初中以后的高级中等教育，包括普通高中、职业高中、中等专业学校等。2000 年高中教育在校生总数为 140.51 万，2007 年达到最高值 266.68 万，2017 年下降到 154.53 万，2018 年、2019 年在校生总数又略有回升，2019 年为 161.98 万（见表 4.23）。

中等专业学校学生数总体趋势是“先增长，后下降”，2000 年中等专业学校学生数为 43.62 万，到 2008 年增长到 74.15 万，之后开始下降，2016 年降至 51.13 万人，2017 年略有回升，2018 年、2019 年又连续下降，

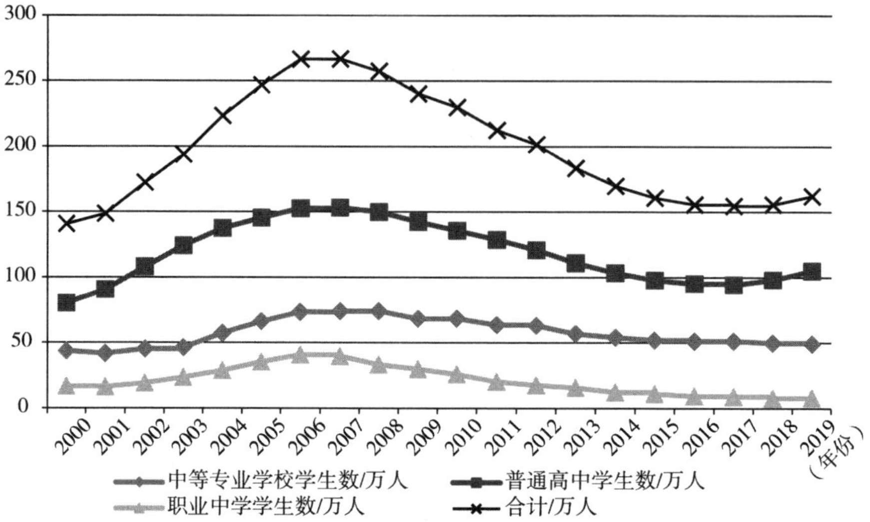

图 4.19　江苏省历年高中教育阶段的学生数

2019 年中等专业学校在校生为 49.01 万。职业中学的学生数总体是先增后降，2006 年达到最高峰，为 40.61 万人，之后逐年下降，到 2019 年仅为 7.94 万人，2019 年职业中学的学生数占高中教育学生数的 4.9%。普通高中是高中教育的主体，占据很大的比重，2000—2019 年，学生数占全部高中教育的 57%以上，2019 年高达 64.84%。普通高中在校生分布的趋势与高中教育在校生的分布趋势基本一致。在高中教育中，普通高中占据主导，近年呈现回升态势，中等专业学校逐渐边缘化，职业中学则基本式微。

2018 年 6 月 11 日，江苏省委书记、省委全面深化改革领导小组组长娄勤俭主持召开省委全面深化改革领导小组第十二次会议，提出要解决群众关注的初中升普通高中难等问题，加强系统性研究，集中攻坚突破，稳妥有序推进，促进教育公平，切实扩大改革受益面，让人民群众有真真切切的获得感。并提出全省通过三年努力，实现普高升学率将不低于 85%的目标。这意味着将有更多的学生进入普通高中，这将导致高中教育进入结构性调整阶段。

表 4.23　江苏省历年高中教育在校生数

年份	中等专业学校学生数/万人	普通高中学生数/万人	职业中学学生数/万人	合计/万人	普通高中的比重/%
2000	43.62	80.18	16.71	140.51	57.06
2001	41.6	90.49	16.28	148.37	60.99
2002	45.14	107.93	19.12	172.19	62.68
2003	46.13	124	23.59	193.72	64.01
2004	57.31	137.35	28.7	223.36	61.49
2005	66.1	145.34	35.31	246.75	58.90
2006	73.29	152.57	40.61	266.47	57.26
2007	73.94	153.12	39.62	266.68	57.42
2008	74.15	149.87	33.29	257.31	58.24
2009	68.14	142.22	29.8	240.16	59.22
2010	68.3	135.66	25.88	229.84	59.02
2011	63.51	128.7	20.21	212.42	60.59
2012	63.12	120.87	17.57	201.56	59.97
2013	56.68	110.99	15.68	183.35	60.53
2014	54	103.42	12.17	169.59	60.98
2015	51.89	97.8	11.01	160.7	60.86
2016	51.13	95.15	9.27	155.55	61.17
2017	51.26	94.34	8.93	154.53	61.05
2018	49.76	98.08	7.72	155.56	63.05
2019	49.01	105.03	7.94	161.98	64.84

2000—2019 年江苏省高等教育学生数是逐年增长的（见图 4.20），2000 年达 47.48 万人，2010 年为 177.49 万，2019 年普通高校在校数为 208.86 万（见表 4.24）。普通高校学生数增长率总体表现为先下降后缓慢

上升。2001 年受高校扩招影响，年增长率为 29.91%，一直到 2007 年均保持 10%以上的速度增长，之后保持着个位数的增长，2012 年增长率为 0.94%。2012 年之后，在校生数增长率开始回升，2019 年年增长率为 4.39%。

1999 年教育部出台的《面向 21 世纪教育振兴行动计划》提出到 2010 年高等教育毛入学率将达到适龄青年的 15%。高校全面开始扩招，1999 年高等学校在校生人数增长率迅速提升至 31.52%，2000 年达 32.15%，一直到 2007 年增长率始终在 10%以上，到 2007 年高校在校生人数达 156.89 万。随着高校学生数量的增长，培养质量问题也随之而来。2006 年国家提出高等教育的发展重点放在提高质量上，2008 年教育部表示 1999 年开始的扩招过于急躁并逐渐控制扩招比例，2008 年全国高校招生仅增长 5%。受此政策影响，2008 年江苏省高校学生数增长率降至 6.92%。2012 年 4 月，教育部发布《关于全面提高高等教育质量的若干意见》明确提出，今后公办普通高校本科招生规模将保持相对稳定，持续长达 13 年的本科扩招被叫停。

在校研究生数是逐年增长的，2000 年为 2.29 万人，2019 年达到 21.45 万人。研究生数的增长率总体是“先下降—后增长”，2001 年的增长率为 36.68%，之后逐渐下降，其间出现两次小幅回升，但总的趋势是下降的，2014 年增长率降至最低，为 3.29%。之后，增长率开始回升，呈现加速增长的态势，2019 年增长率达 10.23%，研究生数量的增长趋势与高等学校学生数的趋势比较相似。

表 4.24　江苏省历年高等教育阶段学生数

年份	普通高校学生数/万人	增长率/%	研究生数/万人	增长率/%
2000	47.48	-	2.29	-
2001	61.68	29.91	3.13	36.68
2002	74.13	20.18	4.11	31.31

续表

年份	普通高校学生数/万人	增长率/%	研究生数/万人	增长率/%
2003	91.33	23.20	5.36	30.41
2004	106.27	16.36	6.79	26.68
2005	123.77	16.47	7.79	14.73
2006	139.53	12.73	8.91	14.38
2007	156.89	12.44	9.65	8.31
2008	167.74	6.92	10.47	8.50
2009	176.73	5.36	11.39	8.79
2010	177.49	0.43	12.55	10.18
2011	179.38	1.06	13.44	7.09
2012	181.07	0.94	13.95	3.79
2013	183.04	1.09	14.59	4.59
2014	184.93	1.03	15.07	3.29
2015	187.13	1.19	15.57	3.32
2016	190.74	1.93	16.15	3.73
2017	194.46	1.95	17.67	9.41
2018	200.08	2.89	19.46	10.13
2019	208.86	4.39	21.45	10.23

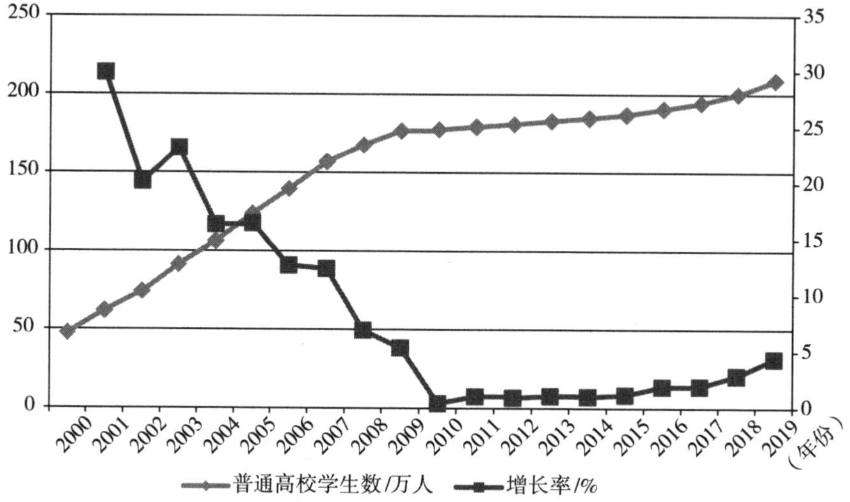

图 4.20　江苏省普通高校学生数及增长率

（三）教育资源水平的评价

1. 生师比

表 4.25　江苏省历年生师比

年份	在校生总数①/人	专任老师数/万人	生师比
1990	938.75	49.34	19.0
1995	1040.49	52.24	19.9
2000	1345.73	64.46	20.9
2001	1351.88	63.16	21.4
2002	1361.39	64.42	21.1
2003	1360.05	65.18	20.9
2004	1356.58	67.38	20.1
2005	1340.85	69.18	19.4

① 在校生总数包括普通高等教育学校、普通中等专业学校、普通高中、职业高中、小学和幼儿园的学生。

续表

年份	在校生总数①/人	专任老师数/万人	生师比
2006	1330. 6	71. 42	18. 6
2007	1319. 72	72. 98	18. 1
2008	1289. 04	74. 19	17. 4
2009	1262. 35	75. 16	16. 8
2010	1244. 78	75. 65	16. 5
2011	1230. 01	76. 5	16. 1
2012	1222. 86	77. 27	15. 8
2013	1219. 32	78. 83	15. 5
2014	1245. 33	80. 2	15. 5
2015	1284. 91	82. 26	15. 6
2016	1320. 66	84. 76	15. 6
2017	1358. 42	87. 70	15. 5
2018	1423. 65	92. 56	15. 4
2019	1465. 64	96. 70	15. 2

生师比是衡量教育资源水平的重要指标，生师比是指在校学生与教师总数之比，即平均每个教师对应的学生数，生师比越低，每个老师对应的学生越少，每个学生受到老师的教育关注越多，教育资源越充沛，生师比越高，每个老师对应的学生越多。生师比低有助于减轻老师的工作压力，提高教学质量，增进师生的互动，但生师比过低也会造成教育资源的浪费，生师比过高则会导致老师的工作量大，工作压力大，从而影响教育质量提升。1990 年以来，江苏省生师比发展趋势是“先增后降”（见图 4. 21），2001 年生师比最高，为 21. 4，之后持续下降，2013 年、2014 年下

① 在校生总数包括普通高等教育学校、普通中等专业学校、普通高中、职业高中、小学和幼儿园的学生。

降到 15.5；2015 年、2016 年略有增长，之后又下降，2019 年又降至 15.2；2013 年以来生师比总体变化不大（见表 4.25）。

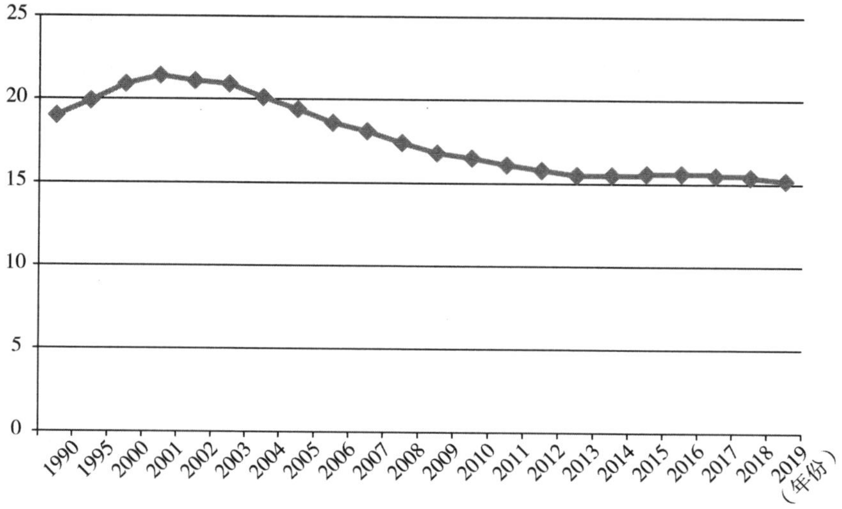

图 4.21　1990—2019 年江苏省生师比

表 4.26　江苏省历年各类教育的生师比

年份	普通高等学校	普通中等学校	小学
1990	5.3	15.9	22.7
1991	5.2	15.9	22
1992	5.7	16.2	21.9
1993	6.7	16.2	23.2
1994	7.4	16.6	22.9
1995	7.6	16.9	23.6
1996	8.1	17.1	24.6
1997	8.6	16.8	25.9
1998	9.6	16.8	26.7
1999	11.8	16.9	26.1

续表

年份	普通高等学校	普通中等学校	小学
2000	13.7	17.3	24.9
2001	15.4	18.2	23.8
2002	15.8	19.2	22.7
2003	18.3	19.6	21.6
2004	18	19.6	19.9
2005	18.4	19	18.6
2006	17.8	18.3	17.5
2007	17.7	17.5	16.6
2008	17.4	16.5	16
2009	17.7	15.3	15.6
2010	17.4	14.3	16
2011	17.3	13.2	16.4
2012	17.1	12.5	16.7
2013	16.9	11.7	16.9
2014	17.7	11.4	17.4
2015	17.5	11.2	18
2016	17.4	11.3	18.1
2017	17.2	11.4	18
2018	17.2	11.8	17.7
2019	17.3	11.9	17.2

不同教育类型的生师比的发展趋势有较大的差异。普通高等学校的生师比呈现“先增长后缓慢下降”，1990 年普通高等学校生师比为 5.3，2005 年为 18.4，2005 年之后开始小幅波动下降，到 2019 年为 17.3；普通中学的生师比是“先上升，再下降，再缓慢提升”，1990 年生师比为

15.9，2003 年、2004 年保持在 19.6，之后持续下降，到 2015 年下降到 11.2，之后又回升，2019 年为 11.9；小学生师比呈现出波动中下降的情况。1990 年为 22.7，1998 年上升到 26.7，之后持续下降，2009 年降至 15.6，之后缓慢上升，到 2016 年达 18.1，2017 年后又下降，2019 年降至 17.2（见表 4.26）。从图 4.22 可以看出三类教育的生师比，1990—2003 年，三类教育的生师比的差距在不断缩小，其中小学的生师比最高，其次是普通中学，最低是普通高校；2004—2007 年三年期间，三类教育的生师比差距较小，且均呈下降趋势；2008 年后，普通中等学校的生师比继续下降，小学生师比有所提升。三类教育的生师比反映着不同的师资配备，同时也反映了人口增长对生师比的影响，当前小学生师比的增高，反映的是小学生数量的增长，小学生数量的增长，很快会传导给普通中等学校，从而导致普通中等学校的生师比面临巨大的压力。

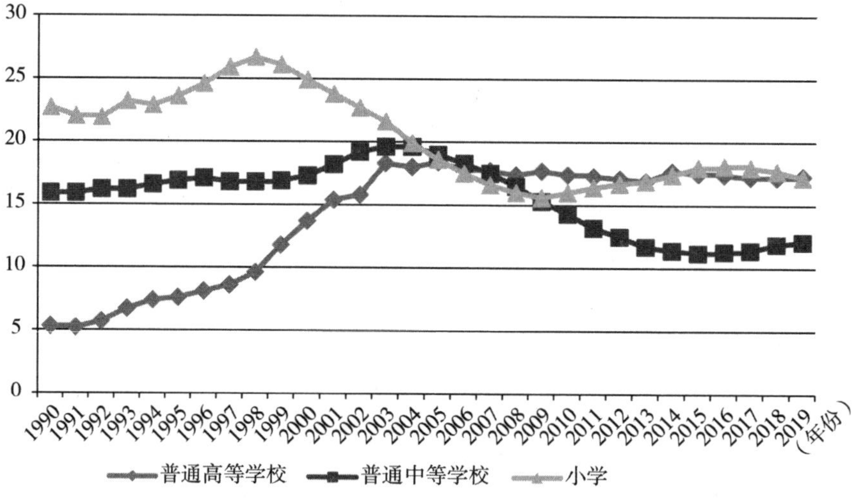

图 4.22　江苏省历年分类生师比

2. 升学率

2000 年以来，江苏省小学学龄儿童入学率和小学毕业生升学率均保持较高的水平。2000 年小学学龄儿童入学率达 99.8%，小学毕业生升学率为 97.2%。2012 年小学学龄儿童入学率达 100%，2006 年小学毕业生升学率达 100%；2000—2019 年初中毕业生升学率保持持续增长，2000 年初中毕业生升学率为 68.5%，2014 年增至 100%（见表 4.27）。目前，江苏省义务教育的入学率与升学率均保持在 100%，确保教育起点的公平。

表 4.27　江苏省每万人口在校学生数和中小学升学情况

年份	每万人口在校学生数			小学学龄儿童入学率/%	小学毕业生升学率/%	初中毕业生升学率/%
	大学生/人	中学生/人	小学生/人			
2000	61.7	592.3	980.7	99.8	97.2	68.5
2001	79.6	643.1	933.4	98.7	97.9	73.9
2002	94.9	710.7	860.6	99.6	98.2	78.6
2003	116.1	761.3	782.3	99.6	98.7	83.2
2004	133.8	795.3	710.7	99.7	98.8	84.8
2005	155.2	793.3	649.6	99.8	99.8	89.6
2006	173.0	775.1	603.7	99.9	100.0	93.5
2007	193.1	740.8	562.9	99.6	100.0	95.7
2008	204.9	697.7	531.6	99.9	100.0	96.0
2009	214.0	642.6	512.7	99.9	100.0	97.3
2010	209.6	588.1	506.8	99.9	100.0	97.5
2011	227.1	430.2	518.6	99.9	100.0	97.7
2012	228.6	401.4	533.8	100.0	100.0	98.0
2013	232.7	374.7	549.7	100.0	100.0	98.3
2014	232.3	362.6	592.3	100.0	100.0	100.0
2015	234.8	357.1	627.0	100.0	100.0	100.0
2016	238.4	362.6	652.9	100.0	100.0	100.0
2017	242.2	377.4	672.8	100.0	100.0	100.0
2018	248.5	402.3	696.1	100.0	100.0	100.0
2019	258.8	430.6	709.6	100.0	100.0	100.0

数据来源：《江苏省统计年鉴 2020》。

3. 万人在校生数

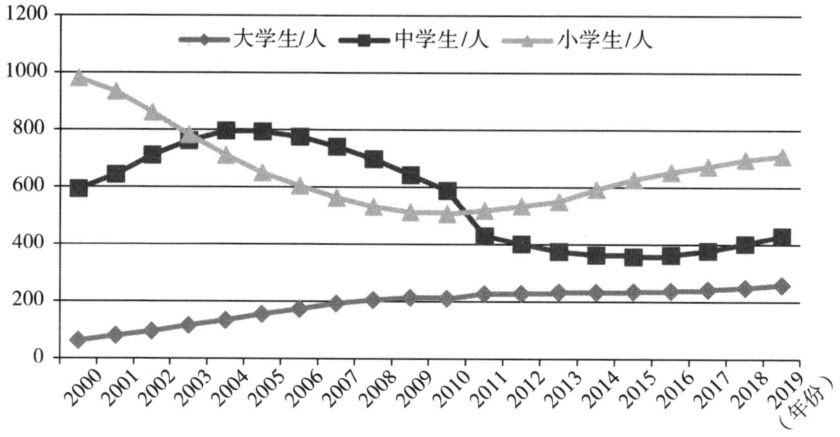

图 4.23　江苏省每万人口在校学生数

每万人口在校生数。每万人中在校学生数量不同教育类型中存在差异，其中每万人中大学生数在 2000—2019 年是持续增长的（见图 4.23），由 61.7 人增长至 258.8 人，但增速总体是下降的；每万人中中学生数量是“先增长，后下降，再缓慢回升”，2000 年为 592.3 人，2004 年增至 795.3 人，之后下降，2015 年降至 357.1 人，然后再回升，2019 年回升至 430.6 人；每万人中小学生数量是“先下降，再上升”，2000 年 980.7 人，2010 年降至 506.8 人，之后又一路上升至 709.6 人（见表 4.27）。

二、医疗资源与人口发展的匹配关系

医疗资源是指提供医疗服务的生产要素的总称，通常包括人员、医疗费用、医疗机构、医疗床位、医疗设施和装备、知识技能和信息等。医疗卫生资源配置是指医疗卫生资源在医疗卫生行业（或部门）内的分配和流动，它包括了卫生资源两方面的分配，即增量分配与存量调整。当前医疗服务上存在的“看病难、看病贵”反映了医疗资源的配置出现不平稳和不均等，既有城乡分布不均衡，又有区域分布不均衡。医疗资源的配置又影响着人口健康水平，也影响着人口分布。

（一）医疗资源总量现状及变化

表 4.28　江苏省历年卫生机构数量

年份	卫生机构数/个	医院和卫生院数/个	医院数/个	卫生院数/个
1978	9277	2428	–	–
1980	9943	2457	–	–
1985	11515	2460	–	–
1990	12366	2491	–	–
1991	12377	2495	–	–
1992	12277	2493	–	–
1993	12074	2483	–	–
1994	12067	2559	–	–
1995	12039	2534	–	–
1996	14944	2617	–	–
1997	13386	2620	–	–
1998	14572	2610	–	–
1999	13699	2641	–	–
2000	12813	2511	634	1877
2001	13208	2433	662	1771
2002	12368	2516	891	1625
2003	12733	2522	920	1602
2004	14447	2488	995	1493
2005	15324	2486	1014	1472
2006	17143	2468	1061	1407
2007	19129	2471	1087	1384
2008	13451	2541	1093	1448
2009	13388	2552	1112	1440
2010	30961	2433	1157	1276
2011	31680	2506	1283	1223
2012	31054	2543	1426	1117
2013	31005	2556	1490	1066
2014	32000	2570	1524	1046

续表

年份	卫生机构数/个	医院和卫生院数/个	医院数/个	卫生院数/个
2015	31925	2616	1581	1035
2016	32135	2720	1679	1041
2017	32037	2785	1727	1058
2018	33253	2910	1853	1057
2019	34796	2981	1941	1041

数据来源：《江苏省统计年鉴》。

1. 卫生机构数

2000—2019 年江苏省卫生机构总体呈现增长的态势（见图 4.24）。发展过程可以分为两个时期，第一时期为 2000—2009 年，这一时期是低位波动期，2000 年全省卫生机构为 12813 家，2009 年为 13388 家；第二时期为 2010—2019 年，这一时期在波动中增长，由于大量社区卫生服务中心的建设，2010 年卫生机构数达 30961 家，比上一年增加 17573 家，增长 131.26%。2010 年后，卫生机构数基本稳定在 30000 家以上，2019 年达 34796 家（见表 4.28）。

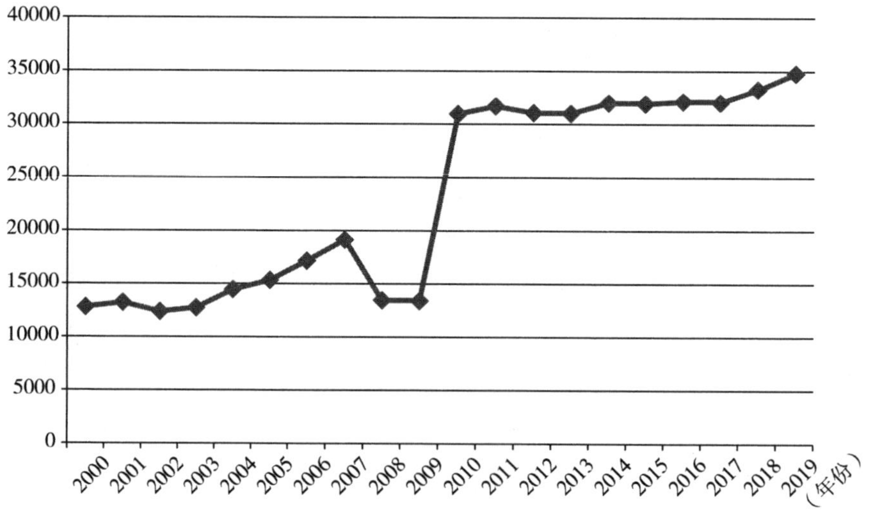

图 4.24　江苏省卫生机构数　单位：家

在卫生机构中，医院和卫生院的总数大体呈现波动中缓慢增长的态势（见图 4.25），2010 年后持续增长，2000 年为 2511 家，2010 年为 2433 家，2010 年比 2000 年减少了 78 家。2010 年之后，医院和卫生院的数量总体呈现持续增长，2019 年增加到 2981 家。2000 年开始分别统计医院数和卫生院数，医院数和卫生院数的增长呈现“扁 X 形”特征，即医院数量呈现持续增长，而卫生院的数量呈现持续下降。医院数量 2000 年为 634 家，2019 年增至 1941 家，是 2000 年的 3 倍；卫生院数量则由 2000 年的 1877 家，下降至 2019 年的 1041 家，仅为 2000 年的 55.5%。卫生院主要在乡镇，而医院主要分布在城市，可以看出医疗资源逐渐向城市集中。

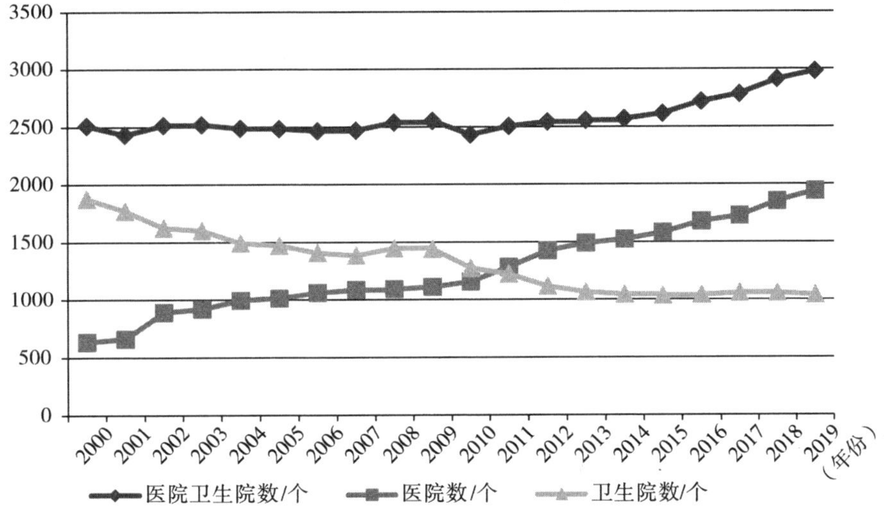

图 4.25　江苏省历年卫生机构数量

2. 床位数

表 4.29 江苏省卫生机构床位数

年份	总床位数/万张	医院和卫生院床位数/万张	医院/万张	卫生院/万张	社区卫生服务中心/万张	每万人拥有医院和卫生院床位数/张	每万人拥有医院和卫生院床位数增长率/%
2000	17.31	16.19	10.01	6.18	–	22.1	–
2001	17.32	16.27	10.14	6.13	–	22.9	3.62
2002	17.45	16.96	11.38	5.58	–	23.8	3.93
2003	17.99	17.17	11.54	5.63	–	24	0.84
2004	18.9	17.73	12.31	5.42	–	24.6	2.50
2005	20.01	18.59	13.18	5.41	–	25.6	4.07
2006	21.16	19.58	14.27	5.31	–	26.8	4.69
2007	22	20.45	15.15	5.3	0.92	27.8	3.73
2008	23.51	22.09	16.39	5.7	0.82	28.8	3.60
2009	25.15	23.47	17.76	5.71	1.07	30.4	5.56
2010	26.97	24.75	19.55	5.2	1.58	31.5	3.62
2011	29.64	27.3	22.17	5.13	1.57	34.6	9.84
2012	33.31	30.77	25.59	5.18	1.67	38.8	12.14
2013	36.83	34.13	28.62	5.51	1.81	43	10.82
2014	39.23	36.49	30.93	5.56	1.85	45.8	6.51
2015	41.36	38.49	32.85	5.64	1.9	48.3	5.46
2016	44.31	41.5	35.62	5.88	1.82	51.9	7.45
2017	46.98	43.83	37.03	6.8	2.11	54.6	5.20
2018	49.15	45.87	38.80	7.07	2.23	59.7	9.34
2019	51.59	47.12	40.72	6.4	2.27	59.7	0

床位数及增长率。2000—2019年，江苏省卫生机构医院床位数总体呈现逐年增长的态势（见图4.26），2000年卫生机构床位数为17.31万张，2019年增长到51.59万张。在卫生机构中，医院和卫生院床位数占主体，占比在90%以上，在医院和卫生院床位数中，医院的床位数又占主体，占

比在60%以上。总床位数总体呈现为“先增长，再下降”的趋势（见图4.26），2000—2012年总体表现为增长率上升阶段，2001年床位数增长率为0.06%，2012年床位数增长率为12.38%；2013—2019年增长率呈现下降趋势，2019年床位增长率下降至2.73%（见表4.29）。

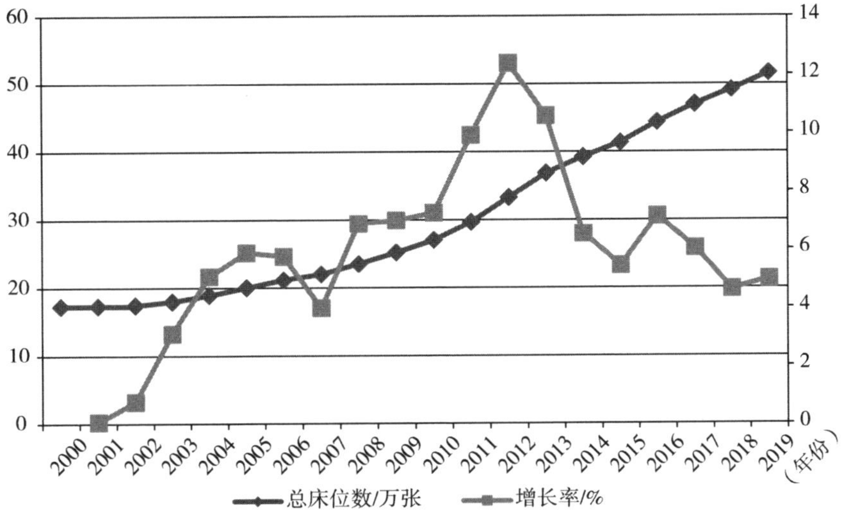

图4.26　江苏省历年卫生机构的床位数

床位类型。从全省卫生机构床位类型来看，卫生机构床位数中主体是医院和卫生院床位数，医院和卫生院床位数占全部卫生机构床位数的90%以上（见图4.27），而医院和卫生院床位数中又以医院床位数为主体，医院床位数占医院和卫生院床位数的60%以上，最多年份占86.42%，医院床位数在医院和卫生院床位数中所占的比重总体是逐年上升的。2000年卫生机构总床位数为17.31万张，其中，医院和卫生院床位数有16.19万张，医院床位数为10.01万张。2000年医院床位数占医院和卫生院床位数的61.8%，2019年卫生机构总床位数为51.59万张，其中，医院和卫生院床位数为47.12万张，医院床位数为40.72万张，医院床位数占医院和卫生院床位数的比重是86.42%。卫生院床位数变化不大，呈现先缓慢下降后缓慢上升的趋势，2000年6.18万张，2011年下降到5.13万张，2019年又

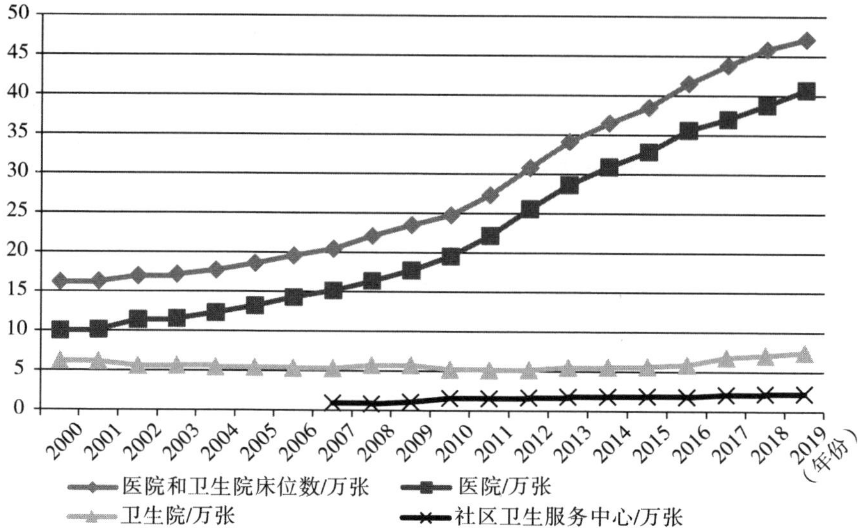

图 4.27　江苏省历年不同类型的床位数

回升到 6.4 万张。社区卫生服务中心在全部床位数中占比最小，床位数总体呈现上升态势，2007 年 0.92 万张，2019 年达 2.27 万张（见表 4.29）。卫生院和社区卫生服务中心的床位数发展缓慢，医疗资源正快速向医院集中。

万人拥有床位数。每万人拥有的医院和卫生院床位数基本上是呈现逐年增长的（见图 4.28），2000 年是 22.1 张，2010 年达 31.5 张，到 2019 年达 59.7 张。从年增长率来看，除 2019 年没有变化外，其他年份均表现正增长，增长率总体表现为“先上升后下降”；2001 年增长率为 3.62%，之后部分年份有波动，2012 年增长率达 12.14%，达到最高值；之后增长率有所下降，2019 年增长率降至 0（见表 4.29）。

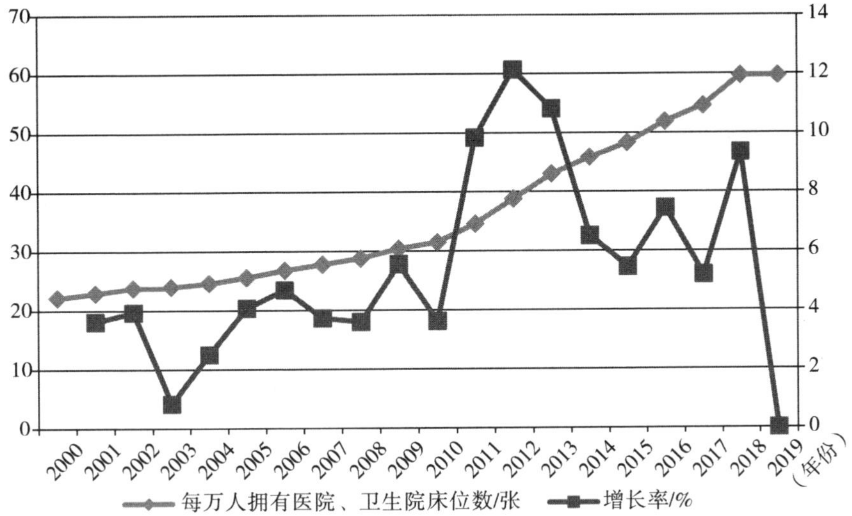

图 4.28　江苏省每万人拥有医院和卫生院床位数

3. 卫生技术人员

表 4.30　江苏省历年医护人员情况

年份	卫生技术人员/万人	执业（助理）医师/万人	执业（助理）医师的比重/%	注册护士/万人	注册护士的比重/%	医护比
2000	25.36	11.44	45.11	7.39	29.14	1.55
2001	25.36	11.46	45.19	7.54	29.73	1.52
2002	24	10.22	42.58	7.25	30.21	1.41
2003	24.37	10.4	42.68	7.37	30.24	1.41
2004	25.01	10.6	42.38	7.7	30.79	1.38
2005	25.97	11.13	42.86	8.05	31.00	1.38
2006	27.54	11.46	41.61	8.59	31.19	1.33
2007	28.62	11.87	41.47	9.45	33.02	1.26
2008	29.16	11.97	41.05	10.09	34.60	1.19
2009	30.65	12.32	40.20	11.06	36.08	1.11

续表

年份	卫生技术人员/万人	执业（助理）医师/万人	执业（助理）医师的比重/%	注册护士/万人	注册护士的比重/%	医护比
2010	32.84	12.9	39.28	12.26	37.33	1.05
2011	35.05	13.47	38.43	13.56	38.69	0.99
2012	39.61	15.8	39.89	15.53	39.21	1.02
2013	42.9	16.97	39.56	17.42	40.61	0.97
2014	45.85	17.86	38.95	18.88	41.18	0.95
2015	48.7	18.92	38.85	20.4	41.89	0.93
2016	51.71	20.47	39.59	22.12	42.78	0.93
2017	54.8	21.72	39.64	23.72	43.28	0.92
2018	59.00	23.33	39.54	26.04	44.14	0.90
2019	63.33	25.47	40.22	27.98	44.18	0.91

2000—2019年江苏省卫生技术人员数量，除2002年下降，其他年份均保持增长态势（见图4.29），从2000年的25.36万人增长到2019年的63.33万人。执业（助理）医师的增长的趋势和卫生技术人员的增长趋势基本一致，也是2002年出现短暂下降，之后持续增长，2000年执业（助理）医师人数为11.44万，到2019年达25.47万。2000年执业（助理）医师占卫生技术人员的比重为45.11%，2019年比重降为40.22%。注册护士人数2000年为7.39万，之后仅在2002年出现过下降，其他年份均保持增长趋势，2019年注册护士增长到27.98万人。注册护士的比重则是逐年增加，从2000年的29.14%上升到2019年的44.18%，2011年注册护士比重首次超过了执业（助理）医师的比重。2011年医护比的重大的变化：由“医多护少”，转变为“医少护多”，2012年医护比有短暂回升，2013—2017年医护比继续保持下降趋势，2019年医护比降至0.91（见表4.30）。

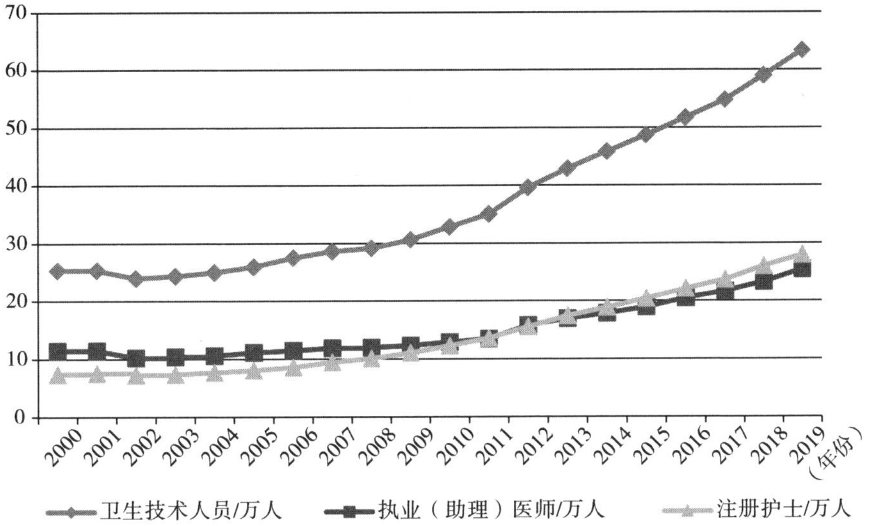

图 4.29　江苏省历年卫生技术人员数

4. 诊疗数

表 4.31　江苏省历年就诊人数及不同类型医疗机构诊疗人数比重①

年份	总诊疗数/万人	医院/万人	基层医疗卫生机构/万人	专业公共卫生机构/万人	其他机构/万人	医院诊疗人数的比重/%	基层医疗卫生机构诊疗人数的比重/%
2000	12904	6504	5768	632		50.4	44.7
2001	12898	6585	5710	603		51.05	44.27
2002	13733	7853	5555	325		57.18	40.45
2003	13964	7965	5690	303		57.04	40.75
2004	14943	8538	5993	404	8	57.14	40.11
2005	16399	9572	6389	422	16	58.37	38.96
2006	17784	10506	6808	449	21	59.08	38.28

① 2004 年疗养院的诊疗数从医疗体系中单列，2012 年《江苏省统计年鉴》将社区卫生服务中心（站）、卫生院、村卫生室、诊所、卫生所、医务室统一归到基层医疗卫生机构。

续表

年份	总诊疗数/万人	医院/万人	基层医疗卫生机构/万人	专业公共卫生机构/万人	其他机构/万人	医院诊疗人数的比重/%	基层医疗卫生机构诊疗人数的比重/%
2007	25357	11656	8306	500	12	45. 97	32. 76
2008	25660	12828	9629	570	9	49. 99	37. 53
2009	28573	14184	11536	624	9	49. 64	40. 37
2010	38527	15046	20289	722	14	39. 05	52. 66
2011	40694	16702	20423	853	25	41. 04	50. 19
2012	45289	19370	24827	1023	69	42. 77	54. 82
2013	49420	21201	27072	1074	73	42. 90	54. 78
2014	52669	23003	28456	1135	75	43. 68	54. 03
2015	54628	24122	29202	1232	73	44. 16	53. 46
2016	55216	24755	29116	1298	47	44. 83	52. 73
2017	58437	25717	31338	1354	28	44. 01	53. 63
2018	59442	26426	31644	1348	25	44. 46	53. 24
2019	61722	28268	32002	1431	20	45. 80	51. 85

2000—2019 年江苏省总诊疗人数一直保持增长态势，2000 年总诊疗人数为 12904 万人次，2019 年增长到 61722 万人次。在诊疗人数中，医院和基层医疗卫生机构的诊疗人数占据绝对主导地位，2000 年医院和基层医疗卫生机构诊疗人数占全部诊疗人数的 95. 1%，2019 年上升至 97. 65%。其中，2000 年医院诊疗人数占 50. 40%，2006 年增长到 59. 08%，达到最高值，之后开始下降，2010 年降至最低，之后又回升，2019 年医院诊疗人数的比重回升至 45. 80%（见表 4. 31）。医院诊疗人数的比重与基层医疗卫生机构诊疗人数的比重呈现此消彼长的格局，2000—2009 年，医院诊疗人数的比重高于基层医疗卫生机构诊疗人数的比重，2010 年基层医疗卫生机构诊疗人数首次超过医院的诊疗人数。之后，基层卫生机构诊疗人数的比重

一直超过医院诊疗人数的比重，2019 年基层医疗卫生机构诊疗人数的比重为 51.85%，高出医院诊疗人数的比重 6.05 个百分点（见图 4.30）。基层医疗卫生机构在诊疗方面发挥着越来越重要的作用，避免诊疗集中在大医院，减少了“看病难”问题。近 10 年，医院诊疗的比重与基层医疗卫生机构的差距在不断缩小，诊疗又有向医院集中的趋势。

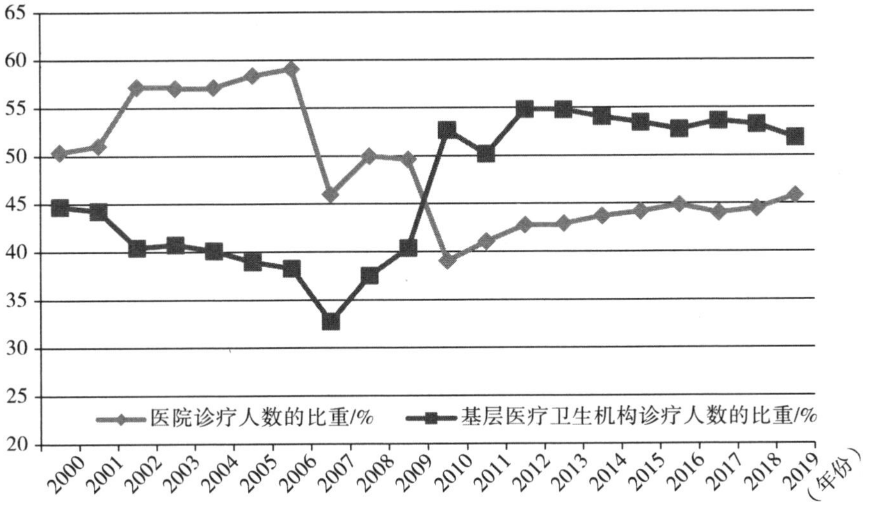

图 4.30　江苏省历年医院和基层医疗卫生机构诊疗比重

（二）医疗资源水平分析及比较

万人指标指每万人拥有的资源数。2000—2019 年江苏省每万人拥有的医疗床位数呈现逐年增长的态势，2000 年每万人拥有医疗床位数为 22.1 张，2019 年每万人拥有医疗床位数达到 59.7 张；每万人拥有执业（助理）医师数量除 2002 年比上一年度有所下降，其他年份均比上一年有所增长，2000 年为 11.44 人，到 2019 年达到 31.6 人；每万人拥有的注册护士数的发展趋势与执业（助理）医师的发展趋势一致，2002 年比上一年度有所下降，其他年份均呈增长态势，2000 年每万人拥有注册护士数为 7.39 人，到 2019 年达到 34.67 人（见图 4.31）。和执业（助理）医师相比，注册护士的增长速度高于执业（助理）医师的增长速度（见表 4.32）。

表 4.32　江苏省历年万人拥有医疗床位、执业（助理）医师和注册护士数

年份	医院、卫生院床位数/张	执业（助理）医师/人	注册护士/人
2000	22.1	11.44	7.39
2001	22.9	11.46	7.54
2002	23.8	10.22	7.25
2003	24	10.4	7.37
2004	24.6	10.6	7.7
2005	25.6	11.13	8.05
2006	26.8	11.46	8.59
2007	27.8	11.87	9.45
2008	28.8	11.97	10.09
2009	30.4	12.32	11.06
2010	31.5	12.9	12.26
2011	34.6	13.47	13.56
2012	38.8	15.8	15.53
2013	43	16.97	17.42
2014	45.8	17.86	18.88
2015	48.3	18.92	20.4
2016	51.9	20.47	22.12
2017	54.6	21.72	23.72
2018	59.7	29	32.35
2019	59.7	31.6	34.67

2010 年江苏省每万人拥有的床位数 31.5 张，执业（助理）医师数为 12.9 人，注册护士数为 12.26 人，整体低于发达国家的水平，也低于全国平均水平（见表 4.33），2010 年江苏省医疗资源水平整体比较低。但从发展来看，江苏省医疗资源增长较快，发展势头良好，到 2019 年每万人拥有的床位数已经达到 59.7 张，比 2010 年增长了 189.5%，超过了美国、英国和中国香港等，2019 年每万人拥有执业（助理）医师数为 31.6 人，相较

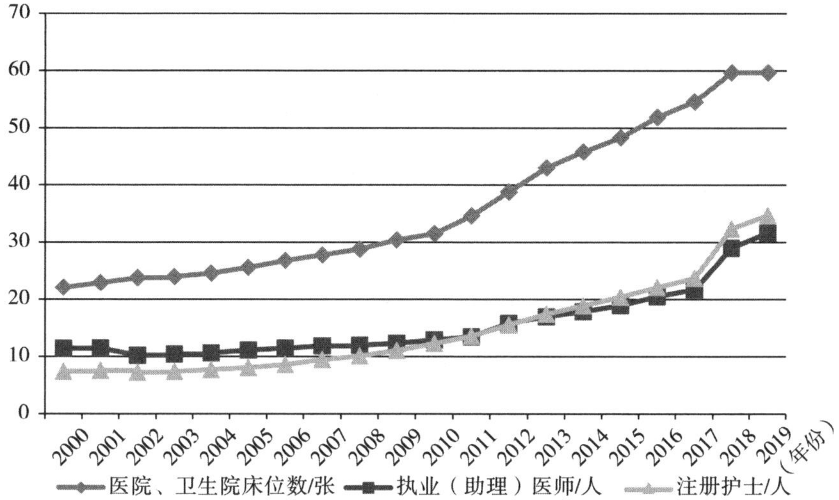

图 4.31　江苏省历年万人拥有医疗床位、执业（助理）医师和注册护士数

2010 年增长了 245%，超过了英国、美国、日本等，仅低于法国；2019 年每万人拥有注册护士数为 34.67 人，相较 2010 年增长了 283%，仅高于中国澳门，低于美国、英国、法国等。

表 4.33　不同国家和地区医疗资源水平比较

国家与城市	每万人拥有执业（助理）医师数/人	每万人拥有注册护士数/人	每万人拥有医疗床位数/张
江苏省	12.9	12.26	31.5
中国	18	15	36
中国香港	18	57	50
中国澳门	24	25	21
美国	27	98	31
日本	21	41	139
法国	35	89	72
英国	27	103	39

注：全国数据为 2010 年，中国香港和中国澳门为 2010 年，其他国家为 2000—2010 年数据。

（三）医疗资源结构及使用状况

表 4.34　江苏省历年住院人数和病床使用率

年份	入院人数/万人	医院住院人数/万人	卫生院住院人数/万人	病床使用率/%	医院床位使用率/%	卫生院床位使用率/%
2000	287	175	108	69	–	–
2001	295	186	105	72	–	–
2002	325. 66	218. 68	101. 69	79	–	–
2003	349. 81	239. 68	104. 98	64. 1	77. 2	37. 9
2004	410	289	109	69	82. 5	40. 3
2005	444. 3	315. 9	111. 5	70. 9	83. 5	42. 1
2006	480	346	116	71. 9	84. 3	43. 4
2007	549. 8	391. 8	124. 6	77	89. 5	47. 8
2008	620. 2	438. 6	150. 9	78. 5	89. 6	51. 8
2009	680. 5	489. 3	159. 9	82. 2	92. 7	56. 6
2010	741. 06	557. 29	139. 97	83. 81	94. 40	56. 99
2011	830. 39	643. 38	141. 14	84. 16	92. 92	58. 74
2012	952. 52	759. 92	139. 48	84. 08	93. 63	58. 09
2013	1052. 72	850. 46	147. 26	84. 22	91. 06	61. 23
2014	1152. 04	942. 58	150. 63	84. 03	90. 28	61. 56
2015	1217. 58	998. 07	156. 94	83. 07	88. 60	63. 44
2016	1309	1077. 58	163. 44	82. 46	87. 31	63. 58
2017	1418	1132	210	83	87	68
2018	1449	1173	201	82	86	65
2019	1528	1241	210	81	86	64

入院人数。2000—2019 年以来，入院人数逐年增加，2000 年为 287 万人，2019 年达 1528 万人。入院人数的增长率总体趋势是“先增长→后下

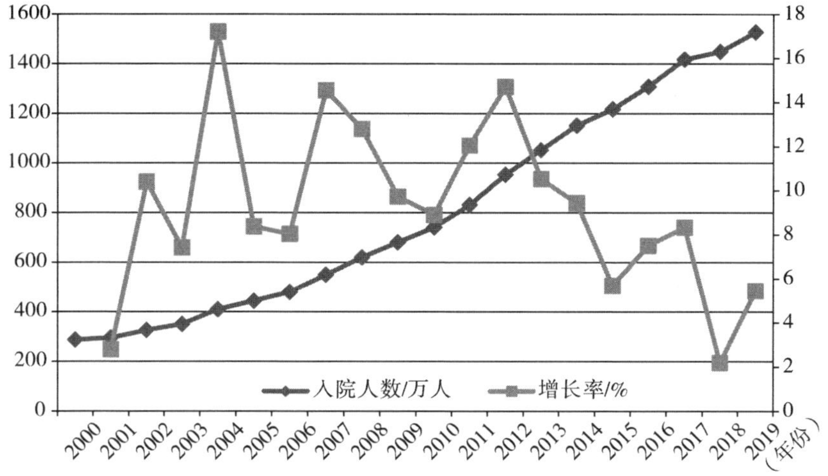

图 4.32　江苏省历年住院人数及增长率

降”（见图 4.32），2001 年增长率为 2.79%，2011 年达到 14.71%，之后开始下降，2019 年为 5.45%。从住院类型来看，入住医院占主体，占比在 60%以上，而且入住医院的比重不断增长。2000 年医院住院人数为 175 万，占全部住院人数的 60.98%，2019 年增长至 1241 万人，占全部住院病人的 81.22%；卫生院的住院人数 2000 年为 108 万，2019 年仅为 210 万人，增长 1.94 倍；医院住院人数增长远远超过卫生院住院人数，2000 年卫生院住院人数占全部住院人数的比重为 37.63%，比医院住院人数低 23.35 个百分点，卫生院住院人数的比重总体不断下降，2019 年只占全部住院人数的 13.74%，比医院住院人数低 67.48 个百分点，2000—2019 年医院住院人数占比和卫生院住院人数的比重呈现差距不断加大的趋势（见图 4.33）。医院承担了更多的住院人数，住院病人更多向城市集中，给医院带来了较大的压力，医院的病床使用保持较高的比重。

病床使用率。病床总体使用率呈现“先升后降，再上升，再缓慢下降”的趋势。2000—2002 年，床位使用率从 69%上升到 79%，2003 年下降到 64.1%；2003 年以后，床位使用率开始缓慢上升，到 2011 年增长至 84.16%，2012 年开始下降，偶有小幅增长，2019 年降至 81%。医院床位

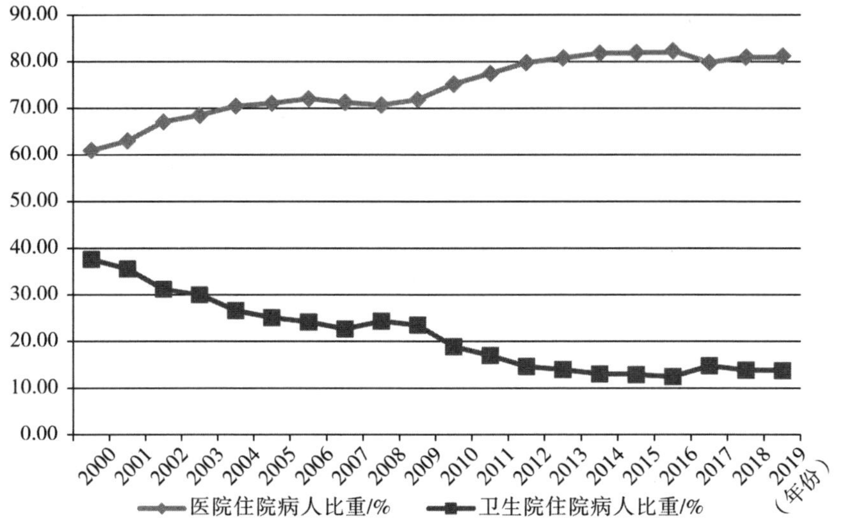

图 4.33　江苏省历年医院和卫生院的住院人数的比重

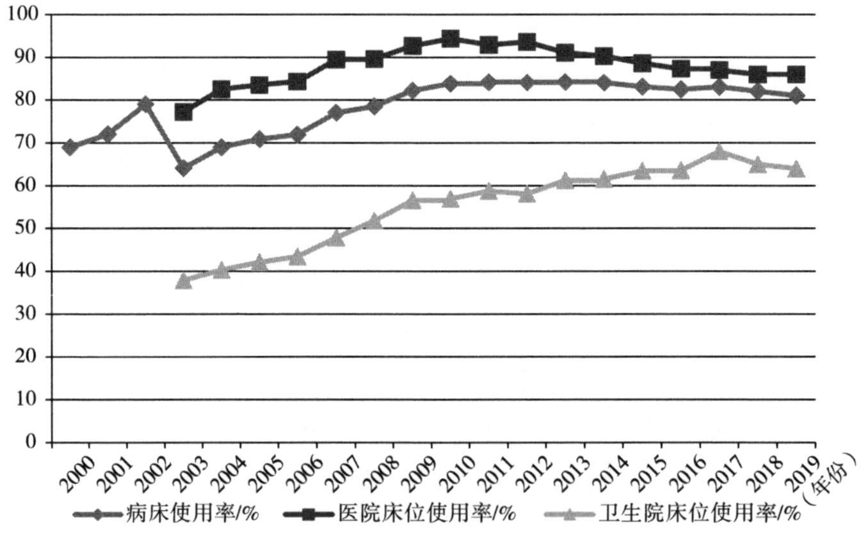

图 4.34　江苏省历年病床的床位使用率

使用率一直居高不下，仅 2003 年低于 80%，其他年份都在 80%以上，2009—2014 年在 90%以上。医院床位使用率呈现“先上升，后下降”的趋势，近年有所下降，2019 年床位使用率为 86%。卫生院的床位使用率总体保持增长态势，2003 年为 37.9%；2017 年达到最高，为 68%；近两年又有所下降，2019 年为 64%。卫生院床位使用率方面一直低于医院的床位使用率，但是两者的差距在不断缩小，2003 年两者相差 39.3 个百分点，到 2019 年仅相差 22 个百分点（见图 4.34）。医院和卫生院病床使用率的差距持续减少，这说明基层医疗机构正发挥越来越大的作用，减轻了大医院人满为患的问题，也提升了各级医疗机构的资源利用效率，减少了对大医院的医疗资源过度使用。

总之，全省卫生机构保持快速增长的态势，各个层次的卫生机构都得到充分的发展，但医疗资源发展趋势是向城市集中。在床位数方面，床位数呈现逐年增长，但增长率近年有所下降，床位资源正向医院集中；卫生技术人员数量总体保持增长态势，但是 2013 年卫生技术人员格局发生根本改变，由“医多护少”，转变为“医少护多”。全省诊疗数持续保持增长，2010 年，基层医疗卫生机构诊疗人数首次超过医院的诊疗人数，基层医疗卫生机构的作用得到发挥。全省医疗资源增长较快，发展势头良好，2019 年每千人拥有的床位数已经达到 5.97 张，执业（助理）医师数为 3.16 人，注册护士数为 3.47 人。住院病人逐年增长，住院病人更多向医院集中，医院的病床使用保持较高的比重。全省医疗床位使用率一直居高不下，大多数年份都在 80%以上，2009—2014 年在 90%以上，近年有所下降，2019 年床位使用率为 86%。医院的病床使用率高于卫生院，但是两者差距在不断缩小。卫生院的床位使用率总体保持增长态势，2019 年达 64%，基层机构正发挥越来越大的作用，减轻了大医院人满为患的问题，提升各级医疗机构的资源利用效率，减少了大医院资源过度使用。

三、住宅建设与人口发展的关系

住房问题是当前一个重要的社会问题。联合国人居署 1996 年发布《伊斯坦布尔宣言》强调：“我们的城市必须成为人类能够过上有尊严的、健康、安全、幸福和充满希望的美满生活的地方。”《伊斯坦布尔宣言》明确指出享有适当的住房是居民的基本人权，住房不仅为人们提供日常安全生活的保障，而且也为人们创造一个相对独立与私密的个人空间，它也是满足人们生存与发展需要的不可或缺的基本物质条件。

表 4.35 江苏省历年住宅竣工面积①

年份	房屋（住宅）竣工面积/万平方米	商品房销售面积/万平方米	住宅销售面积/万平方米	经济适用房销售面积/万平方米	经济适用房占住宅的比重/%
2000	1774.80	1740.93	1555.97	313.98	20.18
2001	1923.89	1904.16	1714.62	252.82	14.74
2002	2263.09	2321.85	2074.47	196.99	9.50
2003	2620.69	2721.57	2364.32	195.69	8.28
2004	3217.09	3178.91	2759.41	256.42	9.29
2005	4497.68	5135.55	4523.14	187.04	4.14
2006	4745.50	6101.15	5317.20	227.48	4.28
2007	5161.37	7598.35	6772.58	290.74	4.29
2008	5489.81	5412.26	4743.26	322.44	6.80
2009	6731.41	10248.20	9034.69	320.67	3.55
2010	6553.53	9485.47	8112.37	1583.11	19.51
2011	6476.75	7970.49	6767.25	1321.68	19.53
2012	7687.13	9019.18	7923.37	1578.85	19.93
2013	7584.17	11454.77	10191.52	1794.78	17.61
2014	7259.11	9846.84	8800.93	1755.71	19.95
2015	7930.21	11414.05	10275.95	1896.76	18.46
2016	7602.69	13962.09	12657.66	2054.14	16.23
2017	7089.80	14211.12	12486.66	1907.66	15.28
2018	6360.00	13484.21	12040.68	1468.14	12.19
2019	6968.89	13972.85	12545.04	1223.61	9.75

① 2010 年开始，住宅只分 90 平方米以下、140 平方米以上两类，不再设经济适用房销售面积。经济适用房的面积是指 90 平方米以下的住宅。

（一）住宅建设

2000—2019 年住宅竣工面积经历“前期上升、后期波动式徘徊”的过程（见图 4.35）。其中，2000—2009 年住宅竣工面积呈现逐年上升，2010—2019 年呈现波动中上升，表现为“前两年下降，后一年上升”。2009 年住宅竣工面积 6731.41 万平方米，2010 年、2011 年连续两年下降，2012 年快速上升至 7687.13 万平方米，2013 年、2014 年再次下降，2015 年又升至 7930.21 万平方米，2016—2018 年再次下降，2018 年降至 6360.00 万平方米，2019 年又回升到 6968.89 万平方米。2019 年住宅竣工面积接近于 2009 年水平，仅比 2009 年高 237.48 万平方米（见表 4.35）。住宅竣工面积增长率呈现出波动式下降，2010 年以来，多数年份呈现负增长。

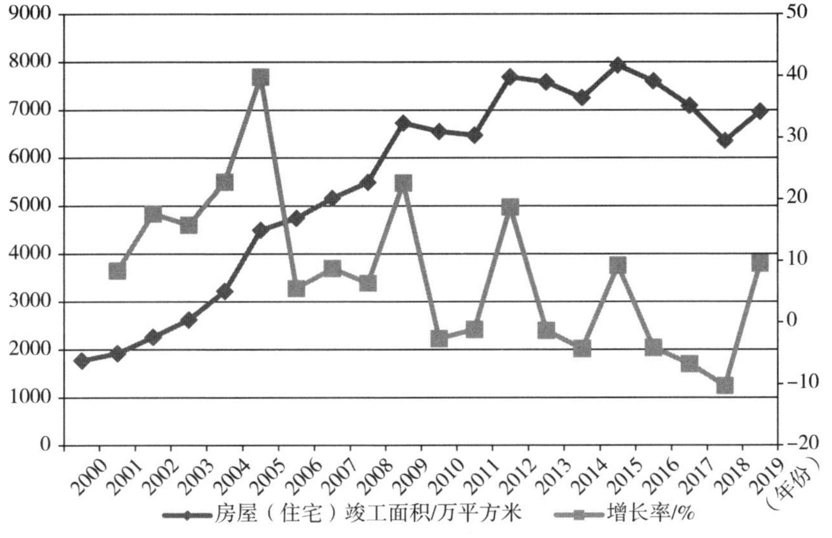

图 4.35　江苏省住宅竣工面积及增长率

2000 年以来，商品房和住宅的销售面积呈现较快的增长。2000 年商品房销售面积为 1740.93 万平方米，其中住宅销售面积为 1555.97 万平方米，经济适用房的销售面积为 313.98 万平方米，2019 年商品房销售面积为 13972.85 万平方米，住宅销售面积从 2000 年的 1555.97 万平方米，增长至2019年的12545.04万平方米。商品房销售的发展与住宅销售的趋势基本一致，2000—2007年都呈现持续上升，商品房和住宅的销售呈现加速增长。2007年后，商品房和住宅的销售表现为“跳跃式上升”（见图4.36）。每次销售面积的下降，必定带来后期迅速反弹，2007年之后，经历4次这种“下降—反弹”；2019年处于第4次波动的边缘，波动烈度在不断下降。

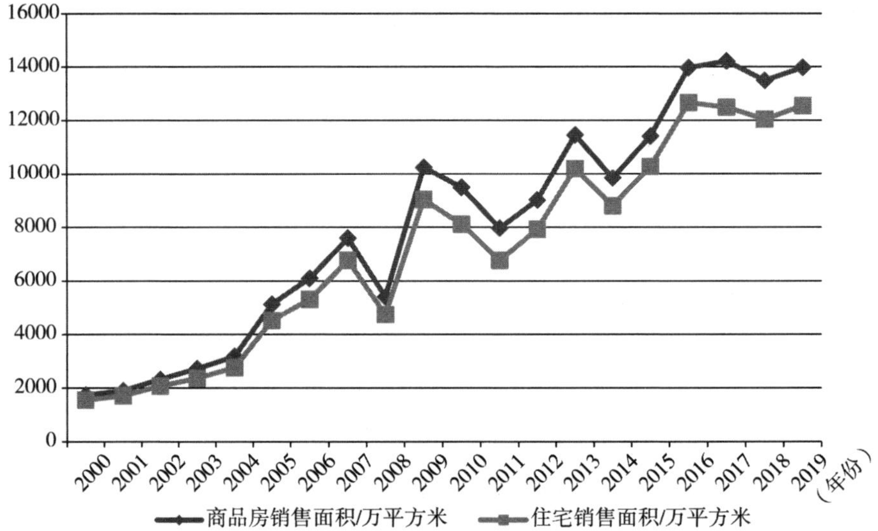

图4.36　江苏省历年商品房和住宅销售面积

2016年10月，央行南京分行及江苏银监局日前联合发布《关于调整部分城市差别化住房信贷政策的通知》，明确江苏各地楼市限购城市房贷的执行细则，开启新一轮限购。2017年也是中国楼市发展具有里程碑意义的一年，这一年也可以称之为调控年，全国多个城市都发布了限购或限贷政策。江苏省的限购政策落地，直接导致了2017年住宅销售面积走低。住房信贷政策对住宅的销售量有着直接的影响。政府对于住房调控，对于住房销售的影响力度在下降。

（二）房地产投资

表 4.36　江苏省人均固定资产投资和房地产开发投资

年份	全社会固定资产/亿元	投资房地产开发/亿元	房地产投资占全社会固定资产投资的比重/%
2000	2995.43	358.72	11.98
2001	3302.96	414.36	12.55
2002	3849.24	544.13	14.14
2003	5335.8	809.96	15.18
2004	6827.59	1269.78	18.60
2005	8739.71	1545.15	17.68
2006	10071.42	1906.71	18.93
2007	12268.07	2515.91	20.51
2008	15060.45	3064.46	20.35
2009	18949.88	3338.5	17.62
2010	23184.28	4299.38	18.54
2011	26314.66	5567.94	21.16
2012	31706.58	6206.1	19.57
2013	35982.52	7241.45	20.12
2014	41552.75	8240.22	19.83
2015	45905.17	8153.68	17.76
2016	49370.85	8956.37	18.14
2017	53000.21	9629.11	18.17
2018	55915.22	10982.34	19.64
2019	58766.90	12009.35	20.44

数据来源：《江苏省统计年鉴》。2018 年、2019 年固定资产投资总额根据《江苏省国民经济与社会发展统计公报》计算而得。

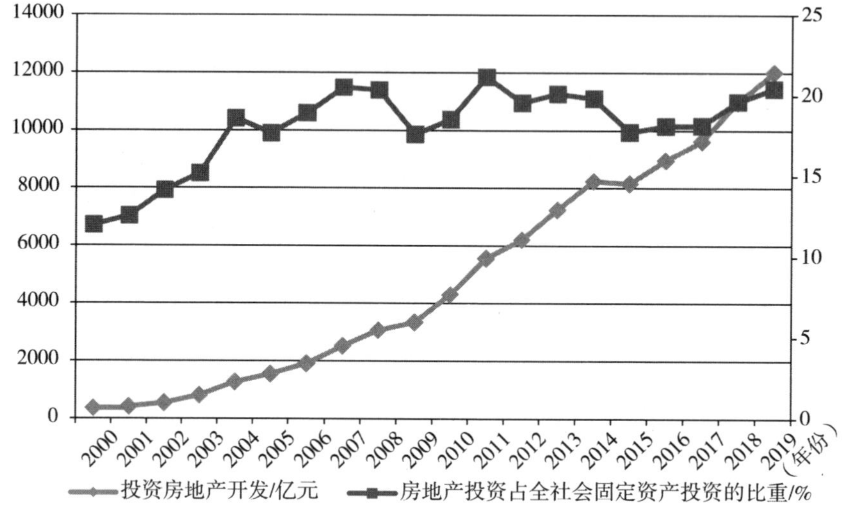

图 4.37　江苏省投资房地产开发及其占固定资产投资的比重

2000 年江苏省固定资产投资总额为 2995.43 亿元，2019 年增长到 58766.90 亿元。其中，投资房地产的资金从 2000 年的 358.72 亿元增长到 12009.35 亿元，投资房地产的资金逐年增长，2019 年是 2000 年的 33.5 倍，年平均增长率为 20.3%。2000 年，全省投资房地产资金占全部固定资产投资的比例为 11.98%，2000—2004 年投资房地产资金占固定资产投资的比重逐年提升，2004 年达 18.60%。之后，投资房地产的比重持续波动，基本在 18%上下波动，2011 年比重最高，达 21.16%。2011 年以来，固定资产投资房地产的比重总体呈现下降趋势，2017 年的比重降至 18.17%，之后两年有所回升，2019 年为 20.44%（见图 4.37）。2000—2019 年房地产投资总额占固定资产投资的比重总体是提升的。

（三）保障性住房建设①

2000—2009 年经济适用房的销售面积占住宅的销售面积的比重总体是急速下降的，2000 年经济适用房销售面积占住宅销售面积的 20.18%，超

① 2000—2009 年为经济适用房，2010 年取消经济适用房，主要通过建设 90 平方米以下的住房满足低收入群体的需求，2010—2017 年的数据为 90 平方米以下住房销售面积。

过五分之一。2009 年经济适用房销售面积占住宅销售面积的比重仅为 9.75%，下降了 10.43 个百分点，经济适用房占住宅的比重降至最低点，经济适用房没有得到相应的重视，住房主要通过市场化方式解决。2010 年开始不再保留经济适用房，主要是供应 90 平方米以下的住房。2010 年 90 平方米以下的住房销售在住宅销售中占比为 19.51%，之后经济适用房占住宅的比重持续下降，2019 年仅为 9.75%。2014 年以来，小户型住房的比重呈现直线下降（见图 4.38）。2010 年以后，住房的市场化供给更加明显，经济适用房和小户型的商品房供应没有得到应有的重视。

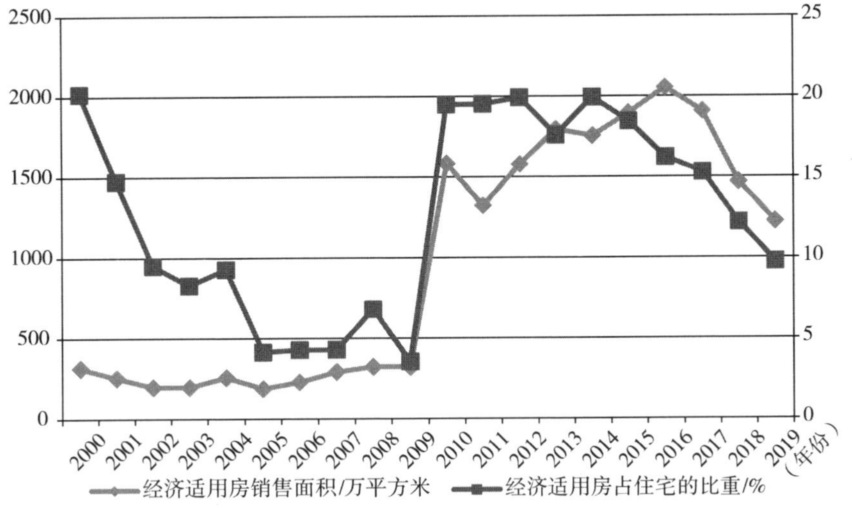

图 4.38　江苏省经济适用房销售面积及其占住宅的比重

四、交通发展与人口发展的关系

2000—2017 年江苏省交通建设得到快速的发展，以满足不断增长的人口以及由于人口城市化带来的城镇人口快速的增长。

表 4.37　江苏省道路里程和运输量

年份	铁路营运里程/千米	公路通车里程/千米	客运量/万人	货运量/万吨	私人汽车拥有量/万辆
2000	752	28198	107244	90436	18.94
2001	752	58866	110713	87505	27.09
2002	756	60141	115889	88588	39.5
2003	763	65565	123462	93511	58.72
2004	787	78262	128516	100093	78.20
2005	1509	82739	145204	112909	109.43
2006	1603	126972	161425	125114	148.37
2007	1607	133732	187241	143804	226.87
2008	1643	140930	208237	165322	263.27
2009	1642	143803	201262	160966	338.22
2010	1908	150307	226627	188565	434.57
2011	2348	152247	247405	212594	541.68
2012	2348	154118	268371	231295	657.27
2013	2554	156094	152172	194048	790.13
2014	2632	157521	156016	208622	935.71
2015	2679	158805	153943	211648	1076.90
2016	2722	157304	134605	215651	1252.20
2017	2771	158475	127952	234092	1408.20
2018	3033	158729	121884	247388	1537.62
2019	3539	159937	120802	281060	1646.03

（一）道路里程

在铁路方面，1990年铁路运营里程748千米，2000年为752千米（见表4.37），仅增加4千米，2004年为787千米，2005年铁路运营里程突破到1509千米，到2010年增长至1908千米，2019年为3539千米。从1990—2004年江苏省铁路建设一直比较慢，2005年开始有较大的发展，2005年比2004年铁路运营里程增长了91.7%，接近一倍，其后2010年、2011年都出现急速增长，增长率分别为16.2%和23.1%；公路运营里程方面，1990 年全省公路通车里程为 24772 千米，2000 年达到 28198 千米，1990—2000 年的 10 年增加了 3426 千米，2000—2010 年的 10 年增长了 122109 千米，是前 10 年的 35.6 倍，2019 年比 2010 年公路运营里程仅增长了 9630 千米（见图 4.38）。2000—2010 年是江苏省公路里程增长最快的 10 年，基本奠定了目前的公路格局。

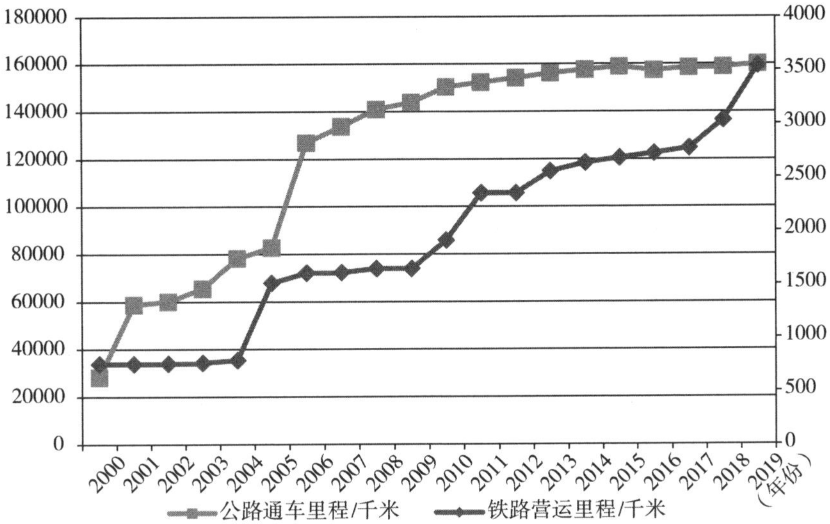

图 4.39　2000—2019 年江苏省公路与铁路营运里程

（二）客运量

表 4.38　2000—2019 年江苏省各种客运量数

年份	客运量/万人	铁路/万人	公路/万人	水运/万人	民用航空/万人
2000	107244	4891	101713	514	126
2005	145204	6658	138287	37	222
2008	208237	8846	199008	32	351
2009	201262	9167	191001	686	408
2010	226627	9711	215850	590	476
2011	247405	10598	235673	579	555
2012	268371	11757	255358	594	662

续表

年份	客运量/万人	铁路/万人	公路/万人	水运/万人	民用航空/万人
2013	152172	13435	135555	2454	728
2014	156016	15374	137270	2563	809
2015	153943	16116	134553	2392	882
2016	134605	17814	113493	2272	1025
2017	127952	19786	104566	2431	1169
2018	121884	21204	97025	2383	1272
2019	120802	22880	94475	2083	1364

2000 年客运量为 107244 万人（见表 4. 38），2000—2008 年持续上升，由 2000 年的 107244 万人，上升到 2008 年的 208237 万人；2009 年出现短暂下降，之后又重新增长，2012 年增长至 268371 万人；2013 年出现断崖式下降，仅为 152172 万人，下降了 43. 3%，2014 年略有回升，之后就持续下降，到 2019 年客运量为 120802 万人。客运量的下降主要是公路客运量在下降，铁路客运和民航客运是持续增长的（见图 4. 40）。从客运量的类别来看，铁路客运量呈现持续增长，2000 年 4891 万人，到 2019 年增长到 22880 万人。水运的客运量总体是“先增后降”，占比远远低于公路和铁路；民用航空的客运量持续增长，2000 年为 126 万人，到 2019 年达 1364 万人，是 2000 年的 10. 8 倍，增幅最大。整体客运量的下降主要与公路客运量的下降有关，而公路客运量的下降，与私人汽车保有量的增加有密切的关系。私人汽车保用量从 2000 年 18. 94 万辆，增长至 2019 年的 1646. 03 万辆。2019 年私人汽车保有量是 2000 年的 87 倍，年平均增长速度为 26. 5%（见图 4. 41），快速增长的私人汽车保有量，减少了部分客运的市场。

（三）城市道路里程

2000 年城市道路长度 11011 千米，人均拥有道路长度是 0. 87 米，不足 1 米（见图 4. 42）；2000 年末实有道路面积为 13357 万平方米，人均拥

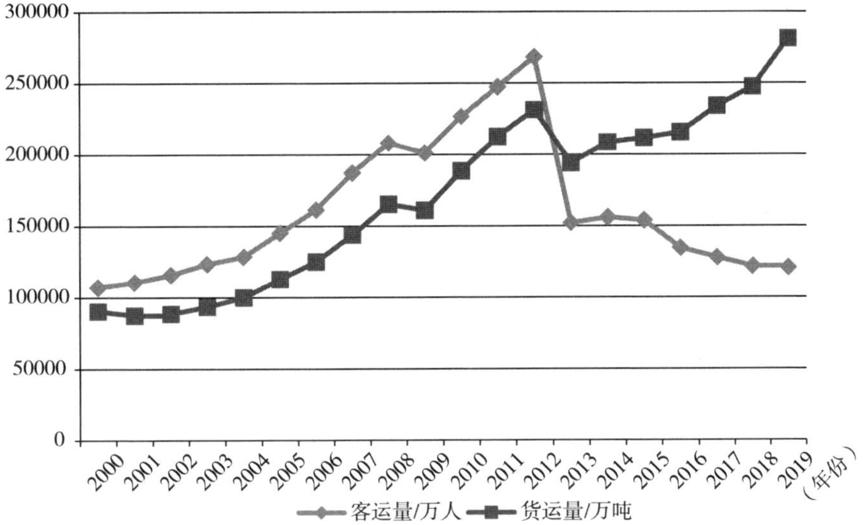

图 4.40　江苏省历年客运量和货运量

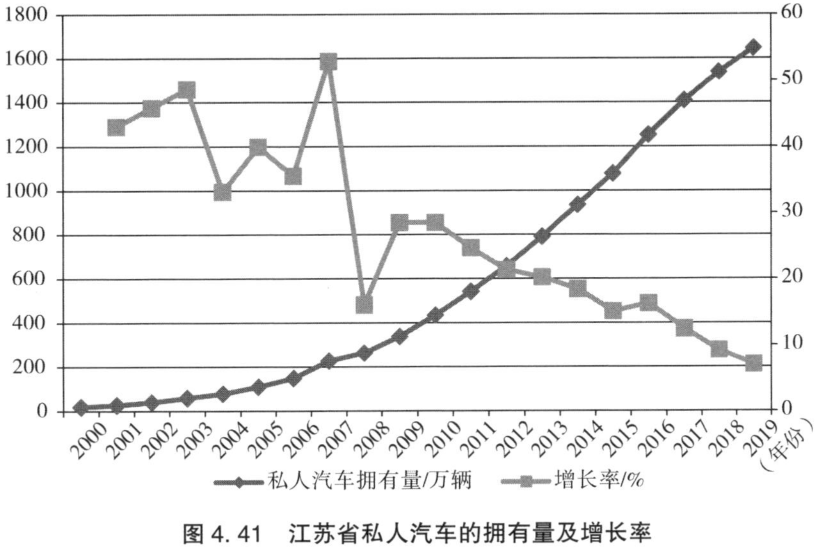

图 4.41　江苏省私人汽车的拥有量及增长率

有道路面积 10.6 平方米；到 2019 年末实有道路长度为 49056 千米，人均拥有道路长度 1.42 米，2019 年末实有道路面积 87686 万平方米，人均拥有道路面积达 25.41 平方米（见表 4.39）。城市的道路长度和面积持续增长，2000—2019 年，城市道路长度增长了 4.5 倍，城市道路面积增长了 6.6 倍，而私人汽车保有量增长了 87 倍。城市道路长度严重滞后于私人汽车的拥有量，城市交通状况正变得越来越拥挤。

表 4.39　江苏省城市道路里程和道路面积

年份	年末实有道路长度/千米	人均拥有道路长度/米	年末实有道路面积/万平方米	人均拥有道路面积/平方米
2000	11011	0.87	13357	10.6
2001	16702	0.87	20309	10.6
2002	22656	0.98	26987	11.7
2003	25541	1.08	31859	13.5
2004	26598	1.10	35596	14.7
2005	28674	1.15	40830	16.32
2006	27058	1.22	41623	18.7
2007	27706	1.21	44595	19.28
2008	28761	1.23	47330	20.28
2009	34204	1.16	57981	19.69
2010	31899	1.26	53723	21.26
2011	32491	1.22	58405	21.86
2012	34966	1.25	62438	22.35
2013	36975	1.28	66970	23.22
2014	39070	1.31	71151	23.89
2015	40749	1.33	75052	24.42
2016	44999	1.43	79733	25.37
2017	47112	1.47	82379	25.62
2018	47973	1.42	85212	25.20
2019	49056	1.42	87686	25.41

（四）建成区面积

建成区面积是指城市行政区内实际已成片开发建设、市政公用设施和公共设施基本具备的区域。对核心城市，它包括集中连片的部分以及分散

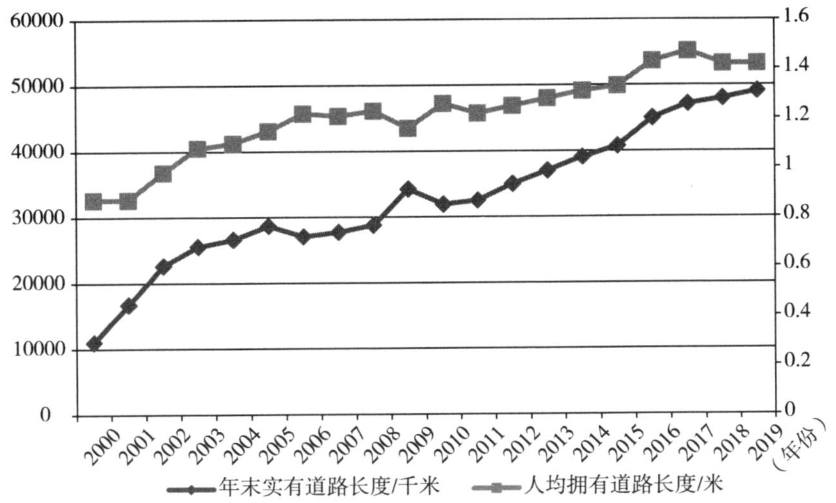

图 4. 42　江苏省历年道路里程和人均拥有道路长度

的若干个已经成片建设起来，市政公用设施和公共设施基本具备的区域；对一城多镇来说，它是由几个连片开发建设起来的，市政公用设施和公共设施基本具备的地区组成的。因此建成区范围，一般是指建成区外轮廓线所能包括的地区，也就是这个城市实际建设用地达到的范围。2000 年江苏省建成区面积为 1382 平方千米，到 2019 年建成区面积达 4648 平方千米，建成区面积增长 3. 36 倍，年增长率达 6. 6%。2000 年以来，建成区面积除 2010 年出现一次负增长，其他年份都是增长的。城市人口密度呈现“先降后升”的发展趋势，2010 年之后，基本都在 2000 人/平方千米以上（见表 4. 40），总体来看，城区面积扩张的速度加快了，城市保持较高的人口密度。

表 4. 40　江苏省建成区面积及城市人口密度

年份	建成区面积/平方千米	城市人口密度/人/平方千米
2000	1382	2260
2001	1549	1521
2002	1939	1315
2003	2120	1332
2004	2253	1375

续表

年份	建成区面积/平方千米	城市人口密度/人/平方千米
2005	2379	1321
2006	2583	1953
2007	2714	2050
2008	2904	1905
2009	3626	2076
2010	3271	2027
2011	3494	2013
2012	3655	2002
2013	3809	2016
2014	4020	2038
2015	4189	2034
2016	4299	2057
2017	4427	2092
2018	4558	2176
2019	4648	2221

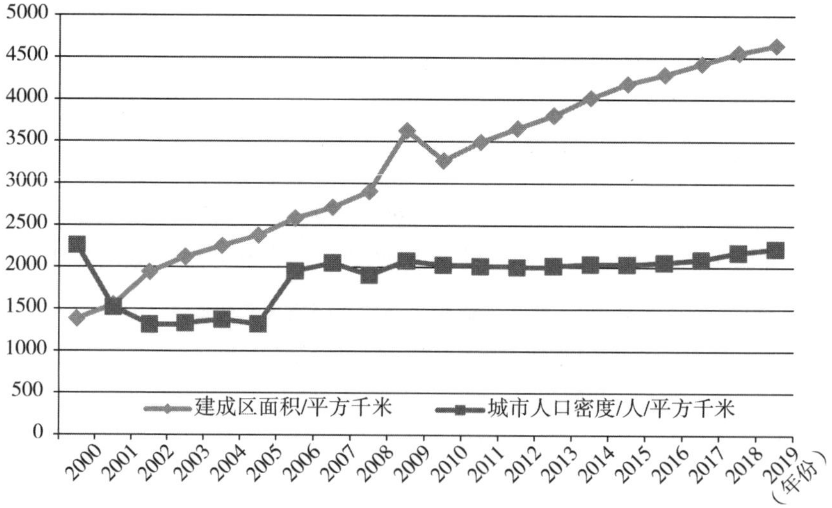

图 4.43　江苏省建成区面积及人口密度

五、小结

江苏省对教育投入重视不足，教育资源承载力下降且呈现结构性矛盾。2000—2019 年，财政教育支出占地方财政支出的比重在持续波动中下降，2019 年财政教育支出占地方财政支出的比重相比 2000 年是下降的。生均教育经费的支出逐年增长，在校生总数增长，学校规模不断提升，但生师比下降，师资难以满足教学的需求，存在不同教育类型和区域的结构性矛盾。

医疗卫生事业持续发展，但存在结构问题。医疗资源持续增长，医疗资源水平不断提升，并逐渐向城市集中，医院和基层卫生机构成为诊疗主体，基层卫生机构的作用发挥越来越突出；医疗资源的水平不断提升，医护比发生根本性改变；住院人数持续增长，床位使用存在结构性矛盾，大医院住院人满为患问题没有解决。

住宅建设发展快速，但市场化明显。住宅竣工面积总体是增长的，固定资产投资房地产的比重呈现下降趋势，住房的市场化供给更加明显，经济适用房和小户型的商品房供应没有得到应有的重视。

交通发展迅速，但越来越拥挤。江苏省交通建设得到快速的发展，公路里程和铁路里程持续增长，但客运量出现下降，私人汽车拥有量持续增长。城市道路长度严重滞后于私人汽车的拥有量，城市交通状况正变得越来越拥挤。建成区维持着较高的人口密度，城市变得更加拥挤。

第四节　社会公平与人口发展的匹配关系

一、居民收入

2000 年，江苏省农村居民人均收入为 3595 元，2019 年增长到 22675 元，是 2000 年的 6.3 倍；2000 年城镇居民人均收入为 6800 元，2019 年增长到 51056 元，是 2000 年的 7.5 倍；从增长的倍数来看，城镇居民收入的增长速度要高于农村居民。从2000—2019年城镇与农村居民人均收入趋势图（见图4.44）来看，城镇居民人均收入始终高于农村居民的人均收入，且城镇和农村居民的收入曲线图的开口逐渐变大，城乡居民的人均收入差距越来越大。

表4.41　江苏省历年城乡居民人均收入分布表

年份	农村居民人均收入/元	城镇居民人均收入/元	农村增长率/%	城镇增长率/%	城乡收入比
2000	3595	6800	2.86	4.01	1.89
2001	3785	7375	5.29	8.46	1.95
2002	3996	8178	5.57	10.89	2.05
2003	4239	9263	6.08	13.27	2.19
2004	4754	10482	12.15	13.16	2.20
2005	5276	12319	10.98	17.53	2.33
2006	5813	14084	10.18	14.33	2.42
2007	6561	16378	12.87	16.29	2.50
2008	7357	18680	12.13	14.06	2.54
2009	8004	20552	8.79	10.02	2.57
2010	9118	22944	13.92	11.64	2.52
2011	10805	26341	18.50	14.81	2.44
2012	12202	29677	12.93	12.66	2.43
2013	13598	32538	11.44	9.64	2.39
2014	14958	34346	10.00	5.56	2.30
2015	16257	37173	8.68	8.23	2.29
2016	17606	40152	8.30	8.01	2.28
2017	19518	43622	10.86	8.64	2.23
2018	20845	47200	6.80	8.20	2.26
2019	22675	51056	8.78	8.17	2.25

注：从2013年开始，农村居民家庭人均纯收入调整为农村常住居民人均可支配收入，城镇居民家庭人均可支配收入调整为城镇常住居民人均可支配收入，其他相关指标口径同时作相应调整。

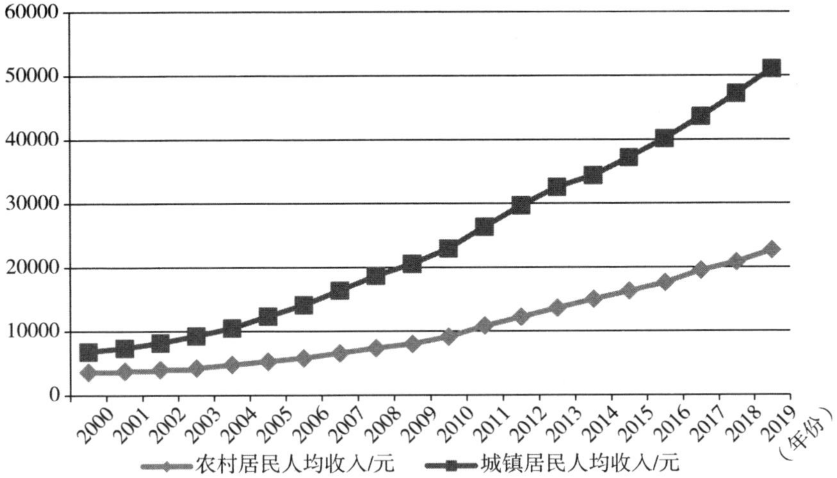

图 4.44　江苏省历年城乡居民人均收入

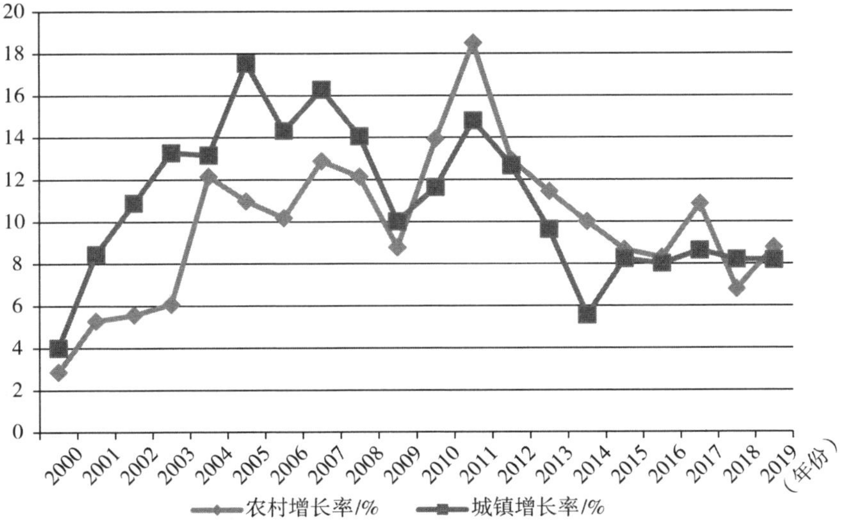

图 4.45　城乡居民人均收入年增长率

从城乡居民人均收入年增长率来看，2000—2019 年农村居民人均收入年增长率为 10.18%，城镇居民人均收入年增长率为 11.19%，城镇居民人均收入年增长率高于农村居民。从城乡居民人均收入年增长率的具体年份来看，2000—2009 年城镇居民人均收入年增长率要高于农村，2010—2019 年农村居民人均收入年增长率高于城镇（见图 4.45）。

城乡居民收入比是城镇居民人均收入除以农村居民人均收入而得，反映的是城乡居民人均收入的差异。从城乡居民收入比来看，2000—2019 年，城乡居民收入比总体呈现出“先升后降”的发展趋势。2000 年城乡居民收入比为 1.89，2009 年城乡居民收入比最高，为 2.57，之后城乡居民收入比开始下降，2019 年降至 2.25，其间有个别年份小幅波动（见图 4.46）。

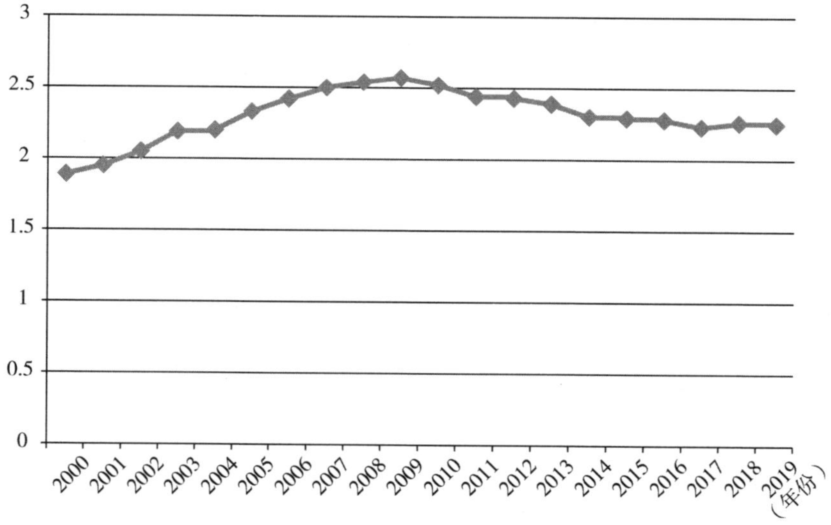

图 4.46　江苏省历年城乡收入比

二、生活质量指数

表 4.42　2000—2019 年江苏省城乡居民恩格尔系数

年份	农村居民恩格尔系数/%	城镇居民恩格尔系数/%
2000	43.5	41.1
2001	42.6	39.7
2002	40	40.4
2003	41.4	38.3

续表

年份	农村居民恩格尔系数/%	城镇居民恩格尔系数/%
2004	44.2	40
2005	44	37.2
2006	41.8	36
2007	41.6	36.7
2008	41.3	37.9
2009	39.2	36.3
2010	38.1	36.5
2011	38.5	36.1
2012	37.4	35.4
2013	36.3	34.7
2014	31.4	28.5
2015	31.7	28.1
2016	29.5	28
2017	28.9	27.5
2018	26.2	26.1
2019	26.2	25.5

恩格尔系数是指食品支出总额占个人消费支出总额的比重。19世纪德国统计学家恩格尔根据统计资料，对消费结构的变化得出一个规律：一个家庭收入越少，家庭收入中（或总支出中）用来购买食物的支出所占的比例就越大，随着家庭收入的增加，家庭收入中（或总支出中）用来购买食物的支出比例则会下降。对于一个国家而言，越是贫穷，每个国民的平均收入中（或平均支出中），用于购买食物的支出所占比例就越大，随着国家的富裕，这个比例呈下降趋势。恩格尔系数成为反映贫困程度的一个重要指标。一般说来，恩格尔系数达59%以上为贫困，50%~59%为温饱，40%~50%为小康，30%~40%为富裕，低于30%为最富裕。

2000—2019年，江苏省城镇居民恩格尔系数总体趋势是“波动中下降”，前期有所波动，后期持续下降。从2000年的41.1%降至2019年的25.5%，2000—2008年城镇居民恩格尔系数呈现波动中下降，2009—2019

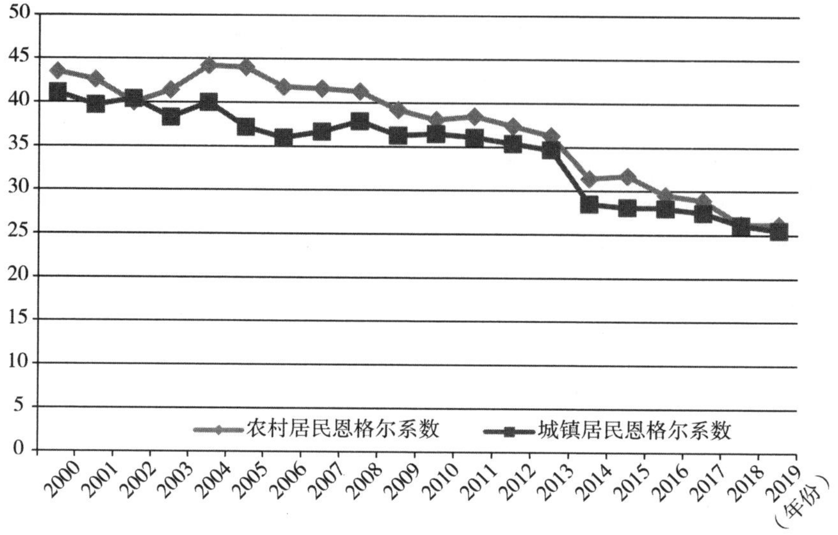

图 4.47　江苏省城乡居民恩格尔系数分布图

年表现为持续下降。2014 年城镇居民恩格尔系数低于 30%，根据恩格尔系数对应的贫困程度来看，2000 年城镇居民处于小康阶段，2001—2013 年城镇居民处于富裕阶段（除 2002 年之外），2014 年进入最富裕阶段。农村居民恩格尔系数，总体也呈现波动中下降，总体水平低于城镇水平，仅 2002 年略高于城镇水平，其他年份均低于城镇水平，分布趋势与城镇恩格尔系数比较相似，2000—2004 年有波动，2005—2019 年持续下降。2000 年恩格尔系数为 43.5%，2004 年恩格尔系数达到 2000 年以来最高值，为 44.2%；其后农村居民恩格尔系数持续下降，2019 年为 26.2%。2000—2008 年农村居民处于小康阶段，2009—2015 年为富裕阶段，2016—2019 年处于最富裕阶段（见图 4.47）。从恩格尔系数来看，无论城乡，江苏省都进入了最富裕阶段，但是从生活质量和品质来看，可能收入水平还需要进一步提高。

三、社会保障

我国社会保障制度是从城乡二元体制转变为以就业为基础的社会保

障。社会保障包括社会保险、社会救助、社会福利和优抚安置，其中社会保险是最重要的组成部分。社会保险（Social Insurance）是指一种为丧失劳动能力、暂时失去劳动岗位或因健康原因造成损失的人口提供收入或补偿的一种社会和经济制度。社会保险又包括养老保险、医疗保险、失业保险、工伤保险和生育保险。在社会保险中，养老保险是社会保障制度的重要组成部分，是社会保险五大险种中最重要的险种之一。养老保险的目的是为保障老年人的基本生活需求，为其提供稳定可靠的生活来源。2000—2019 年江苏省城镇养老保障覆盖率是稳步提升的，由 2000 年的 21.26%到 2019 年的 55.19%。城镇职工基本医疗保险覆盖率也是稳步提升，从 2000 年的 7.74%到 2019 年的 51.84%。数据显示，2000—2019 年，江苏省社会保障水平不断提升，社会公平程度不断提高（见图 4.48）。

表 4.43　江苏省城镇养老保险与基本医疗保险的人数与覆盖率

年份	城镇养老保险人数/万人	城镇职工基本医疗保险人数/万人	城镇养老保险覆盖率/%	城镇职工基本医疗保险覆盖率/%
2000	646.6	235.5	21.26	7.74
2001	646.58	490.29	20.63	15.64
2002	710.59	690.93	21.47	20.87
2003	779.15	835.08	22.34	23.94
2004	839.8	976.73	23.17	26.95
2005	952.3	1124.09	24.85	29.33
2006	1059.3	1274.28	26.66	32.07
2007	1167.4	1435.79	28.41	34.95
2008	1290.9	1604.25	30.63	38.06
2009	1387.8	1701.13	31.96	39.17
2010	1503.4	1848.26	31.53	38.77
2011	1659.6	2012.44	33.94	41.16

续表

年份	城镇养老保险人数/万人	城镇职工基本医疗保险人数/万人	城镇养老保险覆盖率/%	城镇职工基本医疗保险覆盖率/%
2012	1796.7	2155.47	36.01	43.20
2013	1901.8	2274.73	37.36	44.69
2014	2698.9	2361.81	51.99	45.50
2015	2653.6	2429	50.01	45.78
2016	2725.9	2490.52	50.32	45.98
2017	2818.2	2601.13	51.05	47.11
2018	2957.6	2752.64	52.78	49.12
2019	3144.9	2954.1	55.19	51.84

注：城镇职工基本医疗保险中，2000 年数据为在职职工，2001—2019 年数据包括城镇在职职工，也包括退休人员。2000—2019 年城镇养老保险人员是指职工人数。

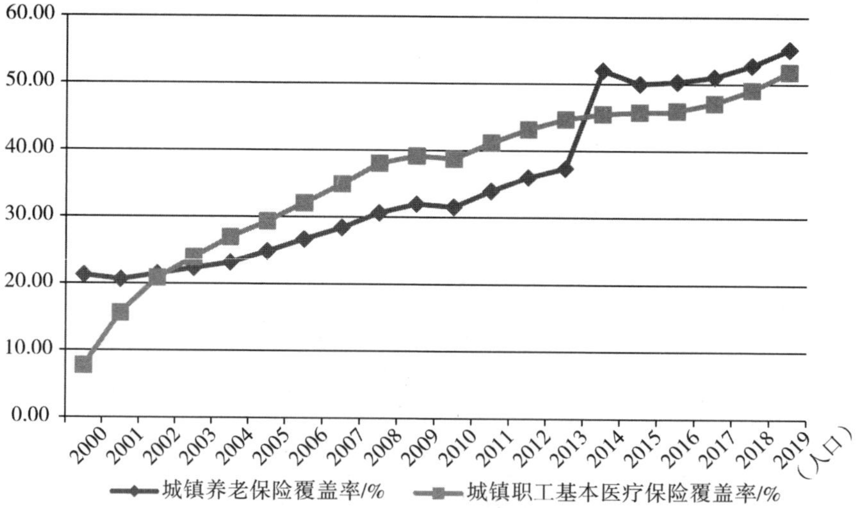

图 4.48　养老保险与医疗保险的覆盖率

四、城镇人口登记失业率

2000 年城镇人口登记失业率为 3. 4%，之后开始上升，到 2002 年上升至 4. 2%，2002 年之后开始下降，其中个别年份略有波动，到 2019 年降至 3. 03%，2007 年以来变化都比较平稳；特别是 2013 年以来，城镇人口登记失业率波动非常小，基本上是维持在 3%左右（见图 4. 49）。总体来看，江苏省保持着较低的城镇人口登记失业率。

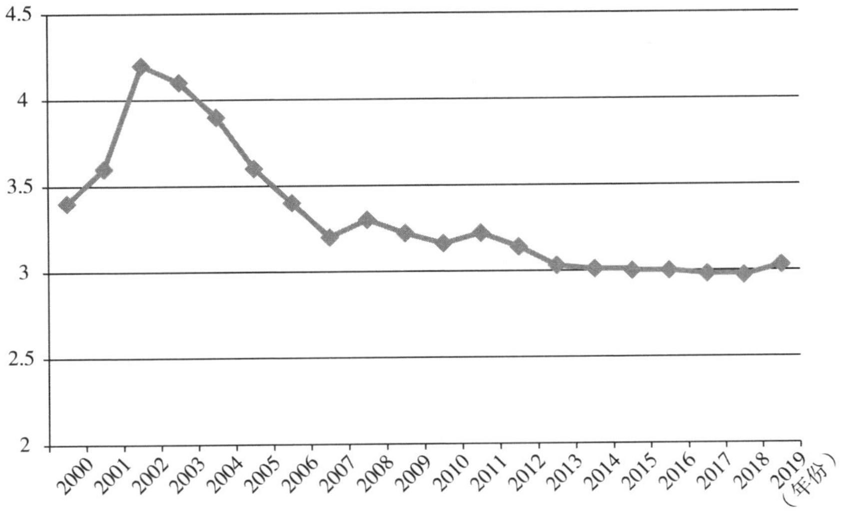

图 4. 49　江苏省城镇人口登记失业率

表 4. 44　江苏省城镇人口登记失业率

年份	城镇人口登记失业率/%	年份	城镇人口登记失业率/%
2000	3. 4	2010	3. 16
2001	3. 6	2011	3. 22
2002	4. 2	2012	3. 14
2003	4. 1	2013	3. 03
2004	3. 9	2014	3. 01
2005	3. 6	2015	3. 00

续表

年份	城镇人口登记失业率/%	年份	城镇人口登记失业率/%
2006	3.4	2016	3.00
2007	3.2	2017	2.98
2008	3.3	2018	2.97
2009	3.22	2019	3.03

五、小结

江苏省城乡居民收入持续增长，但城乡居民收入差距不断扩大；城乡居民恩格尔系数不断下降，生活质量不断提升；社会保障水平不断提高，保持着较低的城镇人口登记失业率。江苏省社会公平程度不断提升，城乡公平发展尚需改进。

第五章　江苏省人口与资源环境的均衡发展

人口与资源环境的均衡发展是地区发展的重要前提。人口的数量、质量、结构、分布等对环境、资源有着很大的影响。人口可以促进经济发展，使资源利用合理和环境优化；也可以阻碍经济发展，造成资源过度开采和环境恶化。可见，人口对资源、环境和经济发展的影响是极其深刻的。这就要求人口本身也应当是可持续发展的，但又不能孤立地发展。这是因为，离开了资源和环境，就不可能有人类；离开了经济和社会，就不可能有人口发展。人类生存和发展都是有条件的，不顾生存和发展条件的人口增长是不能长久的。

第一节　土地资源与人口均衡发展

一、土地资源利用情况及其承载力

（一）土地利用结构

表 5.1　江苏省历年土地利用结构

年份	农用地		建设用地		未利用地		合计/万公顷
	面积/万公顷	比例/%	面积/万公顷	比例/%	面积/万公顷	比例/%	
2004	678.98	63.61	180.73	16.93	207.71	19.46	1067.42
2005	677.53	63.47	183.15	17.16	206.74	19.37	1067.42

续表

年份	农用地		建设用地		未利用地		合计/万公顷
	面积/万公顷	比例/%	面积/万公顷	比例/%	面积/万公顷	比例/%	
2006	674.25	63.17	186.91	17.51	206.25	19.32	1067.41
2007	672.79	63.03	190.23	17.82	204.39	19.15	1067.41
2008	671.58	62.92	193.41	18.12	202.41	18.96	1067.40
2009	660.56	61.88	210.91	19.76	195.95	18.36	1067.42
2010	657.17	61.57	215.50	20.19	194.75	18.24	1067.42
2011	655.28	61.39	218.20	20.44	193.94	18.17	1067.42
2012	654.02	61.27	220.42	20.65	192.98	18.08	1067.42
2013	652.73	61.15	222.57	20.85	192.12	18.00	1067.42
2014	651.08	60.72	225.00	20.98	196.12	18.29	1072.20
2015	649.70	60.60	227.08	21.18	195.42	18.23	1072.20
2016	648.21	60.46	229.19	21.38	194.80	18.17	1072.20
2017	647.04	60.35	231.10	21.55	194.06	18.10	1072.20
2018	654.04	61①	233.06	21.74	185.1	17.26	1072.20
2019	–	–	234.68	21.89	–	–	1072.20

注：2004—2008年数据来源于《江苏省国土资源综合统计分析报告》，2009—2017年数据来源于《中国国土资源统计年鉴》，2018、2019年的建设用地规模依据江苏省自然资源厅的《2018年综合统计情况报告》《2019年综合统计情况报告》计算而得。

2000年以来，江苏省国土面积总量变化不大，2000—2013年江苏省国土面积为10.26万平方千米（1067万公顷），2014—2019年国土面积增长到10.72万平方千米（1072万公顷）。从土地利用类型来看，2004年农用地面积为678.98万公顷，占国土资源总量的63.61%，建设用地为180.73万公顷，占国土资源总量的16.93%，未利用地为207.71万公顷，占国土

① 刘聪：今年内江苏单位GDP建设用地使用面积要降5.5%，https://www.sohu.com/a/322911398_123877.

资源总量的19.46%，2018年农用地面积为654.04万公顷，占国土资源总量的61%，比2004年减少24.94万公顷，占比下降了2.61个百分点；建设用地233.06万公顷，占国土资源总量的21.74%，比2004年增加了52.33万公顷，占比增加了4.81个百分点；未利用土地185.1公顷，占国土资源总量的17.26%，比2004年减少了22.61万公顷，下降了2.2个百分点（见表5.1）。总的来说，江苏省土地利用结构呈现“两降一增”变化格局，农用地面积和未利用土地面积持续减少，但下降幅度不大，建设用地呈现持续增长。这种变化反映了城市发展对建设用地的持续需求，不断改变着现有的土地利用结构，也导致土地资源利用的压力。

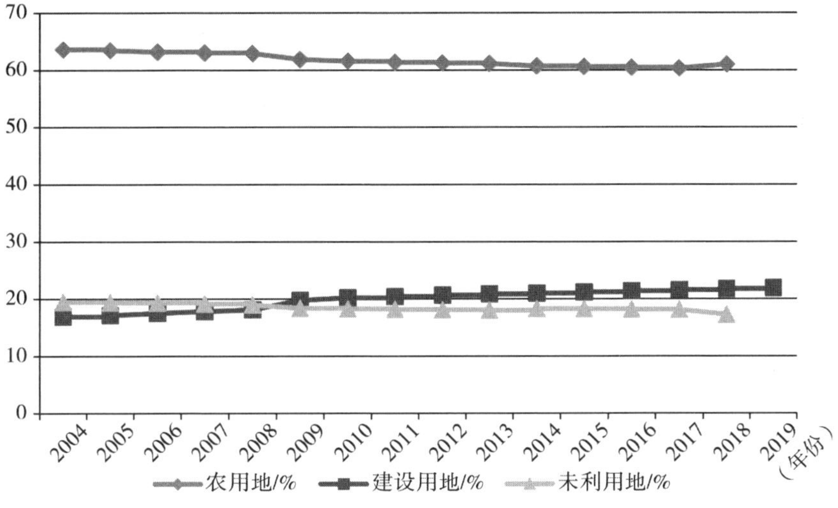

图5.1　江苏省历年土地利用结构

在2013年第21个“全国土地日”的主题汇报会上，江苏省副省长徐鸣指出，“全省的开发强度已经达到21%，我省至少要守住25%的开发强度这条红线，不能再往上走了。江苏人多地少，而6400万亩基本农田一亩都不能少，现有土地资源十分紧缺①。”对土地资源的担忧并没有影响土地

① 朱新法：江苏开发强度已达21%，再不集约节约将无土地可用，《新华日报》2013年6月25日。

开发的热情，因为提高城市化水平，土地开发强度增加很难避免。2015 年江苏省土地开发强度依然保持在 21%，其中无锡市土地开展强度达 32.0%，高于国际土地开发强度的警戒线；苏州市达 28.8%，苏南 5 市均高于 25%（见表 5.2）。苏南地区对外来人口的吸引力，倒逼政府加强土地开发。

表 5.2　2015 年江苏省 13 市土地开发强度①

排名	城市	百分比/%
1	无锡	32.0
2	苏州	28.8
3	南京	28.1
4	常州	25.6
5	镇江	25.3
6	连云港	23.3
7	徐州	20.4
8	扬州	19.4
9	南通	19.2
10	泰州	19.1
11	淮安	16.3
12	宿迁	16.1
13	盐城	12.8
国际土地开发强度警戒线		30.0
国际宜居土地开发强度		20.0

土地开发强度指一个区域建设用地占该区域土地总面积的比例。江苏省耕地占补平衡的后备资源已很稀少，形势十分严峻。多年来，苏南耕地占补平衡主要靠调剂苏北的结余实现，但经过十多年大规模的开发整理，苏北土地后备资源中开垦条件较好、易开发利用的地块已开发殆尽，后备

① 江苏 13 市土地开发强度排行榜：苏南已渐无地可用，http://www.huijufu.com/zixun/165535/

资源总量急剧萎缩。如何保住 6400 万亩（426.66 万公顷）的“耕地红线”，2017 年江苏省农用地面积为 9705 万亩（647 万公顷），其中耕地面积为 6860 万亩（457.33 万公顷），距离“耕地红线”仅差 460 万亩（30.67 万公顷）。2017 年中共江苏省委、江苏省人民政府出台《关于进一步加强耕地保护和改进占补平衡的实施意见》（苏发〔2017〕15 号）明确了全省到 2020 年，耕地保有量不少于 6853 万亩，永久基本农田保护面积不少于 5844 万亩，建成高标准农田 4275 万亩，占耕地面积比重达到 60%以上，确保非农建设占用耕地占补平衡、全省开发强度控制在 22%以内等具体目标。2018 年第 49 个世界地球日，江苏省国土资源厅厅长刘聪再次强调要严格实行建设用地总量和强度“双控”，确保土地开发强度控制在 22%以下，坚决守住规划空间“天花板”。

土地资源和其他资源不同，土地一旦投资开发，确定了用途，再要改变十分困难。因而对土地开发利用许多国家都非常慎重。在美国，土地利用规划与控制是地方政府的责任。1916 年纽约市颁布了第一项综合区划法令来控制土地的使用、建筑高度与容积率。日本的土地资源利用管理服务通过国土利用规划和土地利用基本规划进行宏观管理外，还通过法律和行政的手段，使宏观管理与微观管理结合起来，形成一个比较系统完善的体系。

（二）人口密度

人口密度是指单位土地面积上人口的数量，一般计量单位为：人/平方千米。它是衡量一个国家或地区人口分布状况的重要指标。1990—2019 年江苏省人口密度呈现“先持续上升—下降—再上升”的格局。1990 年人口密度为每平方千米 660 人，1990—2013 年人口密度持续增长，2013 年达到每平方千米 774 人；2014 年人口密度略有下降，为每平方千米 742 人，之后人口密度继续增长，2019 年为每平方千米 753 人（见表 5.3）。2014 年人口密度的下降，是由于江苏省土地面积的增加，江苏省国土面积从 10.26 万平方千米增长到 10.72 万平方千米。人均用地面积是个人平均占有土地面积的多少，用平方米/人来计量，人均用地面积呈现“持续下降→短暂上升→再下降”的趋势，1990 年人均用地面积为 1516 平方米，2013 年下降至 1292 平方米，2014 年回升到 1347 平方米，之后又持续下降，2019 年为 1328 平方米（见表 5.3）。人均用地面积与人口密度的变化趋势正好相反，都是反映人与地的关系。

表 5.3　江苏省历年人口密度

年份	总人口/万人	国土面积/万平方千米	人口密度/人/平方千米	人均用地面积/平方米/人
1990	6766.90	10.26	660	1516
1991	6843.70	10.26	667	1499
1992	6911.20	10.26	674	1485
1993	6967.27	10.26	679	1473
1994	7020.54	10.26	684	1461
1995	7066.02	10.26	689	1452
1996	7110.16	10.26	693	1443
1997	7147.86	10.26	697	1435
1998	7182.46	10.26	700	1428
1999	7213.13	10.26	703	1422
2000	7327.24	10.26	714	1400
2001	7358.52	10.26	717	1394
2002	7405.50	10.26	722	1385
2003	7457.70	10.26	727	1376
2004	7522.95	10.26	733	1364
2005	7588.24	10.26	740	1352
2006	7655.66	10.26	746	1340
2007	7723.13	10.26	753	1328
2008	7762.48	10.26	756	1322
2009	7810.27	10.26	761	1314

续表

年份	总人口/万人	国土面积/万平方千米	人口密度/人/平方千米	人均用地面积/平方米/人
2010	7869. 34	10. 26	767	1304
2011	7898. 80	10. 26	770	1299
2012	7919. 98	10. 26	772	1295
2013	7939. 49	10. 26	774	1292
2014	7960. 06	10. 72	742	1347
2015	7976. 30	10. 72	744	1344
2016	7998. 60	10. 72	746	1340
2017	8029. 30	10. 72	749	1335
2018	8050. 70	10. 72	751	1332
2019	8070	10. 72	753	1328

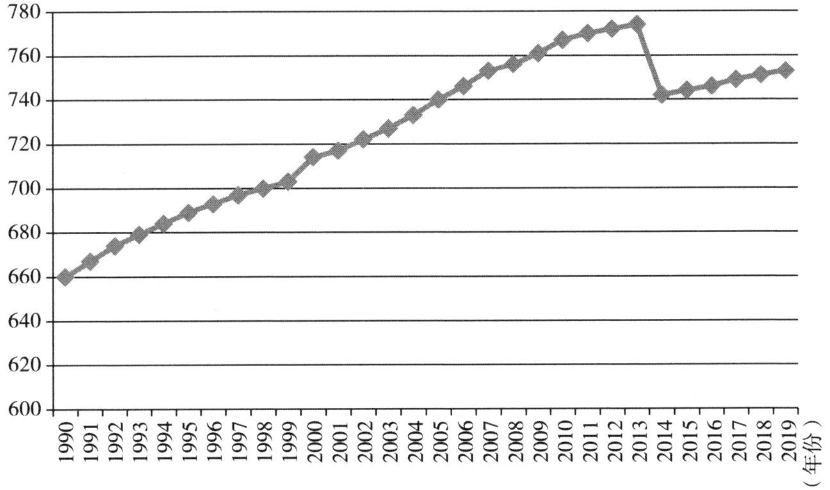

图 5. 2　江苏省历年人口密度（人/平方千米）

（三）人均耕地面积

2000—2019 年江苏省耕地面积总体呈现下降趋势，仅 2015 年出现过增长，其他年份耕地总面积都是负增长。2000 年江苏省耕地面积为 500. 84

万公顷，2016 年达到最低值，为 457. 11 万公顷。人均耕地面积持续下降，2000 年人均耕地面积为 1. 03 亩，2019 年下降到 0. 85 亩。江苏省人均耕地面积低于全国人均耕地面积，而且江苏省人均耕地面积占全国耕地面积的比重不断下降，2006 年江苏省人均耕地面积是全国人均耕地面积的 66. 91%，到 2017 年下降到 58. 62%（见表 5. 4）。

表 5. 4　江苏省人均耕地面积

年份	年末耕地面积/万公顷	总人口/万人	人均耕地面积/亩	全国人均耕地面积/亩	占全国的比重/%	粮食作物播种面积/万公顷
2000	500. 84	7327. 24	1. 03	–	–	530. 43
2001	497. 41	7358. 52	1. 01	–	–	488. 67
2002	490. 50	7405. 50	0. 99	–	–	488. 26
2003	485. 83	7457. 70	0. 98	–	–	465. 95
2004	479. 52	7522. 95	0. 96	–	–	477. 46
2005	478. 04	7588. 24	0. 94	–	–	490. 95
2006	474. 30	7655. 66	0. 93	1. 39	66. 91	511. 08
2007	473. 05	7723. 13	0. 92	1. 38	66. 67	521. 56
2008	471. 87	7762. 48	0. 91	1. 38	65. 94	526. 71
2009	468. 81	7810. 27	0. 90	1. 37	64. 96	527. 20
2010	459. 55	7869. 34	0. 88	1. 37	64. 23	528. 24
2011	458. 78	7898. 80	0. 87	1. 36	63. 97	531. 92
2012	458. 47	7919. 98	0. 87	1. 39	62. 59	533. 66
2013	458. 16	7939. 49	0. 87	1. 49	58. 39	536. 08
2014	457. 42	7960. 06	0. 86	1. 48	58. 11	537. 61
2015	457. 49	7976. 30	0. 86	1. 47	58. 50	542. 46
2016	457. 11	7998. 60	0. 86	1. 46	58. 90	543. 27
2017	457. 33	8029. 30	0. 85	1. 45	58. 62	552. 73
2018	458. 3	8050. 70	0. 85	1. 51	56. 29	547. 59
2019	459. 6	8070	0. 85	1. 44	59. 03	538. 15

数据来源：江苏省数据 1999—2009 年数据来自《江苏省统计年鉴》，2010—2017 年数据来自《中国国土资源统计年鉴》，2018 年、2019 年数据依据《江苏省统计年鉴》（2020）计算而得。2018 年全国人均耕地数据来源于 https：//www. sohu. com/a/322911398_ 123877，2019 年全国人均耕地数据来自《2019 年全国耕地质量等级情况公报》。

（四）人均建设用地

2004—2019 年江苏省建设用地一直保持增长势头。2004 年江苏省建设用地为 180.73 万公顷，2019 年达 234.68 万公顷，2004 年人均建设用地面积为 240.24 平方米，2019 年达到最高值，为 290.81 平方米（见表 5.5）。2004 年以来人均建设用地一直保持增长态势，人均建设用地和建设用地的发展趋势基本一致。2004—2019 年，建设用地增长了 1.3 倍，而总人口仅增长了 1.07 倍，城市扩展的速度超过了全省常住人口的增长速度。

表 5.5　江苏省历年人均建设用地面积

年份	建设用地面积/万公顷	常住人口/万人	人均建设用地面积/平方米
2004	180.73	7522.95	240.24
2005	183.15	7588.24	241.36
2006	186.91	7655.66	244.15
2007	190.23	7723.13	246.31
2008	193.41	7762.48	249.16
2009	210.91	7810.27	270.04
2010	215.50	7869.34	273.85
2011	218.20	7898.8	276.24
2012	220.42	7919.98	278.31
2013	222.57	7939.49	280.33
2014	225.00	7960.06	282.66
2015	227.08	7976.3	284.69
2016	229.19	7998.6	286.54
2017	231.10	8029.30	287.82
2018	233.06	8050.70	289.49
2019	234.68	8070	290.81

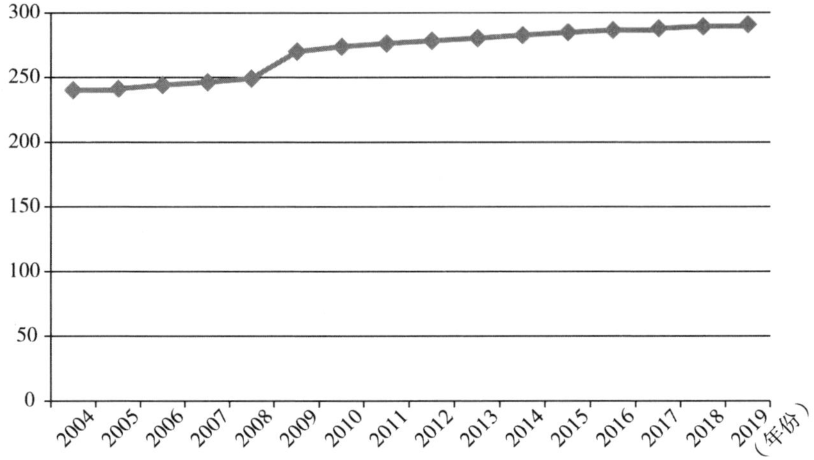

图 5.3 江苏省历年人均建设用地面积 单位：平方米

二、基于土地资源约束的未来人口发展规模

根据《江苏省主体功能区规划》提出形成以优化开发区域和重点开发区域为主体的经济建设布局，推进人口适度集聚，集中全省 95%以上的经济总量和 80%以上的人口；形成以限制开发区域和禁止开发区域为主体的农业与生态布局。强调到 2020 年全省土地开发强度控制在 22%，建设用地控制在 236.13 万公顷，2019 年建设用地 234.68 万公顷，占比达 21.89%（见表 5.1）。由于建设用地的控制，将导致全国人口更加向城市集中。

2014 年，江苏省人民政府颁布《江苏省主体功能区规划》（苏政发〔2014〕20 号）。《江苏省主体功能区规划》作为江苏省国土空间开发的战略性、基础性和约束性规划，是深入贯彻落实科学发展观的重大战略举措，对于推进形成人口、经济和资源环境相协调的国土空间开发格局，加快转变经济发展方式，促进经济持续健康发展和社会和谐稳定具有重要意义。

《江苏省主体功能区规划》提出到 2020 年优化开发区域的主城区人口

密度不低于每平方千米 10000 人的发展目标。从主体功能区规划来看，人口将更加集中，城市人口密度将进一步提高。人口集中有利于促进基本公共服务均等化，同时造成城市的拥挤，也间接导致了高房价的长期存在。

2018 年 4 月 23 日，江苏省国土资源厅厅长刘聪在纪念第 49 个世界地球日表示，江苏要严格实行建设用地总量和强度“双控”，确保江苏省土地开发强度控制在 22%以下，坚决守住规划空间“天花板”。刘聪表示，江苏将有序推进城镇低效用地和存量用地再开发，推进土地资源高效利用和复合利用，积极创建和推广节约用地新技术新模式，努力实现年度江苏省单位 GDP 建设用地占用面积同比下降 5.8%，建设用地地均 GDP 同比增长 6.2%的目标任务①。

表 5.6 江苏省主体功能区规划

区域	面积/万平方千米	比例/%	2010 年		2020 年	
			GDP 比重/%	人口比重/%	GDP 目标值/%	人口目标值/%
优化开发区域	1.84	17.5	60	39	95	80
重点开发区域	2.04	19.4	13	18		
限制开发区域	6.63	63.1	27	43	5	20
合计	10.51	100	100	100	100	100

三、小结

土地利用结构呈现“两降一增”变化格局，农用地面积和未利用土地面积持续减少，建设用地呈现持续增长。城市的发展对建设用地的需求持续增长。全省土地开发强度偏高，苏南呈现较高的土地开发强度；2000—2019 年江苏省耕地面积总体呈现下降趋势，2004—2019 年江苏省建设用地一直保持增长势头，建设用地增速超过人口的增速。由于受到土地资源的

① 江苏省国土厅：确保土地开发强度控制在 22%以下，https://www.sohu.com/a/229249414_124732.

约束和主体功能区规划的限制，人口更加趋于集中。

第二节　水资源与人口均衡发展

一、水资源开发利用状况及承载力

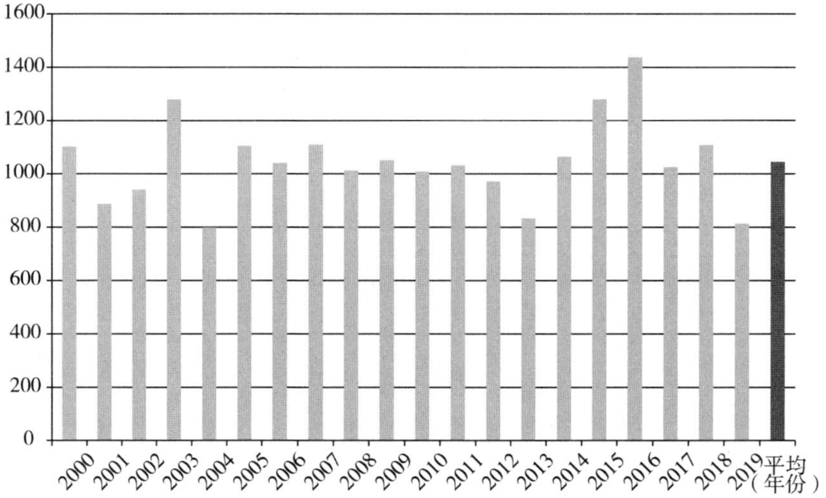

图 5.4　江苏省历年降水量　单位：毫米

（一）水资源总量

江苏省地处长江、淮河下游，东濒黄海，西连安徽，北接山东，南与浙江和上海毗邻，国土面积 10.72 万平方千米。省内分布长江、太湖、淮河和沂沭泗四大水系，长江横穿东西，大运河纵贯南北。境内有在全国淡水湖排名第三、第四的太湖和洪泽湖，河湖水域占 16.9%，素有“水乡江苏”之称。江苏气候具有明显的季风特征，处于亚热带向暖温带的过渡地带。全省年日照时数为 1816~2503 小时，年平均气温为 13.5~16.0℃，年降水量为 700~1250 毫米，年径流深为 150~400 毫米，降水主要集中在 6—9 月的汛期，年均蒸发量为 950~1100 毫米。

境内长江水系境内面积 1.91 万平方千米，淮河水系境内面积 3.82 万平方千米，沂沭泗水系境内面积 2.59 万平方千米，江苏本地水资源不足，但过境水丰沛，加之持续不断加大水利基本建设，水资源已成为江苏最大的资源优势，有力保障了全省经济社会发展。全省多年平均本地水资源总量 322 亿立方米，多年平均过境水量为 9490 亿立方米，是本地水资源量的 30 倍。其中，长江流域 9110 亿立方米，占过境水总量的 96%。丰富的过境水资源，特别是长江的过境水资源，为江苏省开发利用提供了得天独厚的条件。

2000—2019 年，江苏省年平均降水量呈现波浪状变动，降水量最少的年份为 2004 年 799.55 毫米，最多的年份为 2016 年的 1438 毫米，2000—2019 年平均降水量 1045.68 毫米。

表 5.7　江苏省历年水资源总量

年份	水资源总量/亿立方米	地表水资源量/亿立方米	地下水资源量/亿立方米	地下水与地表水重复计算量/亿立方米	年降水量/毫米
2000	440.94	319.26	143.31	21.63	1103.1
2001	275.01	181.41	115.31	21.71	888.07
2002	268.02	185.72	100.59	18.29	941.39
2003	619.05	499.81	138.28	19.05	1280.09
2004	201.11	132.43	90.97	22.29	799.55
2005	466.96	366.38	122.23	21.65	1105.01
2006	404.4	314.7	110.73	21.03	1041.05
2007	498.38	395.71	123.27	20.59	1110.09
2008	378	280.86	111.34	14.19	1013.57
2009	400.31	306.05	110.8	16.54	1051.68
2010	383.53	291.15	108.93	16.56	1008.68
2011	492.4	398.96	115.13	21.68	1031.69
2012	373.33	279.14	110.17	15.99	972.39
2013	283.53	202.32	97.2	15.99	833.43

续表

年份	水资源总量/亿立方米	地表水资源量/亿立方米	地下水资源量/亿立方米	地下水与地表水重复计算量/亿立方米	年降水量/毫米
2014	399. 3	296. 4	118. 9	16	1064. 7
2015	582. 1	462. 9	142. 4	23. 2	1281. 5
2016	741. 75	605. 77	163. 98	28	1438
2017	392. 9	295. 4	114. 5	17. 1	1026. 4
2018	378. 4	274. 9	119. 7	16. 1	1109. 2
2019	231. 7	163. 0	77. 5	8. 9	814. 0

数据来源：《江苏省统计年鉴》（2001—2020 年）。

江苏省水资源总量是随着年降水量的变动而变动的，降水量大的年份，水资源总量就大，降水量小的年份，水资源总量就小。总体而言，水资源总量呈现周期性的变化，2004 年水资源总量最低，为 201. 11 亿立方米，2016 年水资源总量达到最高，为 741. 75 亿立方米（见表 5. 7），水资源高峰与低谷差距在 540. 64 亿立方米，不同年份，水资源总量差异较大。地表水资源量、地下水资源量的变化趋势与水资源总量的变化趋势比较一致，但是地下水资源量高峰与低谷差距比较小，地下水资源的变动幅度要比地表水小得多，但地下水总量受地表水影响较大。

2000 年江苏省人均水资源为 601. 78 立方米/人，2019 年为 287. 11 立方米/人，不同年份的人均水资源差异较大，其中 2016 年人均水资源最多，达 927. 35 立方米/人，2004 年人均水资源仅为 267. 33 立方米/人，是 2016 年的 28. 8%（见表 5. 8）。与全国人均水资源量相比，江苏省人均水资源远低于全国的平均水平，人均水资源最低的年份，仅为全国人均水资源的 14. 4%，最高的年份，也只有全国人均水资源的 39. 38%，最多的年份不足全国人均水资源的四成。江苏省人均水资源也远低于联合国规定的人均水资源的 1700 立方米警戒线，从 2000—2019 年 20 年间，其中 10 个年份人

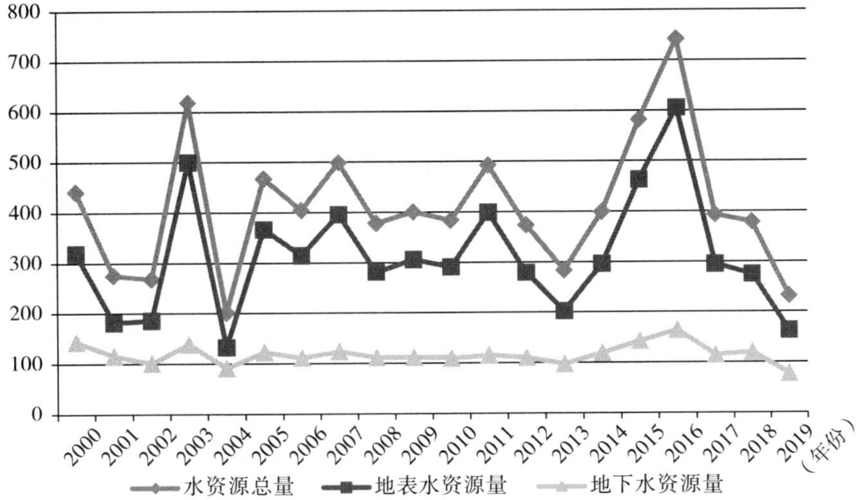

图 5.5　江苏省历年水资源总量　单位：亿立方米

均水资源低于人均水资源 500 立方米的极度缺水线标准①。

表 5.8　江苏省和全国历年人均水资源情况

年份	水资源总量/亿立方米	常住人口/万人	人均水资源/立方米/人	全国人均水资源/立方米/人	占全国的比重/%
2000	440. 94	7327. 24	601. 78	2193. 9	27. 43
2001	275. 01	7358. 52	373. 73	2112. 5	17. 69
2002	268. 02	7405. 5	361. 92	2207. 2	16. 40
2003	619. 05	7457. 7	830. 08	2131. 3	38. 95
2004	201. 11	7522. 95	267. 33	1856. 29	14. 40
2005	466. 96	7588. 24	615. 37	2151. 8	28. 60
2006	404. 4	7655. 66	528. 24	1932. 09	27. 34
2007	498. 38	7723. 13	645. 31	1916. 34	33. 67
2008	378	7762. 48	486. 96	2071. 05	23. 51

① 童玉芬：《北京市水资源人口承载力再辨析》，载《北京社会科学》2011 年第 5 期，第 22-28 页。

续表

年份	水资源总量/亿立方米	常住人口/万人	人均水资源/立方米/人	全国人均水资源/立方米/人	占全国的比重/%
2009	400. 31	7810. 27	512. 54	1816. 18	28. 22
2010	383. 53	7869. 34	487. 37	2310. 41	21. 09
2011	492. 4	7898. 8	623. 39	1730. 2	36. 03
2012	373. 33	7919. 98	471. 38	2186. 2	21. 56
2013	283. 53	7939. 49	357. 11	2059. 7	17. 34
2014	399. 3	7960. 06	501. 63	1998. 64	25. 10
2015	582. 1	7976. 3	729. 79	2039. 2	35. 79
2016	741. 75	7998. 6	927. 35	2354. 9	39. 38
2017	392. 9	8029. 3	489. 33	2074. 5	23. 59
2018	378. 4	8050. 7	470. 02	1968. 10	23. 88
2019	231. 7	8070	287. 11	2074. 28	13. 84

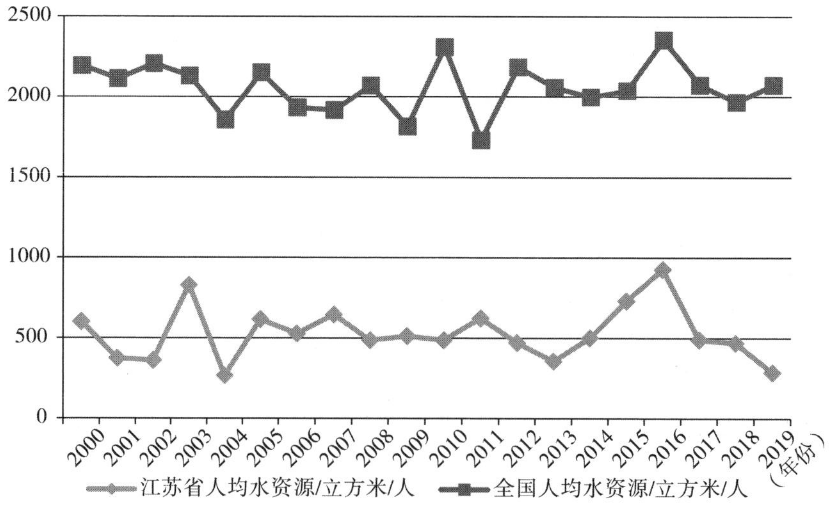

图 5. 6　江苏省和全国历年人均水资源量

（二）供水构成

表 5.9　江苏省历年供水量结构

年份	供水总量/亿立方米	地表水供水总量/亿立方米	地下水供水总量/亿立方米	其他供水总量/亿立方米
2004	525.58	515.1	10.48	–
2005	519.72	508.89	10.83	–
2006	546.38	535.66	10.72	–
2007	558.34	548.45	9.89	–
2008	558.32	548.65	9.67	–
2009	549.23	540.4	8.83	–
2010	552.19	543.52	8.67	–
2011	556.17	546.1	10.07	–
2012	552.23	542.41	9.82	–
2013	576.69	567.36	9.33	–
2014	591.29	574.7	9.69	6.9
2015	574.5	558	9.1	7.4
2016	577.4	561.03	8.87	7.5
2017	591.3	575.3	8.4	7.6
2018	592	575.4	7.9	8.7
2019	619.1	602.3	6.3	10.5

数据来源：国家统计局网站分省年度数据（2004—2019 年）。

2004—2019 年，江苏省供水量呈现波动式上升，2004 年供水总量为 525.58 亿立方米，2019 年达 619.1 亿立方米（见表 5.9），在供水构成中，地表水是主要供水类型，其分布趋势与供水总量的分布趋势基本一致，地表水在供水总量中的占比一直保持在 97%以上，总体呈现增长趋势（见图 5.7）。2004 年地表水供水总量为 515.1 亿立方米，2019 年达到 602.3 亿立方米，地表水供应总量呈现波浪式上升的趋势。

地下水供水量总体呈现下降趋势，2004 年地下水供水总量为 10.48 亿立方米，2019 年下降到 6.3 亿立方米，地下水供水量的比重总体呈现下降趋势，从 2004 年的 2.0%下降至 2019 年的 1.02%。其他供水量从无到有，并且不断增长。2014 年其他水源供水总量为 6.9 亿立方米，之后一直持续增长，2019 年达到 10.5 亿立方米，其在供水构成中的比重也在不断提高，从 2014 年的 1.17%上升至 2019 年的 1.70%。其他供水主要是非常规水源，非常规水源是指区别于传统意义上的地表水、地下水的（常规）水资源，主要有雨水、再生水（经过再生处理的污水和废水）、海水、空中水、矿井水、苦咸水等，这些水源的特点是经过处理后可以再生利用。各种非常规水源的开发利用具有各自的特点和优势，可以在一定程度上替代常规水资源，加速和改善天然水资源的循环过程，使有限的水资源发挥出更大的效用。非常规水源的使用能促进供水的多元化。

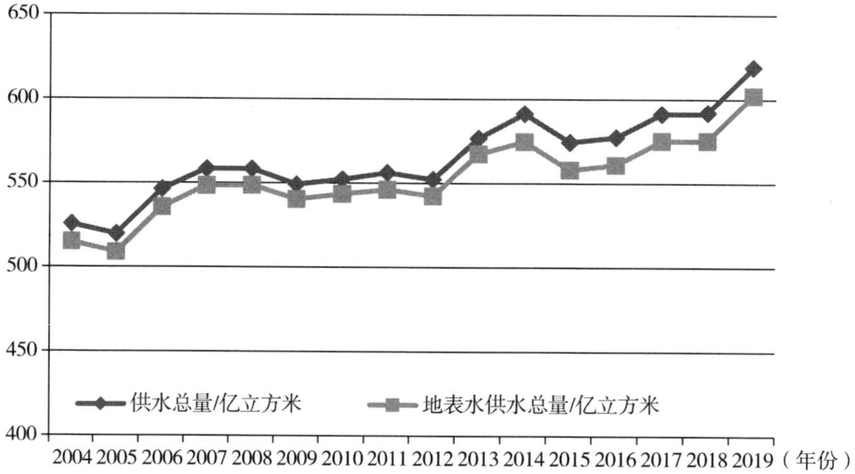

图 5.7　江苏省供水总量和地表水供水总量

二、用水结构

表 5. 10　江苏省历年用水结构

年份	用水总量/亿立方米	农业用水总量/亿立方米	工业用水总量/亿立方米	生活用水总量/亿立方米	生态用水总量/亿立方米	人均用水量/立方米/人
2004	525. 57	288. 53	182. 62	40. 57	13. 85	698. 64
2005	519. 71	263. 81	207. 9	43. 05	4. 95	684. 90
2006	546. 39	270. 69	220. 34	46. 15	9. 21	713. 71
2007	558. 34	268. 51	225. 25	48. 42	16. 16	722. 95
2008	558. 32	287. 34	209. 4	49. 48	12. 1	719. 25
2009	549. 24	300. 12	194. 55	51. 39	3. 18	703. 22
2010	552. 2	304. 23	191. 85	52. 91	3. 21	701. 70
2011	556. 16	307. 6	192. 89	52. 39	3. 28	704. 12
2012	552. 24	305. 35	193. 1	50. 46	3. 33	697. 27
2013	576. 65	301. 94	220. 06	51. 41	3. 24	726. 36
2014	591. 29	297. 77	237. 97	52. 83	2. 72	742. 82
2015	574. 5	279. 1	239	54. 4	2	720. 26
2016	577. 4	270. 8	248. 5	56. 1	2	721. 88
2017	591. 3	280. 6	250. 1	58. 5	2. 1	736. 43
2018	592	273. 3	255. 2	61	2. 5	735. 34
2019	619. 1	303. 1	248. 3	64	3. 7	767. 16

数据来源：国家统计局网站分省年度数据（2004—2019 年）。

2004 年江苏省用水总量为 525. 57 亿立方米，2005 年出现小幅下降，为 519. 71 亿立方米，之后持续两年上升，2007 年达到 558. 32 亿立方米，2007—2012 年用水总量基本维持在 550 亿立方米左右，2013 年、2014 年连续两年增长，达 591. 29 亿立方米，2015 年又降至 574. 5 亿立方米，2015 年后持续上升，2019 年达到历史最高位，为 619. 1 亿立方米（见表

5.10）。2004—2019 年江苏省用水总量总体呈现上升趋势（见图 5.8）。

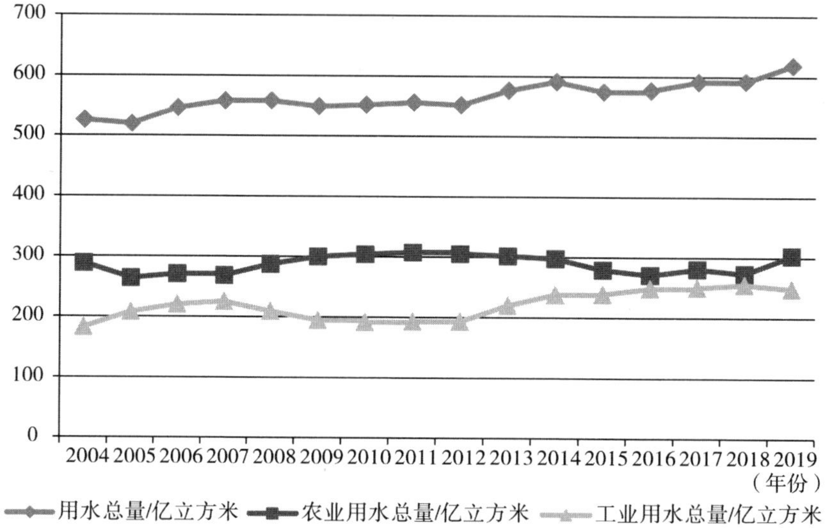

图 5.8　江苏省历年用水总量

江苏省用水结构包括农业用水、工业用水、城镇用水（建筑业、服务业）、居民生活用水、城镇环境用水。2004 年用水总量为 525.57 亿立方米，其中农业用水为 288.53 亿立方米，占 54.90%，工业用水 182.62 亿立方米，占 34.75%，生活用水 40.57 亿立方米，占 7.72%，生态用水 13.85 亿立方米，占 2.64%。2019 年农业用水 303.1 亿立方米，占 48.96%，工业用水为 248.3 亿立方米，占 41.10%，生活用水 64 亿立方米，占 10.34%，生态用水 3.7 亿立方米，占 0.60%。

在用水结构中，农业用水的比重较大，在四种用水类型中排首位，但是农业用水在用水总量中的比重表现为“下降—上升—下降—上升”的波动格局。工业用水比重的发展趋势与农业用水存在“此消彼长”的格局，工业用水量上升，则农业用水量就下降。工业用水量总体是上升的，从 2004 年 182.62 亿立方米上升至 2019 年的 248.3 亿立方米，增长了 65.68 亿立方米；生活用水量和在用水结构中的比重呈现“先上升—小幅下降—上升”的发展趋势，总的趋势是生活用水量和比重是上升的；生态用水量虽有波动，总体是下降的。

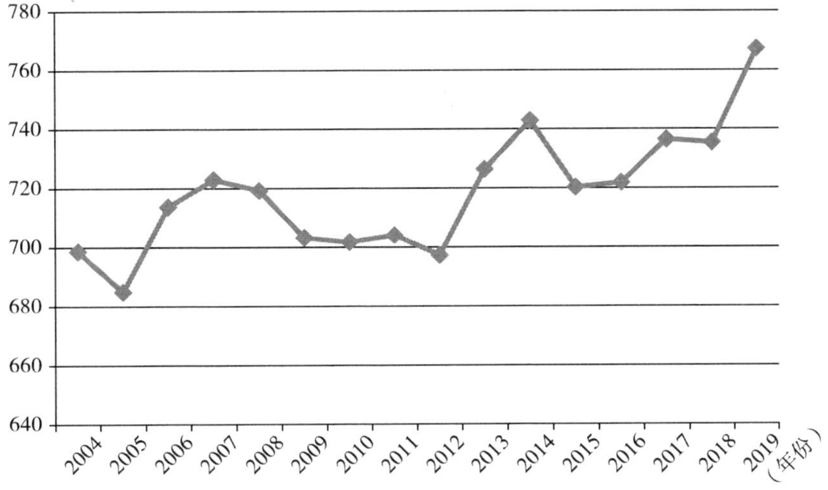

图 5.9　江苏省历年人均用水量　单位：立方米/人

2004—2019 年江苏省人均生活用水呈现较大的波动，2004 年年人均用水量为 698.64 立方米/人，2019 年 767.16 立方米/人（见图 5.9），2004—2019 年上升了 68.52 立方米，人均生活用水量总体呈现波动中上升，近 5 年人均生活用水上升较快，2015—2019 年，人均用水量增长了 46.9 立方米。

三、江苏省水资源评价

表 5.11　江苏省水资源

年份	水资源总量/亿立方米	用水总量/亿立方米	差距/亿立方米
2004	201.11	525.58	-324.47
2005	466.96	519.72	-52.76
2006	404.4	546.39	-141.99
2007	498.38	558.34	-59.96
2008	378	558.32	-180.32
2009	400.31	549.23	-148.92

续表

年份	水资源总量/亿立方米	用水总量/亿立方米	差距/亿立方米
2010	383.53	552.19	-168.66
2011	492.4	556.17	-63.77
2012	373.33	552.24	-178.91
2013	283.53	576.69	-293.16
2014	399.3	591.29	-191.99
2015	582.1	574.5	7.6
2016	741.75	577.4	164.35
2017	392.9	591.3	-198.4
2018	378.4	592	-213.6
2019	231.7	619.1	-387.4

江苏省地处长江、淮河下游，省内分布着长江、太湖、淮河和沂沭泗四大水系，长江横穿东西，大运河纵贯南北，素有“水乡江苏”之称。江苏本地水资源不足，2004—2019 年年平均水资源总量为 414 亿立方米，而年平均用水量为 565 亿立方米，相差 151 亿立方米。2004—2019 年的 16 个年份，仅 2 个年份水资源总量大于用水总量，绝大多数年份用水量大于水资源总量。江苏省内的水资源总量不足，主要依赖过境水和水利建设，过境水主要是长江和淮河过境水，水利建设主要依托南水北调。由于江苏省工农业发达，人口众多，导致工农业和生活用水量大，导致江苏省面临水资源的压力比较大，水也是制约着江苏省经济与社会可持续发展的重要因素。

四、小结

2000—2019 年降水量呈现波浪状变动，水资源总量与年降水量的变动趋势基本一致，水资源总量年度之间差异较大。江苏省人均水资源远远低于全国的平均水平，属于水资源贫乏地区。2004—2019 年，江苏省供水总

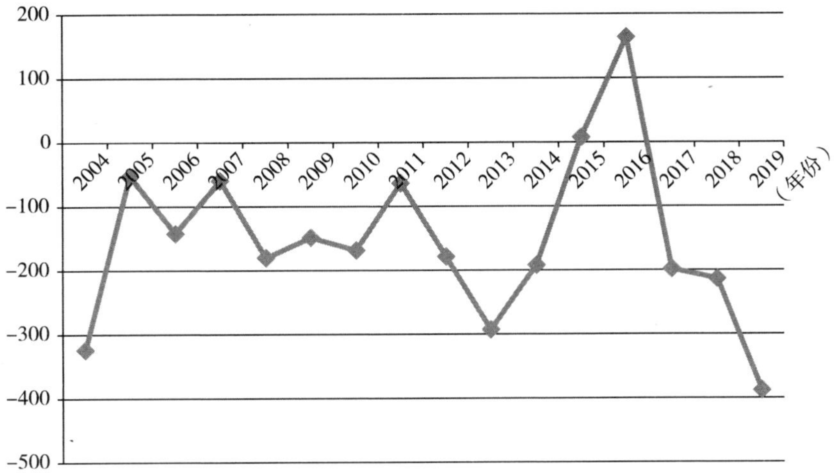

图 5.10　江苏省历年水资源总量与用水量　单位：亿立方米

量呈现波动式上升，地表水是主要供水类型，供水类型逐渐趋于多元化。用水总量总体呈现上升趋势。用水结构的主体是农业用水和工业用水，农业用水的比重最大，近年来农业用水有所下降，而工业用水呈现增长，生活用水总量增长，人均生活用水总体呈现波动中上升。水资源压力是制约江苏可持续发展的重要影响因素。

第三节　环境与人口均衡发展

2019 年江苏省生态环境保护工作实现了“两最两超一提前”：大气和水环境质量为近 5 年来最好，总体改善幅度为长三角地区最大；超额完成环境质量考核目标，超额完成污染减排序时目标；提前一年完成“十三五”碳减排目标。2011 年以来，江苏省四项主要污染物（化学需氧量、氨氮、二氧化硫、氮氧化物）排放量均呈现较大幅度下降，2019 年化学需氧量、氨氮、二氧化硫排放量较 2011 年分别下降了 46.63%、15.14%、78.63%，氮氧化物排放量较 2018 年下降了 53.86%。近年来，全面超额完成了国家下达的约束性指标。

一、大气环境及其承载力

（一）大气环境状况

1. 空气质量

表5.12 江苏省历年空气质量①

年份	空气质量达标率/%	空气优秀或良好天数比重/%	空气污染级别	环境空气质量标准②
2001	–	–	中污染级	
2002	–	–	中污染级	
2003	–	–	轻污染级	
2004	–	–	轻污染级	
2005	–	–	轻污染级	
2006	–	80%以上	–	
2007	–	80%以上	–	
2008	–	80%以上	–	
2009	–	90.0%	–	
2010	–	88.9%	–	
2011	–	90.4%	–	
2012	–	–	–	未达二级标准
2013	60.3	–	–	未达二级标准
2014	64.2	–	–	未达二级标准
2015	66.8	–	–	未达二级标准
2016	70.2	–	–	未达二级标准
2017	68.0	–	–	未达二级标准
2018	68.0	–	–	未达二级标准
2019	77.9	–	–	未达二级标准

数据来源：《江苏省环境公报》（2000—2019年）。

① 2013年之前，使用空气污染指数（API）反映和评价空气质量。2013年开始使用空气质量指数（AQI），新的空气质量评价标准比旧的评价标准更加严格。

② 《环境空气质量标准》（GB3095—2012）把环境空气功能区分为两类：一类区为自然保护区、风景名胜区和其他需要特殊保护的区域；二类区为居住区、商业交通居民混合区、文化区、工业区和农村地区。一类区适用一级浓度限值，二类区适用二级浓度限值。

2000—2019年江苏省空气质量标准经过多次调整，在《江苏省环境公报》中公布的标准也不一致，2013年以来，基本上采用空气质量达标率来公布。2001—2005年江苏省城市空气质量主要是通过污染级别来确定，其中2001—2002年的城市空气质量是中污染级，2003—2005年城市空气质量为轻污染级，2001—2005年江苏省城市空气质量有所提升。2006—2011年，江苏省城市空气质量是依据空气污染指数（API）来统计的，主要是测量各省辖市各种空气质量级别的天数。2006—2008年，全省空气质量优秀或良好的天数占全年的比重都在80%以上，2009—2011年在88%~91%，空气质量有所好转。2013年开始使用《环境空气质量标准》（GB3095—2012），新标准把城市环境空气质量定义为两类：一类区是自然保护区、风景名胜区和其他需要特殊保护的区域；二类区是居住区、商业交通居民混合区、文化区、工业区和农村地区，一类地区执行一类浓度限值，二类地区执行二类浓度限值。2013年开始使用空气质量指数（AQI）取代之前使用空气污染指数（API），新的空气质量指数更加严格。依据《环境空气质量标准》（GB3095—2012）对功能区的空气质量要求，2012—2019年13个省辖市空气质量均未达到二级标准。从空气质量达标率来看，2013年空气质量达标率为60.3%，2014—2016年空气质量达标率不断上升，2016年达到70.2%，2017年、2018年略有下降，为68.0%，2019年空气质量达标率升至77.9%（见表5.12）。2013—2019年以来，空气质量总体是不断改善的。

为了便于比较，根据数据可获性，根据历年主要污染物（SO_2、NO_2和PM10）的浓度，利用空气污染指数计算公式，分别计算不同污染物的污染指数。

设 I 为某污染物的污染指数，C 为该污染物的浓度

$$I = \frac{I_{大} - I_{小}}{C_{大} - C_{小}} \times (C - C_{小}) + I_{小} \qquad (公式5.1)$$

式中：$C_{大}$ 与 $C_{小}$，在API分级限表中是最贴近 C 值的两个值，$C_{大}$ 为大于 C 的上限值，$C_{小}$ 为小于 C 的下限值，$I_{大}$ 与 $I_{小}$ 是在API分级限值表中最贴近 I 值的两个值，$I_{大}$ 为大于 I 的值，$I_{小}$ 为小于 I 的值。

主要污染物的污染指数计算，取最大的即为地区空气污染指数 API，公式如下：

$$API = \max(I_1, I_2, \cdots, I_n) \quad \text{（公式 5.2）}$$

根据下表历年主要污染物的数据，计算江苏省历年空气污染指数 API。2005 年 API 为 77（见表 5.13），2005—2009 年 API 持续下降，2009 年为 71，空气质量转好；2010 年空气污染指数 API 出现上扬，达 73.5，2010—2012 年，空气污染指数 API 又缓慢下降；2013 年空气污染指数迅速升高至 82.5，空气质量下降；2013 年之后，空气污染指数 API 再次下降，且下降速度非常快，到 2019 年已降至 60，是 2005 年以来的最低点，空气质量明显变好。空气质量呈现为前期有波动，但近期明显转好（见图 5.11）。

表 5.13　江苏省历年空气污染指数（API）

年份	空气污染指数	年份	空气污染指数
2005	77	2013	82.5
2006	75	2014	78
2007	74	2015	73
2008	73	2016	68
2009	71	2017	65.5
2010	73.5	2018	63
2011	71.5	2019	60
2012	71	–	–

2. 大气主要污染物平均浓度

表 5.14　江苏省历年大气中主要污染物年平均浓度值

年份	SO_2/毫克/立方米	NO_2/毫克/立方米	PM10/毫克/立方米	CO/毫克/立方米	细颗粒物 PM2.5/毫克/立方米	臭氧/毫克/立方米
2005	0.043	0.037	0.104	–	–	–
2006	0.043	0.030	0.100	–	–	–
2007	0.044	0.031	0.098	–	–	–

续表

年份	SO_2/毫克/立方米	NO_2/毫克/立方米	PM10/毫克/立方米	CO/毫克/立方米	细颗粒物 PM2. 5/毫克/立方米	臭氧/毫克/立方米
2008	0. 041	0. 029	0. 096	–	–	–
2009	0. 036	0. 032	0. 092	–	–	–
2010	0. 036	0. 035	0. 097	–	–	–
2011	0. 035	0. 033	0. 093	–	–	–
2012	0. 033	0. 037	0. 092	–	–	–
2013	0. 035	0. 041	0. 115	2. 1	0. 073	0. 139
2014	0. 029	0. 039	0. 106	1. 7	0. 066	0. 154
2015	0. 025	0. 037	0. 096	1. 7	0. 058	0. 167
2016	0. 021	0. 037	0. 086	1. 7	0. 051	0. 165
2017	0. 016	0. 039	0. 081	1. 5	0. 049	0. 177
2018	0. 012	0. 038	0. 076	1. 4	0. 048	0. 177
2019	0. 009	0. 034	0. 070	1. 2	0. 043	0. 173

注：2005 年数据根据《江苏省环境质量报告》计算而得，其他年份数据来源于《江苏省环境质量公报》。

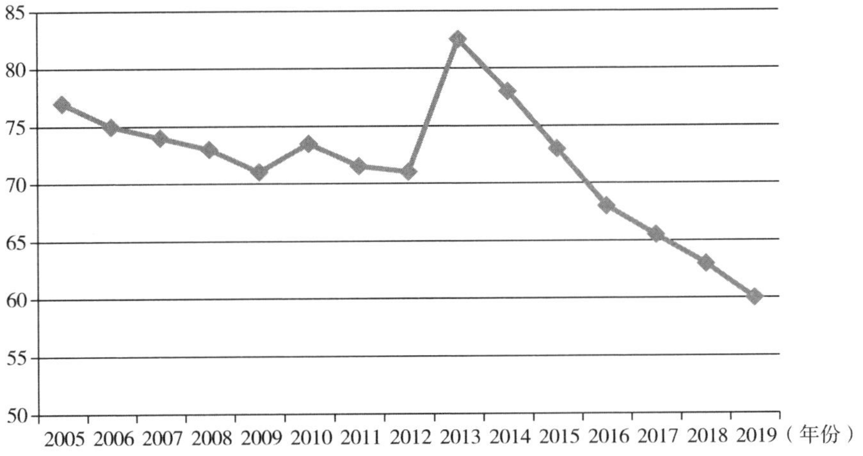

图 5. 11　江苏省历年空气污染指数（API）

2005—2019 年江苏省二氧化硫年平均浓度总体呈现下降趋势，其中部分年份略有上升。2005 年、2006 年均为 0. 043 毫克/立方米，2007 年回升至 0. 044 毫克/立方米，之后一直下降，2012 年为 0. 033 毫克/立方米，2013 年回升至 0. 035 毫克/立方米；2014—2019 年二氧化硫平均浓度一直保持下降趋势，2019 年降至 0. 009 毫克/立方米（见表 5. 14）。

2005—2019 年江苏省二氧化氮年平均浓度呈现明显波动趋势，波动变动不大。2005 年为 0. 037 毫克/立方米，2008 年下降至 0. 029 毫克/立方米，2013 年又升至 0. 041 毫克/立方米，为 2005—2019 年的最高值，2014—2016 年二氧化氮浓度略有下降，2017 年二氧化氮年平均浓度又回升至 0. 039 毫克/立方米，2018 年、2019 年又下降，2019 年为 0. 034 毫克/立方米（见表 5. 14）。

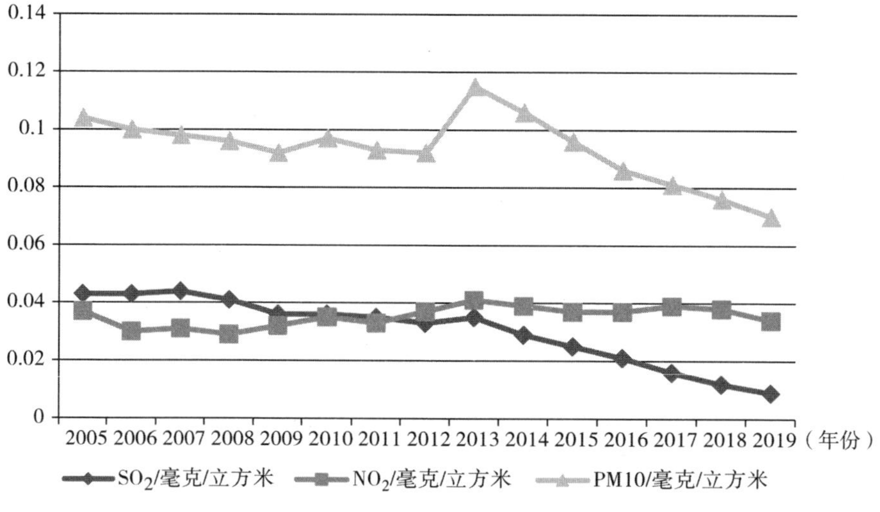

图 5. 12　江苏省历年大气中 SO_2、NO_2 和 PM10 浓度

2005—2019 年江苏省可吸入颗粒物 PM10 年平均浓度总体呈现“先下降—再上升—再下降”的过程。2005 年可吸入颗粒物 PM10 年平均浓度为 0. 104 毫克/立方米，2005—2009 年持续下降，2009 年降至 0. 092 毫克/立方米，2010 年小幅增长，增至 0. 097 毫克/立方米，之后连续两年下降，

2013 年出现大幅上升，升至 0.115 毫克/立方米；之后一直处于下降趋势，2019 年降至 0.070 毫克/立方米（见表 5.14），为 2005 年以来的最低值。2005—2019 年江苏省可吸入颗粒物 PM10 年平均浓度总体趋势是下降的。

2013—2019 年江苏省一氧化碳年平均浓度呈现下降趋势。2013 年为 2.1 毫克/立方米，2014—2016 年一氧化碳年平均浓度保持在 1.7 毫克/立方米，2017 年以后持续下降，2019 年为 1.2 毫克/立方米（见表 5.14）。

2013—2019 年江苏省细颗粒物 PM2.5 年平均浓度呈现逐年下降。2013 年 PM2.5 年平均浓度为 0.073 毫克/立方米，2019 年仅为 0.043 毫克/立方米（见表 5.14）。

2013—2019 年江苏省臭氧年平均浓度呈现“上升—小幅下降”的趋势。2013 年臭氧年平均浓度为 0.139 毫克/立方米，2015 年升至 0.167 毫克/立方米，2016 年略有下降，为 0.165 毫克/立方米，2017 年、2018 年又增至 0.177 毫克/立方米，2019 年降至 0.173 毫克/立方米。2013—2019 年臭氧年平均浓度的总趋势是增长的（见表 5.14）。

2016 年 12 月江苏省颁布《关于实施与污染物排放总量挂钩的财政政策的通知》，提出从 2016 年起将二氧化硫、化学需氧量、氨氮和氮氧化合物四项污染物作为挂钩考核标的，把污染物排放总量与地方财政政策挂钩，对地方政府在污染物排放总量进行考核，促进地方政府加大减排力度，控制污染源排放。和 2016 年相比，2017 年、2018 年 6 种主要污染物，有 4 个污染物平均浓度值是下降的，只有 2 个污染物平均浓度值是上升的，2019 年有 5 个污染物平均浓度都是下降的，只有 1 个污染物平均浓度是上升的。可以看出，地方政府在控制污染源排放方面是下大力气的。《2019 年江苏省生态环境状况公报》显示，2019 年江苏大气质量为近 5 年最好。

3. 主要污染物排放量

（1）二氧化硫

2000—2019 年江苏省二氧化硫排放量总体呈现“先增长、后下降”的格局，2000 年二氧化硫排放量为 89.05 万吨，2005 年增长到 137.34 万吨，2005 年二氧化硫排放量是 2000—2019 年的最高值；之后基本是逐年递减，仅2011年比2010年略增长0.33万吨，2012年开始，二氧化硫排放量急剧下降，2011年为105.38万吨，2019年降至22.52万吨，2019年排放量仅为2011年的21%（见表5.15）。

表5.15 江苏省历年二氧化硫排放量

年份	二氧化硫排放量/万吨	工业源/万吨	城镇生活源/万吨	集中式治理设施/万吨
2000	89.05	84.33	4.72	
2001	114.8	108.8	6.0	
2002	112	105.5	6.5	
2003	124.07	117.84	6.23	
2004	123.99	118.32	5.67	
2005	137.34	131.24	6.10	
2006	130.38	124.14	6.24	
2007	121.80	116.05	5.75	
2008	113.03	107.37	5.66	
2009	107.41	101.18	6.23	
2010	105.05	100.25	4.80	
2011	105.38	102.50	2.85	0.03
2012	99.2	95.92	3.25	0.03
2013	94.17	90.95	3.20	0.02
2014	90.47	87.02	3.43	0.02
2015	83.51	79.47	4.03	0.01
2016	57.01	52.51	4.48	0.02
2017	41.41	36.67	4.57	0.17
2018	30.66	26.41	4.19	0.06
2019	22.52	19.15	3.35	0.02

二氧化硫排放量中，工业源是主要排放源，2000—2016 年，均在 92% 以上。2017 年以来，工业源的比重开始下降，2017 年降至 88.55%，2019 年又降至 85.04%。工业源排放的分布趋势与总排放量的分布趋势基本一致，总体表现为“先上升，后下降”的趋势（见图 5.13）。

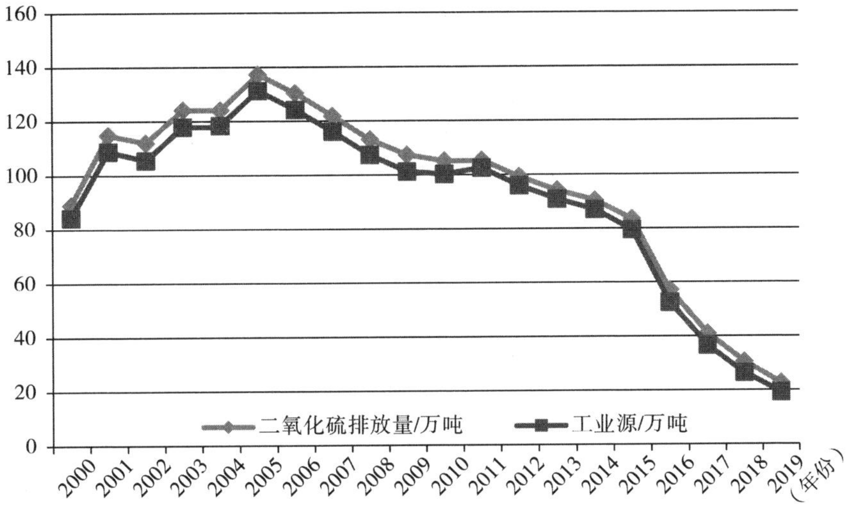

图 5.13　江苏省历年二氧化硫的排放量

城镇生活源的排放量排在第二位，大致呈现“几字形”发展趋势。2000—2008 年城镇生活源排放量较高，2009—2010 年城镇生活源排放量直线下降，2011 年生活源的排放量降至最低的 2.85 万吨；之后城镇生活源排放量虽然有所提高，但是排放量增加不大，2019 年城镇生活源排放量为 3.35 万吨。生活源排放量在全部二氧化硫排放量中的比重，2011 年之前呈现波动中下降，2011 年后呈现持续上升，2011 年生活源排放量仅占 2.7%，2019 年占总排放量的 14.88%（见图 5.14）。随着居住的高度集中，城镇生活源的排放量还会持续上升。集中式治理设施的二氧化硫排放量 2011 年开始纳入计算，排放量和比重均较小。

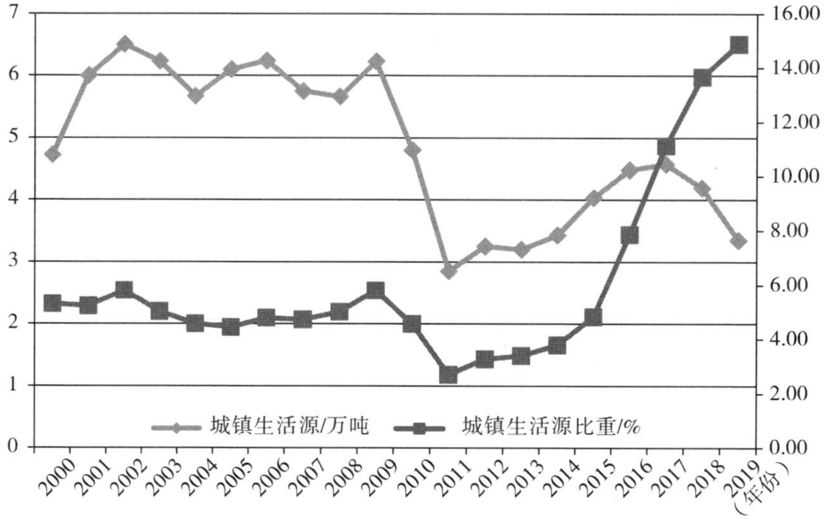

图 5.14　二氧化硫排放量中城镇生活源的比重

（2）氮氧化物

表 5.16　江苏省历年氮氧化物排放量

年份	氮氧化物排放量/万吨	工业源/万吨	城镇生活源/万吨	机动车/万吨	集中式治理设施/万吨
2011	153.57	119.56	0.62	33.35	0.04
2012	147.96	113.36	0.65	33.90	0.05
2013	133.8	98.53	0.61	34.62	0.04
2014	123.25	88.82	0.64	33.74	0.05
2015	106.77	75.36	0.86	30.50	0.05
2016	93.04	62.19	0.70	30.11	0.04
2017	90.71	50.23	0.68	39.68	0.12
2018	78.84	40.93	0.67	37.06	0.18
2019	–	32.50	0.64	–	0.09

注：2011—2018 年数据来源于《江苏省统计年鉴》，2019 年数据系江苏省生态环境厅的统计数据。

氮氧化物排放总量自 2011 年以来，一直持续下降（见表 5. 16），由 2011 年的 153. 57 万吨，下降至 2018 年的 78. 84 万吨。氮氧化物排放总量主要是工业源，其次是机动车。第三是城镇生活源，最少是集中式治理设施排放量。工业源排放量的发展趋势与排放总量分布趋势基本一致，呈现持续下降趋势，由 2011 年的 119. 56 万吨下降至 2019 年的 32. 50 万吨；机动车排放量总体呈现出“先降后升”，2018 年呈现快速回升，达 37. 06 万吨。2015—2019 年，城镇生活源明显下降，而集中式治理设施排放量在 2011—2016 年在 0. 04 万~0. 05 万吨徘徊后，2018 年升到 0. 18 万吨，2019 年集中式治理设施排放量开始下降至 0. 09 万吨。

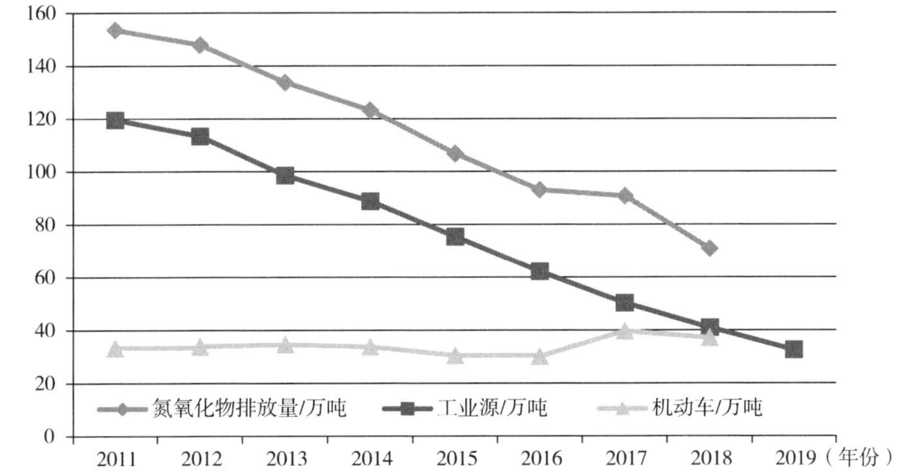

图 5. 15　江苏省历年氮氧化物排放量

（3）烟（粉）尘

表 5. 17　江苏省历年烟（粉）尘排放量

年份	烟（粉）尘排放量/万吨	工业源/万吨	城镇生活源/万吨	机动车/万吨	集中式治理设施/万吨	工业源的比重/%
2000	65. 28	63. 15	2. 13			96. 74
2001	69. 7	67. 6	2. 1			84. 82

续表

年份	烟（粉）尘排放量/万吨	工业源/万吨	城镇生活源/万吨	机动车/万吨	集中式治理设施/万吨	工业源的比重/%
2002	61.2	59.6	1.6			97.39
2003	81.78	80.06	1.72			97.90
2004	76.78	75.03	1.75			97.72
2005	80.7	78.09	2.61			96.77
2006	73.17	70.37	2.8			96.17
2007	64.02	60.99	3.03			95.27
2008	53.93	51.09	2.84			94.73
2009	49.38	46.52	2.86			94.21
2010	48.64	45.02	3.62			92.56
2011	52.74	48.64	1.2	2.88	0.02	92.23
2012	44.32	39.6	1.85	2.85	0.02	89.35
2013	50	45.56	1.71	2.7	0.03	91.12
2014	76.38	72.05	1.82	2.48	0.03	94.34
2015	65.45	61.22	1.94	2.27	0.02	93.54
2016	47.17	42.97	2.09	2.1	0.01	91.10
2017	39.08	33.85	1.78	3.42	0.03	86.62
2018	33.28	28.97	1.45	2.83	0.03	87.05
2019		23.21	1.04		0.01	

数据来源：2000—2018年数据来源《江苏省统计年鉴》，2019年数据来自江苏省生态环境厅的统计数据。

2000年江苏省烟（粉）尘排放量为65.28万吨，2003年烟（粉）尘排放量达到最高值，为81.78万吨，2004年略有下降，2005年又回升；2006年开始持续下降，一直持续到2010年，为48.64万吨；2011年又回升至52.74万吨；2012年下降；2013—2014年又持续上升，2014年达到

76.38万吨，2014—2019年烟（粉）尘中工业源排放量持续下降；2019年仅为23.21万吨（见表5.17），为2000年以来的最低点。工业源是烟（粉）尘排放量的主要来源，仅有4个年份低于90%，但2016年以来，工业源的比重持续下降，2018年工业源仅占87.05%。城镇生活源占比不大，2013—2018年，城镇生活源排放量先升后降；机动车排放量的比重较小，2011—2016年，排放量持续下降，但2017年出现较大幅度的回升，2018年又出现下降；集中治理设施排放量占比非常低。

（二）大气主要污染物的环境承载力

从大气环境角度分析，主要污染物的环境承载力 $e_i = s_i / c_i$，e_i 为第 i 种污染物环境承载力，s_i 为第 i 种污染物环境标准值，c_i 为第 i 种污染物监测值。根据《环境空气质量标准》（GB3095—2012），居住区、商业交通居民混合区、文化区、工业区和农村地区属于环境空气二类功能区，适用环境空气污染物二级浓度指标，江苏省基本上都适用于二级标准限值。二氧化硫年平均浓度二级浓度限值为60微克/立方米，二氧化氮年平均浓度二级浓度限值40微克/立方米，可吸入颗粒物PM10二级年平均浓度限值为70微克/立方米，一氧化碳24小时平均浓度二级浓度限值4毫克/立方米，臭氧日最大8小时平均为160毫克/立方米，细颗粒物PM2.5二级年平均浓度限值为35毫克/立方米（见表5.18）。

表5.18　环境空气污染物基本项目年度限值

序号	污染物项目	平均时间	浓度限值		单位
			一级	二级	
1	二氧化硫（SO_2）	年平均	20	60	μg/m³
		24小时平均	50	150	
		1小时平均	150	500	
2	二氧化氮（NO_2）	年平均	40	40	
		24小时平均	80	80	
		1小时平均	200	200	

续表

序号	污染物项目	平均时间	浓度限值		单位
			一级	二级	
3	一氧化氮（CO）	24 小时平均	4	4	mg/m^3
		1 小时平均	10	10	
4	臭氧（O_3）	日最大 8 小时平均	100	160	$\mu g/m^3$
		1 小时平均	160	200	
5	颗粒物（粒径小于等于 10μm）	年平均	40	70	
		24 小时平均	50	150	
6	颗粒物（粒径小于等于 2.5μm）	年平均	15	35	
		24 小时平均	35	75	

表 5.19　江苏省历年大气中主要污染物年平均浓度值

年份	SO_2/微克/立方米	NO_2/微克/立方米	PM10/微克/立方米	CO/毫克/立方米	臭氧/微克/立方米	PM2.5/微克/立方米
2005	43	37	104	–	–	–
2006	43	30	100	–	–	–
2007	44	31	98	–	–	–
2008	41	29	96	–	–	–
2009	36	32	92	–	–	–
2010	36	35	97	–	–	–
2011	35	33	93	–	–	–
2012	33	37	92	–	–	–
2013	35	41	115	2.1	139	73
2014	29	39	106	1.7	154	66
2015	25	37	96	1.7	167	58
2016	21	37	86	1.7	165	51
2017	16	39	81	1.5	177	49
2018	12	38	76	1.4	177	48
2019	9	34	70	1.2	173	43

2005—2019 年江苏省大气中主要污染物浓度见表 5. 19，将大气污染物浓度值除以空气污染物一级和二级浓度限值得到大气污染物一级标准的环境承载力（见表 5. 20）和二级标准的环境承载力（见表 5. 21）。根据相关研究，大气污染物的环境承载力大于 2 具有较大的承载潜力，1~2 为具有一定的承载潜力，0. 5~1 为超载，小于 0. 5 为过度超载①。

表 5. 20　大气污染物一级标准的环境承载力

年份	SO_2	NO_2	PM10	CO	臭氧	PM2. 5
2005	0. 47	1. 08	0. 38	–	–	–
2006	0. 47	1. 33	0. 40	–	–	–
2007	0. 45	1. 29	0. 41	–	–	–
2008	0. 49	1. 38	0. 42	–	–	–
2009	0. 56	1. 25	0. 43	–	–	–
2010	0. 56	1. 14	0. 41	–	–	–
2011	0. 57	1. 21	0. 43	–	–	–
2012	0. 61	1. 08	0. 43	–	–	–
2013	0. 57	0. 98	0. 35	1. 90	0. 72	0. 21
2014	0. 69	1. 03	0. 38	2. 35	0. 65	0. 23
2015	0. 80	1. 08	0. 42	2. 35	0. 60	0. 26
2016	0. 95	1. 08	0. 47	2. 35	0. 61	0. 29
2017	1. 25	1. 03	0. 49	2. 67	0. 56	0. 31
2018	1. 67	1. 05	0. 53	2. 86	0. 56	0. 31
2019	2. 22	1. 18	0. 57	3. 33	0. 58	0. 35

① 胡耀化、张虹：《长株潭城市群核心区大气环境承载力初探》，载《四川环境》2009 年第 5 期，第 31–35 页。

表 5. 21　大气污染物二级标准的环境承载力

年份	SO_2	NO_2	PM10	CO	臭氧	PM2. 5
2005	1. 40	1. 08	0. 67	–	–	–
2006	1. 40	1. 33	0. 70	–	–	–
2007	1. 36	1. 29	0. 71	–	–	–
2008	1. 46	1. 38	0. 73	–	–	–
2009	1. 67	1. 25	0. 76	–	–	–
2010	1. 67	1. 14	0. 72	–	–	–
2011	1. 71	1. 21	0. 75	–	–	–
2012	1. 82	1. 08	0. 76	–	–	–
2013	1. 71	0. 98	0. 61	1. 90	1. 15	0. 48
2014	2. 07	1. 03	0. 66	2. 35	1. 04	0. 53
2015	2. 40	1. 08	0. 73	2. 35	0. 96	0. 60
2016	2. 86	1. 08	0. 81	2. 35	0. 97	0. 69
2017	3. 75	1. 03	0. 86	2. 67	0. 90	0. 71
2018	5. 00	1. 05	0. 92	2. 86	0. 90	0. 73
2019	6. 67	1. 18	1. 00	3. 33	0. 92	0. 81

2005—2019 年，依据环境承载力二级标准，江苏省二氧化硫的环境承载力均介于 1. 36~6. 67，其中 2005—2013 年介于 1. 36~2，具有一定的环境承载力。2014—2019 年，环境承载力大于 2，具有较大环境承载力。依据大气污染物二级标准的环境承载力来看（见表 5. 21），江苏省二氧化硫的环境承载力是不断提高的；2005—2019 年，江苏省二氧化氮的环境承载力介于 0. 98~1. 38，仅 2013 年低于 1，其他年份均在 1~1. 5，二氧化氮具有一定的承载潜力；2013—2019 年，江苏省一氧化碳的环境承载力处于 1. 9~3. 33，仅 2013 年低于 2。可以看出，一氧化碳的环境承载力属于具有较大承载潜力，且一氧化碳的环境承载力是不断提升的。2013—2019 年，

江苏省臭氧的环境承载力处于 0.9~1.2，其中 2013 年、2014 年环境承载力大于 1，具有一定承载力；2015—2019 年均小于 1，属于环境承载力超载状态，且臭氧的环境承载力总体是下降的；2005—2019 年，江苏省可吸入颗粒物 PM10 的环境承载力处于 0.5~1，2019 年具有一定承载力，其他年份环境承载力处于超载状态；2013—2019 年江苏省细颗粒物 PM2.5 环境承载力处于 0.4~1，2013 年处于过度超载状态，2014—2019 年处于超载状态，细颗粒物 PM2.5 的环境承载力是不断提升的。以 2019 年大气主要污染物来看，二氧化硫的环境承载力具有较大承载力，二氧化氮具有一定承载力，PM10 具有一定承载力，一氧化碳具有较大承载力，臭氧和 PM2.5 处于超载状态。总体而言，环境承载力是不断提升的。

二、水环境状况及承载力

（一）水环境基本状况

1. 主要河流水质

江苏省地表水主要有三大流域：长江流域、淮河流域和太湖流域。依据《江苏省水资源公报》提供的数据，来评价全省河流水质。2005 年全省共监测 628 个断面，其中河流水质达到Ⅰ~Ⅲ类水质标准的有 165 个断面，水质达到Ⅰ~Ⅲ类的比重为 26.3%；2006—2009 年，水质达Ⅰ~Ⅲ类的比重呈下降趋势，明显逐年变差，2009 年后，Ⅰ~Ⅲ类的比重明显上升，其中 2014—2015 年有小幅下降，仅下降 0.5 个百分点，到 2017 年Ⅰ~Ⅲ类的比重达到 46.3%，2019 年达到 82.9%（见表 5.22），水资源质量逐渐好转（见图 5.16）。《2019 年江苏省生态环境状况公报》显示，2019 年江苏水环境质量为近 5 年最好。

表 5.22　2005—2019 年江苏省河流水质情况

年份	监测断面	水质达到Ⅰ~Ⅲ类断面	水质达到Ⅰ~Ⅲ类的比重/%
2005	628	165	26.3
2006	682	217	31.8

续表

年份	监测断面	水质达到Ⅰ～Ⅲ类断面	水质达到Ⅰ～Ⅲ类的比重/%
2007	691	214	31
2008	860	251	29.2
2009	1657	457	27.6
2010	1694	532	31.4
2011	1702	569	34.9
2012	1691	600	35.5
2013	1702	632	37.2
2014	1649	608	36.9
2015	1666	312	36.7
2016	1707	770	45.1
2017	1765	818	46.3
2018	1765	902	51.1
2019	484	401	82.9

数据来源：《江苏省水资源公报》（2005—2018 年）。2019 年的数据来源于《2019 年度江苏省生态环境状况公报》中国控断面与省控断面达标的比重。

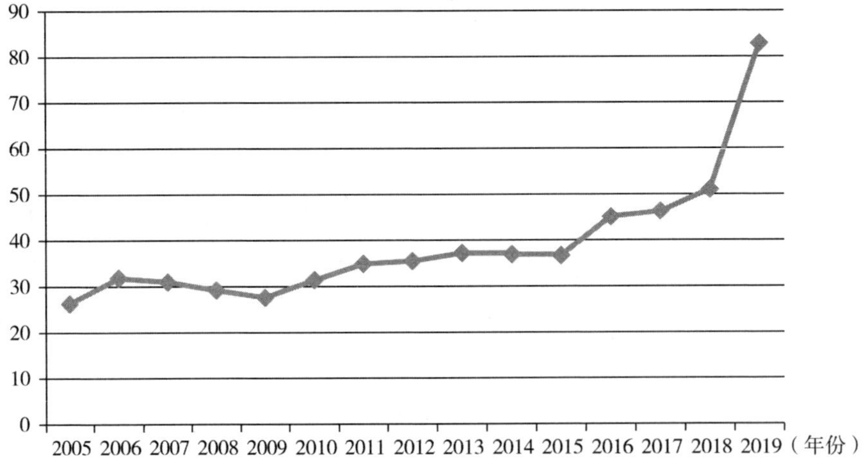

图 5.16　2005—2019 年江苏省河流水质达Ⅰ～Ⅲ类的比重

表 5.23　地表水环境质量标准（GB3838—2002）

序号	项目	Ⅰ类	Ⅱ类	Ⅲ类	Ⅳ类	Ⅴ类
1	高锰酸盐指数≤	2	4	6	8	15
2	化学需氧量（COD）≤	15	15	20	30	40
3	五日生化需氧量（BOD5）≤	3	3	4	6	10
4	氨氮（NH3-N）≤	0.15	0.5	1.0	1.5	2.0
5	总磷（以 P 计）≤	0.02（湖、库 0.01）	0.1（湖、库 0.025）	0.2（湖、库 0.05）	0.3（湖、库 0.1）	0.4（湖、库 0.2）
6	总氮（湖、库以 N 计）≤	0.2	0.5	1.0	1.5	2.0
7	挥发酚≤	0.002	0.002	0.005	0.01	0.1
8	石油类≤	0.05	0.05	0.05	0.5	0.1

2. 工业废水

表 5.24　江苏省历年废水排放量

年份	废水排放总量/亿吨	工业废水/亿吨	生活废水/亿吨	集中式治理设施污水排放量/亿吨	工业废水/%	生活废水/%
2000	34.93	20.19	14.74	–	57.80	42.20
2001	42.9	27.10	15.8	–	63.17	36.83
2002	43.2	26.30	16.93	–	60.88	39.19
2003	42.1	24.75	17.25	–	58.79	40.97
2004	46.6	26.35	20.26	–	56.55	43.48
2005	51.94	29.63	22.31	–	57.05	42.95
2006	51.56	28.72	22.84	–	55.70	44.30
2007	50.55	26.88	26.17	–	53.18	51.77
2008	50.90	25.93	24.97	–	50.94	49.06
2009	52.36	26.74	25.72	–	51.07	49.12
2010	55.55	26.38	29.17	–	47.49	52.51
2011	59.26	24.63	34.63	0.02	41.56	58.44

续表

年份	废水排放总量/亿吨	工业废水/亿吨	生活废水/亿吨	集中式治理设施污水排放量/亿吨	工业废水/%	生活废水/%
2012	59.79	23.61	36.18	0.03	39.49	60.51
2013	59.41	22.06	37.35	0.03	37.13	62.87
2014	60.08	20.49	39.59	0.03	34.10	65.90
2015	62.09	20.64	41.45	0.04	33.24	66.76
2016	61.62	17.94	43.68	0.04	29.11	70.89
2017	57.52	15.19	42.28	0.05	26.41	73.50
2018	58.43	14.36	44.03	0.04	24.58	75.36
2019	59.78	13.75	46.03	-	23.00	77.00

数据来源：《江苏省统计年鉴》（2008—2019 年）。2019 年数据来自国家统计局网站分省数据。

江苏省 2000—2019 年废水排放总量总体是上升趋势。2000 年废水排放总量为 34.93 亿吨，2019 年为 59.78 亿吨，从总趋势来看，呈现波动中上升，个别年份略有下降，总趋势是增长的。废水排放中，主要是工业废水和生活废水，其中，2000—2008 年工业废水有波动，2009—2017 年工业废水排放量除 2015 年略有增长外，其他年份均下降；由 2009 年的 26.74 亿吨，下降到 2019 年的 13.75 亿吨。生活废水排放量总体是持续增长的，2000 年为 14.74 亿吨，2019 年达到 46.03 亿吨（见表 5.24）。工业废水排放比重和生活废水排放比重的趋势呈现“X 形”（见图 5.17）。2000 年工业废水排放量的比重为 57.8%，生活废水排放量的比重是 42.2%，2010 年工业废水排放量的比重下降到 47.49%，而生活废水排放量的比重上升到 52.51%，2019 年工业废水排放量的比重下降到 23.00%，而生活废水排放量的比重上升到 77.00%，而且两者的差距还有扩大的趋势。随着全省 128 个省级以上工业园的工业废水的集中处理和在线监控，工业废水的排放将得到有效控制，生活废水的排放将成为废水治理重点和难点。

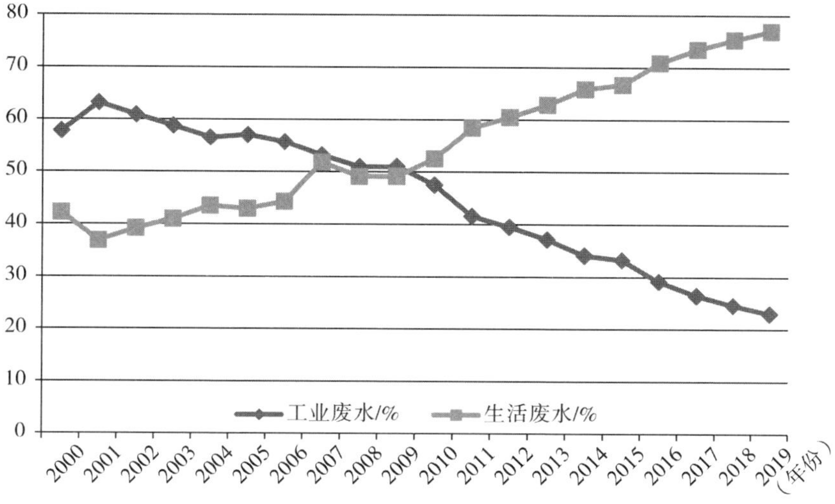

图 5. 17　江苏省历年工业和生活废水排放比重

3. 化学需氧量

2000—2019 年，化学需氧量（COD）排放总量存在较大波动，2000 年江苏省化学需氧量为 65. 38 万吨，2001 年上升至 83. 1 万吨；2002—2003 年连续两年下降，2003 年为 76. 7 万吨，2004—2005 年持续回升，2005 年达到 96. 6 万吨；2006—2010 年连续 5 年化学需氧量下降，2010 年为 78. 8 万吨。2011 年开始计算化学需氧量的农业源，化学需氧量呈现急剧增长，2011 年为 124. 62 万吨，比上一年增长了 58. 15%。2011 年后，化学需氧量逐年下降，2019 年下降至 66. 51 万吨（见表 5. 25）。从排放量来看，第一是城镇生活源，第二是农业源，第三是工业源。2016 年农业源急剧下降，低于生活源和工业源，集中式治理设施排放量较小。

生活源一直处于波动之中，2000 年为 41. 24 万吨，2006 年达到最高值，为 63. 85 万吨，2010 年降至 53. 17 万吨，2017 年又增加至 61. 26 万吨；2018 年、2019 年又有所下降，但是生活源的占比较高；2016—2019 年达到 75%以上，2019 年达到 85. 37%（见表 5. 25）。生活源是化学需氧量最主要的来源，治理难度比较大。

工业源虽有波动，但总体呈现“先升后降”的趋势，2000 年为 24. 14 万吨，2005 年达到最高值，为 33. 8 万吨；2005—2016 年，仅 2010 年比上一年略有回升，其他年份均下降，2019 年降至 8. 79 万吨（见表 5. 25）。

2011 年开始计算化学需氧量的农业源，农业源发展趋势是逐年下降的，2011 年为 39. 93 万吨，2015 年以来，农业源呈现快速下降，2019 年降至 0. 93 万吨（见表 5. 25）。

表 5. 25　江苏省历年化学需氧量排放量

年份	化学需氧量/万吨	工业源/万吨	农业源/万吨	生活源/万吨	集中式治理设施/万吨
2000	65. 38	24. 14		41. 24	
2001	83. 1	31. 5		51. 6	
2002	78. 4	30. 2		48. 2	
2003	76. 7	28. 1		48. 6	
2004	85. 4	29. 8		55. 6	
2005	96. 6	33. 8		62. 8	
2006	93. 03	29. 18		63. 85	
2007	89. 14	27. 83		61. 31	
2008	85. 15	25. 58		59. 57	
2009	82. 17	25. 13		57. 04	
2010	78. 8	25. 63		53. 17	
2011	124. 62	23. 93	39. 93	60. 23	0. 53
2012	119. 7	23. 14	38. 77	57. 25	0. 54
2013	114. 89	20. 92	37. 61	55. 87	0. 49
2014	110. 01	20. 44	36. 41	52. 79	0. 37
2015	105. 45	20. 13	35. 07	49. 96	0. 29
2016	74. 65	13. 48	4. 61	56. 37	0. 19
2017	74. 42	11. 16	1. 87	61. 26	0. 13
2018	68. 44	9. 29	1. 25	57. 77	0. 13
2019	66. 51	8. 79	0. 93	56. 78	0. 01

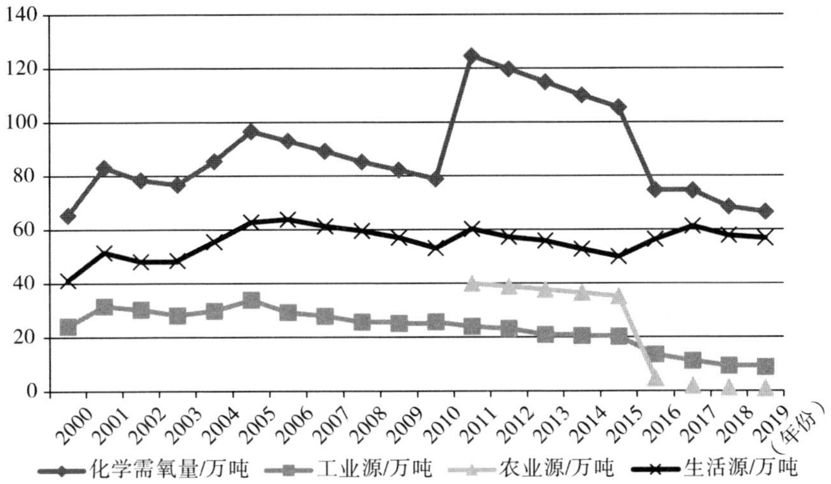

图 5.18 江苏省历年化学需氧量排放量

4. 氨氮

2002—2019 年江苏省氨氮排放总量前期有波动，总体呈现“几”形趋势（见图 5.19）。2002 年氨氮排放总量为 7.8 万吨，2002—2010 年氨氮排放总量在波动中下降，2010 年降至 6.3 万吨；2011 年开始计算农业源，氨氮排放总量迅速增长，2011 年为 15.72 万吨；2011—2018 年，氨氮排放总量持续下降，2018 年仅为 9.62 万吨，2019 年有所回升，为 13.341 万吨。

在氨氮排放中，工业源所占比重不大，总体呈现下降趋势，2005 年为 2.5 万吨，2019 年降至 0.58 万吨（见表 5.26）。氨氮排放总量中，生活源是主体，其次是农业源，排第三的是工业源，集中排放设施占比较小。

生活源排放呈现“先下降，快速上升，高位波动上升”的趋势（见图 5.19），2005—2010 年总体表现为下降，2005 年生活源氨氮排放量为 6.0 万吨，2010 年降至 4.8 万吨，2011 年快速增至 9.99 万吨，之后呈现高位波动，2019 为 12.72 万吨。农业源排放量持续下降，2011 年为 3.99 万吨，2019 年降至 0.04 万吨，特别是 2016 年下降较快，从 2015 年的 3.62 万吨下降至 0.11 万吨，减少 3.51 万吨。集中式治理设施的排放至 2011 年开始计算，保持持续下降，从 2011 年的 0.07 万吨下降到 2019 年的 0.001 万吨

(见表5.26)。

表5.26 江苏省历年氨氮排放总量

年份	氨氮排放总量/万吨	工业源/万吨	农业源/万吨	生活源/万吨	集中式治理设施/万吨
2002	7.8	–	–	–	–
2003	7.0	–	–	–	–
2004	7.3	–	–	–	–
2005	8.5	2.5	–	6.0	–
2006	8.31	2.28	–	6.03	–
2007	7.45	1.68	–	5.77	–
2008	6.98	1.39	–	5.59	–
2009	6.47	1.35	–	5.12	–
2010	6.3	1.5	–	4.8	–
2011	15.72	1.67	3.99	9.99	0.07
2012	15.31	1.63	3.91	9.7	0.07
2013	14.93	1.63	3.82	9.43	0.05
2014	14.32	1.44	3.75	9.08	0.05
2015	13.78	1.37	3.62	8.76	0.03
2016	10.51	1.35	0.11	9.03	0.02
2017	10.12	0.81	0.07	9.23	0.01
2018	9.62	0.68	0.05	8.88	0.01
2019	13.341	0.58	0.04	12.72	0.001

(二)地表水主要污染物的环境承载力

从水环境来看,主要污染物的环境承载力 $e_i = S_i * V/TC_i$,其中,e_i为第 i 种污染物环境承载力,V 为城市污水排放量,S_i为第 i 种污染物环境标准值,TC_i为第 i 种污染物实际排放量。按照《污水综合排放标准》

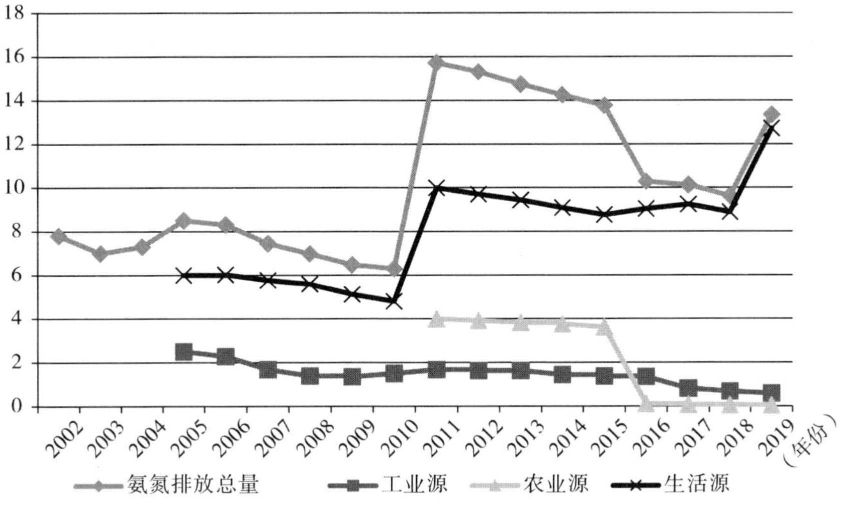

图 5.19 江苏省历年氨氮排放总量 单位：万吨

(GB8978—1996)，其他排污单位化学需氧量排放一级标准为 100 毫克/升，二级标准为 150 毫克/升，三级标准为 500 毫克/升；其他排污单位氨氮排放的一级标准为 15 毫克/升，二级标准为 25 毫克/升。$e_i = 1$，说明达标；$e_i < 1$，说明不达标，环境承载力差；$e_i > 1$，说明高于标准；环境承载力较好。按照一级标准，2000—2019 年江苏省化学需氧量排放容量一级标准环境承载力不达标，均低于 1，其发展趋势为“波动中上升”。2000 年为 0.53，2019 年达 0.89，环境承载力趋于好转；按二级标准，2000—2019 年江苏省化学需氧量的环境承载力大部分年份均不达标，仅 2010 年、2016—2019 年四年达标，按二级标准，近年化学需氧量的环境承载力好转。2002—2019 年，氨氮排放容量呈现“波动中下降”的趋势，近年好转趋势不明显，按一级标准，江苏省氨氮环境承载力仅 2007—2010 年达标，其他年份均不达标，2002 年为 0.83，2019 年为 0.67；按二级标准，2011—2012 年不达标，其他年份均达标，2002 年氨氮环境承载力为 1.38，2019 年下降到 1.12（见表 5.27）。江苏省化学需氧量和氨氮排放总量环境承载力均存在两个阶段：2000—2010 年，总体环境承载力是下降的，2011 年均出现大幅下降，2012—2019 年化学需氧量环境承载力在波动中提升，而氨氮环境承载力在波动略有提升。

表 5.27　江苏省历年废水的污染物总量

年份	废水排放总量/亿吨	化学需氧量/万吨	氨氮排放总量/万吨	化学需氧量排放容量一级标准	化学需氧量排放容量二级标准	氨氮排放容量一级标准	氨氮排放容量二级标准
2000	34.93	65.38	–	0.53	0.80	–	–
2001	42.9	83.1	–	0.52	0.77	–	–
2002	43.2	78.4	7.8	0.55	0.83	0.83	1.38
2003	42.1	76.7	7	0.55	0.82	0.90	1.50
2004	46.6	85.4	7.3	0.55	0.82	0.96	1.60
2005	51.94	96.6	8.5	0.54	0.81	0.92	1.53
2006	51.56	93.03	8.31	0.55	0.83	0.93	1.55
2007	50.55	89.14	7.45	0.57	0.85	1.02	1.70
2008	50.9	85.15	6.98	0.60	0.90	1.09	1.82
2009	52.36	82.17	6.48	0.64	0.96	1.21	2.02
2010	55.55	78.8	6.3	0.70	1.06	1.32	2.20
2011	59.26	124.62	15.72	0.48	0.71	0.57	0.94
2012	59.79	119.7	15.31	0.50	0.75	0.59	0.98
2013	59.41	114.89	14.74	0.52	0.78	0.60	1.01
2014	60.08	110	14.25	0.55	0.82	0.63	1.05
2015	62.09	105.46	13.77	0.59	0.88	0.68	1.13
2016	61.62	74.65	10.28	0.83	1.24	0.90	1.50
2017	57.52	74.42	10.12	0.77	1.16	0.85	1.42
2018	58.43	68.45	9.61	0.85	1.28	0.91	1.52
2019	59.78	66.51	13.34	0.89	1.34	0.67	1.12

三、固体废弃物

（一）工业固体废弃物

表 5. 28　江苏省工业固体废弃物产生量和综合利用率

年份	工业固体废弃物产生量/万吨	综合利用量/万吨	工业固体废弃物综合利用率/%
2000	3038. 19	2598. 4	85. 52
2001	3553	3231	90. 94
2002	3796. 00	3364. 23	88. 63
2003	3893. 70	3861. 05	99. 16
2004	4672. 53	4596. 36	98. 37
2005	5757. 37	5463. 74①	94. 90
2006	7195. 04	6966. 17	96. 82
2007	7354. 22	7259. 3	98. 71
2008	7843. 48	7743. 42	98. 72
2009	8027. 81	7862. 25	97. 94
2010	9063. 83	8760. 59	96. 65
2011	10475. 50	9997. 24	95. 43
2012	10224. 44	9341. 57	91. 37
2013	10855. 87	10501. 86	96. 74
2014	10924. 73	10577. 77	96. 82
2015	10701. 01	10206. 98	95. 38
2016	11648. 53	10661. 65	91. 53
2017	12002	11298	93. 83
2018	11810	11110	93. 63
2019	11516	10948	95. 07

注：2000—2019 年数据来源于《江苏省统计年鉴》。

① 2005 年《江苏省统计年鉴》的数据综合利用量为 5986. 51 万吨，高于废弃物的产生量，明显不符合实际。根据综合利用率 94. 9%，重新计算得到 2005 年综合利用量为 5463. 74 万吨。

2000—2019 年工业固体废弃物总量总体呈现增长态势，仅 2012 年、2015 年出现小幅下降，其他年份均增长，从 2000 年的 3038.19 万吨，增长到 2019 年的 11516 万吨，固体废弃物的综合利用率只有两个年份低于 90%，其他年份均在 90%以上。固体废弃物综合利用率存在较大的波动，波动的范围基本是在 90%~100%，2019 年综合利用率为 95.07%（见表 5.28）。

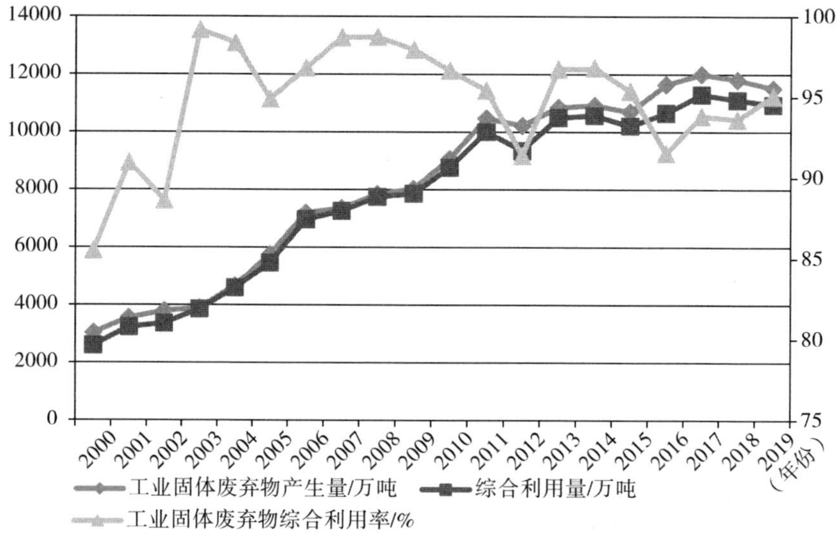

图 5.20　江苏省工业固体废弃物产生量和综合利用率

（二）生活垃圾

2000—2019 年生活垃圾产生量不断提升。生活垃圾清运量不断提高，仅 2013 年、2018 年略有下降，其他年份均呈现增长态势，从 2000 年的 515 万吨增长至 2019 年的 1810 万吨，生活垃圾无害化处理率仅 2005 年出现下降，2006—2017 年呈现逐步增长的态势，2017 年达 100%（见表 5.29）。总体来看，目前生活垃圾无害化处理率保持非常高的水平，但是生活垃圾清运量是持续增长的，这与人口高度集中是分不开的，虽然无害化处理的比重是在不断提高，卫生填埋或者焚烧同样会产生污染，同时垃圾增长也对环境形成巨大的压力，给城市管理带来了巨大的挑战，垃圾围城不仅仅是一种耸人听闻的新闻，如果我们不能处理好垃圾问题，也将是一个严重的灾难。

表 5.29　江苏省历年生活垃圾清运量

年份	生活垃圾清运量/万吨	生活垃圾无害化处理率/%	生活垃圾清运量增长率/%
2000	515		-
2001	634		23.11
2002	723		14.04
2003	775		7.19
2004	808	90.95	4.26
2005	835	82.91	3.34
2006	851	85.06	1.92
2007	898	86.92	5.52
2008	934	90.84	4.01
2009	957	90.97	2.46
2010	1017	93.57	6.27
2011	1120	93.77	10.13
2012	1210	95.93	8.04
2013	1203	97.36	-0.58
2014	1352	98.11	12.39
2015	1456	100.00	7.69
2016	1562	99.93	7.28
2017	1735	100.00	11.08
2018	1718	-	-0.98
2019	1810	-	5.36

从生活垃圾清运量增长率来看，生活垃圾清运量增长率虽然有较大波动，但整体趋势是清运量呈现正增长，仅 2013 年、2018 年出现负增长，

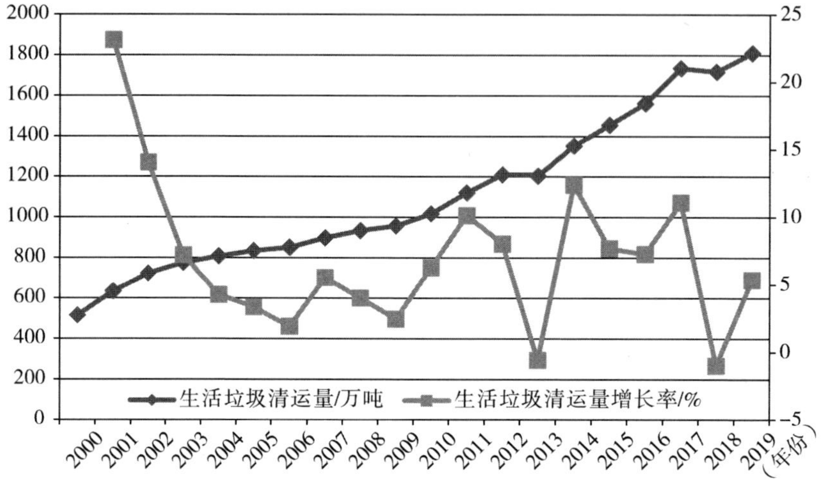

图 5.21　江苏省垃圾清运量及增长率

特别是近年来保持较高的增长率，2014 年增长率为 12.39%，2015 年为 7.69%，2016 年为 7.28%，2017 年为 11.08%，2019 年为 5.36%。垃圾对于城市发展是巨大的挑战和压力（见表 5.29）。

四、生态环境状况

（一）城市绿化水平

表 5.30　江苏省历年城市绿化水平

年份	建成区绿化面积/公顷	园林绿地面积/公顷	公园绿地面积/公顷	建成区面积/平方千米	人均公园绿地面积/平方米/人	建成区绿化覆盖率/%
2000	45925	60064	10248	1382	8.1	33.2
2001	49456	94175	12724	1549	6.6	31.9
2002	68413	137702	16252	1939	7.1	35.3
2003	74929	145956	18743	2120	7.9	35.4
2004	85367	172563	21617	2253	8.9	37.9
2005	94778	189070	25687	2379	10.3	39.8
2006	107752	152885	25868	2583	11.6	41.7

续表

年份	建成区绿化面积/公顷	园林绿地面积/公顷	公园绿地面积/公顷	建成区面积/平方千米	人均公园绿地面积/平方米/人	建成区绿化覆盖率/%
2007	116157	180784	29125	2714	12.6	42.8
2008	123801	195460	30645	2904	13.1	42.6
2009	127930	214989	32403	3046	13.2	42
2010	137623	227584	33585	3271	13.3	44.1
2011	147157	237486	35634	3494	13.3	42.1
2012	154135	247001	38069	3655	13.6	42.2
2013	161671	256263	40413	3810	14	42.4
2014	171265	265543	42901	4020	14.4	42.6
2015	179411	274071	44713	4189	14.6	42.8
2016	184591	281855	46476	4299	14.8	42.9
2017	190194	285981	48060	4427	15	43
2018	196610	293765	49580	4558	14.7	43.1
2019	201663	298531	51683	4648	15	43.4

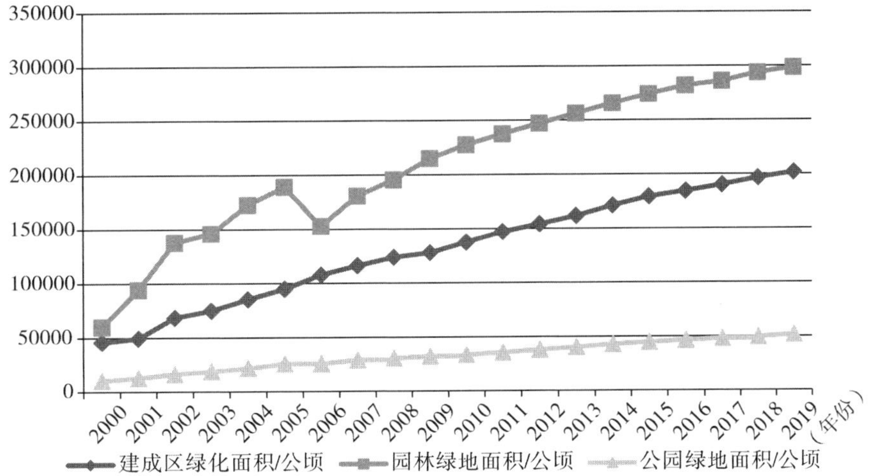

图 5.22　江苏省历年城市绿化水平

2000—2019 年江苏省园林绿地面积呈现“上升、短暂下降、上升”的过程，仅2006年出现短暂下降，其他年份均保持逐年增长态势，2000年园林绿地面积为60064公顷，2019年达298531公顷。2000—2019年建成区绿化面积呈现逐年增长态势，2000年为45925公顷，2019年达到201663公顷。2000—2019年公园绿地面积呈现逐年增长，2000年公园绿地面积为10248公顷，2019年达到51683公顷。从年平均增长率来看，园林绿地面积年平均增长率最高，其次是建成区绿化面积，第三是公园绿地面积。

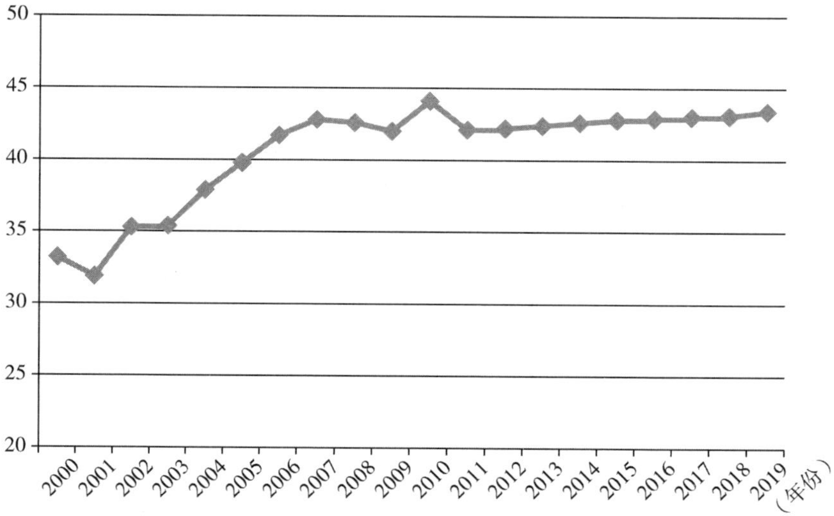

图5.23　江苏省建成区绿化覆盖率（%）

城市绿化水平不断提高，2000—2019年城市绿化覆盖率仅部分年份略有下降，总体趋势是上升的，其中2000年绿化覆盖率为33.2%，2001年有小幅下降，为31.9%，之后持续上升，2007年达到42.8%，2008年、2009年略有下降；2010年又上升，为44.1%；2011年略有下降，2012—2019年持续增长，2019年达43.4%。

人均公园绿地面积总体表现不断增长，仅个别年份出现下降（见图5.24），2000年人均公园绿地面积为8.1平方米/人，2001年下降至6.6平方米/人；之后一路上升，到2017年升到15平方米/人；2018年略有下降，为 14.7 平方米/人，2019 年又回升至 15 平方米/人，总的来说，江苏省公园绿地面积是不断提升的。

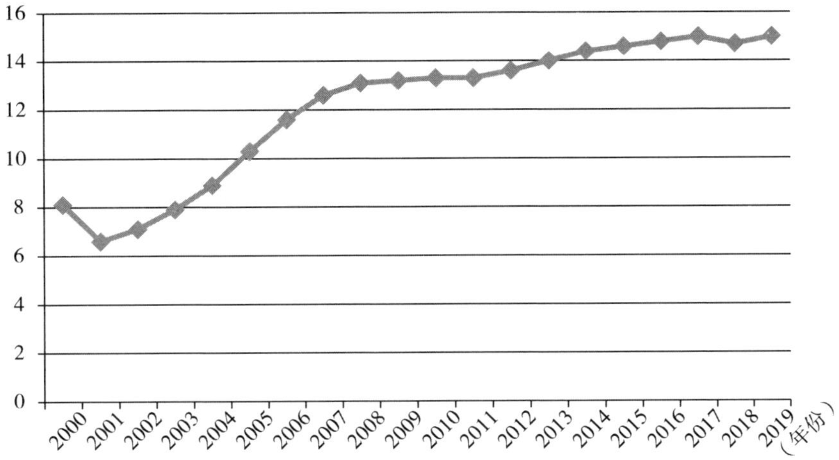

图 5.24 江苏省人均公园绿地面积（平方米/人）

（二）森林覆盖率

江苏省森林覆盖率呈现“先增长，后下降”的趋势，2004—2008 年森林覆盖率为 7.5%，2009—2017 年森林覆盖率升至 15.8%，2018—2019 年又降至 15.2%；林木覆盖率从 2010—2019 年持续增长，2010 年为 20.6%，2019 年达 23.6%（见表 5.31）。

表 5.31 江苏省历年林木覆盖率

指标	林业用地面积/万公顷	森林面积/万公顷	人工林面积/万公顷	森林覆盖率/%	林木覆盖率/%
2004	99.88	77.41	74.17	7.5	-
2005	99.88	77.41	74.17	7.5	-
2006	99.88	77.41	74.17	7.5	-
2007	99.88	77.41	74.17	7.5	-
2008	99.88	77.41	74.17	7.5	-
2009	178.7	162.1	156.82	15.8	-

续表

指标	林业用地面积/万公顷	森林面积/万公顷	人工林面积/万公顷	森林覆盖率/%	林木覆盖率/%
2010	178. 7	162. 1	156. 82	15. 8	20. 6
2011	178. 7	162. 1	156. 82	15. 8	21. 1
2012	178. 7	162. 1	156. 82	15. 8	21. 6
2013	178. 7	162. 1	156. 82	15. 8	21. 9
2014	178. 7	162. 1	156. 82	15. 8	22. 2
2015	178. 7	162. 1	156. 82	15. 8	22. 5
2016	178. 7	162. 1	156. 82	15. 8	22. 8
2017	178. 7	162. 1	156. 82	15. 8	22. 9
2018	174. 98	155. 99	–	15. 2	23. 2
2019	174. 98	155. 99	–	15. 2	23. 6

数据来源：主要数据来源于《中国统计年鉴》分省数据，其中，2018 年林木覆盖率来源于《2018 年江苏省经济与社会发展统计公报》，2019 年林木覆盖率来源于《2020 年全省林业工作会议简报》。

小　结

2000—2019 年江苏省园林绿地面积总体呈现为上升趋势，仅个别年份下降。建成区绿化面积和公园绿地面积持续提升，建成区绿化覆盖率仅个别年份下降，总体是不断提升的，人均公园绿地面积也表现为仅个别年份下降，总体是不断提升的。森林覆盖率呈现“先增长，后下降”的趋势，林木覆盖率持续增长。

第六章　江苏省人口空间均衡发展

第一节　人口的地区分布

一、人口地区分布的主要特征

（一）常住人口的地区分布

2019 年江苏省常住人口 8070 万，人口密度为 753 人/平方千米，相比 2010 年来看，常住人口数量略有增长，但人口密度却下降了，主要是由于土地面积比 2010 年有所增长。从 2019 年江苏省区域人口分布来看，苏南现有人口 3378.09 万，占总人口的 41.86%；苏中地区有人口 1650.31 万，占 20.45%；苏北地区有人口 3041.6 万，占 37.69%，苏南地区的人口最多。从人口密度来看，苏南地区人口密度为 1203 人/平方千米，其次是苏中地区，为 720 人/平方千米；苏北地区人口密度最低，为 554 人/平方千米。苏南地区人口数量最多，其次是苏北地区，苏中地区人口最小；苏南地区的人口密度最高，其次是苏中地区，最低是苏北地区。相比 2010 年，苏南地区人口数量和人口密度均有较快增长，苏中地区的人口数量略有增长，但是人口密度下降了，苏北地区的人口数量和人口密度均略有增长。

表 6.1　2010 年、2019 年江苏省常住人口的分布

地区	2010 年土地面积/平方千米	2019 年土地面积/平方千米	2010 年末常住人口/万人	2019 年末常住人口/万人	2010 年人口密度/人/平方千米	2019 年人口密度/人/平方千米
南京	6587	6587	800.76	850	1216	1290
无锡	4627	4627	637.56	659.15	1378	1424
常州	4372	4372	459.33	473.6	1051	1083
苏州	8488	8657	1046.85	1074.99	1233	1242
镇江	3847	3840	311.45	320.35	810	834
南通	8001	10549	728.18	731.8	910	694
扬州	6591	6591	446.08	454.9	677	690
泰州	5787	5788	462.13	463.61	799	801
徐州	11259	11765	858.21	882.56	762	750
连云港	7500	7616	439.71	451.1	586	592
淮安	10072	10030	480.40	493.26	477	492
盐城	16972	16931	726.40	720.89	428	426
宿迁	8555	8524	472.28	493.79	552	579
苏南地区	27921	28084	3255.95	3378.09	1166	1203
苏中地区	20379	22929	1636.39	1650.31	803	720
苏北地区	54358	54866	2977.00	3041.6	548	554
江苏省	102658	105879	7869.34	8070	767	753

2019 年全省 13 个地级市的分布，常住人口数量从高到低分别是：苏州、徐州、南京、南通、盐城、无锡、宿迁、淮安、常州、泰州、扬州、连云港、镇江。人口密度从高到低分别是：无锡、南京、苏州、常州、镇江、泰州、徐州、南通、扬州、连云港、宿迁、淮安、盐城（见图 6.1）。

与 2010 年相比，2019 年苏南地区人口密度增长较快，苏中地区人口密度明显下降，而苏北地区的人口密度略有提升（见图 6.2）；在地市层面来看，人口密度上升的地级市有南京、无锡、常州、苏州、镇江、扬州、泰州、连云港、淮安、宿迁等 10 市，人口密度下降的是南通、徐州和盐城 3

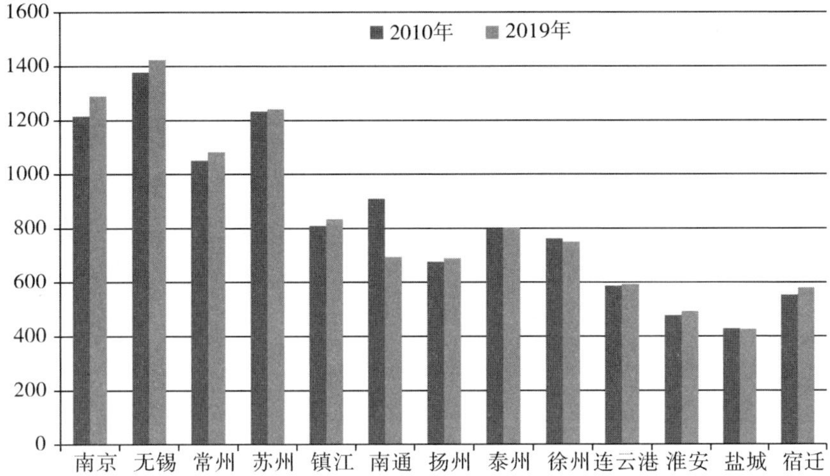

图 6.1　2010、2019 年江苏省地级市人口密度分布图（人/平方千米）

市。苏南地区 5 个地级市的人口密度全部增长，苏南地区的人口更加稠密；苏中地区是地变大，人变稀；苏北地区是人口增加了，人口密度也增加了。

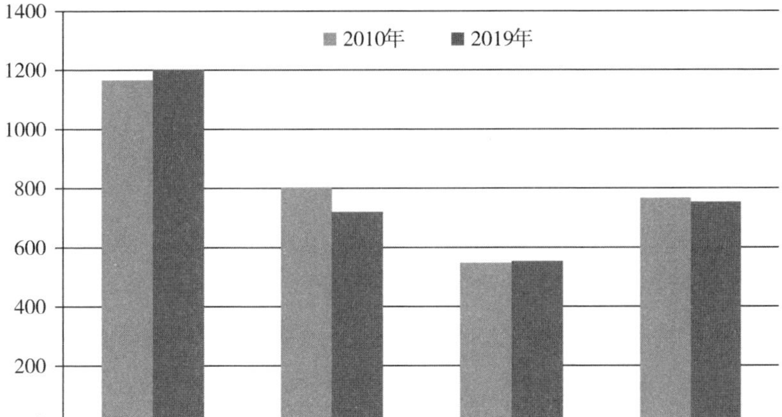

图 6.2　2010 年、2019 年江苏省人口密度区域分布（人/平方千米）

（二）城乡人口的地区分布

1. 城镇化

从常住人口的城乡分布来看，2010 年全省城镇化率为 60.2%，其中，苏南地区的城镇化率为70.8%，苏中地区的城镇化率为56.1%，苏北地区的城镇化率为51.8%。苏南地区的城镇化率远高于苏中和苏北地区。从各地级市来看，南京市城镇化率最高，为78.5%，其次是无锡、苏州、常州、镇江，其中，南京、无锡和苏州的城镇化率保持在70%以上；苏中地区城镇化率最高的是扬州，为56.7%，其次是南通和泰州；苏北五市最高的是徐州53.9%，接着是盐城、连云港、淮安、宿迁。相较2010年而言，包括全省、三大区域以及13个地级市，2019年城镇化率均有提升。其中，全省城镇化率提高10.4个百分点，苏南地区城镇化提高了6.8个百分点，苏中地区提高了11.7个百分点，苏北地区提高了12.6个百分点；从城市来看，苏南5市中，南京城市化率增加最少，增加了4.7个百分点，镇江城市化率增加最高，达10.2个百分点，苏南地区仅镇江城市化率增加超过10个百分点；苏中地区，南通城市化增长最高，达12.1个百分点，苏中3市增长均超过10个百分点；苏北增长量最高的是徐州和宿迁，均为12.8个百分点，其他3市增长量均超过11个百分点（见图6.3）。

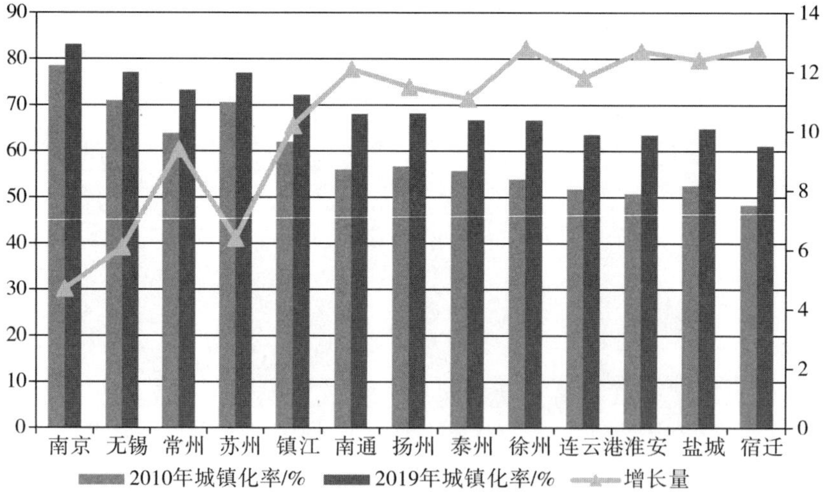

图6.3　2010年、2019年江苏省地级市城镇化率分布图

表 6.2　2010 年、2019 年江苏省常住人口的地区分布

地区	2010 年末常住人口/万人	2010 年城镇化率/%	2019 年末常住人口/万人	2019 年城镇化率/%	增长量
南京	800.76	78.5	850	83.2	4.7
无锡	637.56	71.0	659.15	77.1	6.1
常州	459.33	63.9	473.6	73.3	9.4
苏州	1046.85	70.6	1074.99	77	6.4
镇江	311.45	62.0	320.35	72.2	10.2
南通	728.18	56.0	731.8	68.1	12.1
扬州	446.08	56.7	454.9	68.2	11.5
泰州	462.13	55.7	463.61	66.8	11.1
徐州	858.21	53.9	882.56	66.7	12.8
连云港	439.71	51.8	451.1	63.6	11.8
淮安	480.40	50.8	493.26	63.5	12.7
盐城	726.40	52.5	720.89	64.9	12.4
宿迁	472.28	48.3	493.79	61.1	12.8
苏南地区	3255.95	70.8	3378.09	77.6	6.8
苏中地区	1636.39	56.1	1650.31	67.8	11.7
苏北地区	2977.00	51.8	3041.6	64.4	12.6
江苏省	7869.34	60.2	8070	70.6	10.4

从城市化率来看，2019 年苏南 5 市的城市化率均超过 70%，最低的镇江是 72.2%；苏中地区的城市化率在 66%～69%，最低的泰州是 66.8%；苏北 5 市的城市化率最低的是宿迁，为 61.1%。从城市化率来看，苏南高于苏中，苏中又高于苏北；而从 2010 年、2019 年的城市化率的增长量来看，苏北地区的城市化率增速最高，其次是苏中地区，最后是苏南地区（见图 6.4）。2019 年全国城市化率达 60.6%，江苏省城市化率比全国水平

高 10 个百分点，其中 13 个地级市的城市化水平均高于全国平均水平。

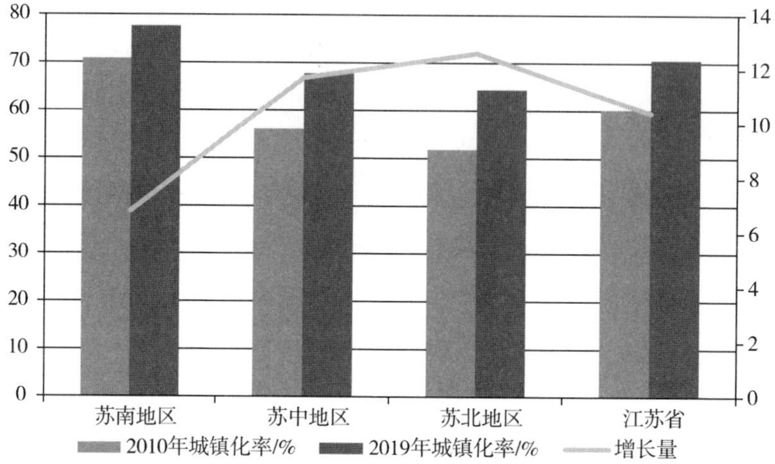

图 6.4　2010 年、2019 年江苏省城镇化水平区域分布

2. 乡村户数

表 6.3　2010 年、2019 年江苏省乡村户数的地区分布

地区	2010 年乡村户数/万户	2019 年乡村户数/万户	2010 年乡村户数比重/%	2019 年乡村户数比重/%	增长
南京	65.21	63.06	31.16	24.97	−6.19
无锡	72.49	59.38	46.60	34.52	−12.08
常州	78.72	71.05	61.93	52.05	−9.88
苏州	97.63	87.54	46.10	36.77	−9.33
镇江	58.19	56.96	56.92	55.78	−1.14
南通	212.61	197.05	75.08	68.64	−6.44
扬州	102.07	101.14	66.19	68.47	2.28
泰州	121.92	119.51	70.50	71.93	1.43
徐州	187.25	173.23	67.53	61.53	−6
连云港	91.85	93.27	65.77	62.36	−3.41

续表

地区	2010 年乡村户数/万户	2019 年乡村户数/万户	2010 年乡村户数比重/%	2019 年乡村户数比重/%	增长
淮安	99.97	99.79	62.49	59.30	-3.19
盐城	188.07	179.15	67.69	66.39	-1.3
宿迁	107.28	104.45	72.24	68.42	-3.82
苏南地区	372.24	337.99	46.18	37.50	-8.68
苏中地区	436.60	417.7	71.54	69.51	-2.03
苏北地区	674.42	649.89	67.22	63.60	-3.62
全省	1483.26	1405.58	61.30	55.69	-5.61

从乡村户数来看，2010 年全省乡村户数 1483.26 万户，乡村户数占全部户数的 61.30%；2019 年乡村户数下降至 1405.58 万户，乡村户数的比重下降至 55.59%，下降了 5.61 个百分点。其中，2010 年苏南地区乡村户数为 372.24 万户，占全部户数的 46.18%；2019 年乡村户数降至 337.99 万户，占比也下降至 37.5%，下降了 8.68 个百分点；苏中地区 2010 年乡村户数为 436.60 万户，占全部户数的 71.54%，2019 年乡村户数为 417.7 万户，占比下降至 69.51%，下降了 2.03 个百分点；苏北地区 2010 年乡村户数 674.42 万户，占比 67.22%，到 2019 年乡村户数下降至 649.89 万户，占比降至 63.6%，下降了 3.62 个百分点。从区域来看，乡村户数的比重下降最多的是苏南地区，其次是苏北地区，最后是苏中地区。苏中地区 3 市仅南通下降，而扬州和泰州的乡村户数的比重还呈现增长趋势。

2019 年苏南地区的城镇化率达 77.6%，乡村户数占总户数的 37.50%，而苏中地区的城镇化率达 67.8%，但是乡村户数占总户数高达 69.51%，而苏北地区城镇化率为 64.4%，而乡村户数占总户数达 63.60%。由于城镇人口是指居住于城市、集镇的人口，主要依据人群的居住地和所从事的产业进行归类。城镇人口的特点是所从事的产业为非农业生产性产业（自然经济）为主的人群及其家庭。在统计上，城镇人口为在城镇居住时间超

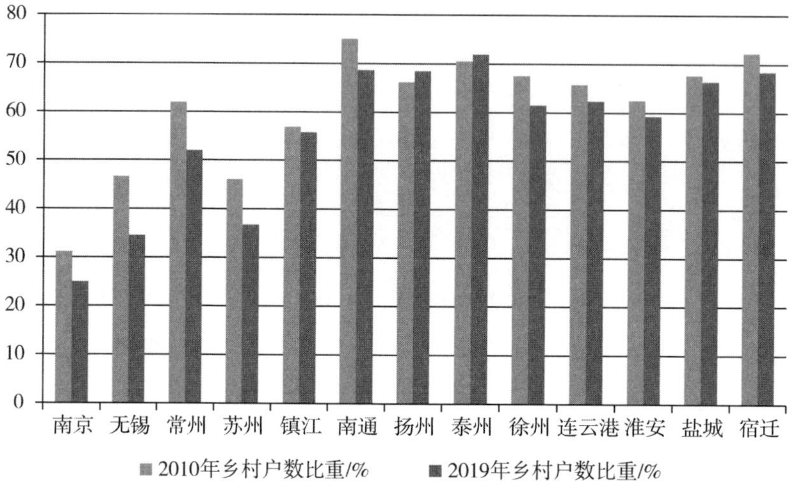

图 6.5　2010 年、2019 年江苏省 13 个市乡村户数的比重

过 6 个月以上的人口。从城市发展来看，随着城镇化率不断提高，农村人口转变为城镇人口，乡村户数也会不断下降，但江苏省不同区域的城镇化率与乡村户数比重存在巨大的差异，苏北和苏中地区城镇化率与乡村户数均呈现较高的比重，均超过 60%，呈现高城镇化率和高乡村户数比，苏北地区城镇化率略高于乡村户数比，而苏中地区的城镇化率反而低于乡村户数比。这反映目前苏中和苏北地区的人口存在明显的“人户分离”问题，大量人口进入苏南或者本地城镇就业，但户口依然保留在农村，从城镇化率来看，这些属于城镇人口，但户口性质还是农村户口。由于户口性质没有改变，因而土地仍然处于分散的农户手中。当前江苏省城乡发展过程，要着手解决“人户分离”问题。江苏省财政近日下达 2019 年农业转移人口市民化奖励资金 19.18 亿元，以增强市县财政保障能力，逐步使农业转移人口与当地户籍人口享受同等基本公共服务，推动城乡融合发展，提升中小城市承载能力①。2019 年 12 月，中共中央办公厅、国务院办公厅印发《关于促进劳动力和人才社会性流动体制机制改革的意见》，要求全面取消

① 许海燕、苏财预：《江苏拨付专项资金 19 亿 奖励农业转移人口市民化》，《新华日报》，2017 年 8 月 20 日。

城区常住人口300万以下的城市落户限制，全面放宽城区常住人口300万至500万的大城市落户条件。完善城区常住人口500万以上的超大特大城市积分落户政策。2020年4月9日，国家发展改革委明确2020年将督促城区常住人口300万以下城市全面取消落户限制，推动城区常住人口300万以上城市基本取消重点人群落户限制，促进农业转移人口等非户籍人口在城市便捷落户。切实推进农业转移人口市民化，避免城市接受劳动力而不接受其家庭的现实，促进真正的城市化。

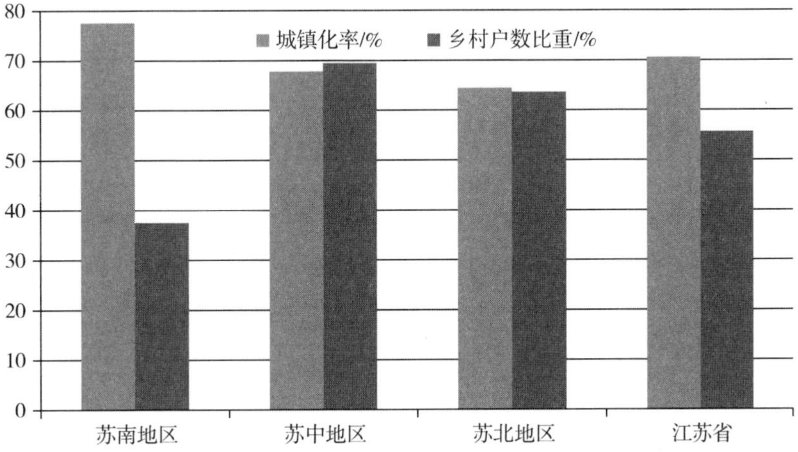

图6.6　2019年江苏省城镇化率和乡村户数比重

（三）不同地区的人口性别构成

表6.4　2015年、2019年江苏省各市人口性别构成

地区	2015年		性别比	2019年		性别比
	男	女		男	女	
南京	339.27	341.4	99.38	352.8	357.02	98.82
无锡	243.04	250.01	97.21	247.17	255.66	96.68
常州	186.6	192.24	97.07	188.84	196.18	96.26
苏州	338.5	352.57	96.01	352.76	369.84	95.38

续表

地区	2015 年		性别比	2019 年		性别比
	男	女		男	女	
镇江	133.85	137.05	97.67	133.34	136.82	97.46
南通	375.96	388.51	96.77	373.01	386.81	96.43
扬州	229.49	230.49	99.57	227.73	229.41	99.27
泰州	257.26	247.93	103.76	254.51	246.04	103.44
徐州	538.04	501.38	107.31	539.34	502.39	107.35
连云港	277.95	254.58	109.18	278.73	255.68	109.02
淮安	287.92	272.98	105.47	287.6	272.88	105.39
盐城	426.37	399.78	106.65	423.56	397.79	106.48
宿迁	306.63	284.38	107.82	307.23	285.13	107.75
苏南合计	1241.26	1273.27	97.49	1274.91	1315.52	96.91
苏中合计	862.71	866.93	99.51	855.25	862.26	99.19
苏北合计	1836.95	1713.06	107.23	1836.46	1713.87	107.15
江苏省	3940.92	3853.26	102.28	3966.62	3891.65	101.93

2015 年江苏省男性人口为 3940.92 万，女性人口为 3853.26 万，总人口的性别比为 102.28，其中，苏南地区的人口性别比为 97.49，苏中地区的人口性别比为 99.51，而苏北地区的人口性别比为 107.23。苏南地区性别比最高的是南京（99.38），其次是镇江（97.67）、无锡（97.21）、常州（97.07）、苏州（96.01）；苏中地区人口性别比最高的是泰州（103.76），其次是扬州（99.57）、南通（96.77）；苏北地区最高的是连云港（109.18），其次是宿迁（107.82）、徐州（107.31）、盐城（106.65）、淮安（105.47）。人口性别比呈现“南低北高”的分布特征，苏南地区“女多男少”，而苏北地区表现为“男多女少”，从全省总量来看，性别比为 102.28，趋于均衡，但存在较大的区域差异。

2019 年江苏省全省人口性别比为 101. 93。其中，苏南地区的人口性别比为 96. 91，苏中地区人口性别比为 99. 19，苏北地区的人口性别比为 107. 15。无论是全省人口性别比，还是苏南、苏中和苏北地区的人口性别比均略有下降。不同区域之间的性别比差异依然没有改变，即苏南低，苏北高，苏中居其中。从均衡程度来看，苏南地区人口性别比偏离均衡，“女多男少”更加突出，而苏中地区人口性别比接近均衡，苏北地区的人口性别比仍偏离均衡，依旧保持“男多女少”格局，略有好转。

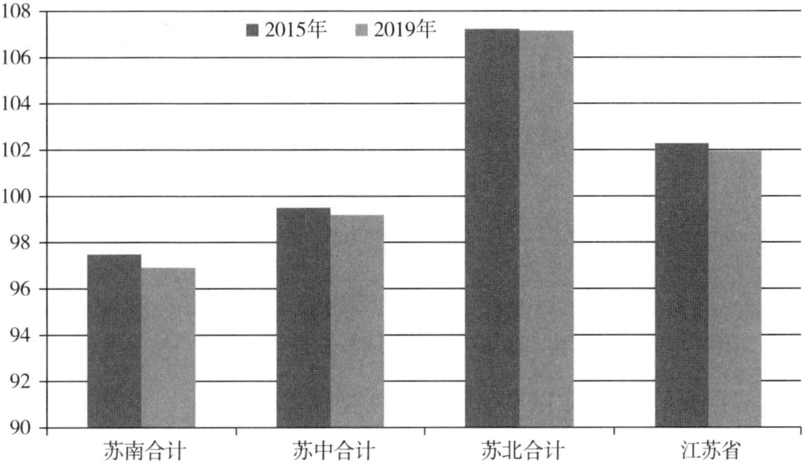

图 6. 7　2015 年、2019 年江苏省区域人口性别比

（四）不同地区的人口年龄构成

表 6. 5　2015 年江苏省各市人口年龄构成

地区	0~14 岁/万人	15~64 岁/万人	65 岁及以上/万人	0~14 岁/%	15~64 岁/%	65 岁及以上/%
南京	84. 02	651. 49	88. 08	10. 20	79. 10	10. 70
无锡	68. 29	509. 12	73. 69	10. 49	78. 19	11. 32
常州	52. 93	362. 47	54. 74	11. 26	77. 10	11. 64
苏州	104. 63	847. 98	108. 99	9. 86	79. 88	10. 26
镇江	33. 35	244. 15	40. 15	10. 50	76. 86	12. 64

续表

地区	0~14岁/万人	15~64岁/万人	65岁及以上/万人	0~14岁/%	15~64岁/%	65岁及以上/%
南通	78.03	515.09	136.88	10.69	70.56	18.75
扬州	50.54	330.33	67.49	11.27	73.68	15.05
泰州	56.33	331.69	76.14	12.14	71.46	16.40
徐州	165.25	603.06	98.59	19.06	69.57	11.37
连云港	86.06	313.94	47.37	19.24	70.17	10.59
淮安	83.16	348.03	56.01	17.07	71.43	11.50
盐城	107.80	515.47	99.58	14.91	71.31	13.78
宿迁	93.70	340.07	51.61	19.30	70.06	10.64
苏南合计	343.22	2615.21	365.65	10.33	78.67	11.00
苏中合计	184.9	1177.11	280.51	11.26	71.66	17.08
苏北合计	535.97	2120.57	353.16	17.81	70.46	11.73
江苏省	1064.09	5912.89	999.32	13.34	74.13	12.53

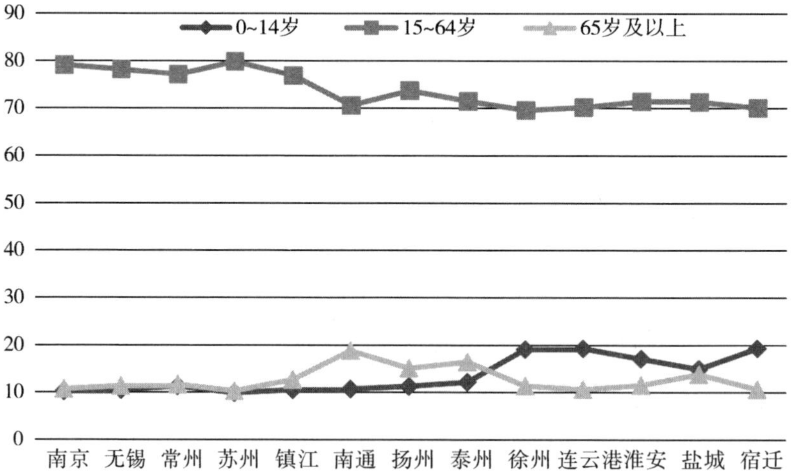

图6.8　2015年江苏省各市人口年龄构成

不同地区的人口年龄结构决定了本地区劳动力供给和社会负担水平，需要与地区经济社会发展水平相适应，以保证经济社会的持续健康发展。

从人口年龄构成的分布来看，2015 年江苏省 0~14 岁人口占 13.34%，15~64 岁人口占 74.13%，65 岁及以上人口占 12.53%。其中，苏南地区 0~14 岁人口占 10.33%，15~64 岁人口占 78.67%，65 岁及以上人口占 11.0%；苏中地区 0~14 岁人口占 11.26%，15~64 岁人口占 71.66%，65 岁及以上人口占 17.08%；苏北地区 0~14 岁人口占 17.81%，15~64 岁人口占 70.46%，65 岁及以上人口的比例为 11.73%。从上面数据看出，苏南地区的劳动年龄人口的比重在全省三个地区最高，老年人口和少年儿童人口的比重在全省都是最低的，苏中地区老年人口比重在全省三个地区最高，苏北地区少年儿童人口比重在全省三个地区最高。苏南地区的总抚养比为 27.11，苏中地区为 39.54，苏北地区为 41.93，全省总抚养比为 34.90。从南到北，总抚养比不断提升，苏南地区的总抚养比最小，苏北地区的总抚养比最高，苏中地区的总抚养比居中。苏南地区总抚养比低，有较高的人口红利，为经济发展创造了有利的人口条件，整个地区的经济呈高储蓄、高投资和高增长的局面。GDP 构成中消费率降低，储蓄率增高，投资高速增长，进而推动经济以超常规的速度发展。而传统苏北地区生育率高于苏南和苏中地区，由于经济发展相对落后于苏中和苏南地区，苏北也就成为向苏南地区的劳动力输出地。

二、人口增长及地区分布的变化趋势

表 6.6　2010、2019 年的江苏省各市的人口增长

地区	2010 年末常住人口/万人	2019 年末常住人口/万人	增长量/万人	增长率/%
南京	800.76	850	49.24	6.15
无锡	637.56	659.15	21.59	3.39
常州	459.33	473.6	14.27	3.11

续表

地区	2010 年末常住人口/万人	2019 年末常住人口/万人	增长量/万人	增长率/%
苏州	1046. 85	1074. 99	28. 14	2. 69
镇江	311. 45	320. 35	8. 9	2. 86
南通	728. 18	731. 8	3. 62	0. 50
扬州	446. 08	454. 9	8. 82	1. 98
泰州	462. 13	463. 61	1. 48	0. 32
徐州	858. 21	882. 56	24. 35	2. 84
连云港	439. 71	451. 1	11. 39	2. 59
淮安	480. 40	493. 26	12. 86	2. 68
盐城	726. 40	720. 89	-5. 51	-0. 76
宿迁	472. 28	493. 79	21. 51	4. 55
苏南地区	3255. 95	3378. 09	122. 14	3. 75
苏中地区	1636. 39	1650. 31	13. 92	0. 85
苏北地区	2977. 00	3041. 6	64. 6	2. 17
江苏省	7869. 34	8070	200. 66	2. 55

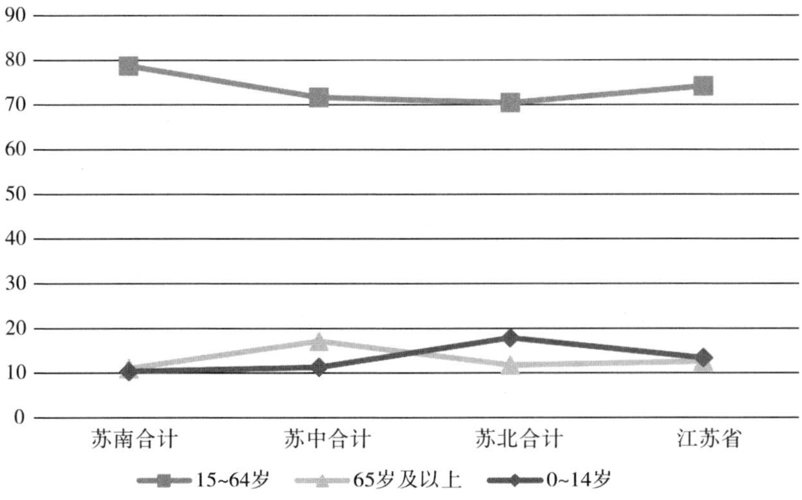

图 6. 9　2015 年江苏省三个地区的人口年龄结构图

2019年江苏省常住人口8070万，比2010年增长2.55%。其中，苏南人口3378.09万，相比2010年增长3.75%；苏中地区1650.31万，比2010年增长0.85%；苏北地区有3041.6万，增长2.17%。从区域来看，苏南地区人口多，且增长最快。其中，南京市人口增长率高达6.15%，居全省13地市之首；苏北地区人口总量居其次，增长率也居其次，除盐城人口增长率呈现负增长，其他4市均保持较高的增长率；苏中地区人口总量最小，人口增长率也最低，人口增长率仅为0.85%，仅扬州市增长率高于1%，泰州人口增长率仅为0.32%，南通人口增长率为0.50%。

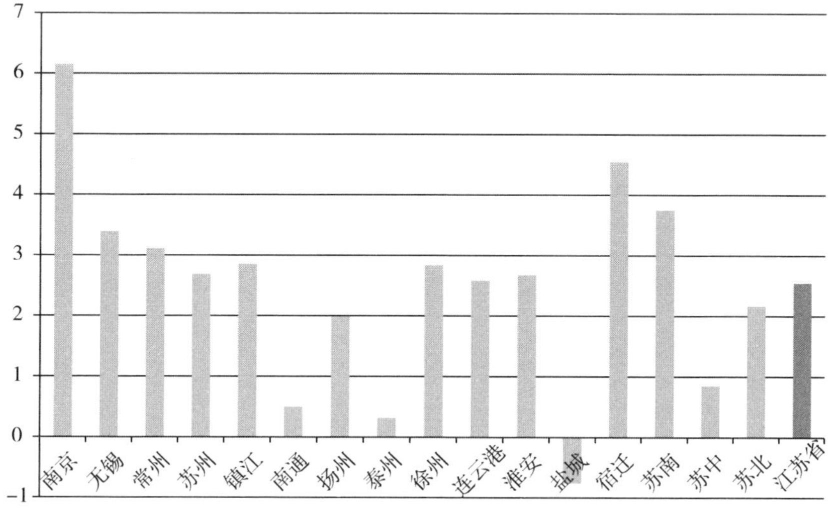

图6.10　2010—2019年江苏省各地常住人口增长率　单位:%

三、人口迁移的地区分布

表6.7　2019年江苏省各市流入人口数

地区	年末户籍人口/万人	年末常住人口/万人	流入人口数/万人	流入率/%
南京	703.38	850	146.62	20.85
无锡	500.02	659.15	159.13	31.82
常州	383.61	473.6	89.99	23.46
苏州	713.08	1074.99	361.91	50.75

续表

地区	年末户籍人口/万人	年末常住人口/万人	流入人口数/万人	流入率/%
镇江	270.47	320.35	49.88	18.44
南通	761.17	731.8	-29.37	-3.86
扬州	457.99	454.9	-3.09	-0.67
泰州	501.97	463.61	-38.36	-7.64
徐州	1043.25	882.56	-160.69	-15.40
连云港	534.37	451.1	-83.27	-15.58
淮安	560.9	493.26	-67.64	-12.06
盐城	823.04	720.89	-102.15	-12.41
宿迁	591.81	493.79	-98.02	-16.56
苏南地区	2570.56	3378.09	807.53	31.41
苏中地区	1721.13	1650.31	-70.82	-4.11
苏北地区	3553.37	3041.6	-511.77	-14.40
江苏省	7845.06	8070	224.94	2.87

2019年苏南地区净流入人口807.53万，流入率达31.41%，流入人口数量接近其户籍人口的三分之一；苏中地区净流出人口70.82万，流入率为-4.11%；而苏北地区净流出人口511.77万，流入率为-14.40%。从地市分布来看，苏南5市均为净流入城市，其中苏州流入人口最多，为361.91万，流入率达50.75%，流入人口超过户籍人口的50%，流入率由高到低分别是苏州、无锡、常州、南京和镇江；苏中地区是净流出地区，但流出人口较少，泰州流出率最高，其次是南通，最后是扬州；苏北5市都是净流出地区，流出人口最多的是徐州，其次是盐城，两市流出人口均超过100万，流出率由高到低分别是宿迁、连云港、徐州、盐城和淮安。

苏南是江苏经济的重要支柱，也是苏北、苏中接受辐射和拉动的重要源头。苏南地区位于“长三角经济区”中心区域。与核心城市上海接壤；苏中地区位于次中心区域，沿长江下游北岸排列，与苏南和上海隔江相望；苏北地区位于其边缘和辐射区域，距上海相对较远，受经济中心的吸引和辐射作用较弱。人口向苏南集中，既是经济发展的结果，同时也固化了现有“南强北弱”的经济发展格局。在实施区域协调发展战略中，江苏大力推进产业、财政、科技、劳动力“四项转移”和南北共建开发园区等多项举措，逐步形成了苏南提升、苏中崛起、苏北振兴的区域共同发展新格局。近年来，苏北加快了承接苏南产业转移的速度，这既为苏南产业升级腾出了空间，也促进了苏北提高工业化水平。稳住苏南，为苏中、苏北承接先进技术、产业辐射，拉动经济增长创造了优良条件，此举将促进江苏的南北协调发展。习近平总书记明确要求江苏“做好区域互补、跨江融合、南北联动大文章”，放到长三角一体化的大背景下来考量，更对稳定全国经济发展大局，促进东中西部协调发展，具有积极的启示作用。

四、小结

1. 常住人口地区分布差异较大，城镇化水平的地区差异较大，性别构成的地区差异大，年龄构成地区差异较大。人口分布呈现“南稠北稀”，人口持续向南方集中，苏南地区的人口密度大，而且人口密度呈现持续增长；城镇化水平呈现“南高北低”，但城镇化增长速度呈现“南低北高”，苏中和苏北存在着大量的“人户分离”的家庭户；全省人口性别比趋于均衡，但存在较大的区域差异，苏南人口性别比较低，呈现“女多男少”，趋于不均衡，而苏北的人口性别比较高，即“男多女少”，也趋于不均衡，苏中地区人口性别比趋于均衡；人口年龄结构苏南地区呈现“中间大、两头小”，劳动年龄人口的比重最大，苏中地区则表现老年人口比重高，苏北地区儿童青少年人口比重高，人口抚养比呈现“南低北高”。

2. 人口增长速度存在较大的区域差异。无论苏南、苏中和苏北地区的常住人口均呈现增长，但苏南和苏北人口多且增长较快，苏中地区人口增长较慢，从地市来看，仅盐城出现负增长，苏南地区人口数量逐步增多。

3. 人口流动存在较大的区域差异。苏南是净流入地区，而苏中和苏北均为净流出地区，人口流动呈现出“南多北少”的格局，人口进一步向苏南地区集中。

第二节　人口与产业（就业）地区分布的匹配特征

一、就业人口的地区分布

表 6.8　2010、2019 年江苏省从业人员的地区分布

地区	2010 年从业人员/万人	第一产业	第二产业	第三产业	2019 年从业人员/万人	第一产业	第二产业	第三产业
南京	457.75	11.21	38.18	50.61	502.6	8.51	31.25	60.24
无锡	382.34	5.97	55.03	39.00	387	3.85	55.06	41.09
常州	323.41	8.74	55.55	35.72	282.7	10.36	48.50	41.14
苏州	589.12	4.72	56.04	39.24	692.6	3.02	58.30	38.68
镇江	182.14	18.62	49.52	31.85	194.9	11.03	42.95	46.02
南通	463.72	17.46	46.53	36.02	452	17.70	46.70	35.60
扬州	296.84	12.98	51.13	35.89	268	13.92	42.95	43.13
泰州	284.33	23.58	41.70	34.72	275	19.75	40.95	39.31
徐州	520.74	31.18	35.94	32.89	483.4	22.09	35.73	42.18
连云港	302.08	30.46	31.73	37.81	249.5	30.42	29.14	40.44
淮安	326.50	28.91	31.90	39.19	284.7	26.84	31.51	41.66
盐城	348.26	31.79	31.66	36.55	430	22.09	36.86	41.05
宿迁	333.06	29.84	40.34	29.83	281.4	29.39	34.43	36.18
苏南地区	1934.77	8.48	50.92	40.60	2059.8	6.24	48.62	45.14
苏中地区	1044.89	17.85	46.52	35.63	995	17.25	44.10	38.65
苏北地区	1830.64	30.53	34.51	34.96	1729	25.26	34.15	40.58

从不同产业来看，2019 年苏南地区第一产业就业比重只有 6.24%，比 2010 年下降了 2.24 个百分点；第二产业就业比重为 48.62%，比 2010 年下降了 2.3 个百分点；第三产业就业比重为 45.14%，比 2010 年上升了 4.54 个百分点。苏中地区的第一产业就业比重为 17.25%，比 2010 年下降了 0.6 个百分点；第二产业就业比重为 44.10%，比 2010 年下降了 2.42 个百分点；第三产业的就业比重为 38.65%，比 2010 年上升了 3.02 个百分点；第一、二产业的就业比重下降，第三产业的就业比重上升。苏北地区第一产业的就业比重为 25.26%，比 2010 年下降了 5.27 个百分点；第二产业的就业比重为 34.15%，比 2010 年下降了 0.36 个百分点；第三产业的就业比重为 40.58%，相比 2010 年上升了 5.62 个百分点；苏北地区的第一、二产业的就业比重下降，而第三产业的就业比重上升。

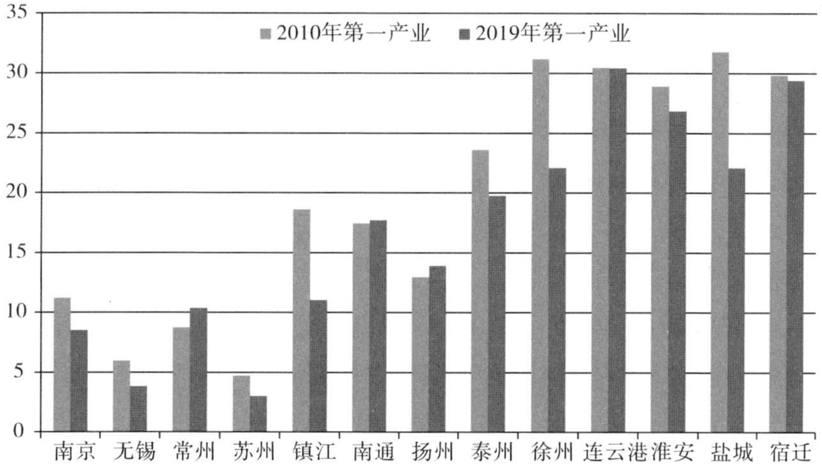

图 6.11　2010、2019 年江苏省 13 市第一产业变化图（%）

2019 年苏南和苏中地区的就业结构呈现“二三一”的结构特征，第二产业就业人口的比重最高。作为我国制造业最发达的区域之一，2017 年江浙沪上半年的工业增加值增速环比均出现提升，显示出制造业正在加速回暖①。苏南、苏中地区作为长三角制造业的核心地区，制造业是推动经济增长的主要因素。苏南地区的第一产业就业人口的比重较低，第一产业的就业在就业结构中已不重要，第三产业就业人口的比重快速上升，接近第二产业就业人口的比重。苏南地区基本形成第二、三产业就业人口并重的格局。苏中地区第二产业的就业比重在三个产业比较突出，第一产业就业人口仍保持较高的比重。苏北就业结构表现为“三二一”就业结构，苏北三大产业就业人口的比重相差不大，苏北保持较高的第一产业的就业人口，第二产业的就业人口比重低于第三产业就业人口的比重。苏北的第三产业的发展是在第二产业没有充分发展起来而形成的，因而苏北的第三产业也是非常脆弱的。

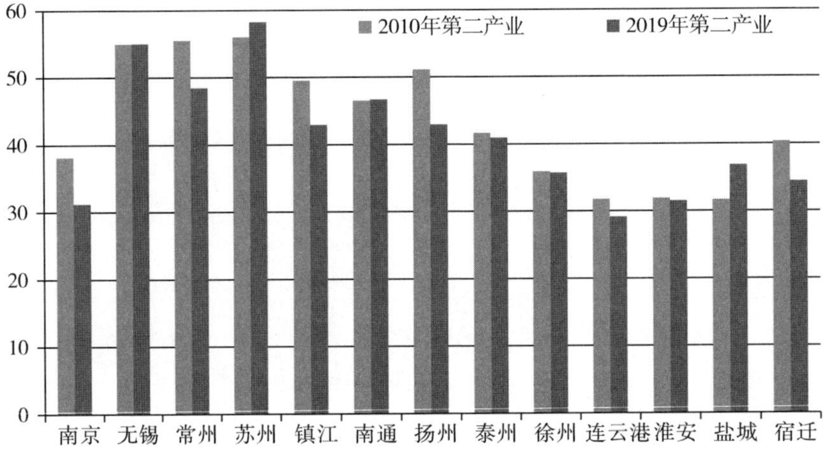

图6.12　2010、2019年江苏省13市第二产业变化图（%）

从各地市来看，苏南5市中，南京的就业结构为“三二一”就业结构特征，第三产业的就业人口超过第一、二产业的总和，无锡、苏州和常州呈现“二三一”就业结构特征，其中无锡和苏州第二产业的就业人口超过第一、三产业的总和，镇江则呈现“三二一”结构特征，第三产业的就业

① 谭浩俊：长三角制造业回暖是风向标，http：//review. jschina. com. cn/meitiguandian/201708/t20170801_ 869216. shtml.

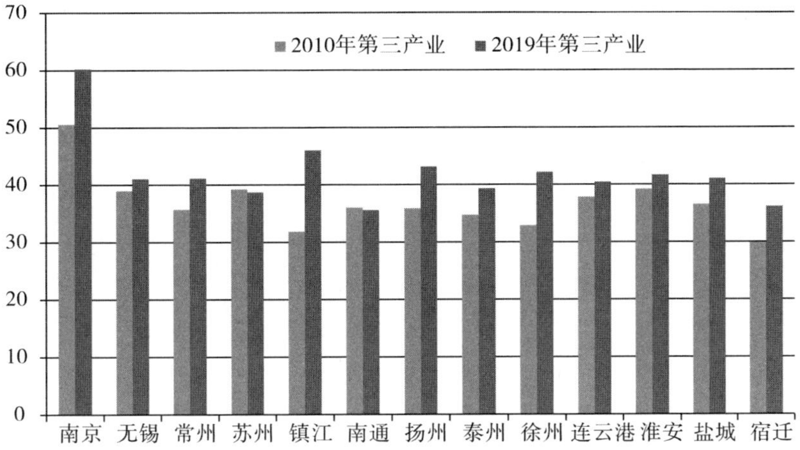

图 6.13　2010、2019 年江苏省 13 市第三产业变化图（%）

人口略高于第二产业；苏中 3 市，南通和泰州呈现为“二三一”就业结构，而扬州则呈现“三二一”就业结构；苏北地区徐州、宿迁、淮安、盐城呈现“三二一”的就业结构，而连云港则呈现“三一二”的就业结构。苏北地区第一产业的就业人数普遍较高，均高于 20%。

三个区域的就业结构相较 2010 年均呈现“两降一升”的格局，即第一、二产业的就业比重下降，第三产业的就业比重上升。2019 年苏南地区的第一产业就业比重在三个区域中比重最小，第二、三产业就业比重在三个区域中比重最大，第二、三产业对就业结构贡献突出；苏中地区第一、二产业在三个区域中比重较高，第三产业就业比重在三个区域最低。苏北地区的第一产业就业比重在三个区域中最高，第二产业就业比重在三个区域中最低，而第三产业的就业比重在三个区域居中，低于苏南地区，高于苏中地区。

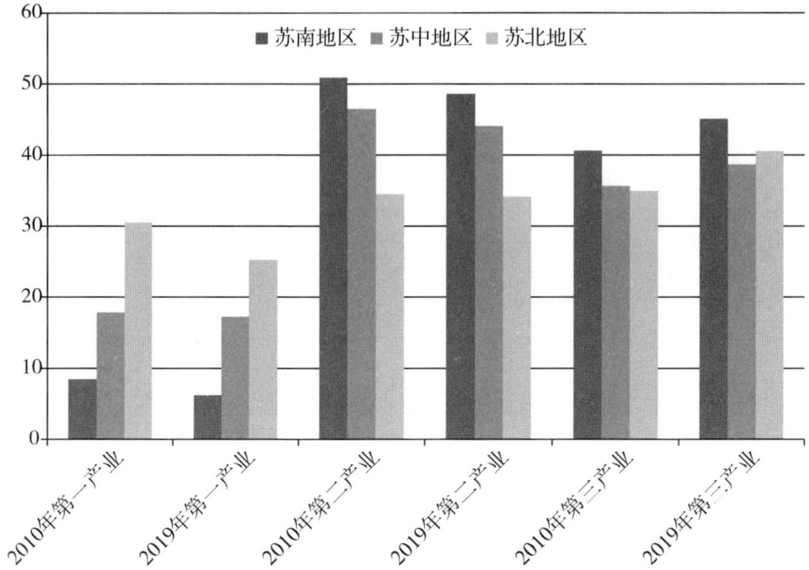

图 6.14　2010、2019 年江苏省 13 市第三产业变化图（%）

二、就业人数的区域分布

表 6.9　2019 年江苏省就业人员及其在常住人口中的比重

地区	就业人员/万人	常住人口/万人	就业人员的比重/%
南京	502.6	850	59.13
无锡	387	659.15	58.71
常州	282.7	473.6	59.69
苏州	692.6	1074.99	64.43
镇江	194.9	320.35	60.84
南通	452	731.8	61.77
扬州	268	454.9	58.91
泰州	275	463.61	59.32
徐州	483.4	882.56	54.77
连云港	249.5	451.1	55.31

续表

地区	就业人员/万人	常住人口/万人	就业人员的比重/%
淮安	284.7	493.26	57.72
盐城	430	720.89	59.65
宿迁	281.4	493.79	56.99
苏南地区	2059.8	3378.09	60.98
苏中地区	995	1650.31	60.29
苏北地区	1729	3041.6	56.85

从就业情况来看，2019 年苏南地区就业人员 2059.8 万，占常住人口的 60.98%；苏中地区就业人员为 995 万，占常住人口的 60.29%；苏北地区就业人口为 1729 万，占常住人口的 56.85%。苏南地区的就业人口的比重最高，其次是苏中地区，最低是苏北，但是苏南地区和苏中地区的就业人口的比重比较接近，就业人口的比重均超过 60%，保持较高的劳动参与率。

三、城镇私营企业与个体从业人员分布

表 6.10　2010 年、2019 年江苏省私营企业和个体从业人员分布

地区	2010 年从业人员/万人	私营企业从业人员/万人	个体从业人员/万人	2019 年就业人员/万人	私营企业就业人员/万人	个体就业人员/万人
南京	457.75	144.50	47.23	502.6	335.78	137.27
无锡	382.34	177.73	32.88	387	204.78	87.8
常州	323.41	120.16	32.04	282.7	170.84	78.86
苏州	589.12	271.36	69.28	692.6	458.99	239.34
镇江	182.14	77.49	29.91	194.9	101.56	63.01
南通	463.72	196.87	49.03	452	211.77	111.47
扬州	296.84	93.79	22.74	268	124.3	66.22
泰州	284.33	74.92	29.15	275	117.73	69.4
徐州	520.74	91.46	38.42	483.4	133.01	122.43
连云港	302.08	36.76	15.50	249.5	5.06	9.55
淮安	326.50	62.65	28.02	284.7	82.96	67.68

续表

地区	2010 年从业人员/万人	私营企业从业人员/万人	个体从业人员/万人	2019 年就业人员/万人	私营企业就业人员/万人	个体就业人员/万人
盐城	348.26	123.03	61.57	430	135.3	68.65
宿迁	333.06	57.91	19.96	281.4	91.77	76.34
苏南地区	1934.77	791.24	211.35	2059.8	1271.96	606.28
苏中地区	1044.89	365.58	100.93	995	453.8	247.08
苏北地区	1830.64	371.80	163.47	1729	448.09	344.65

2019 年苏南地区的私营企业的就业人数达 1271.96 万，占全部就业人员的 61.75%，比 2010 年高出 20.85 个百分点；个体经营就业人员有 606.28 万，占全部就业人员的 29.43%，比 2010 年增长了 18.51 个百分点。苏中地区私营企业就业人数为 453.8 万，占全部就业人数的 45.61%，比 2010 年提升 10.62 个百分点；个体就业人数 247.08 万，占全部就业人数的 24.83%，比 2010 年提升 15.17 个百分点。苏北地区的私营企业就业人数为 448.09 万，占全部就业人数的 25.92%，比 2010 年增长了 5.61 个百分点；个体从业人员 344.65 万，占全部就业人数的 19.93%，比 2010 年提升了 11 个百分点（见表 6.10）。

2019 年苏南、苏中和苏北地区的私营企业从业人员和个体从业人员比重均比 2010 年有显著提升，私营企业从业人员和个体从业人员在总人口中的比重呈现“南高北低”，地区差异明显。2019 年，苏南地区的私营企业从业人员和个体从业人员比重合计超过 90%，苏南地区的就业人口主要集中在私营和个体行业（见表 6.11）。

表 6.11　2010 年、2019 年江苏省私营和个体从业人员在就业人员中的比重

地区	2010 年私营从业人员比重/%	2010 年个体从业人员比重/%	2019 年私营从业人员比重/%	2019 年个体从业人员比重/%
苏南地区	40.90	10.92	61.75	29.43
苏中地区	34.99	9.66	45.61	24.83
苏北地区	20.31	8.93	25.92	19.93
江苏省	31.78	9.89	45.44	25.04

四、小结

全省劳动参与率整体较高，就业结构存在较大的区域差异，苏南呈现出“二三一”的就业结构，其第二、三产业就业比重比较高；苏中也呈现“二三一”的就业结构，但是第二、三产业的就业均低于苏南地区；苏北呈现“三二一”的就业结构，虽然第三产业的比重最高，但三大产业的就业人口差距并不大。

私营企业和个体工商户的就业人口的比重呈现“南高北低”的格局，且差距不断扩大，苏南的私营企业从业人员和个体工商户的比重远高于苏中和苏北，苏南地区的经济活力要远高于苏北地区。

第三节　人口地区分布与区域功能定位的匹配特征

一、主体功能区分布与功能定位

根据 2014 年江苏省政府制定的《江苏省主体功能区规划》，明确优化开发区域面积 1.84 万平方千米，占全省国土面积的 17.5%，重点开发区域面积 2.04 万平方千米，占全省国土面积的 19.4%；限制开发区域（农产品主产区）面积 6.63 万平方千米，占全省国土面积的 63.1%（见图 6.15）。推进形成主体功能区建设，必须明确优化开发、重点开发、限制

开发、禁止开发四类主体功能区的功能定位、发展目标和发展方向。

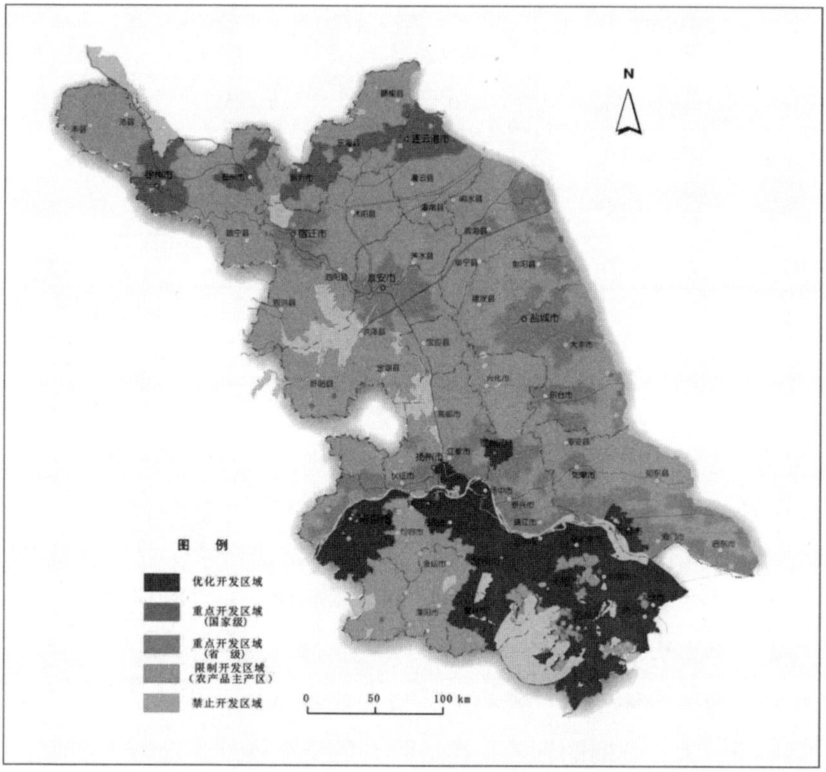

图 6.15　江苏省主体功能区规划图

（一）优化开发区域

江苏省优化开发区域指长三角（北翼）核心区，也是国家层面的优化开发区域，包括南京、无锡、常州、苏州、镇江的大部分地区及南通、扬州、泰州的城区。这个地区也是江苏省经济最发达的地区，是苏南和苏中的核心区域。优化开发区域要率先转变经济发展方式，优化国土空间开发结构，加快推进产业升级，增强高端要素的集聚能力，全面提升区域辐射带动能力和国际竞争力。到 2020 年，建设空间适度增长，基本农田面积不减少，生态空间基本稳定；经济密度和人口密度进一步提高，主城区人口密度不低于每平方千米 10000 人。

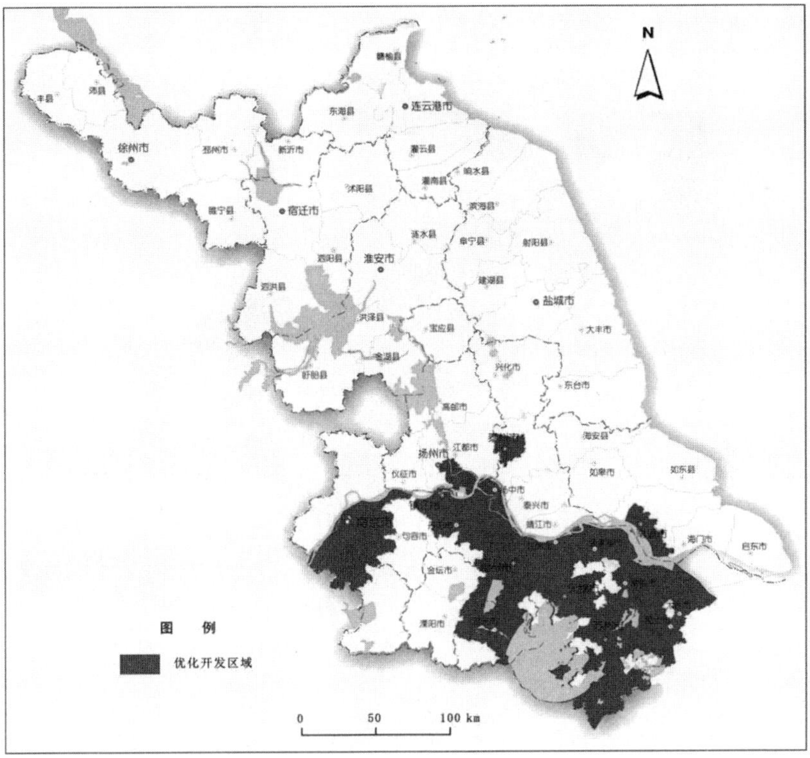

图 6.16　江苏省优化开发区域

（二）重点开发区域

重点开发区域包括沿东陇海的徐州、连云港市区和沿海地区，苏中沿江地区以及淮安、宿迁的部分地区，也包括点状分布于限制开发区域内的县城镇和部分重点中心镇，其中东陇海地区是国家层面的重点开发区域，其他区域为省级层面的重点开发区域。重点开发区域要加快工业化和城镇化步伐，增强吸纳要素和资源的能力，大规模集聚经济和人口，服务和带动中西部地区发展，提高对全省乃至全国经济发展的贡献。到 2020 年，分设空间稳定增长，控制农业空间过快减少，保证基本农田面积不减少、生态空间基本稳定。

（三）限制开发区域

限制开发区域指除优化以外的地区，其中国家产粮大县为国家层面农

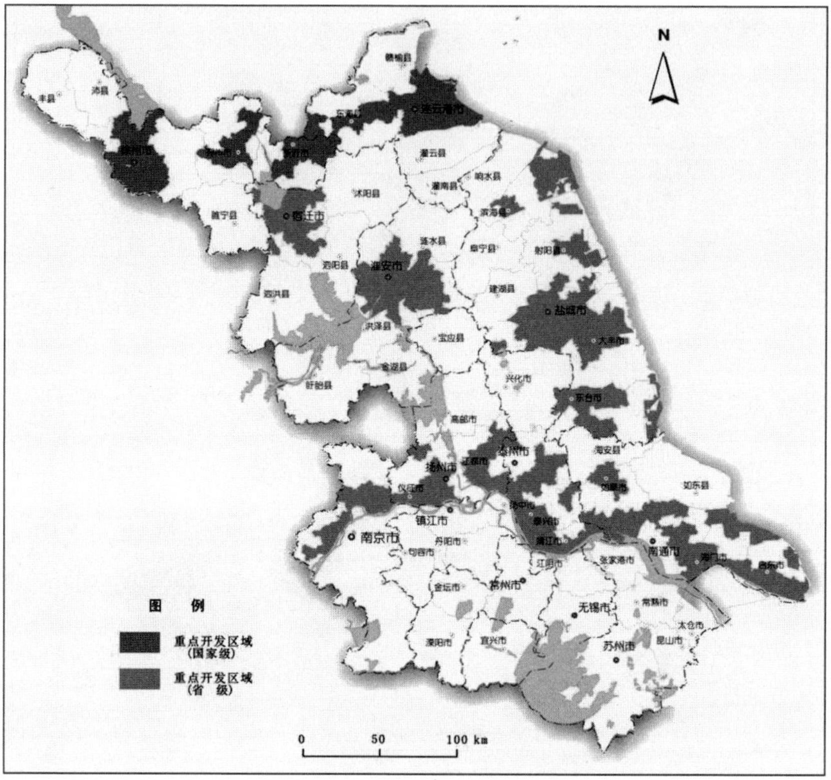

图 6.17　江苏省重点开发区域

产品主产区，其他均为省级农产品主产区。限制开发区为农产品主产区，要大力发展现代农业，完善农业生产、经营、流通体系，巩固和提高在全省农业发展中的地位和作用，积极发展旅游等服务经济，推进土地向有限区域集中布局。到2020年，适度增加农业和生态空间，严格控制新增建设空间。

（四）禁止开发区域

禁止开发区域指国家级和省级自然保护区、国家级和省级风景名胜区、国家级和省级森林公园、国家地质公园、饮用水源区和保护区、重要渔业水域、清水通道维护区。其中，国家级自然保护区、国家级风景名胜区、国家森林公园、地质公园等为国家级禁止开发区域；其他区域为省级

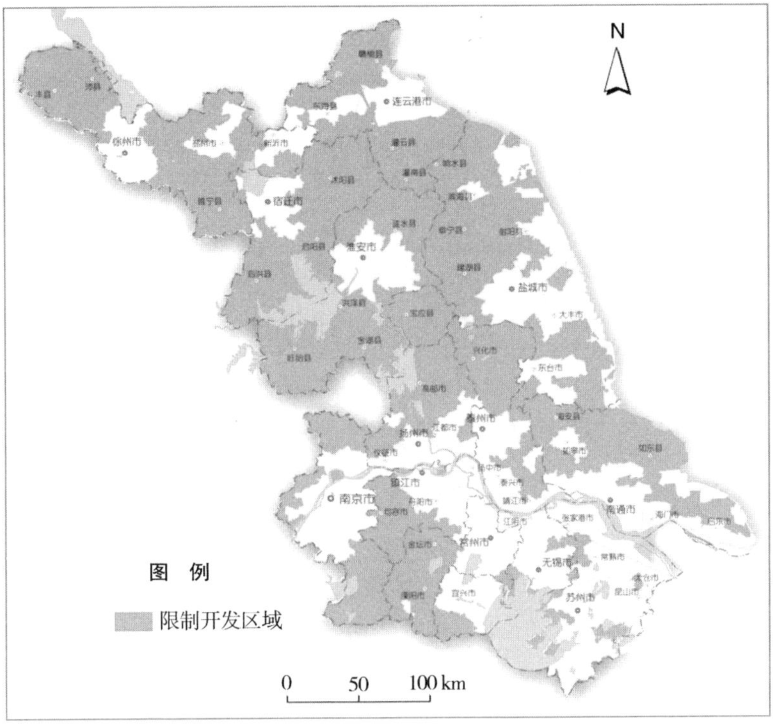

图 6.18　江苏省限制开发区域

禁止开发区域。开发区域根据国家法律法规规定和相关规划实施强制性保护，严格控制人为因素对自然生态的干扰，严禁不符合主体功能定位的开发活动，交通、电力等基础设施能避则避，必须穿越的，要符合相关规划，并进行专题评价或论证。加强生态修复和环境保护，提高生态环境质量。

二、主体功能区的人口政策

按照主体功能定位，引导人口有序流动并定居。优化开发和重点开发区域要实施积极的人口迁入政策，增强人口集聚和吸纳能力，鼓励有稳定就业和住所的外来人口定居落户，着力扩大中心城市人口规模，限制开发和禁止开发区域要引导人口逐步自愿平衡、有序迁移。鼓励人口到重点开

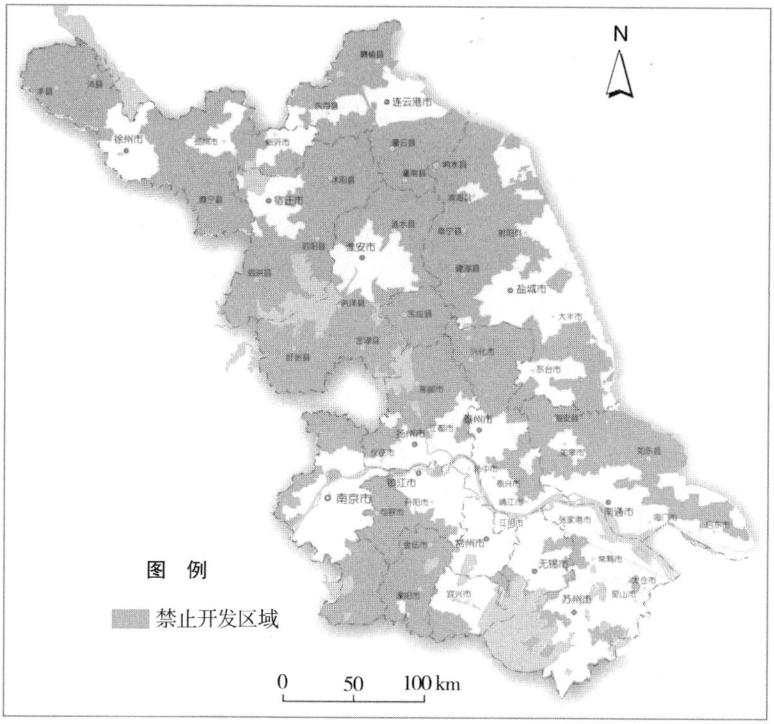

图 6.19 江苏省禁止开发区域

发和优化开发区域就业定居，引导区域内人口向县域和重点中心镇集聚。按照“属地化管理、市民化服务”的原则，鼓励城镇化地区以居住证为依据将流动人口纳入居住地教育、就业、医疗、社会保障和住房保障体系，切实保障流动人口与本地人口享有均等的基本公共服务和同等权益。构建经济社会政策及重大建设项目与人口发展政策之间的衔接协调机制。主体功能区的人口政策强调：一是集聚；二是均等服务；三是衔接。在部门职责方面，对于卫生健康部门的要求，负责按主体功能区要求引导人口转移政策。

三、生态空间规划与保护

2020 年出台的《江苏省生态空间管控区域规划》，总的目标是通过生态空间管控区域规划的实施，确保“功能不降低、面积不减少、性质不改变”，形成符合江苏实际的生产、生活和生态空间分布格局，确保具有重要生态功能的区域、重要生态系统以及主要物种得到有效保护，提高生态产品供给能力，为全省生态环境保护与建设、自然资源有序开发和产业合理布局提供重要支撑。《江苏省生态空间管控区域规划》把江苏省22.49%的陆域国土面积划入了生态空间保护区域，保护了江苏60%以上的森林（林地）生态系统和50%以上的湿地生态系统，形成了“一横两纵三区”的生态安全格局。为协调区域国土空间开发格局优化、人口分布、经济布局与资源环境承载能力相适应以及经济社会可持续发展提供了必要的生态支撑。

从全省生态空间保护区面积分布来看，苏南地区的国土面积为26992.78平方千米，生态空间保护区域面积为7711.21平方千米，生态空间保护区域面积占国土面积的比例为28.57%。其中，苏州的生态空间保护区占国土面积的比例最高，为37.63%；最低是常州，为21.56%。苏中地区国土面积为20365.1平方千米，生态空间保护区域面积为4159.39平方千米，占国土面积的20.42%。其中，泰州的生态空间保护区占国土面积的比例最高，为27.27%；最低是南通，仅为17.14%。苏北地区国土面积为53288.11平方千米，生态空间保护区域面积为11968.78平方千米，占国土面积的22.46%。其中，盐城的生态空间保护区占国土面积的比例最高，为26.23%；最低是宿迁，为19.39%。苏南地区的生态空间保护力度明显高于苏中和苏北地区，而苏中虽然经济发展水平高于苏北地区，但生态空间保护力度低于苏北地区。

表6.12　江苏省陆域生态空间保护区域面积（按地区分）①

城市	国土面积/平方千米	生态空间保护区域数量/块	生态空间保护区域面积/平方千米			生态空间保护区域面积占国土面积的比例/%
			国家级生态保护红线	生态空间管控区域	总面积（扣除重叠）	
南京	6537.02	107	527.50	1198.25	1410.56	21.58
无锡	4626.65	42	673.05	1227.45	1324.67	28.03
常州	4372.15	47	311.02	937.68	942.83	21.56
苏州	8658.12	113	1936.70	1737.63	3257.97	37.63
镇江	2798.84	68	122.80	685.50	775.18	27.70
南通	9477.85	56	103.19	1532.21	1624.50	17.14
扬州	6586.03	69	841.73	544.88	1362.01	20.68
泰州	4301.22	59	110.66	1069.54	1172.88	27.27
徐州	11764.38	68	756.95	1650.90	2377.43	20.21
连云港	7455.69	77	204.18	1667.84	1728.18	23.18
淮安	10027.90	56	1439.70	1012.20	2139.62	21.34
盐城	15517.08	42	1376.56	2707.21	4070.83	26.23
宿迁	8523.06	45	1281.68	382.78	1652.72	19.39
苏南地区	26992.78	377	3571.07	5786.51	7711.21	28.57
苏中地区	20365.1	184	1055.58	3146.63	4159.39	20.42
苏北地区	53288.11	288	5059.07	7420.93	11968.78	22.46
合计	100646	849	9685.72	16354.1	23839.4	23.69

注：生态空间保护区域存在范围重叠时，重叠区域的面积不重复计算。

① 见2020年《江苏省生态空间管控区域规划》（苏政发〔2020〕1号）文中表1：全省陆域生态空间保护区域面积（按地区分）。

四、小结

一是明确主体功能区的定位，对优化开发、重点开发、限制开发、禁止开发四类主体功能区实施分类施策。

二是引导人口有序流动并定居，优化开发区域和重点开发区域要实施积极的人口迁入政策，增强人口集聚和吸纳能力，限制开展和禁止开发区域要引导人口逐步自愿平衡有序迁移，引导人口向县域和重点中心镇集聚。

三是苏南地区的生态空间保护力度明显高于苏中和苏北地区，而苏中虽然经济发展水平高于苏北地区，但生态空间保护力度低于苏北地区。

第四节　人口地区分布与经济社会发展的匹配关系

一、人口地区分布与经济发展的匹配关系

表 6.13　2019 年江苏各地区国内生产总值

地区	国内生产总值/亿元	第一产业总值/亿元	第二产业总值/亿元	第三产业总值/亿元	人均地区生产总值/元
南京	14030.15	289.82	5040.85	8701.48	165682
无锡	11852.32	122.51	5627.88	6101.93	180044
常州	7400.86	157	3529.17	3714.69	156390
苏州	19235.8	196.7	9130.18	9908.92	179174
镇江	4127.32	140.42	2004.79	1982.11	128981
南通	9383.4	428.84	4602.1	4352.45	128294
扬州	5850.08	292.8	2778.21	2779.07	128856
泰州	5133.36	292.5	2525.98	2314.88	110731
徐州	7151.35	682.83	2886.17	3582.36	81138

续表

地区	国内生产总值/亿元	第一产业总值/亿元	第二产业总值/亿元	第三产业总值/亿元	人均地区生产总值/元
连云港	3139.29	362.7	1363.15	1413.44	69523
淮安	3871.21	386.2	1617.18	1867.83	78543
盐城	5702.26	619.9	2371.59	2710.77	79149
宿迁	3099.23	324.59	1324.35	1450.29	62840
苏南地区	56646.45	906.45	25332.87	30409.13	167995
苏中地区	20366.84	1014.14	9906.29	9446.4	123511
苏北地区	22963.34	2376.22	9562.44	11024.69	75551

2019年，苏南地区GDP为56646.45亿元，占全省的比重为56.66%；苏中地区GDP为20366.84亿元，占20.37%；苏北地区GDP为22963.34亿元，占22.97%。苏南人均GDP为167995元，苏中人均GDP为123511元，苏北人均GDP为75551元；苏南人均GDP是苏中的1.36倍，是苏北人均GDP的2.22倍。人均GDP呈现“南高北低”的格局。从GDP的结构来看，苏南地区“三二一”的产业结构，第三产业的产值超过第二产业，第一产业的产值也非常低。苏中地区呈现“二三一”的产业结构，第二产业的产值高于第三产业，第一产业的产值比较低，重要性大大下降；苏北地区呈现“三二一”的产业格局，苏北的产业格局与苏南的产业格局虽然相同，但苏南第三产业产值的比重远远高于苏北，而且苏南的第一产业产值的比重，则远远低于苏北，苏南的第一产业产值在GDP中已无足轻重。在人均GDP方面，呈现出“南高北低”格局，地区差异巨大。

二、人口地区分布与社会发展的匹配关系

（一）人口与教育资源分布

表 6.14　2019 年江苏省各地区的生师比

地区	普通高校	普通中等专业学校	普通中学	小学	生师比
南京	16.47	13.34	10.18	14.84	14.50
无锡	18.18	9.64	11.23	17.69	14.62
常州	17.89	10.78	12.12	18.71	15.58
苏州	18.33	12.11	11.57	18.25	15.64
镇江	16.15	13.00	10.53	15.55	13.72
南通	20.02	77.17	9.98	16.38	14.43
扬州	17.00	26.64	10.79	15.87	14.12
泰州	19.94	11.13	9.37	16.27	12.94
徐州	17.14	24.50	13.31	18.67	16.55
连云港	19.96	21.93	11.91	16.81	14.98
淮安	17.23	13.14	11.46	15.12	13.63
盐城	17.31	43.71	11.22	16.24	14.24
宿迁	19.42	22.42	15.47	20.13	18.46
苏南地区	16.99	11.55	11.15	17.16	14.91
苏中地区	18.80	29.19	10.00	16.24	13.92
苏北地区	17.73	21.54	12.62	17.64	15.66
江苏省	17.33	16.56	11.57	17.25	15.06

2019 年全省有学生 1178.01 万，其中高校学生 208.86 万，占 17.73%；普通中等专业学校学生 49.02 万，占 4.16%；普通中学学生 347.49 万，占 29.50%；小学生 572.64 万，占 48.61%。教师 78.24 万，其中高校教师 12.05 万，占 15.41%；普通中等专业学校学生 2.96 万，占 3.79%；普通中学教师 30.03 万，占 38.40%；小学教师 33.2 万，占 42.46%。全省生师比为 15.06，其中高校生师比为 17.33，普通中等专业

学校的生师比为 16. 56，普通中学生师比为 11. 57，小学生师比为 17. 25。2019 年全省生师比表现是“两头高、中间低”，高校和小学的生师比高，中等专业学校生师比较低，普通中学生师比最低。

苏南地区在校生总数为 500. 31 万，苏中地区在校生总数为 177. 28 万，苏北地区在校生总数为 500. 42 万。苏南地区的生师比为 14. 91，其中，高校生师比为 16. 99，普通中等专业学校生师比为 11. 55，普通中学生师比为 11. 15，小学生师比为 17. 16；苏南地区生师比呈现小学和普通高校高，普通中等专业学校和普通中学低的特征。而苏中地区的生师比为 13. 92，其中，高等学校为 18. 80，普通中等专业学校生师比为 29. 19，普通中学生师比为 10. 00，小学生师比为 16. 24；苏中呈现普通中等专业学校生师比特别高，普通高校和小学比较低，而普通中学较低的分布特征。苏北地区的生师比为 15. 66，其中，高校生师比为 17. 73，普通中等专业学校生师比为 21. 54，普通中学生师比为 12. 62，小学生师比为 17. 64，其分布特征与苏中地区比较相似。从全省生师比分布来看，苏北高，苏中低，苏南居其中；全省范围高校生师比和小学生师比相对较高，而普通中学生师比较低；在普通中等专业学校方面，苏南低、苏中高，苏北居其中。

从学生类型来看，在高校学生中，苏南地区的在校生比重最高，达 69. 64%，比苏中和苏北的总和还要高 2 倍；在中等专业学生中，苏南与苏北的在校生数量比较接近；普通高中的在校生数苏北最多，其次是苏南；小学生的在校生数量也是苏北最多，其次是苏南地区。

表 6. 15　2019 年江苏省在校生占常住人口的比重

地区	在校生总数/万人	常住人口/万人	在校生占常住人口的比重/%
南京	163. 58	850	19. 24
无锡	82. 58	659. 15	12. 53
常州	64. 51	473. 6	13. 62
苏州	151. 08	1074. 99	14. 05
镇江	38. 56	320. 35	12. 04

续表

地区	在校生总数/万人	常住人口/万人	在校生占常住人口的比重/%
南通	75.76	731.8	10.35
扬州	52.1	454.9	11.45
泰州	49.42	463.61	10.66
徐州	166.46	882.56	18.86
连云港	81.18	451.1	18.00
淮安	72.09	493.26	14.62
盐城	87.46	720.89	12.13
宿迁	93.22	493.79	18.88
苏南地区	500.31	3378.09	14.81
苏中地区	177.28	1650.31	10.74
苏北地区	500.42	3041.6	16.45
江苏省	1178.01	8070	14.60

2019 年苏南地区在校生为 500.31 万，占常住人口的比重为 14.81%，苏中地区在校生为 177.28 万，占常住人口的比重为 10.74%。而苏北地区有在校生 500.42 万，占常住人口的比重为 16.45%。从在校生数量来看，苏北最多，苏南地区在校生数量与苏北地区非常接近，而苏中地区在校生数量较小。从在校生占人口的比重来看，苏北地区的在校生占人口比重最高，为 16.45%；其次是苏南地区，其比重为 14.81%；苏中地区最低，仅为 10.74%。而苏中地区教育负担最轻，但也反映其出生人口少，导致在校生数量的生源不足，影响其后续发展。

（二）人口与卫生资源分布

表 6.16　2019 年江苏省卫生资源分布

地区	万人拥有卫生技术人员/人	万人拥有执业（助理）医师/人	万人拥有注册护士/人	医护比
南京	9.39	3.57	4.25	0.84
无锡	5.93	2.32	2.66	0.87

续表

地区	万人拥有卫生技术人员/人	万人拥有执业（助理）医师/人	万人拥有注册护士/人	医护比
常州	3.71	1.48	1.64	0.90
苏州	9.1	3.55	4.04	0.88
镇江	2.17	0.85	0.96	0.89
南通	5.03	2.09	2.15	0.97
扬州	2.94	1.26	1.21	1.04
泰州	3.17	1.33	1.33	1.00
徐州	7.08	2.86	3.22	0.89
连云港	3.11	1.29	1.43	0.90
淮安	3.6	1.46	1.65	0.88
盐城	4.44	1.96	1.74	1.13
宿迁	3.67	1.46	1.73	0.84
苏南地区	6.06	2.35	2.71	0.87
苏中地区	3.71	1.56	1.56	1.00
苏北地区	4.38	1.80	1.95	0.92

苏南地区万人拥有卫生技术人员6.06人，万人拥有执业（助理）医师2.35人，万人拥有注册护士2.71人；苏中地区万人拥有卫生技术人员3.71人，万人拥有执业（助理）医师1.56人，万人拥有注册护士1.56人；苏北地区万人拥有卫生技术人员4.38人，万人拥有执业（助理）医师1.80人，万人拥有注册护士1.95人。从医疗资源分布来看，苏南高于苏北，苏北又高于苏中，苏中地区的医疗资源投入不足，苏南和苏北在医护比方面也发生了根本转变，呈现“医少护多”的格局。苏南地区的医护比比苏北地区更低，苏中地区的医护比最高。

（三）人口与科技文化资源分布

在专利申请授权量上，2019年苏南地区211981件，苏中地区53278

件，苏北地区仅有 48894 件，苏南地区的专利申请授权量是苏北和苏中地区总和的 2 倍多，苏南地区专利授权量远远高出其他地区。在图书资源方面，苏南地区拥有公共图书馆 49 个，藏书量 50746 万册；苏中地区有公共图书馆 24 个，藏书量 16392 万册；苏北地区有公共图书馆 43 个，藏书量 19012 万册。苏南地区的公共图书馆和藏书量均远远高于苏中和苏北地区，图书资源更多集中在苏南地区，不同地区的文化资源分布差异较大。

表 6.17　2019 年江苏省科技文化资源分布

地区	专利申请授权量/件	公共图书馆/个	公共图书馆藏书量/万册
南京	55004	14	7990
无锡	38335	8	8555
常州	24858	7	5073
苏州	81145	11	25006
镇江	12639	9	4123
南通	19637	10	7250
扬州	18736	7	5479
泰州	14905	7	3664
徐州	12603	8	4037
连云港	5012	8	3295
淮安	7676	9	4166
盐城	15713	11	4994
宿迁	7890	7	2520
苏南地区	211981	49	50746
苏中地区	53278	24	16392
苏北地区	48894	43	19012

（四）人口与住房的区域分布

表 6.18　2019 年江苏省人均住房面积

地区	城镇人均住房建筑面积/平方米	农村人均住房建筑面积/平方米
南京市	40.3	63.2
无锡市	48.6	59.5
常州市	49.8	74.2
苏州市	46.1	67.6
镇江市	50.9	60
南通市	49.2	62.8
扬州	47.1	59.5
泰州市	55.4	65.8
徐州市	50.1	53.7
连云港	49	52.1
淮安市	49.8	53
盐城市	46.9	55.7
宿迁市	45.9	51.3
苏南地区	45.8	65.2
苏中地区	50.3	62.5
苏北地区	48.5	53.4

2019 年苏南地区城市人均住房为 45.8 平方米，苏中地区人均住房面积为 50.3 平方米，苏北人均住房面积为 48.5 平方米。在农村人均住房方面，苏南为 65.2 平方米，苏中为 62.5 平方米，苏北为 53.4 平方米。在城市方面，苏中地区人均住房面积最高，苏北次之，苏南最低，苏南地区城镇人均住房面积主要受城市的高房价影响；在农村方面，苏南人均住房面积最多，苏北最少。

三、人口与社会公平的区域分布

（一）人均收入的地区差异

2019年苏南地区农村居民可支配收入为31596元，人均生活消费支出22363元，净剩余收入为9233元；城镇居民可支配收入为63390元，人均生活消费支出为36293元，净剩余收入为27097元。苏南的城乡收入比为2.01。

表6.19　2019年江苏省城乡居民收支

地区	农村常住居民		城镇常住居民		城乡收入比	净剩余	
	人均可支配收入/元	人均生活消费支出/元	人均可支配收入/元	人均生活消费支出/元		农村居民/元	城镇居民/元
南京市	27636	19980	64372	35933	2.33	7656	28439
无锡市	33574	23026	61915	37433	1.84	10548	24482
常州市	30491	20492	58345	32263	1.91	9999	26082
苏州市	35152	23012	68629	39648	1.95	12140	28981
镇江市	26785	19708	52713	28925	1.97	7077	23788
南通市	24303	16849	50217	29964	2.07	7454	20253
扬州	23333	17215	45550	25696	1.95	6118	19854
泰州市	23116	16604	47216	27298	2.04	6512	19918
徐州市	19873	13850	36215	20805	1.82	6023	15410
连云港	18061	12357	35390	21762	1.96	5704	13628
淮安市	18567	12017	38952	20327	2.10	6550	18625
盐城市	22258	15501	38816	20942	1.74	6757	17874
宿迁市	18121	11813	30614	18412	1.69	6308	12202
苏南	31596	22363	63390	36293	2.01	9233	27097
苏中	23724	16878	48066	28042	2.03	6846	20024
苏北	19605	13345	36355	20533	1.85	6260	15822

2019 年苏中地区农村居民可支配收入为 23724 元，人均生活消费支出 16878 元，净剩余收入为 6846 元，城镇居民可支配收入为 48066 元，人均生活消费支出为 28042 元，净剩余收入为 20024 元。苏中的城乡收入比为 2.03。

2019 年苏北地区农村居民可支配收入为 19605 元，人均生活消费支出 13345 元，净剩余收入为 6260 元；城镇居民可支配收入为 36355 元，人均生活消费支出为 20533 元，净剩余收入为 15822 元。苏北的城乡收入比为 1.85。

从收入来看，苏南地区农村人均支配收入最高，其次是苏中地区，最低是苏北地区。苏南地区农村人均可支配收入是苏中地区的 1.33 倍，是苏北地区的 1.61 倍。城镇居民人均可支配收入是苏南地区最高，其次是苏中地区，最低是苏北地区。苏南地区城镇居民人均可支配收入是苏中地区的 1.32 倍，是苏北地区的 1.74 倍。从支出来看，苏南地区农村人均消费支出是苏中地区的 1.32 倍，是苏北地区的 1.68 倍；苏南地区城镇居民人均消费支出是苏中地区的 1.29 倍，是苏北地区的 1.77 倍。从人均收入与消费来看，呈现出“南富北贫”的格局，在收入的城乡差异方面，苏中和苏北更大一点，苏南要小一点。

（二）人口贫富差异的地区分布

表 6.20　2019 年江苏省城乡恩格尔系数

地区	农村居民恩格尔系数/%	城镇居民恩格尔系数/%
南京市	28.6	25.2
无锡市	28.5	26.6
常州市	29.6	26
苏州市	25.3	24.9
镇江市	27.6	27.7
南通市	28.6	28.2
扬州	29.1	29.6
泰州市	30.8	28.2

续表

地区	农村居民恩格尔系数/%	城镇居民恩格尔系数/%
徐州市	30. 3	29. 5
连云港	31. 5	31. 2
淮安市	30. 3	29
盐城市	28. 9	28. 3
宿迁市	33	32. 1
苏南地区	27. 5	25. 7
苏中地区	29. 4	28. 6
苏北地区	30. 5	29. 8

2019 年苏南地区的农村居民恩格尔系数为 27. 5，其中苏州的最低，为 25. 3，常州最高，为 29. 6。苏中地区农村居民恩格尔系数为 29. 4，其中南通最低，为 28. 6，泰州最高，为 30. 8。苏北地区农村居民恩格尔系数为 30. 5，其中，盐城最低，为 28. 9；宿迁最高，为 33。苏南地区城镇居民恩格尔系数为 25. 7，其中，苏州最低，为 24. 9；镇江最高，为 27. 7。苏中地区城镇居民恩格尔系数为 28. 6，其中，南通和泰州均为 28. 2，扬州略高一点。苏北地区城镇居民恩格尔系数为 29. 8，其中，盐城最低，为 28. 3；宿迁最高，为 32. 1。三个区域城镇居民恩格尔系数均低于本地区的农村居民恩格尔系数，苏南地区的恩格尔系数低于苏中地区，而苏中地区低于苏北地区，呈现“城强乡弱”和“南强北弱”的分布特征。

四、小结

一是经济发展呈现出“南高北低”格局，地区差异巨大，苏南地区人均 GDP 高于苏中地区，更高于苏北地区。产业结构苏南与苏北相同，但实质差异大。

二是教育优质资源分布方面存在区域差异，高校资源主要集中于苏南地区，苏北地区在中小学教育方面投入多，苏北地区生师比高于苏中和苏南地区。

三是医疗资源存在区域差异，苏南多于苏北，苏北又高于苏中；苏南和苏北在医护比方面也发生根本转变，呈现“医少护多”的格局，苏南地区的医护比比苏北地区更低，苏中地区的医护比最高。

四是苏南地区的公共图书馆和藏书量均远远高于苏中和苏北地区，图书资源更多集中在苏南地区，不同地区的文化资源分布差异较大。

五是在城市住房方面存在区域差异，苏中地区人均住房面积最高，苏北次之，苏南最低；在农村方面，苏南人均住房面积最高，苏北最低。

六是城乡居民收入与消费方面，呈现出“南富北贫”的格局，在收入的城乡差异方面，苏中和苏北更大一点，苏南要小一点。

七是富裕程度呈现“城强乡弱”和“南强北弱”的分布特征。

第五节　人口地区分布与资源环境的匹配关系

一、水资源

表 6.21　2019 年江苏省水资源分布

地区	水资源总量/亿立方米	地表水/亿立方米	地下水/亿立方米	重复计算/亿立方米	降水量	人均水资源量/立方米
南京市	8.8	5.4	3.4	0.1	47.4	104
无锡市	19.2	17	2.9	0.7	48.8	291
常州市	29	16.3	13.7	1	73.9	612
苏州市	14.3	12.3	2.6	0.5	42	133
镇江市	38.1	34.2	5.2	1.3	96.6	1189
南通市	19.9	13.3	7.5	1	84	272
扬州市	18	13.1	5.7	0.7	51.5	396
泰州市	18.7	11	8.4	0.7	71.5	403
徐州市	31.1	20.3	12.4	1.6	119	352

续表

地区	水资源总量/亿立方米	地表水/亿立方米	地下水/亿立方米	重复计算/亿立方米	降水量	人均水资源量/立方米
连云港市	4. 9	2. 4	2. 7	0. 1	46. 2	109
淮安市	6. 7	5	1. 8	0. 1	29. 5	136
盐城市	6. 2	3. 2	3. 1	0. 2	41. 4	86
宿迁市	16. 9	9. 5	8. 2	0. 7	62. 1	342
苏南地区	109. 4	85. 2	27. 8	3. 6	308. 7	352
苏中地区	56. 6	37. 4	21. 6	2. 4	207	343
苏北地区	65. 8	40. 4	28. 2	2. 7	298. 2	216
全省	231. 8	163. 0	77. 6	8. 7	813. 9	-

从水资源总量来看，苏南水资源总量为 109. 4 亿立方米，人均水资源量为 352 立方米；苏中水资源总量为 56. 6 亿立方米，人均水资源量为 343 立方米；苏北地区水资源总量为 65. 8 亿立方米，人均为 216 立方米。水资源的区域平均分布情况，苏南每平方千米的水资源量为 38. 96 万立方米，苏中地区为 24. 69 万立方米，而苏北地区为 11. 99 万立方米，从每平方千米的水资源的分布来看，苏南最高。由于苏南地区土地面积小且降雨量多，因而苏南水资源平均分布要高于苏中、苏北地区，但苏南地区经济发达，人口高度集中，用水量大，水资源紧张情况依然比较突出。

二、能源消费与人口分布的匹配关系

表 6. 22　江苏省各市用电量分布①

地区	2019 年用电量/亿千瓦时	常住人口/万人	人均用电量/千瓦时/人
南京市	621. 53	850	7312
无锡市	750. 82	659. 15	11391

① 各市用电量中未包括网损、大厂用电量和沙河抽水电量。

续表

地区	2019年用电量/亿千瓦时	常住人口/万人	人均用电量/千瓦时/人
常州市	505.85	473.6	10681
苏州市	1544.48	1074.99	14367
镇江市	264.39	320.35	8253
南通市	451.55	731.8	6170
扬州市	259.4	454.9	5702
泰州市	296	463.61	6385
徐州市	371.13	882.56	4205
连云港市	183.67	451.1	4072
淮安市	191.26	493.26	3877
盐城市	327.69	720.89	4546
宿迁市	209.22	493.79	4237
苏南地区	3687.06	3378.09	10915
苏中地区	1006.95	1650.31	6102
苏北地区	1282.97	3041.6	4218
全　省	5976.98	8070	7763

从用电量来看，2019年江苏省全省总用电量为5976.98亿千瓦时，其中苏南用电量为3687.06亿千瓦时，占全省用电量的61.69%；苏中用电量为1006.95亿千瓦时，占全省用电量的16.85%；苏北用电量为1282.97亿千瓦时，占全省的21.47%；苏南用电量超出苏北和苏中用电量的总和。从人均用电量来看，江苏省人均用电量有7763度，苏南地区人均用电量为10915度，苏中地区人均用电量为6102度，而苏北地区仅为4218度，苏南地区的人均用电量高于苏中地区，而苏中地区的人均用电量又高于苏北地区，不同地区的用电量差异较大，形成明显的“南多北少”的格局。

三、小结

从每平方千米上的水资源的分布来看，苏南最高，由于苏南地区土地面积小，且降雨量多，因而，苏南水资源平均分布要高于苏中、苏北地区，但苏南地区经济发达，人口高度集中，用水量大，水资源紧张情况依然比较突出。

苏南地区的人均用电量高于苏中地区，而苏中地区的人均用电量又高于苏北地区，不同地区的用电量差异较大，形成明显的“南多北少”的格局。

第七章　江苏省人口均衡发展的问题与政策建议

第一节　江苏省人口均衡发展的问题

一、当前人口均衡发展的背景

（一）“五位一体”的总体布局

党的十九大进一步明确以“五位一体”的总体布局推进中国特色社会主义事业，从经济、政治、文化、社会、生态文明五个方面，制定了新时代统筹推进“五位一体”总体布局的战略目标，是新时代推进中国特色社会主义事业的路线图，是更好推动人的全面发展、社会全面进步的任务书。“五位一体”的总体布局是在我国社会主要矛盾发生关系全局的历史性变化背景下，着力解决好发展不平衡不充分问题。新时代坚持和发展中国特色社会主义基本方略提出了“十四条坚持”，其中五条坚持是对“五位一体”的深刻阐述。新时代“五位一体”总体布局是一个有机整体，经济建设是根本，政治建设是保障，文化建设是灵魂，社会建设是条件，生态文明建设是基础，共同致力于全面提升我国物质文明、政治文明、精神文明、社会文明、生态文明，统一于把我国建成富强民主文明和谐美丽的社会主义现代化强国的新目标。人口均衡发展思想与新时代“五位一体”总体布局强调均衡发展的理念是一致的，就是要求人口发展要与经济社会、资源环境相统一。

（二）国家推进城市群建设上升为国家战略

长三角城市群一体化已上升为国家战略，城市群成为推动我国经济发展的增长极和促进区域协调发展的重要空间载体。2019 年 12 月，中共中央、国务院印发了《长江三角洲区域一体化发展规划纲要》，明确规划范围包括上海市、江苏省、浙江省、安徽省全域。以上海市，江苏省南京、无锡、常州、苏州、南通、扬州、镇江、盐城、泰州，浙江省杭州、宁波、温州、湖州、嘉兴、绍兴、金华、舟山、台州，安徽省合肥、芜湖、马鞍山、铜陵、安庆、滁州、池州、宣城 27 个城市为中心区，辐射带动长三角地区高质量发展。2020 年，江苏省正式发布《〈长江三角洲区域一体化发展规划纲要〉江苏实施方案》，提出到 2025 年，区域一体化发展取得实质性进展，在产业创新、基础设施、生态环保、市场开放、公共服务等领域基本实现一体化发展，跨界区域、城市乡村等区域板块一体化发展达到较高水平，全面建立一体化发展体制机制。《〈长江三角洲区域一体化发展规划纲要〉江苏实施方案》对江苏省经济、社会、环境、资源和人口发展均作出具体安排，推动社会要素的流动与共享，推动区域内协同与均衡发展。

（三）户籍管理制度的变革

2019 年 12 月，江苏省政府办公厅发布《关于推动非户籍人口在城市落户的实施意见》（以下简称《意见》）。《意见》提出，江苏省将进一步调整户口迁移政策，落实放宽城市落户条件，全面实施居住证制度，深入推进常住人口基本公共服务全覆盖，深化“人钱挂钩”“人地挂钩”等配套政策；到 2020 年，努力实现 800 万农业转移人口在城镇落户，户籍人口城镇化率与常住人口城镇化率差距比 2013 年缩小 2 个百分点以上。江苏省将调整完善户口迁移政策，其中，城区常住人口 300 万以下城市和建制镇全面取消落户限制；城区常住人口 300 万至 500 万城市全面取消重点群体落户限制；城区常住人口 500 万以上城市调整完善积分落户政策。随着户籍政策的调整，江苏省将持续推进常住人口基本公共服务全覆盖，将对常住人口规模、流动人口落户以及城镇化水平都会产生深远的影响。江苏省户籍管理制度的变革，是经济社会发展到一定阶段对人口政策提出的新要求，也是人口发展对于经济社会发展的要求，户籍管理制度改革将对推动城乡人口流动、区域人口流动和省内外人口流动产生重大影响，从而对人口政策与经济社会政策的协调发展产生深远的影响。国家发展改革委印发《2021 年新型城镇化和城乡融合发展重点任务》，进一步明确了协同推进户籍制度改革和城镇基本公共服务常住人口全覆盖，提高农业转移人口市民化质量。

（四）江苏省产业结构升级

围绕“深化产业结构调整”“坚守实体经济、推动创新发展”等明确要求，坚持新发展理念，调结构促转型，加快构建自主可控的现代产业体系，推动产业迈向中高端水平，新旧动能加快转换，产业结构调高、调新、调轻、调绿的新特征新趋势日益凸显。江苏省产业结构升级呈现三个方面的特征：一是聚焦实体经济发展，立足现代农业、先进制造业和现代服务业，推进新产业新业态新模式蓬勃发展，自主可控的现代产业体系建设迈出坚实步伐，以现代农业为基础、先进制造业和现代服务业“双轮驱动”的发展模式初步确立。二是坚持把创新作为调整优化产业结构、推动高质量发展的第一动力，大力实施创新驱动战略，引领经济发展加快从要素驱动、投资驱动转向创新驱动，产业质态明显提升。三是深入践行“绿水青山就是金山银山”的发展理念，打好污染防治攻坚战，大力实施“263”专项行动，持续推进钢铁化工行业整治、园区循环化改造等重点工作，绿色发展成为江苏产业结构优化的鲜明特色。产业结构转型升级对人口、资源、环境提出新的要求，也推动了经济社会与人口资源环境能够协调发展。

（五）江苏省推进新型城镇化

江苏是全国首批国家新型城镇化综合试点省份，全国首批国家新型城镇化综合试点地区在省级层面上只有江苏省和安徽省。江苏省的新型城镇化综合试点方案 2014 年出台了《江苏省新型城镇化与城乡发展一体化规划（2014—2020 年）》，提出以人的城镇化为核心，提高城镇发展质量为关键，城乡发展一体化为导向，城市群为主体形态，改革创新为动力，改善民生为根本，有序推进农业转移人口市民化，有效增强城镇综合承载能力、可持续发展能力和辐射带动能力，促进经济转型升级和社会和谐进步，实现城乡区域协调发展，不断缩小城乡区域发展差距，努力形成以工促农、以城带乡、工农互惠、城乡一体的新型工农城乡关系。到 2020 年，全省常住人口城镇化率将达到 72%，2019 年全省常住人口城镇化率已经达到 70.6%，新型城镇化建设对城乡一体化发展，对人口、土地与农业发展、住房和生态环境发展都提出新的要求。2018 年《关于加快改善苏北地区农民群众住房条件推进城乡融合发展的意见》提出苏北地区农民群众住房条件全面改善，城乡空间布局全面优化，城镇化水平显著提升，城乡融合发展体制机制更加完善。

二、江苏省人口发展面临的问题

（一）人口均衡发展的总体状况

2000 年以来，江苏省人口均衡发展指数呈现逐年向好的发展态势。其中，人口与经济均衡、人口与社会均衡、人口与环境均衡发展态势较好，人口内部均衡、人口与资源均衡发展欠佳。从 2005 年江苏省发展贡献率来看，人口内部均衡贡献率为 24.64%，人口与经济均衡贡献率为 15.05%，人口与社会均衡贡献率为 16.82%，人口与资源均衡贡献率为 26.54%，人口与环境均衡贡献率为 16.94%；从 2019 年的江苏省发展贡献率方面来看，人口内部均衡贡献率下降至 13.69%，人口与经济均衡贡献率上升为 25.83%，人口与社会均衡贡献率上升为 24.87%，人口与资源均衡贡献率下降为 9.57%，人口与环境均衡贡献率为 26.05%。从贡献率来看，人口与经济均衡、人口与社会均衡和人口与环境均衡贡献率总体呈现上升趋势，而人口内部均衡与人口资源均衡贡献率呈现下降趋势。相对而言，人口内部均衡、人口与资源均衡制约着江苏省人口均衡发展。

（二）人口内部均衡

2000年以来，江苏省人口内部均衡指数存在明显的波动，总体表现为“先下降、再增长、再下降”的波浪形发展格局。2000—2003年为下降期；2004—2009年为增长期；2010—2019年为下降期，其间，2016年出现短期上升主要是由于“全面二孩”政策实施推动人口规模指数短期上升，从而带动人口内部均衡指数的短期增长。其中，人口规模指数与人口内部均衡指数波动趋势一致，呈现“先降、再升、又下降”的趋势；人口结构指数呈现“先下降、再短期上升、再下降”的趋势，特别是2005年后，基本是下降；人口素质指数呈现持续增长。人口内部均衡主要问题在于人口规模和人口结构。具体表现在：

1. 人口规模大，但增速慢；人口密度高，但区域分布差异大；人口增长进入“三低”时代；人口流入多。

常住人口规模大增速慢。1990年全省常住人口为6766.9万，2019年增长到8070万，2019年常住人口总量位居全国第五。1990年以来，常住人口的增长速度总体呈现下降趋势，特别是2010年以来，年均人口增长率仅为2.8‰，低人口增长率已经成为常态，人口均衡发展的基础正在丧失。人口密度高，但区域分布不平衡。2019年，人口密度排在上海、北京和天津之后，在所有省中，排名第一，属于典型的人多地少的省份，人口密度存在较大的区域差异，呈现“南稠北稀”的格局，人口在空间分布上处于失衡状态。人口增长进入“三低”时代。人口从“高出生率—高死亡率—高自然增长率”，向“低出生率—低死亡率—低自然增长率”转变。特别是2000年以来，人口死亡率、出生率和自然增长率均在低位徘徊，两次人口政策的重大调整，人口出生率和人口自然增长率仅呈现短暂增长。低生育率对人口发展存在较大风险，致使人口长期均衡难以实现，为系统性社会风险埋下隐患，属于人口净流入地区。1990年以来，常住人口数量始终高于户籍人口，人口净流入呈现“先增长，后下降”的格局。流动人口的变动趋势呈现三大特征，逐渐从省内流动人口占主体转向省外流入人口占主体；省外的流入人口逐渐向苏南地区集中；苏北的流动人口开始出现回流。庞大的流入人口缓解了低出生率导致的人口风险。

2. 年龄结构偏离均衡，性别结构出现结构性偏离。

全省人口年龄中位数呈现快速上升，人口趋于老化，人口老化程度快于全国水平。人口年龄结构呈现出老年人口的比重不断增长，少年儿童人口的比重持续下降，近年少年儿童人口的比重有所回升，但回升幅度较小，劳动适龄人口比重先升后降。当前人口年龄结构呈现为老年型人口年龄结构，人口年龄结构出现结构性失衡。随着老年人口比重的持续上升，少年儿童人口比重保持低位运行，人口红利将逐渐减少，人口红利减少将对经济社会可持续发展形成较大的压力。人口性别比逐渐趋向均衡，不同年龄阶段的性别比存在差异。出生人口性别比总体偏高，但逐渐下降，青年性别比偏高，逐渐趋于不均衡，中年性别比逐步改善，趋向均衡。人口性别结构存在着结构性失衡，但随着生育政策调整，性别的结构性失衡趋于好转。

3. 人口健康素质逐步提升，人口文化教育素质不断提升。

江苏省人口平均预期寿命逐年增长，人口平均预期寿命始终高于全国平均水平，但两者的差距在不断缩小。婴儿死亡率、5 岁以下儿童死亡率持续下降，均低于全国平均水平，孕产妇死亡率持续下降，2017 年略有回升，也低于全国平均水平。江苏省文盲率持续下降，文盲率低于全国平均水平。受教育构成呈现出：小学人数的比重在快速下降，初中、高中和大专以上人数的比重不断提高，大专以上人数的比重在 2000 年后呈现快速提升，接受教育的人数和比重都在不断提升，平均受教育年限逐步提高，人口素质不断提升。

（三）人口与经济均衡

2000—2019 年，江苏省人口与经济均衡指数呈现逐年上升趋势。其中，经济实力发展指数呈现逐年上升，其对人口与经济均衡指数贡献较多，与人口和经济均衡指数趋势一致；经济结构发展指数呈现缓慢上升的趋势。

人口规模对于经济增长具有基础性作用，但人口红利正在减少。2000

年以来，全省就业人口总量总体是增长的，但就业人口在总人口的比重中总体呈下降趋势，就业人口的增速低于总人口的增速，始终保持较高的劳动参与率。从数量来看，人口与经济的协调关系表现为“社会协调级”，但人口增长、总抚养比与经济增长不存在线性关系。1990 年以来江苏省人口红利一直处于人口暴利期，随着老年抚养比的持续升高，人口红利正在不断下降。从产业角度来看，可以承载更多的人口，当前第二产业对承载人口的作用更加突出，但第三产业承载人口增长率要高于第二产业承载人口。

就业结构持续改善。1990 年以来，就业结构从“一二三”结构特征转变为“二一三”的结构特征，再到当前“二三一”的结构特征，且第三产业就业增速明显快于第二产业，很快将会过渡到“三二一”的结构特征。法人单位的从业人数逐渐增长，在就业领域中，制造业和建筑业是就业主力军，但就业人员的行业分布更趋多元化。第一产业存在劳动力过剩与滞留现象，就业比重过高，第二、三产业呈现出相对较高的就业弹性，劳动就业扩张效应突出，其中，第三产业比第二产业对就业带动能力更强。产业结构调整的方向对于就业增长有显著性作用，表现出产业结构由低级向高级调整的过程，有助于促进就业增长。

（四）人口与社会均衡

2000—2019 年，人口与社会均衡指数总体呈现上升趋势，仅个别年份有波动，且波动较小，人口与社会均衡指标总体来说是逐步改善的。其中，医疗卫生、社会保障和文化教育指数总体呈现逐年上升，而公平发展指数呈现“先下降，后上升”。

教育投入不足，教育资源承载力下降且呈现结构性矛盾。2000—2019 年，财政教育支出占地方财政支出的比重表现为波动中下降，生均教育经费的支出逐年增长，在校生总数增长，学校规模不断扩大，但生师比下降，师资难以满足教学的需求，存在不同教育类型与结构性矛盾和不同区域的教育发展的结构性矛盾。

医疗卫生事业持续发展，但存在结构性问题。全省医疗资源持续增长，但医疗资源逐渐向城市集中，医院和基层卫生机构成为诊疗主体，基层卫生机构的作用发挥越来越突出；医疗资源的水平不断提升，医护比发生根本性改变，从“医多护少”转变为“医少护多”；住院人数持续增长，床位使用存在结构性矛盾，大医院住院人满为患问题没有解决。

住宅建设发展快速，但住房市场化趋势明显。住宅竣工面积总体是增长的，固定资产投资房地产的比重呈现下降趋势，住房的市场化供给更加明显，经济适用房和小户型的商品房供应没有得到应有的重视。

交通发展迅速，但越来越拥挤。交通建设得到快速的发展，公路里程和铁路里程持续增长，但客运量出现下降，私人汽车保有量持续增长。城市道路长度严重滞后于私人汽车的拥有量，城市交通状况正变得越来越拥挤。建成区维持着较高的人口密度，城市变得更加拥挤。

居民收入持续增长，但城乡差距在扩大。城乡居民收入持续增长，但城乡居民收入差距不断扩大，城乡居民恩格尔系数不断下降，生活质量不断提升，社会保障水平不断提高，维持着较低的城镇人口登记失业率。

（五）人口与资源均衡

2000—2019 年，人口与资源均衡发展指数呈现“波动式下降”的趋势。其中土地指数呈现持续下降，但下降幅度较小，水资源指数呈现持续波动，波动的趋势和人口与资源均衡发展指数波动大体一致。

人口增长对建设用地增加较快。土地利用结构呈现“两降一增”变化格局，农用地面积和未利用土地面积持续减少，建设用地呈现持续增长。全省土地开发强度整体偏高，苏南土地开发强度则更高；建设用地增速超过人口的增速，由于受到土地资源的约束和主体功能区规划的限制，人口更加趋于集中。

水资源年度差异大，供水压力增大。2000—2019 年，水资源总量与年降水量的变动趋势基本一致，水资源总量年度之间差异较大。全省人均水资源远远低于全国的平均水平，属于水资源贫乏地区。2004 年以来，全省供水总量呈现波动式上升，地表水是主要供水类型，但供水类型趋于多元化。用水结构的主体是农业用水和工业用水，农业用水的比重最大，近年来有所下降；工业用水呈现增长；生活用水的总量增长，人均生活用水呈现波动中上升。水资源是制约江苏可持续发展的重要因素。

（六）人口与环境均衡

2005—2019年，人口与环境均衡发展指数呈现持续上升趋势，其中大气环境和水环境指数呈现前期有波动，但近期呈现快速上升趋势；生态环境指数前期增长快，但2009年以来，变化不大。

大气质量趋于好转。空气质量呈现波动中趋于好转，特别是2013年以来空气质量持续变好。2013年以来，6个主要污染物浓度中有4种污染物浓度呈下降趋势，1种污染物浓度波动中下降，仅1种污染物浓度处于波动中上升。

水环境趋于好转。2006—2009年，河流水质呈下降趋势，2009年后河流水质逐渐好转。2000—2019年，废水排放总量总体呈上升趋势。工业废水排放总体是下降的，而生活废水则是上升的，生活废水的排放将成为废水治理的重点和难点。2000—2019年，化学需氧量按一级标准均不达标，按二级标准大多数年份不达标，氨氮排放总量环境承载力好于化学需氧量，近年化学需氧量和氨氮的环境承载力均呈现好转。

固体废弃物持续增长。2004—2019年生活垃圾产生量和清运量不断提高，2006—2019年生活垃圾无害化处理率逐步增长，垃圾持续增长，反映出人口高度集中对环境的压力不断提升，垃圾对于城市发展是巨大的挑战和压力。

生态环境质量不断提升。除个别年份，2000—2019年全省建成区绿化面积、园林绿地面积和公园绿地面积是不断增长的，人均公园绿地面积是不断提升的。森林覆盖率呈现“先增长，后下降”的趋势，林木覆盖率持续增长。

（七）人口空间均衡

人口在空间分布中不均衡。具体表现在：常住人口地区分布差异大，呈现“南稠北稀”；城镇化水平的地区差异较大，呈现“南高北低”，城镇化增速呈现“南低北高”；性别构成的地区差异大，苏南人口性别比较低，呈现“女多男少”；而苏北的人口性别比较高，即“男多女少”，都趋于不均衡。年龄构成地区差异较大，苏南地区年龄结构呈现“中间大、两头小”的趋势，劳动年龄人口的比重最大，苏中地区则表现老年人口比重高；苏北地区儿童青少年人口比重高，人口抚养比呈现“南低北高”；苏南、苏中和苏北地区的常住人口均保持增长，苏南和苏北人口多且增长较快，苏中地区人口增长较慢。苏南是净流入地区，而苏中和苏北均为净流出地区，人口流动呈现出“南多北少”的格局。相较苏中和苏北，苏南地区人口高度集中，人口红利高，人口流入多。

全省劳动参与率整体较高，就业结构存在较大的区域差异。苏南和苏中呈现出“二三一”的就业结构，苏南的第二、三产业的就业均高于苏南地区；苏北呈现“三二一”的就业结构，但三大产业的就业人口差距并不大。私营企业和个体工商户的就业人口的比重呈现“南高北低”的格局，且差距不断扩大。

不同主体功能区区别定位。明确主体功能区的定位，对优化开发、重点开发、限制开发、禁止开发四类主体功能区实施分类施策，引导人口有序流动并定居，增强区域人口相对集中，特别限制开发区的人口向县城和中心镇集中。苏南地区的生态空间保护力度明显高于苏中和苏北地区，苏中生态空间保护力度低于苏北地区。

资源的分布存在区域差异。苏南水资源总量高，但苏南地区经济发达，人口高度集中，用水量大，水资源的压力依然比较突出。苏南地区人均用电量高于苏中地区，而苏中地区的人均用电量又高于苏北地区，不同地区的用电量差异较大，形成明显的“南多北少”的格局。

三、人口均衡发展的原则与总体思路

坚持以习近平新时代中国特色社会主义思想为指导，深入贯彻党的十九大、十九届二中三中四中五中全会精神和习近平总书记重要指示要求，坚持稳中求进工作总基调，深入贯彻新发展理念，统筹做好稳增长、促改革、调结构、惠民生、防风险、保稳定各项工作，全力推动高质量发展，经济运行总体平稳、稳中有进，高水平全面建成小康社会取得新的进展，“强富美高”新江苏建设迈出新的步伐。以促进人口均衡发展为主线，立足战略统筹，强化人口发展的战略地位和基础作用，鼓励按政策生育，充分发挥“全面二孩”政策效应，综合施策，创造有利于发展的人口总量势能、结构红利和素质资本叠加的发展优势，探索沿海发达地区的人口发展新政策，促进人口与经济社会、资源环境协调可持续发展。人口均衡发展要坚持以下原则：

一是将人口融入决策。切实将人口融入经济社会政策，在经济社会发展战略规划计划、经济结构战略性调整、投资项目和生产力布局、城乡区域关系协调、可持续发展等重大决策中，充分考虑人口因素，不断健全人口与发展综合决策机制。

二是坚持以人民为中心。坚持以人民为中心的发展思想，优先投资于人的全面发展，建立健全面向全人群、覆盖全生命周期的人口政策体系，实现“幼有所育、少有所学、壮有所用、老有所养”，保证全体人民在共建共享发展中有更多获得感。

三是正确认识和尊重人口发展规律。人口变化和人口发展有其内在的客观规律，实现人口均衡要尊重人口规律，顺应经济社会发展要求和群众根本利益，完善服务保障政策，将生育水平调控并维持在适度区间，推动人口结构优化调整、人口素质不断提升、人口流动更加有序，持续增强人口资源禀赋。

四是坚持系统思维。加强前瞻性思考、全局性谋划人口均衡发展思路，从关注人口数量的单一目标向人口适度、资源节约、环境保护、可持续发展统筹兼顾的多元目标转变。必须把人口长期均衡发展纳入经济社会发展全局，统筹规划、综合决策、整体推进。坚持人口分布与经济发展布局及资源环境承载能力相适应，人口政策与经济社会政策相协调，人口发展目标与经济社会发展目标共同落实。

五是深化改革创新。积极转变人口调控理念和方法，统筹推进生育政策、计划生育服务管理制度、住房政策、教育政策、家庭发展支持体系和治理机制综合改革，完善人口预测预报预警机制，健全重大决策人口影响评估制度。

四、战略导向

实现人口发展目标，必须从经济社会全局高度和中长期发展层面谋划人口工作，深入实施人口均衡发展战略，明确并贯彻以下战略导向。

一是注重人口内部各要素相均衡。推动人口发展从控制人口数量为主向调控总量、优化结构和提升素质并举转变。推进“全面二孩”政策实施，发挥政策最大效应。推进“全面二孩”政策落实的相关配套政策实施，研究全面放开生育政策的可行性和时间表。加强出生人口性别比治理，促进社会性别平等。切实提高出生人口素质，努力提高人口文化和健康素质，推动人口红利向人才红利转变。

二是注重人口与经济发展相互动。准确把握经济发展对人口变动的影响，综合施策缓解经济因素带来的生育率下降等人口发展问题。推动产业结构升级，引导人口与经济布局有效对接。充分发挥人口能动作用，为经济增长提供有效人力资本支撑和内需支撑。

三是注重人口与社会发展相协调。完善国家基本公共服务制度体系，推动基本公共服务常住人口全覆盖，有序推进农业转移人口市民化。着力补齐重点人群发展短板，推动乡村振兴，推进农房改造项目，有序推进农民集中居住。推动人口工作由主要依靠政府力量向政府、社会和公民多元共治转变。

四是注重人口与资源环境相适应。根据不同主体功能区定位要求，健全差别化的人口政策，多措并举引导人口向优化开发和重点开发区域适度集聚，支持鼓励限制开发和禁止开发区域的人口自愿迁出。加大环境治理与保护力度，可持续开发利用自然资源，推动形成绿色发展方式和生活方式，着力增强人口承载能力。

五是注重人口与空间布局相适应。尊重经济规律，推动城乡人口协调发展，完善以城市群为主体形态的人口空间布局，促进人口分布与国家发展战略相适应，兼顾苏中苏北，促进区域协调发展；引导人口有序流动，持续推进人口城镇化，促进城市合理分工，协调联运，优化城镇规模结构。

第二节　江苏省人口均衡发展的政策建议与制度设计

一、指导思想

一是坚持用马克思主义的基本原理、立场、观点、方法分析中国人口问题。当前要坚持用马克思主义的基本原理、立场观点和方法分析我国的人口问题，建立中国特色社会主义人口理论。马克思主义两种生产理论指出，人类社会一方面进行物质资料的生产，另一方面进行人自身的生产。物质资料的生产包含满足最基本生活资料的生产和在此基础上满足新需要的生产；对于人自身的生产，包括一方面是自己生命的生产，另一方面是人类的繁衍，即人类的再生产。物质资料的生产和人自身的生产相互统一、相互影响和相互作用，两种生产统一于人类历史的发展进程。实现人口长期均衡必须保持劳动人口的数量、结构与生产资料的数量、规模相适应，劳动人口素质与生产技术水平相适应。

二是坚持新时代中国特色社会主义理论指导人口均衡发展。

2016 年 5 月，习近平对中国计划生育协会第八次全国代表大会作出重要指示，“人口问题始终是我国面临的全局性、长期性、战略性问题。在未来相当长时期内，我国人口众多的基本国情不会根本改变，人口对经济社会发展的压力不会根本改变，人口与资源环境的紧张关系不会根本改变。”这一重要论断说明当前促进人口与经济社会均衡发展的战略任务还未完成，实现人口与资源环境均衡发展的时代使命依然艰巨。2015 年 11 月，习近平在党的十八届五中全会上就“十三五”规划建议起草的有关情况向全会作说明，指出：“全面实施一对夫妇可生育两个孩子政策，可以通过进一步释放生育潜力，减缓人口老龄化压力，增加劳动力供给，促进人口均衡发展。这是站在中华民族长远发展的战略高度促进人口均衡发展的重大举措。”2016 年 2 月，习近平对加强老龄工作作出重要指示：“有效应对我国人口老龄化，事关国家发展全局，事关亿万百姓福祉。要立足当前、着眼长远，加强顶层设计，完善生育、就业、养老等重大政策和制度，做到及时应对、科学应对、综合应对。”2017 年习近平同志在中共十九大报告中指出，“促进生育政策和相关经济社会政策配套衔接，加强人口发展战略研究。”习近平出席 2018 年 APEC 工商领导人峰会发表主旨演讲指出：“中国近 14 亿人口的大市场必将成为世界经济增长之源、活力之源。”

新时代中国特色社会主义的人口理论认为，一是人口问题具有全局性、长期性和战略性，人口发展应立足长期均衡发展，解决人口问题应该立足当前，着眼长远；二是当前人口面临着一老一小的问题，而这个问题的解决也应放在经济社会发展过程中解决；三是当前庞大人口规模对于经济社会稳定发展具有基础性价值，也具有政治意义；四是由于人口对经济社会的影响具有滞后性，因而需要我们从多层面思考人口的基础性作用，政府决策中要有人口意识。

二、政策建议

1. 采取积极人口政策。当前人口政策应从控制人口数量转向改善人口结构，提高人口素质，加快形成面向未来的积极人口政策。鼓励家庭按政策生育，全面推进生育服务，营造良好生育环境，积极开展将生育权交给家庭的相关政策研究；切实解决城市化进程中的住房、教育和就业等影响家庭生育的核心问题，适度提升人口出生率，促进人口年龄结构改善。城区常住人口 300 万以下全面取消落户限制，全面推动流动人口居住证制度的落实，建立常住人口基本公共服务政策体系，推动城镇基本公共服务覆盖未落户常住人口；吸引外省人口到江苏工作和生活，加强对高技术人才和专家引进力度，最大限度地留住这些高素质人口。

2. 全面提高人口素质。建立完善0~3岁婴幼儿照护服务；把幼儿教育纳入公共教育服务，逐步纳入义务教育体系中，提升义务教育质量，构建终身教育体系。以教育公平为基础，全面推进素质教育，促进人口负担向“人口红利”的有效转化。加大教育投入，明确各级政府提供教育公共服务的职责，保证财政性教育经费增长幅度明显高于财政经常性收入增长幅度，逐步使财政性教育经费占国内生产总值的比重提高。提高人口健康素质，实施全民健康工程：一是提高出生人口素质；二是提高全民健康素养，倡导健康文明的生活和行为方式；三是建立以预防为主的公共卫生体系。

3. 着力解决人口结构性问题，促进社会公平。综合运用经济社会政策，建立社会安全网，发挥人口政策的导向作用，解决人口老龄化、人口总和生育率低等结构性问题，促进代际代内公平、男女平等和社会公平。优化生育环境、提高生育服务水平，降低生育成本，解决影响生育率提升的制度性因素；建立健全社会保障体系和社会化老龄服务体系。

4. 转变经济增长方式。经济结构决定着对资源的利用方式和对环境的影响程度。加快经济增长方式的转变，推进产业结构调整，减少第一产业的就业比重，推动第二、三产业的发展，继续保持制造业和建筑业优势，推动就业领域的多元化，加快私营经济的发展，促进企业活力。

5. 加快社会事业发展，促进社会公平。加快城市化进程，推动农村相对集中居住，促进城乡均衡发展；推进基础设施建设，增加教育、医疗、住房和生态环境建设的投入，减少不公平，提高全民素质，促进人的全面发展。着力解决教育不均衡问题，切实加强基层医疗力量配置，提高基层医疗水平；增加住宅的多元化供给，增加租赁住房、共有产权房的供给；提高社会保障的覆盖水平，进一步降低城乡差距。

6. 促进大城市优化发展。推动开展建设方式从规模扩张向内涵提升转变，合理降低开发强度和人口密度，在中心城区周边科学发展郊区卫星城，促进多中心、组团式发展，减轻人口过度集中对资源和环境的压力。

7. 促进人口与环境可持续发展。推进工业、交通、生活等领域的节能减排，加大污染防治的力度，提高资源利用效率。突出加强城市资源循环利用，坚持保护耕地，实行严格的耕地保护制度，推进村庄整治和土地整理。加快生态环境的保护和修复，建立湿地保护，加强城乡绿化，提高林木覆盖率。

8. 优化人口空间布局。在区域发展上要兼顾苏南、苏中和苏北的协调发展，避免人口、资源过度集中在苏南地区，在城乡发展上兼顾城市和农村。依托江苏省主体功能区规划，实施分类施策，引导人口有序流动并定居，推动农村地区适度集中居住，特别是苏北地区要加快农房改造，形成城乡协调发展格局。

三、保障措施

1. 制定人口均衡发展的战略性指导框架。组织开展人口与经济、社会、资源、环境、人口发展与社会管理、公共资源配置、经济结构调整等重大课题研究工作，重点研究人口长期均衡发展的前景和趋势，深入研究人口发展面临的突出矛盾，确定与经济社会资源环境空间相适应的人口数量、素质、结构和分布，为制定人口长期均衡发展规划提供战略性指导框架。

2. 完善人口领域的政策法规。利用当前生育政策调整的契机，制定相应的生育政策，提高人口出生率，完善与生育相关的医疗、教育和住房政策。引导人口合理流动和迁移、推进人口城镇化、应对人口老龄化、促进人口均等化服务、加快人力资源开发、促进男女平等、促进家庭发展、统筹处理人口资源承载力、环境容量问题等人口领域的政策法规，促进人口问题的统一解决。

3. 制定人口均衡发展规划。树立人口长期均衡发展理念，确立人口与经济社会、资源环境相适应的发展战略，把人口问题引入系统规划范畴，制定科学的人口长期均衡发展规划。重视人口的基础性因素作用，在省级统一规划的基础上，各市制定具有地方特点的区域人口长期均衡发展规划。

4. 建立大人口工作机制。建立人口工作综合决策和统筹协调机制，在重大经济社会政策出台之前，开展对人口发展影响的综合评估，促进部门间、区域间相关经济社会政策与人口政策的有机衔接和良性互动。要实现人口工作从卫生健康部门的独立行动向多部门协调行动转变，从“行政管理型”向“统筹服务型”转变。

5. 建立人口长期均衡发展指标评估和监测体系。加快建立基层采集、定期更新和部门共享的“人口基础信息库”，建立与经济社会发展相适应的人口长期均衡发展数据体系，建立完善人口与发展综合决策信息系统。设计人口长期均衡发展的阶段性目标及其相应的考评指标体系，健全科学的人口动态监测评估机制。建立人口发展趋势预警预报制度，为各级政府制定和实施经济发展规划提供全面的人口长期均衡发展数据。